국내에서 신앙생활을 오래 해 온 분들은 호흡이 빠르고 자극이 강한 설교에 누구나 익숙해 있다. 그런데 여기, 이 책에서 우리는 느리고 더디고 가던 길 멈춰 서서 걸어온 길을 되돌아보게 하는 설교를 접하게 된다. 이 설교를 나는 성경 말씀 하나하나 빛을 내게 하며, 엉킨 생각의 실타래를 풀어 주며, 보이지 않던 길이 문득 눈앞에 드러나게 하는 설교라 부르고 싶다. 철학과 신학을 공부한 저자이지만, 오랜 세월 목회자로 말씀을 손에 들고 삶 속에서 씨름해 온 흔적이 각 주제를 다룰 때마다 선명하게 보인다. 느리게 읽고, 귀 담아 듣고, 함께 생각하는 시간을 가졌으면 좋겠다. 그리하여 그리스도 안에서 하나님이 보여주신 말씀과 믿음과 겸손과 사랑의 의미가 무엇인지 함께 깨닫고, 받은 은혜와 사랑을 이웃과 나눌 수 있기를 바란다.

강영안 미국 칼빈신학교 철학신학 교수, 서강대 철학과 명예교수

이 책은 목회적이며 신학적인 성찰이 깃든 차분한 설교집이다. 믿음, 소망, 사랑의 주제를 각각 두 번씩 다룬 여섯 편의 에세이는 성경과 기독교가 말하는 신앙생활의 여러 면모를 찬찬히 살피고 점검하고 있다. 이 여섯 개의 주제들은 언뜻 보면 하나의 책을 구성하기에는 다소 우활(迂闊)한 주제들이지만, '질그릇에 담은 보배'라는 바울 사도의 메타포에 의해 무리 없이 응집성을 이루고 있다. 저자는 지극히 천한 죄인 속에 담긴 지극히 존귀한 하나님의 복음과 구원의 깊이와 장엄함을 섬세하게 짚어가며 하나님에 대한 경배를 불러일으킨다. 그러면서도 저자는 한국의 그리스도인들에게 다소 잘못 알려진 신앙 통념들을 바로잡아 주고자 하는 목회적 권면을 적절하게 글 중간중간에 배치하고 있다. 헌금, 정의 없는 사랑과 용서, 친이스라엘 중심의 종말론 등에 대한 이 책의 논의는 아주 유용하다. 그런데 더 자주 저자는 기독교 신앙의 세 기둥인 믿음, 소망, 사랑이 얼마나 장엄하고 보배로운 하나님의 선물인지를 천착한다. 종교철학으로 박사학위를 받은 저자이지만 이 책 어디에서도 자신의 학문을 자랑하거나 지적 성취를 암시하지 않는다. 이 책은 지극히 쉬운 한국어로 신학적 훈련이 덜 된 독자들에게도 잘 읽히는 은혜로운 책이다. 신앙 입문자들이나 자신의 신앙을 점검하기 원하는 독자들 모두에게 유익한 책이다.

김회권 숭실대학교 기독교학과 구약학 교수

이 책의 저자가 낯선 독자들을 위해 간략한 소개가 필요할 것 같다. 권수경 목사는 젊어서부터 두각을 나타냈던 사람인데, 긴 세월 미국에서 신학과 철학을 공부하며 목회를 하느라 거의 알려지지 않았다. 솔직히 그가 묻혀 있는 것이 안타까워, 몇 년 전 그를 만났을 때 책을 쓰라고 권했다. 그런데 드디어 기다리던 그의 첫 책이 나왔다. 오랜 기간 훈련된 철학적 사고와 풍부한 목회 경험과 험한 인생의 질곡에서 체득한 지혜가 한데 응축되어 영롱한 보석처럼 빛나는 작품을 탄생케 했다. 복음을 질그릇에 담은 보배라는 틀에서 풀어 보려는 책의 의도답게, 현란한 철학적 지식으로 질그릇 자체를 빛나게 하기보다는 평이한 언어의 질그릇을 사용함으로 그 안에 담긴 복음을 더 빛나게 했다. 하지만 저자는 누추한 질그릇 같은 언어를 통해 복음의 보배가 더 밝히 드러나게 하는 지혜와 비결을 선보인다. 이 책을 시작으로 한국교회를 풍성케 할 그의 저작들이 줄을 잇기를 기대한다.

박영돈 고려신학대학원 교의학 교수

질그릇에 담은 보배

질그릇에 담은 보배

연약하기 때문에
구원하시는
하나님의 신비

권수경 지음

복 있는 사람

질그릇에 담은 보배

2017년 9월 26일 초판 1쇄 발행
2024년 9월 3일 초판 4쇄 발행

지은이 권수경
펴낸이 박종현

(주) 복 있는 사람
주소 서울특별시 마포구 연남동 246-21(성미산로23길 26-6)
전화 02-723-7183(편집), 7734(영업 · 마케팅) 팩스 02-723-7184
이메일 hismessage@naver.com
등록 1998년 1월 19일 제1-2280호

ISBN 979-11-7083-158-7 03230

이 도서의 국립중앙도서관 출판예정도서목록(CIP)은
서지정보유통지원시스템 홈페이지(http://seoji.nl.go.kr)와 국가자료공동목록시스템(http://www.nl.go.kr/kolisnet)에서 이용하실 수 있습니다. (CIP 제어번호: 2017023483)

차례

여는 글

그릇과 사람

질그릇 질그릇……. 흙으로 만든 그릇이다. 찰흙의 일종인 질흙으로 만들어 이름이 질그릇이 되었지만, 그릇을 만드는 흙이 주로 질흙이니 질그릇은 그냥 흙그릇이다. 한자로는 토기(土器). 처음에는 다 그렇게 흙으로 만들었다. 우리네 역사에도 신석기 시대 유물에 토기가 들어 있다. 빗살 문양이 겉에 있어 빗살무늬토기라 부른다. 고대 문명을 살펴보면 어딜 가나 최초의 그릇은 다 토기다. 가장 구하기 쉬운 재료가 흙이니 당연한 일. 어디에나 있는 가장 흔한 그릇이 바로 질그릇이다.

질그릇은 약하다. 흙을 뭉쳐 만든 것이라 흠도 쉽게 생기고 금도 잘 간다. 불에 굽긴 했지만 작은 충격에도 곧잘 깨지고 바닥에 떨어뜨리기라도 하면 박살이 나는 게 질그릇이었다. 그렇게 한 번 깨지면 대개는 원상회복이 불가능하다. 지금은 첨단 기술의 개발 덕에 다른 재료로 만든 그릇보다 오히려 더 강한 면도 없지 않지만, 질그릇은 오랜 세월 연약함의 상징이었다. 어디에나 있는 그 그릇이 또한 가장 허약한 그릇이었다.

질그릇에 무엇을 담았을까? 사람은 물 없이 살 수 없고 물은 그릇 없이는 담을 수 없으니 물이 첫째다. 밥을 짓거나 보관하기 위해서도 그릇은 꼭 필요했다. 사냥한 고기나 다른 음식도 그릇에 담아 두었을 것이다. 또 불씨도 꺼지지 않게끔 그릇에 담아 간직했다(사 30:14). 물, 음식, 불……. 살기 위해 꼭 필요한 것들이다. 그릇을 만들어 사용하는 일은 죽지 않고 사는 일, 곧 생존의 방식이었다. 이 하찮고 연약한 그릇이 오랜 세월 인생의 가장 중요한 면을 맡아 왔으니 우리네 삶 또한 그렇게 흔하고 덧없는 것이었거나 그게 아니면 질그릇이 생각보다 소중한 것이었던 모양이다.

처음에는 질그릇 하나였다. 세월이 가면서 나무, 돌, 유리, 놋, 쇠 등 다른 재료도 사용하기 시작했고 나중에는 금이나 은 같은 귀한 그릇도 등장했다. 그릇 자체의 가치가 다양해지면서 거기 담는 내용물도 달라졌다. 담는 게 제 역할이다 보니 그릇의 수준과 내용물의 수준이 함께 갔다. 금처럼 귀한 그릇이라면 담긴 것도 값진 것이리라. 평범한 재료로 된 그릇에는 으레 평범한 것이 담겨 있으리라고 사람들은 기대한다. 새로운 재료가 하나둘 추가될 때마다 질그릇은 조금씩 밀려나 결국 허드레 물건이나 담는 보잘것없는 존재로 남게 되었다.

그릇이 가짓수도 많아지고 활용도도 넓어지면서 사람들은 그릇 자체를 꾸미는 일에도 관심을 보이기 시작했다. 그릇이 이제 담는 기능을 넘어 장식품 구실까지 하게 된 것이다. 고대 그리스 시대처럼 아름다운 그림을 겉에 그려 넣은 것도 있고, 독특한 재료를 활용해 고도의 기교로 예술미를 높인 청자와 백자도 있다. 값비싼 재료를 썼든 아름다운 예술작품으로 만들었든 이제는 무언가를 담지 않고 그 자체로 빛을 발하는 존재가 되었다. 특히 고급 재료로 만든 그릇은 은연중 부를 축적하고 과시하는 수단이 되어 갔다. "은수저를 물고 태어나다"는 영어 속담도 아마 이때쯤 생겨났으리라.

하지만 그릇은 기본적으로 무언가를 담는 도구다. 그릇의 쓸은 곧 담음에 있다. 하여 재료나 아름다움을 따지기 전에 일단 비어 있어야 한다. 중국의 노자가 잘 표현했다.

> 찰흙을 이겨 그릇을 만든다. 그 없는 것을 맞아 그릇으로 쓸이 있다(『노자』 11장).

안이 비지 않으면 그릇일 수가 없다. '없음' 때문에 쓸이 '있다.' 부정(否定)의 가치를 일깨운 노자의 혜안이다. 유용(有用)함은 곧 쓸(用)이 있음(有)이니 오목하게 비어 있는 그 자리가 바로 그릇의 존재 가치다. 그릇을 만드는 일은 재료를 빚어 모양을 만드는 일이면서 또한 쓸을 위해 안을 비우는 일이다. 그 빈자리에 무언가가 담길 때 그릇이 그릇 노릇을 한다. 그릇은 곧 쓸이다. 문화의 한 형태로서 그릇 자체도 물론 무시할 수 없다. 아름답게 빚어 예술미를 풍기는 일이나 고급 재료를 사용하여 부를 과시하는 것도 따지고 보면 쓸에 해당되지만 그것은 어디까지나 비유적인 사용일 뿐 그릇으로 쓰는 것은 아니다. 그릇의 그릇다움은 무언가를 담음이요 따라서 안은 반드시 비어야 한다.

사람 그릇 재밌는 것은 동서고금을 막론하고 거의 모든 문화가 사람을 그릇에 비기고 있다는 점이다. 뜻은 물론 저마다 다르다. 동양에서는 사람의 인품을 그릇에 비겼다. 그릇을 나타내는 기(器)가 연장, 도구 등을 가리키다가 나중에는 사람의 기량 또는 인격을 뜻하게 된 것이다. 좋고 나쁨은 크기로 표현하여 군자는 그릇이 큰 사람이요 소인은 그릇이 작은 사람이다. 공자가 관중의 그릇이 작다고 지적한 내용이 『논어』에 나온다(8장). 정치가로서 탁월한 성과를 이루었지만 품성은 좀 아쉬웠던 모양이다. 대기만성(大器晩成), 곧 '큰 그릇은 늦게 이룬다'는 노자의 말도 사람의 됨됨이나 자질을 두고 한 말이다(『노자』 41장). 재료의 귀천 여부는 고려하지 않고 쓰임새에만 집중한 셈인데 쓰임새 역시 구체적으로 말하기보다 그냥 암시만 하였다. 그게 사람 구실일 수도 있고 지도자 노릇일 수도 있다. '쓸모없는 인간이 되지 말자' 할 때의 그 '쓸모'가 곧 사람이라는 그릇의 용도였을 것이다.

고대 그리스 사람들도 사람을 그릇에 비겼는데 동양과 달리 사람의 몸을 그릇에 비겼다. 사람이 몸과 마음으로 이루어져 있다는 이원론의 바탕에서 하찮은 몸이 고귀한 영혼을 담고 있다고 본 것이다. 잠시 있다 없어지는 육신이 영원한 영혼을 잠깐 보관하고 있는 형편인데 심지어 육신을 영혼을 감금하고 있는 감옥이라 부르기도 하였다. 그리스에서도 그릇은 담음 곧 씀이었지만 하나는 담고 다른 하나는 담겼다 함으로써 이내 인간의 본질 문제로 나아간다. 그런데 나쁜 것과 좋은 것, 일시적인 것과 영원한 것의 공존이었으니 인간은 재료의 좋고 나쁨에 무관하게 존재 자체가 모순이 되어 버렸다. 몸과 영혼 사이의 이 부조화 문제를 어떻게 해결했을까? 죽을 때 영혼이 육체의 감옥에서 해방되니 이들에게는 죽음이 곧 구원이었다. 죽음 앞에서 의연했던 소크라테스가 이들의 가치관을 잘 보여주었다.

사람을 그릇이라 부르는 이런 어법은 그리스어로 기록된 신약성경에서도 발견된다. 아내는 '더 약한 그릇'이다(벧전 3:7). 모두가 '자신의 그릇'을 거룩하고 소중하게 대할 줄 알아야 한다(살전 4:4). 물론 이는 어법의 전승일 뿐 이원론까지 수용한 것은 아니다. 다만 그릇의 뜻이 담음 곧 씀에 있음은 공감한다. 하나님도 바울을 가리켜 '이방인 앞에 내 이름을 전하기 위해 내가 택한 그릇'이라 부르셨다(행 9:15). 쓰기 위해 택하셨기에 그릇이다. 바울도 하나님께 쓰임 받는 일을 언급할 때 사람을 '그릇'에 비겼다(딤후 2:20-21). 다양한 그릇이 재료에 따라 귀하게 또는 천하게 쓰인다 하였으니 깨끗한 인격과 삶을 갖추면 '안성맞춤'이 될 것이다.

성경을 보면 이스라엘 백성도 오랜 세월 사람을 그릇에 비겼다. 하지만 고대 그리스나 중국과는 전혀 다른 뜻이었다. 용도 이전에 그릇 자체의 특성에 주목했는데 핵심은 누군가에 의해 만들어졌다는 점이다. 창조주 하나님과 피조물 사람을 토기장이와 진흙에 비긴 것이다. 따라서 사람을 그릇 가운데서도 질그릇에 비겼다. 우리는 다 한 줌 흙으로 된 질그릇이요 하나님은 그 그릇을 만드신 토기장이다(사 45:9). 하나님이 사람을 흙을 빚어 만드셨다는 성경의 가르침과 통한다. 흙은 나무나 돌 같은 재료에 비하면 제작자가 훨씬 자유롭게 주무를 수 있으니 사람을 질그릇이라 할 때는 하나님의 주권 또한 그만큼 부각된다(사 41:25, 렘 18:4, 롬 9:20-21). 그런 주권에는 피조물의 모든 것을 아시는 능력도 포함된다(사 29:15-16).

사람은 질그릇이다. 따라서 성경이 말하는 인간은 우선 연약하고 무기력한 존재다. 그릇이 토기장이에게 따질 수 없듯이 질그릇 사람 또한 하나님의 창조에 대해 아무런 이의를 제기할 수 없다는 사상이 질그릇 인간관에 담겨 있다(사 45:9, 롬 9:19-24). 인간은 또 흔해 빠진 흙을 재료로 해서 만든 하찮은 존재다. 질항아리는 정금으로 만든 그릇에 비해 참 초라하고(애 4:2) 만약 은을 겉에 바른다면 위선이라 비난받을 정도로 보잘것없는 존재다(잠 26:22). 열 명이나 되던 자녀를 다 잃고 그 많던 재산도 다 날리고 온몸에 악창이 난 가운데 재에 앉아 몸을 긁던 욥에게나 어울리는 것이 바로 질그릇 조각이다(욥 2:8). 연약한 그릇은 또 잘 깨진다. 성경에는 잘 깨지는 것의 보기로 질그릇이 자주 등장한다(시 2:9, 계 2:27). 금이 가는 정도가 아니라 아예 산산조각이 난다. 특히 토기장이가 자신이 만든 그릇을 깨뜨린다는 표현이 나오는데 이는 죄 지은 인간을 향한 하나님의 심판을 가리킨다(사 30:14, 41:25, 렘 18:1-12, 19:11). 하나님은 제구실 못하는 그릇을 깨뜨리신다(렘 22:28, 48:38). 잘된 그릇이라면 왜 깨뜨리겠는가. 질그릇 인간은 피조물 인간이 죄로 더러워졌다는 것까지 함께 보여준다.

다른 문화에서 사람을 그릇에 비길 때는 쓸 하나에 집중한 반면 성경은 그릇의 용도도 물론 강조하지만 그릇 자체의 본질에 우선 초점을 둔다. 사람은 스스로 있는 게 아니라 지음을 받았고, 내세울 것 없는 흔한 존재로서, 연약하여 깨지기 쉬울 뿐 아니라 제구실도 못하는 그런 그릇이다. 그래서 그릇 가운데서도 언제나 질그릇이다.

질그릇과 보배

구원의 보배 그런데 성경에 따르면 창조뿐 아니라 구원도 질그릇 만들기였다(신 32:15). 이스라엘 사람들은 하나님이 자신들을 당신의 백성으로 택하신 일 역시 흙을 빚어 그릇을 만드신 일이라 보았다. 성경은 하나님이 이스라엘을 부르신 것을 천지창조 때의 용어를 사용하여 당신의 백성을 '지으셨다'고 표현한다(신 32:6, 사 51:13, 54:5, 시 95:6, 100:3, 149:2, 말 2:10). '우리 아버지'이신 하나님은 또한 '우리 토기장이'시다(사 64:8). 아담을 흙으로 빚어 만드신 것처럼 하나님은 당신의 백성도 당신을 위해 빚어 만드셨다(사 43:21, 45:11, 창 2:7, 19). 하나님의 창조와 구원이 모두 질그릇 인간을 향한 것이다. 질그릇 사람이 창조주에게 이의를 제기할 수 없듯, 하나님의 구원 또한 주시는 그대로 받을 수밖에 없다. 받는 마음에는 물론 감사와 찬송이 넘친다.

질그릇 빚기는 신약에서도 계속된다. 이스라엘을 당신의 백성으로 빚어 만드신 하나님은 그리스도를 구주로 믿는 모든 사람을 또 당신의 백성으로 빚어 만드신다(엡 2:10, 15, 4:24, 골 3:10). 신약도 하나님의 구원을 창조에 비김으로써 구원은 처음부터 그리스도 안에서 이루어진 '새 창조'임을 보여준다(고후 5:17, 갈 6:15). 창조와 새 창조가 그렇게 이어진다. 그래서 이스라엘의 찬양을 받으신 하나님은 언제나 창조주인 동시에 구원자이셨다(시 95:1, 4-6). 우주와 사람을 창조하신 바로 그 하나님이 창조주의 주권으로 다가와 우리를 구원하여 당신의 백성으로 만드신다.

창조는 사실 놀라운 일이다. 초라한 질그릇이 우주의 창조주 하나님의 작품이다. 질그릇인데 하나님 당신과 닮게 만드셨다. 도공이 도자기를 빚듯 우주의 창조주 하나님이 사람을 흙으로 빚으셨다. 그런데 구원은 더욱 놀라운 하나님의 큰 일이다. 목자가 양의 이름을 부르듯 섬세한 손길로 우리를 하나하나 빚어 만드셨다(사 43:1, 요 10:3). 우리의 질그릇 됨은 우리의 연약함을 통해 하나님의 주권을 드러내고 그 주권에 담긴 하나님의 사랑과 은혜까지 보여준다. 지음을 받은 수동적 존재, 흙으로 되어 허약하고 보잘것없고, 게다가 죄로 오염되어 무기력한 존재가 하나님의 구원의 사랑의 대상이 되었다. 하나님의 진노가 담겨야 마땅한 그릇에 하나님이 당신의 긍휼과 사랑을 대신 담으셨다(롬 9:22-24, 렘 18:7-8). 독생자까지 아끼지 않고 내어 주신 엄청난 사랑이다(요 3:16, 요일 4:9). 그 권능과 은혜와 사랑이 우리의 무기력함 속에 들어왔다. 우리의 초라한 질그릇에 보배가 담긴 것이다.

질그릇에 담은 보배! 상식의 눈으로 보면 참 어색한 조합이다. 질그릇이라면 천한 것을 담아야 하고 보배라면 당연히 값진 그릇에 담겨야 마땅할 터인데, 참으로 보잘것없는 우리 질그릇에 온 우주에서 가장 귀한 창조주의 영광이 담겼다. 창조주의 권능뿐 아니라 구원자의 사랑이 사람이라는 연약한 그릇에 담겼다. 극과 극이 만났다. 모순이다. 그런데 이 양극의 공존은 놀랍게도 모순을 뛰어넘는다. 천한 몸에 고귀한 영혼을 담은 것과는 차원이 다르다. 극과 극이 만났는데 부조화가 아니라 온전한 조화, 완벽한 일치다. 공존이다. 같이 있어야 한다. 그리스에서는 몸과 영혼을 떼놓지 않고서는 이 부조화를 해결할 길이 없었는데 여기서는 이 둘이 함께일 수밖에 없다. 하나님의 권능이 놀라울수록 우리의 보잘것없음이 드러나고, 우리가 연약하고 초라할수록 그런 우리를 사랑하신 하나님의 사랑과 은혜가 높이 빛난다.

> 내가 연약할수록 더욱 귀히 여기사
> 높은 보좌 위에서 낮은 나를 보시네(찬송가 563장).

지으시고 구원하셨기에 우리는 질그릇이다. 질그릇이기에 하나님의 솜씨와 수고가 더욱 눈부시다. 하찮은 것이기에 은혜다. 그래서 보배다. 이 둘은 부조화나 모순이 아니라 완벽한 조화요 공존이다. 사람의 언어로 표현할 수 없는 것이어서 어색하고 앞뒤가 안 맞는 듯 보일 따름이다. 그래서 신비다.

보배 때문에 '질그릇에 담은 보배.' 이 표현은 바울이 사용한 것이다. 자신은 질그릇이요 저 안에 담은 것은 보배라는 말이다.

> 우리가 이 보배를 질그릇에 가졌습니다(고후 4:7).

그릇이다. 그릇 가운데서도 가장 보잘것없는 질그릇이다. 왜 질그릇인가? 하나님의 창조와 구원을 염두에 둔 표현이니 연약함, 비천함, 죄악성 등의 뜻을 우선 담았다. 그러고는 새로운 뜻 하나를 추가하고 있다. 바로 푸대접 받는 바울 자신의 처지다. 질그릇은 지천으로 깔린 그릇이요 하찮은 존재다. 금그릇은 귀하게 쓰이지만 질그릇은 천하게 사용된다(애 4:2, 딤후 2:20). 바울이 어떤 천대를 받았을까? 바울 자신의 표현을 빌리면 우겨 쌈을 당하고, 답답한 일을 겪고, 핍박을 받고, 거꾸러뜨림을 당했다(고후 4:8-9). 심지어 죽을 고비까지도 수 없이 넘긴 자신의 처지를 한탄조로 표현한 것이 바로 질그릇이다.

담은 것은 보배다. 바울은 그리스도의 복음을 전하는 사람이다. 예수의 생명 곧 주 예수를 구주로 믿어 얻는 생명을 전한다. 그 생명은 우리 죽은 옛 자아를 대신하여 우리 안에 와 사시는 예수의 영, 성령의 존재를 가리킨다(갈 2:20, 롬 8:9). 하나님의 영이 오시면 내가 산다. 영원히 산다. 이것은 보배다. 이 땅에 사람으로 와 살면서 발견할 수 있는 가장 값진 진리다. 아침에 이런 진리를 듣는다면 저녁까지 기다릴 것도 없다. 진리! 보배! 바울은 예수가 주 되심을 말한 다음 '이 보배'라 하였다. 예수가 주 되신 것, 곧 예수 그리스도를 통해 하나님의 영광을 보는 그것이 보배다(고후 4:5-6).

뿐만 아니라 바울의 직분도 보배다. 하나님이 바울을 그릇으로 택하실 때 의도하신 쓰심이 바로 보배를 전하는 일이다. 바울의 그릇 됨은 그리스도의 풍성을 이방인에게 전하라는 부르심에 있었다(엡 3:8). 이 부르심에 순종하여 바울은 복음을 들고 세계를 누볐다.

> 아름답구나, 좋은 소식을 전하는 이들의 발이여!(롬 10:15)

바울은 영으로 사람들을 살리는 새 언약의 일꾼이다(고후 3:6). 옛날에는 왕의 명령 하나만 내려와도 온 마을이 뒤집어졌다. 창조주 하나님의 사랑의 메시지를 전하는 일의 가치를 어찌 그것과 비교하랴. 화려한 장식도 갖추고 팡파르를 울리며 거창한 행진까지 해야 할 일이다. 나를 통해 다른 사람들도 보배를 소유하게 되니 이런 값진 직분이 어디 또 있단 말인가.

그런데 현실은 정반대였다. 아무도 바울을 알아주지 않았다. 이런 귀한 사명을 수행하는 바울을 오히려 박대했다. 사람마다 저마다의 이유가 있었다. 복음을 거부한 유대인들은 그리스도의 복음을 전하는 바울을 방해하고 박해했다. 사람들을 선동해 쫓아내고 심지어 돌로 쳐 반죽음을 만들기도 했다. 동료 전도자들도 바울을 썩 반기지 않았다. 그 누구보다 권능도 많이 행하고 수고도 많이 했지만 이전의 경력 때문인지 많은 사람들이 바울과 거리를 두었다. 율법에 집착했던 사람들 역시 오직 믿음으로 구원받는다 전한 바울을 탐탁지 않게 여겼다. 심지어 바울에게 복음을 전달받은 교인들마저도 바울을 오해하거나 홀대할 때가 많았다. 바울의 전도로 보배를 갖게 되었으면서도 거짓 교사들에게 휘둘려 바울을 무시했던 고린도 교인들에게 바울이 지금 쏟아놓고 있는 푸념이 바로 '보배를 담은 질그릇'이다(고후 6:11-13, 12:13-15).

무기력한 존재, 하찮은 존재에다가 이제 천대받는 존재라는 뜻까지 담았다. 지금까지는 흙으로 지음 받아 허약하고 보잘것없는 존재였다면 이제는 쓰임 때문에 천대받는 형편이 되었다. 무슨 쓰임인가? 진리와 생명을 전하는 쓰임이다. 하나님의 생명을 이방인에게 전하는 이 값진 사명 때문에 질그릇이 되었다. 쉽게 말해, 보배를 가졌기에 질그릇이 되었다. 보배를 전하지 않았다면 질그릇 대접을 받을 일도 없었을 것이다. 보배와 질그릇의 공존. 다시금 모순이다. 전에는 질그릇이어서 하나님의 은혜의 보배를 가졌다면 이제는 거꾸로 보배를 가졌기에 사람들 사이에서 질그릇 취급을 받는다. 원인과 결과만 뒤바뀌었을 뿐 공존은 그대로다. 하지만 다시금 모순을 넘어선다. 하나가 있기에 다른 것도 있다. 함께라야지 하나만 있을 수는 없다.

보배를 담아 전하는 데 좀 알아주면 안 될까? 보배를 담은 만큼 그릇도 귀하게 여겨 주었으면 싶은데 그것은 사실 불가능한 일이다. 너무도 당연해 보이는 일이 전적으로 불가능한 이유는 세상에 죄가 있기 때문이다. '질그릇 바울'은 한 개인의 넋두리를 넘어 하나님을 떠난 세상, 하나님을 거부하는 세태를 반영한다. 불신과 배도의 세상에서 복음은 환영받지 못한다. 그리스도를 미워했고 이제 그리스도를 따르는 이들까지 미워하는 세상이다(요 15:18-20). 보배를 담은 질그릇. 우리 그리스도인이 갖추어야 할 지극히 성경적이고 무척이나 현실적인 깨달음이다. 우리는 세상에서 환영받을 기대를 애초에 하지 말아야 한다. 존재가 곧 목적이다. 쓰임 받게 되어 있다. 질그릇 취급을 당하는 그게 바로 쓰임을 받는 것이다.

그릇 된 사명 오해해서는 안 된다. 죄 때문이기는 하지만 하나님이 어쩔 수 없어 그리하신 것은 아니다. 사실 일부러 우리로 하여금 질그릇이 되게 만드셨다. 보배를 담은 질그릇에는 우리가 생각지 못한 또 다른 뜻이 담겼다.

> 그렇기에 능력의 뛰어남은 하나님의 것이요 우리에게서 나온 것이 아닙니다(고후 4:7).

그릇이 번쩍이지 않는 이유는 보배를 보배로 드러내기 위해서다. 보배를 간직한 그릇은 아무것도 아니다. 오직 내가 담은 보배가 빛날 뿐이다. 담긴 것의 소중함을 알아야 한다. 보배를 담은 나는 그릇이요, 그릇은 오직 쓰임이다. 바리새인들은 그릇만 부지런히 닦고 속에는 더러운 것만 담았다가 주님께 크게 혼이 났다(마 23:25-26). 쓰기 위해 부르셨다. 깨끗하고 거룩한 삶이어야 하는 이유도 오직 하나 보배를 담는 그 쓰임을 위해서다(딤후 2:21). 내 연약함 때문에 보배는 더더욱 빛난다. 하나님의 은혜임을 모를 수가 없다. 하나님의 '능력'은 바울의 '약함' 가운데 '완전하게' 되었다(고후 12:9). 그것을 알게 하시려고 일부러 질그릇에 담아 주셨다. 우리가 연약한 자이기에 그리스도는 지혜, 의로움, 거룩함, 구속함이 되셨다(고전 1:30-31).

질그릇이 아니면 보배를 담을 수 없고, 하나님의 참 보배라면 우리 질그릇이 아니고는 담길 수가 없다. 아니 보배를 담는 순간 질그릇이 되어 버린다. 하늘의 보배를 담았는데 어찌 땅의 그릇이 번쩍일 수 있으랴. 어울리는 그릇에 내용물을 담고 또 그릇을 잘 포장해야 내용도 빛나는 게 세상의 원리라면 하늘의 원리는 그런 상식을 뒤엎는다. 훌쩍 뛰어넘는다. 세례 요한은 그 원리를 알았다. 그래서 그리스도를 전하면서 이렇게 고백했다.

> 그는 커져야 되고 나는 작아져야 됩니다(요 3:30).

들러리가 잘나면 신랑이 빛이 죽는다. 신부의 친구들도 흰옷은 피한다. 내가 질그릇이기에 보배가 빛난다. 보배를 빛나게 하려면 내가 질그릇이 되는 수밖에 없다. 요한의 아버지 사가랴도 아들을 주신 하나님을 찬양할 때 아들보다 메시아를 더 많이 이야기했다. 우리 시대에 특히 더 필요한 깨달음이다. 영광스러운 직분일수록 천대받고 외면당하고 박해까지 받아야 한다. 그래야 보배가 산다.

그리스나 동양에서는 그릇은 곧 씀이었다. 성경도 그릇의 쓰임을 중요하게 여기지만 그 쓰임의 바탕이 되는 그릇 자체를 먼저 생각한다. 하나님이 만드신 피조물, 하나님의 구원의 은혜를 입은 우리임을 먼저 확인한다. 그런 우리의 존재 가운데 하나님의 주권과 사랑이 빛난다. 창조주의 영광이요 구원자의 영광이다. 그런 영광을 담았기에 우리는 또 질그릇이 된다. 환영받지 못하고 외면당한다. 죄 있는 세상에서 당연히 일어나는 이 일이 우리의 쓰임새다. 존재가 곧 용도다. 창조와 구원에는 목적이 있다. 토기장이는 쓰기 위해 그릇을 만든다. 성경도 그런 쓰임을 생각하고 사람을 그릇이라 부른다. 씀을 막연하게 전제한 동양과는 달리 구체적이고 특별한 목적을 염두에 두었다. 무슨 목적인가? 하나님의 영광을 드러내는 목적이다. 무엇을 하든 하나님의 영광을 위해 하는 가장 값진 쓰임새다(고전 10:31). 하나님께 영광을 돌리는 일은 피조물 사람이 할 수 있는 가장 값진 일이다(마 5:16, 롬 11:36, 벧전 4:11).

그래서 하나님이 우리를 그릇으로 빚으셨다. 없음 덕분에 있다 한 노자의 역설적인 주장은, 사람은 다 하나님의 피조물이라는 성경의 가르침에서 참 뜻을 찾는다. 하나님은 가운데를 오목하게 만들어 거기에 당신의 주권과 영광과 우리를 향한 은혜와 사랑을 담으셨다. 하나님이 우리를 새 사람으로 창조하신 것은 당신의 선한 일에 쓰시기 위해서다(엡 2:10, 롬 6:13). 하나님의 은혜는 질그릇인 우리의 존재 의미요 그릇 된 우리의 쓰임새다. 우리 그릇은 클 필요도 없고 작아도 상관이 없다. 그릇이면 된다. 빈자리에 하나님의 은혜를 담기만 하면 된다. 바울이 고백했다.

> 하나님 은혜로 내가 나입니다(고전 15:10).

아멘! 그릇의 존재 가치가 씀에 있다면 우리는 하나님의 은혜가 있어 이렇게 존재한다. 보배를 담은 질그릇이 우리의 자기 인식이다. 하나님 은혜로 내가 나다. 은혜가 아니면 나도 있을 수 없다. 구원은 하나님의 은혜와 권능을 나의 무능함 및 무기력함과 함께 깨닫는 일이다. 베드로처럼 자신의 죄를 깨닫고 예수 앞에 머리를 조아리는 그것이 구원의 첫 단계다(눅 5:8). 동시에 온다. 하나만 있을 수 없다. 은혜가 나를 나로 만들고 그래서 그릇으로 사용되게 한다.

하나님의 말씀

기독교 복음은 하나님의 구원의 소식을 전한다. 하나님이 죄인이라는 질그릇에 당신의 긍휼의 보배를 담으셨다는 것이 바로 복음이다. 이 복음은 하나님의 말씀 성경에 기록되어 있는데 놀랍게도 이 성경도 또 다른 차원에서 '질그릇에 담은 보배'다. 보이는 것은 질그릇 곧 사람의 말이다. 그런데 거기에 하나님의 말씀이 담겼다. 아니, 사람의 말 그것이 동시에 하나님의 말씀이다. 영생 구원의 보배를 이 땅의 언어에 담아 주셨다. 보배를 담은 질그릇은 기독교 복음의 기본 틀이면서 또한 그 복음을 이해하는 원리이기도 하다. 기독교 복음의 존재론뿐 아니라 인식론도 질그릇에 담은 보배를 기본 원리로 한다. 따라서 질그릇에 담은 보배는 하나님의 말씀 성경을 바로 깨닫는 열쇠가 된다. 사람의 말 속에 당신의 말씀을 담으신 하나님의 은혜는 사람이라는 질그릇에 구원과 영생을 담으신 은혜 및 바울이라는 질그릇에게 새 언약의 일꾼이라는 영광스러운 직분을 맡기신 그 은혜와 통한다.

형식의 질그릇 성경은 두 가지 면에서 질그릇이다. 첫째는 형식이다. 성경은 사람의 말, 사람의 글로 이루어져 있다. 구약은 히브리어, 신약은 그리스어로 적었는데 하나님의 말씀이라고 무슨 특별한 언어를 사용한 게 아니라 그 시대의 가장 평범한 언어를 그대로 사용했다. 이스라엘 민족의 언어가 히브리어였기에 그들이 기록한 구약성경도 히브리어로 되어 있고, 신약 또한 그리스도께서 오셨을 무렵 그 지역에서 널리 사용되던 공용 그리스어로 기록되었다. 수십 명의 저자가 오랜 세월을 두고 기록했는데 말투나 어휘에 저자 개인의 특성이 그대로 드러나 있다. 요한의 그리스어는 쉬운 반면 원어민 누가의 글에는 어려운 낱말이 많다. 바울의 편지에서는 치밀한 논리를 발견한다. 성경은 사람의 글이 보여주는 다양한 장르도 그대로 사용한다. 시나 수필 같은 아름다운 이야기도 있고 딱딱한 논술이 있는가 하면 정겨운 편지도 있다. 역사도 있고 법조문도 있고 우화나 설교도 있다. 우리가 삶에서 늘 만나는 여러 가지 장르가 일상적인 문체에 평범한 스타일로 등장한다. 겉모습만 보면 그냥 사람이 적은 사람의 글이다.

그런데 그 다양한 인간 저자들을 통해 말씀하시는 분은 하나님이시다. 신약을 이루는 네 권의 복음서와 스무 권이 넘는 편지는 하나같이 죽으시고 다시 사신 주 예수 그리스도를 전한다. 하나님이 보내신 세상의 구원자다. 신약에서 그렇게 그리스도를 만난 다음 구약을 펼치면 모세의 법조문이나 이스라엘의 역사에서, 또 여러 선지자들의 예언에서도 그리스도를 만난다. 하나님은 사랑과 구원의 말씀을 우리에게 주시려고 당신의 언어를 따로 만들거나 가르치지 않으시고 우리가 날마다 쓰는 그 언어를 그대로 사용하셨다. 이렇게 질그릇에 보배를 담았다는 사실을 신학에서는 영감(靈感, inspiration)이라는 용어로 표현한다. 하나님의 영이 사람을 사용하셔서 그들이 적은 글이 당신의 말씀이 되게 하신 것이다.

보배를 담은 질그릇. 이것도 사실 성경 원본을 두고 하는 이야기다. 우리가 가진 성경책은 거기서 거리가 멀다. 원본은 이미 사라지고 없다. 남은 것은 원본을 베껴 적은 사본뿐이다. 그것도 원본을 직접 옮긴 것이 아니라 베끼고 또 베낀 사본의 사본이다. 원본이 질그릇이라면 그걸 베껴 적은 사본은 더 낡고 더 허약한 질그릇이다. 곳곳에 흠집이 나고 이리저리 금도 많이 가 있다. 그것들을 잘 간추려 성경 본문이 완성되었다. 그런데 그런 본문마저 우리는 직접 접할 수 없다. 읽기 어려운 언어로 되어 있기 때문이다. 우리는 모두 이 사본을 자국어로 옮긴 번역 성경을 읽고 구원의 진리를 알았다. 적지 않은 오역이 담긴 그 성경을 읽어 생명의 주 예수를 만났다. 원본이 사본이 되고 사본이 자국어로 번역되는 과정을 거치면서도 그 안에 담긴 보배는 조금도 실종되지 않고 환하게 빛을 발하고 있다. 아니, 그릇이 거칠어질수록 빛은 오히려 더 찬란해졌다. 질그릇에 보배를 담으신 하나님의 섭리 말고 이것을 어떻게 설명하겠는가.

우리가 가진 성경에 오역이 많다. 굳이 틀린 게 아니라 해도 완벽한 번역은 거의 불가능하다. 그런 문제들을 어찌 다 바로잡을까? 사본의 사본이라 그렇다. 하지만 원본을 가져와도 해결이 쉽지 않을 문제도 있다. 그래서 미국 이스턴 대학의 피터 엔즈(Peter Enns, 1961-) 교수는 『성육신의 관점에서 본 성경영감설』(*Inspiration and Incarnation*, 2005)이라는 저서에서 성경책을 성육신에 비겼다. 완전하신 하나님이 불완전한 사람이 되어 오신 그 원리를 인간의 언어로 기록된 하나님 말씀에 적용한 것이다. 이 개념과 연결해 내세우는 엔즈의 여러 주장을 다 수용할 필요는 없지만 적어도 기본 개념 자체는 질그릇에 담은 보배와 통한다고 볼 수 있다.

질그릇에 보배를 담았으니 그릇과 내용물 사이의 조화가 깨졌다. 보배라면 금처럼 값진 그릇에 담아야 어울리지 않는가. 질그릇에는 하찮은 것을 담게 마련이다. 그런데 보배를, 세상 무엇과도 비길 수 없는 값진 보배를 가장 천한 그릇에 담았다. 그런데 이게 사실 하나님의 긍휼이다. 하나님이 높이를 낮추신 것이다. 우리 눈높이에 맞추어 주신 하나님의 사랑이다. 하늘 보배의 놀라운 비밀을 번쩍이는 보석 그릇에 담지 않고 우리가 늘 보고 듣는 것, 우리가 일상으로 사용하는 것 속에 담아 주셨다. 영생의 보배를 우리의 질그릇 몸에 담으신 것처럼 영원의 진리 또한 질그릇 같은 흔하디흔한 언어와 삶에 담아 주셨다.

그래야 우리가 볼 것 아닌가. 하나라도 더 듣고 깨달을 것 아닌가. 그게 만약 거대한 도서관의 서고 깊은 곳에 보관되어 있거나 부잣집 벽장에 꼭꼭 감추어져 있었다면 나하고 무슨 상관이 있었겠는가? 땅에, 누구나 접근할 수 있는 곳에, 특히 내가 힘겹게 벌어먹고 사는 일터에 있었기에 내 삶을 바꾸어 놓은 것 아닌가? 보배가 질그릇에 담겼다는 사실은 성경의 문제점이 아니라 하나님의 은혜다. 이것을 보아야 성경도 제대로 깨달을 수 있다.

보배 아닌 그릇 자체에 집중하는 이들이 있다. 그 가운데는 아예 그릇 자체를 보배라고 우기는 사람도 있다. 덕분에 보배는 못 보니 답답할 따름이다. 진리를 얼른 보아야지 그릇이 두껍다 얇다 따질 겨를이 어디 있는가? 성경의 무오성 또는 탁월함을 두고 벌이는 논쟁 가운데 그런 그릇 타령 같은 것도 없지 않다. 그래서 엔즈 교수 같은 이도 그릇만 보면 성경도 참으로 초라할 수밖에 없음을 부지런히 보여주고 있다. 그릇을 보배로 착각하는 이들에게 보배를 제대로 보여주려는 나름의 노력인 셈이다. 철학자 비트겐슈타인은 사다리를 이용해 올라간 다음에는 사다리를 내버리라 했다(『논리철학논고』 6.54). 불교의 성철도 달을 보았으면 손가락은 잊으라고 가르쳤다. 진리를 몰랐던 사람들도 진리를 대하는 올바른 방법은 어렴풋이나마 알고 있었는데, 하물며 보배를 발견했다 하는 사람들이 다시금 눈을 거두어 손가락 수나 헤아리고 있어서야 되겠는가. 물론 보배가 그릇에 담겼으니 그릇을 다 내버리면 보배도 사라지니 조심해야 한다. 하지만 무엇이 중요한지 그것 하나는 제대로 알자는 것이다. 보배를 보아야 한다. 성경을 바로 아는 게 모든 앎의 기본이다. 믿음은 말씀을 들음으로 생긴다.

보배를 질그릇에 담아 주셨기에 안 풀리는 것도 많다. 흔히들 말하는 모순이다. 삼위일체 교리가 대표적이다. 하나님이 세 분이시면서 또 한 분이라고? 명백한 논리적 모순이지만 우리보다 높으신 하나님을 우리 인간의 질그릇 머리로 이해하려니 도리가 없다. 완전한 하나님이요 완전한 사람이셨던 그리스도의 양성(兩性)도 마찬가지다. 영원과 시간의 만남이요 무한과 유한의 공존이니 우리로서는 보이는 그대로 모순인 양 진술하는 방법밖에 없다. 하나님의 완벽한 예정과 인간의 완전한 자유의지도 그런 문제를 불러일으킨다. 물론 생각하는 사람으로서 우리가 믿는 바를 조금이라도 더 깨달아 보고자 몸부림치는 것은 당연하다. 그래서 우리의 믿음도 중세의 신학자 안셀무스(Anselmus, 1033-1107)를 따라 '이해를 추구하는 믿음'(fides quaerens intellectum)일 수밖에 없다. 하지만 이해가 안 된다고 질그릇 머리를 자꾸 쥐어박다가는 깨질 수도 있으니 우선 하나님께 감사와 찬송부터 돌린 다음 천천히 살피는 것이 좋다.

내용의 질그릇 성경은 형식뿐 아니라 내용 면에서도 보배를 담은 질그릇이다. 우선 내용이 특별하지 않다. 지극히 평범한 내용을 담았다. 시가 많이 등장하는데 이 땅의 기준으로 그리 뛰어나 보이지 않는다. 인생을 그린 시, 사랑을 노래한 시도 있지만 셰익스피어나 소월과 다르고 노벨문학상하고도 하등 상관이 없다. 모세오경에 많이 나오는 법조문이 함무라비 법전이나 다른 법조문보다 나은 치밀한 짜임새를 갖춘 것도 아니다. 저자들의 시대적인 한계도 그대로 갖고 있다. 창조 기사는 하늘이 저 높은 곳에 차일처럼 펼쳐져 있다고 본 그 시대의 세계관을 바탕으로 한다. 아브라함이 하늘의 별을 볼 때도 그 가운데 천억 개의 별로 된 은하들이 섞여 있는 줄 몰랐을 것이다. 성경을 기록한 사람이라고 해서 남들 모르는 최신 지식을 가졌던 것은 아니다. 선지자들 역시 앞으로 일어날 일들을 하나님이 보여주신 희미한 모습 그대로 전했을 따름이다.

도처에 깔린 게 질그릇이다 보니 성경의 내용 역시 성경 밖의 것과 닮은 점이 많다. 법조문도 다른 법과 비슷하고, 역사 또한 역사인 이상 다른 민족이나 종교의 역사와 기본 틀 면에서 상당히 닮았다. 잠언에는 『논어』나 『명심보감』 등과 닮은 지혜 내지 도덕적인 가르침이 상당히 많다. 평화에 대한 주님의 가르침은 불교나 다른 종교가 가르치는 무저항, 비폭력과 통한다. 남녀의 사랑을 노래한 아가 또한 세상의 사랑 노래와 많이 닮았다. 사랑의 구체적인 모양을 묘사하는 부분에서는 성경이라도 외설스럽게 보일 수밖에 없다.

그런데 그런 평범한 내용 가운데 보배가 담겼다. 영원 구원의 보배다. 성경은 특별 계시다. 자연 상태로는 아무도 구원에 이를 수 없어 하나님이 따로 특별히 적어 주신 책이다. 그래서 구원자로 오신 예수 그리스도가 구약과 신약 곧 성경 전체의 주인공이다. 성경의 역사는 모두 하나님의 구원의 역사다. 세계 어느 종교, 어느 민족이 그런 역사를 적을 수 있단 말인가. 세계 그 어느 법을 보아도 하나님의 사랑과 긍휼은 담겨 있지 않다. 성경은 편지도 논술도 문학도 하나같이 독생자를 보내신 하나님의 사랑을 전한다. 땅의 이야기에 하늘의 진리를 담았다. 그릇이 질그릇이라 자연 계시와 비슷한 내용도 많다. 하지만 거기 담긴 보배는 자연이 감히 생각조차 할 수 없는 것이다. 하나님은 상대적이고 유한한 인간의 언어에 절대적이고 무한한 진리를 담으셨다. 그 진리, 그 보배를 보아야 한다.

주님이 들려주신 비유에 그 비밀이 숨어 있다. 주님의 비유는 우리가 일상에서 경험하고 만나는 것들을 내용으로 한다. 씨 뿌려 거두는 일, 일하고 삯 받기, 결혼식과 들러리, 종들에게 일을 맡기는 주인, 보배를 찾는 사람들, 자리다툼, 잃었다가 되찾은 기쁨 등등, 하나같이 자연에서 또 사람들 사이에서 일어나는 일들이다. 하지만 그 질그릇 속에 주님은 하늘의 보배를 담으셨다. 주님의 비유를 듣고 말씀을 순종하는 일의 중요함을 깨닫지 못한다면 밭을 잘 갈아 백 배를 거둔다 해도 아무 소용이 없다(마 13:3-9, 18-23). 잔치에 가서 일부러 말석에 앉은 다음 주인의 청을 받고 위로 올라가 사람들 앞에서 쾌재를 불러도 하나님 앞에서 자신이 죄인임을 깨닫지 못한다면 주님이 주시려는 영혼 구원의 참 복은 못 얻고 만다(눅 13:7-11). 말씀에서 참 보배를 발견하지 못하면 사실 주님의 비유가 얼마나 놀라운 말씀인지 그것조차 느끼지 못한다. 안타깝게도 보배를 못 본 수많은 목사들이 오늘도 강단에 질그릇 하나 올려놓고는 공자를 설교하고 석가를 설파한다.

비유는 그릇이다. 보배를 담은 그릇이면서 또한 그 보배를 보지 못하게 감추는 그릇이다(마 13:10-15). 그런데 하나님 은혜로 그 보배를 보는 자들이 있다. 복 받은 눈, 복 받은 귀가 그 보배를 보고 듣는다(마 13:16-17). 땅의 지혜가 발견할 수 없는 것을 아버지의 계시를 받은 아이들이 깨닫는다(마 11:25-27, 고전 2:8-10). 보배를 본다는 것은 문자 뒤에 숨은 영적인 뜻을 찾는다는 말이 아니다. 주님이 사람의 말 가운데 담아 두신 바로 그 뜻, 곧 문자에 분명하게 나타나 있는 하나님의 말씀을 보는 것이다. 떡 아닌 말씀을 먹는 것이다. 떡은 누구나 먹는다. 먹으면 안 죽고 산다. 그렇지만 같은 떡을 먹어도 하나님을 믿고 순종하며 먹으면 말씀을 먹는 것이요 말씀을 먹으면 영원히 산다. 동산의 풍성한 과일을 먹어 몸이 살고, 먹지 말라 하신 말씀을 순종하여 영이 산다(창 2:9). 만나를 먹되 하나님을 믿고 주신 규례를 다 순종하며 먹으면 참 생명을 얻는다(신 8:2-3, 요 6:49-51). 한센병이 나은 것도 엄청난 복이지만 그 병을 낫게 하신 분이 누구신지 알고 찾아와 엎드리는 그게 진짜 복이다(눅 17:19).

주님은 말씀의 참 뜻을 깨닫는 일을 가리켜 '표적을 보는 것'이라 말씀하셨다. 표적은 기호 곧 사인(sign)이다. 표적은 저 너머의 다른 것을 가리킨다. 그것을 보라는 말씀이다. 주님이 적은 음식으로 수천 명을 먹이는 놀라운 기적을 행하셨을 때 모두가 그 기적에 놀랐다(요 6:1-65). 하지만 반응은 둘로 나뉘었다. 한 무리는 주님의 능력 그 자체를 보고 주님을 왕으로 모시려 했다. 주님 같은 분이 왕이 되시면 먹고사는 문제나 의료 문제가 단번에 해결되어 지상낙원을 이룰 수 있을 것이다. 하지만 주님은 이들을 떡을 먹고 배부른 사람들이라 하시며 꾸중하셨다. 그래서 다 주님을 떠났다. 하지만 이들과 달리 주님의 능력을 통해 주님 당신이 누구신지 발견한 이들이 있었다. 주님을 통해 이 세상을 넘어서는 영원의 세계를 본 사람들이다. 베드로의 고백에 이들의 깨달음이 담겨 있다.

영생의 말씀이 주님께 있는데 우리가 누구에게 가겠습니까(요 6:68).

표적을 보는 것은 덧없는 이 세상을 영원의 눈으로 보는 것이다. 인생을 덧없게 만드는 죄를 깨닫고 그 죄를 해결하여 영원으로 가는 길을 찾는 것이다. 그렇게 영원을 발견하라고 주신 책이 성경이다. 성경에는 사실 없는 게 없다. 그래서 어떤 이들은 탁월한 처세술을 발견하기도 하고 성공의 비밀도 성경에서 찾아낸다. 자기가 믿는 이념을 성경으로 뒷받침한 이들도 많다. 성경은 숱한 문학의 원천이면서도 또 어떤 이들에게는 재미있는 읽을거리도 된다. 하지만 하나님이 우리에게 성경을 주신 목적은 오직 하나, 영원한 구원의 길 예수 그리스도를 발견하는 것이다. 그 보배를 꼭 찾으라고 우리 질그릇에 담아 주셨다.

책의 내용

이 책은 하나님의 말씀 성경을 '질그릇에 담은 보배'라는 열쇠로 풀어 본 것이다. 성경의 가르침을 떡 아닌 표적으로 제대로 깨달음으로써 질그릇에 담으신 보배를 조금이라도 더 발견해 보려는 시도다. 이는 기독교 복음의 유일성을 향한 탐구이기도 하다. 바울의 표현을 빌리면 '지극히 선한 것'을 분별하고자 하는 노력이나(빌 1:10). 성경의 가르침을 성경과 비슷한 다른 주장 및 사상들과 비교해 봄으로써 성경이 어떻게 다르고 어떻게 뛰어난지 살펴 성경이 어떤 점에서 참으로 질그릇에 담은 보배인지 확인해 보자는 것이다. 하늘의 보배로운 진리를 우리 가슴에 조금이라도 더 담아 보겠다는 욕심으로 투박한 질그릇 머리를 조금 긁어 본 것이다.

우리는 성경이 가르치는 대로 주 예수 그리스도만이 길이요 진리요 생명이시라고 고백한다. 유일한 그 구원의 길이 하나님의 말씀 성경에 담겼다. 그런데 닮았다. 하나님의 말씀이 이 세상의 수많은 가르침과 많이도 닮았다. 어렸을 적 성경과 함께 읽은 여러 고전하고도 닮았고 학교에서 배운 윤리 도덕하고도 비슷한 점이 많다. 동서고금의 여러 지혜와 부모에게 배우는 일반 상식도 성경과 여러 모로 통한다. 그렇게 비슷한 것이라면 논어를 읽어서는 왜 구원을 얻을 수 없는가? 이 땅의 윤리 도덕을 잘 지키는 것만으로는 왜 희망이 없는가? 구원이 성경에만 있다면 그 이유는 무엇인가? 성경만이 갖춘 보배는 무엇인가? 이런 질문에 대한 대답을 그 보배의 내용 곧 성경이라는 질그릇에 담긴 몇 가지를 통해 찾아본 것이다.

이 책에서는 여섯 가지 주제를 다루었다. 그리스도인이 갖추어야 할 세 덕목인 믿음, 사랑, 소망에서 각각 두 개씩 골라 모두 여섯 개다. 믿음, 사랑, 소망 이 세 가지는 사실 기독교 밖의 사람들도 많이들 알고 사용하는 주제다. 사람 있는 곳이면 다 있는 이른바 종교라는 것이 다 믿음 아닌가? 심지어 미신도 믿음이요 우리가 가진 크고 작은 신념도 그런 믿음의 범주에 든다. 그렇다면 우리의 믿음은 무엇이 다른가? 사랑은 말할 것도 없다. 부모의 자녀 사랑이나 남녀 사이의 사랑에다가 남을 위해 나를 희생하는 헌신적인 사랑까지, 사람 사는 곳이면 다 찾아볼 수 있다. 소망도 마찬가지다. 희망, 꿈, 앞날을 바라보는 마음이야 사람이라면 다 가진 것 아닌가.

이것이 어떻게 다른지, 어떤 점에서 보배가 되는지 풀어 보았다. 오늘날 교회에 알려져 있는 여러 가지 해석을 분석했다. 성경을 표적으로 보라 하신 주님 말씀을 따르지 않고 그냥 떡으로 먹고 만 경우들이다. 그런 해석은 거의가 성경 밖에 있는 전통, 관례, 상식에서 온 것임을 지적했다. 다시 말해, 하나님의 말씀을 말씀으로 풀지 않고 죄에 물든 자연으로 억지로 풀려 한 잘못이다. 그렇게 보배가 아닌 것들을 하나씩 제거하는 가운데 하나님 말씀의 보배는 자연스럽게 빛을 드러낸다. 비판을 통한 접근이기에 이 글은 논증을 많이 담고 있다. 하지만 형식은 논술 아닌 수필이다. 장르를 굳이 지정하자면 설교다. 에세이 형식으로 된 긴 설교 여섯 편인 셈이다.

제1장 '못 믿은 그게 믿음이라니'에서는 믿음의 본질을 살폈다. 믿음이 가진 역설적인 면을 분석하여 기독교 신앙이 가진 특성을 정리해 본 것이다. 많은 사람들이 세상의 신념을 우리의 보배 믿음과 혼동하는 이 시대에 참 믿음이 무엇인지 알기 위해서는 우리 믿음의 내용뿐 아니라 믿음의 대상까지 세상과 달라야 함을 지적했다. 내 욕심이나 꿈이 아닌 오직 성경에 기록된 하나님의 약속만이 우리 믿음의 내용이 되어야 하고 성경이 전하는 하나님 곧 우주의 창조주이시며 우리 구원자이신 그 하나님, 오늘도 모든 만물을 직접 통치하시는 주권자 하나님만이 우리 믿음의 대상이어야 함을 설명했다.

제2장 '우리도 새옹지마의 지혜가 필요한가'에서는 하나님의 섭리를 다루었다. 눈물과 고통이 있는 세상에서 사람은 다 나름의 관점을 갖고 산다. 그리스도인은 믿음의 눈에 입각하여 하나님의 섭리와 사랑으로 이 세상을 해석하는데, 성경이 가르치는 관점이 이 땅의 관점과 비슷해 보일 때가 많다. 하여 인생을 해석하는 우리의 세계관이 이 땅의 것들과 어떻게 다른지 비교, 분석하여 설명한 다음 그리스도인은 이 땅의 갖가지 방어기제에 현혹될 필요 없이 그저 독생자를 주

신 하나님의 사랑 하나 믿고 이 세상을 용기 있게 살면 된다고 결론지었다.

제3장 '교회에서는 큰 자가 섬겨야 하는가'는 낮춤으로써 높아진다 한 성경 구절의 참 뜻을 먼저 알아본 다음 세상의 얄팍한 처세술이 이 구절과 결합되어 어떻게 교회를 어지럽히고 있는지 따져 보았다. 성경이 가르치는 낮아짐의 참 뜻은 자신이 죄인임을 깨닫는 데 있으며 하나님 앞에서 그런 깨달음을 얻은 사람은 그런 겸손을 사람들 사이에서도 실천함을 보였다. 특히 교회는 높고 낮은 것이 없는 똑같은 사람들의 공동체임을 성경 본문을 분석하여 설명했다.

제4장 '사랑은 어떻게 허다한 죄를 덮는가'에서는 죄를 덮어 주는 게 미덕이라는 세상의 가르침이 사랑이 죄를 덮는다는 성경 말씀을 오해하게 만들었음을 먼저 지적했다. 사람과 사람 사이의 수평 관계만 아는 세상과 달리 성경은 하나님과 사람 사이의 수직 관계를 우선하며, 죄를 덮는 것 또한 하나님이 하시는 일로서 사람의 회개가 반드시 선행되어야 함을 설명했다. 따라서 이웃의 죄를 덮어 주는 대신 그 죄를 깨닫고 회개하도록 최대한 돕는 것이 죄를 덮는 참 사랑이라는 것을 역설했다.

제5장 '이스라엘 건국은 예언의 성취인가' 부분에서는 현대 이스라엘의 건국을 고토 회복에 대한 구약 예언의 성취로 보는 관점이 잘못임을 먼저 지적하고, 구약의 그 예언은 하나님의 백성 교회가 주님이 세우시는 하나님의 나라에 모여들 것을 가리키는 것임을 신약성경을 통해 설명했다. 십자가 때문에 오랜 세월 박해를 받아 오던 유대교가 현대 이스라엘의 건국을 계기로 새로운 부흥을 경험하면서 오늘날

십자가 복음이 여러 측면으로 거센 도전을 받고 있지만 그 십자가 복음을 유대인들에게도 계속 전하는 것이 교회의 사명임을 설명했다.

제6장 '헌금: 심는 것인가, 거두는 것인가'에서는 그리스도인의 삶의 원리가 무엇인지 헌금이라는 주제를 통해 살펴보았다. 심는 대로 거둔다는 지극히 평범한 그 원리에 성경이 어떤 보배를 담았는지 살펴본 다음 그리스도인의 삶은 하나님이 주시는 은혜 하나를 동력으로 삼아 풍성한 열매를 거두는 삶임을 설명했다. 하지만 거두는 그 삶이 영생을 염두에 둘 때는 동시에 심는 삶이기도 함을 또한 설명하고, 이 둘을 분명히 구분하지 못하고 혼동하는 일은 생명과 사망을 뒤바꿀 수도 있는 심각한 문제임을 지적했다.

성경의 보배 됨을 설명하는 글이다 보니 본문에 성경 구절이 무수히 나온다. 좋은 번역 성경도 많지만 본문의 뜻을 최대한 정확하게 밝히기 위해 1, 2, 3장에서는 대부분의 성구를 필자가 직접 번역했다. 기존의 번역 가운데는 개역한글판 하나를 사용했는데 개역판을 인용할 경우 본문에 명시했다. 4, 5, 6장에서는 반대로 개역판을 주로 인용했고 몇몇 경우에만 필자가 번역했다.

세상은 보배를 반기지 않는다. 하여 보배를 담은 설명은 세상에서 질그릇 취급을 받는다. 세상이 보기에 하나님의 섭리에 대한 우리의 확신은 자기들이 가진 세계관보다 조금도 나을 게 없는 심리적 방어기제에 지나지 않을 것이다. 이스라엘 건국을 보는 시각 역시 현실감 없는 공허한 이론으로 치부하며 교회와 신학에 대한 공격을 멈추지 않을 것이다. 십자가만 사랑하는 교회를 향해 더욱 많은 비난과 조롱을 쏟아 부을 것이다.

세상과 교회가 진흙탕처럼 뒤섞인 지금, 보배는 교회에서도 환영받지 못할 가능성이 크다. 헌금은 심는 게 아니라 거두는 것이라 하면 헌금을 심는 행위로 가르쳐 교회 재정을 유지하던 목사들에게 돌을 맞을지도 모른다. 믿음에 대해서도 아직까지 '미쓔미다!'를 신봉하는 이들은 그게 범신론에서 나온 것인 줄도 모른 채 참으로 단순하고 확실한 성경적 믿음을 계속 배척할 것이다. 높아지고 낮아지는 문제도 마찬가지다. 대접 받기 좋아하는 우리 시대의 바리새인들은 낮추면 대접 받는다는 명심보감의 가르침을, 하나님 앞에서 죄인인 줄 깨달으라는 주님의 가르침보다 더 아낀다. 이 땅의 명예와 권세를 누리려는 마음이 영원을 바라보는 소망보다 크기에 스캔들을 드러내고 바로잡으라는 가르침 역시 서둘러 덮어 버리고 싶을 것이다.

복음이란 무엇인가? 우리가 다 하나님의 심판대 앞에 서는 그날까지 거듭 물어야 할 물음이다. 애써 답을 구해 보지만 완벽할 수는 없다. 질그릇 되어 사는 처지에 완벽한 것을 얻는다는 게 가당키나 한가. 하여 몸부림은 오늘도 계속된다.

감사의 말씀

고마운 분들이 많지만, 부모님의 희생과 사랑이 첫째다. 두 해 전 하늘로 부름 받으신 아버지와 오늘도 아들의 쓰임을 위해 기도하시는 어머니, 또 날마다 기도와 격려로 사랑을 베푸시는 아내의 부모님께도 큰 절로 인사를 올린다. 대학 이후 오랜 기간 멘토가 되어 주신 손봉호 박사님께 깊은 감사를 드린다. 대학 시절 사표가 되어 주신 이

만열, 이후철 교수님과 신학교 때부터 이끌어 주신 김세윤 교수님께도 감사를 드린다. 신학교 시절의 은사들, 특히 이보민, 고재수(N. H. Gootjes) 두 분 교수님과 미국 유학생활을 풍성하게 만들어 주신 루이 뒤프레(Louis Dupré), 니콜라스 월터스토프(Nicholas Wolterstorff) 두 분 교수님께 감사를 드린다.

미국 유학을 후원해 주신 서울영동교회와 빛소금교회 교우 여러분께 감사를 드린다. 또 책을 쓰는 동안 기도와 격려로 동참해 주신 그리니치 한인교회의 한진석 장로님 및 모든 교우들께 감사를 드린다. 교회에서 말씀을 나누며 내용을 많이 다듬었는데 질그릇에 담은 보배라는 큰 틀은 김상범, 최수온 부부와 대화를 나누던 중 정리된 아이디어다. 작년 봄 한국에 들렀을 때 책 내용을 일부 소개할 기회를 준 고려신학대학원 담당자께 감사를 드린다. 졸고를 기꺼이 출판해 주신 '복 있는 사람' 출판사에 감사를 드린다. 원고를 하나하나 읽고 값진 도움을 아끼지 않은 동생 권연경 교수에게 고마운 마음을 전한다. 그동안 책을 기다리며 기도해 주신 모든 분들께도 감사를 드린다.

이 책은 사랑하는 아내 제수정의 오랜 수고와 헌신 없이는 불가능했다. 이 책은 아내의 것이다. 즐거운 의무를 날마다 안겨 책 진도를 마냥 늦추어 준 세 아들 호성, 요한, 제영에게도 사랑을 전한다.

우주의 주인이신 하나님께 영광을 돌리며 나를 위해 십자가를 지신 우리 주 예수 그리스도께 감사와 찬송을 드린다.

2017년 7월

권수경

1.

못 믿은 그게 믿음이라니

올바른 믿음의 내용 및 대상에 대한 묵상

미국 캔자스의 기도회

미국 중부지역에 심한 가뭄이 들었다. 타들어 가는 밭을 보다 못한 캔자스의 한 교회가 비를 간구하는 특별 야외 기도회를 열었다. 오래 전 선지자 엘리야가 간절히 기도하자 하나님이 오랜 가뭄을 끝내고 비를 주신 일이 있다(약 5:16-18, 왕상 18:41-46). 우리는 물론 엘리야 정도의 의인은 못되지만 그래도 같은 성정을 가진 사람 아닌가. 게다가 이렇게 꽉 막혔을 때, 기도 말고 뭘 하겠는가. 누렇게 말라 버린 벌판 한가운데 온 교인이 다 모이자, 래리 게이츠 목사가 입을 열었다.

"사랑하는 성도 여러분, 오늘 우리는 하나님께 비를 구하려고 이렇게 모였습니다."

"아멘!" "아멘!"

교인들이 화답했다.

"여러분, 하나님의 능력을 믿으십니까?"

"아멘!"

소리가 커졌다.

"하나님이 오늘 우리 기도에 응답하실 줄 믿으십니까?"

"아멘!"

더 커졌다. 목사도 덩달아 소리를 높였다.

"지금 당장 비를 쏟아 부어 주실 줄 믿으십니까?"

"아멘!" "할렐루야!"

고함소리, 손뼉소리도 여기저기서 들려왔다. 그러자 목사가 갑자기 정색을 하고는 사방을 잠시 둘러보더니 나지막이 물었다.

"그러면 성도 여러분, 우산은 왜 아무도 안 가지고 오셨습니까?"

영어 유머 책에 나오는 이야기다. 목사 이름까지 나오는 것을 봐선 실제로 있었던 일 같기도 하다. 비를 달라고 기도회를 했다. 모두들 믿는다고 했다. 하나님이 지금 당장 비를 주실 줄 믿는다며 "아멘!" 하고 고함까지 질렀다. 그런데 우산을 준비했느냐 묻는 순간 모두가 "아차!" 했다. 믿는다고 거듭 고백했지만 그 믿음을 입증할 증거가 없다. 아니, 입으로는 믿는다 하면서도 정작 행동은 안 믿는 사람처럼 한 것 같다. '이런 마른하늘에 비는 무슨 비?' 그런 마음이었으니 죄다 빈손으로 온 것 아닌가. 비가 올 것이라는 일기예보가 혹 있었다면 아마도 적지 않은 교인들이 우산을 챙겨 왔을 것이다. 비를 간구하는 기도회에 가면서 그 정도의 믿음도 없었다는 말일까?

그래서 너희에게 말한다. 너희가 기도하고 구하는 것은 모두 받았다고 믿어라. 그러면 너희에게 될 것이다(막 11:24).

주님의 말씀이다. 받았다고 믿어야 그대로 된다 하셨다. 비를 주실 줄 정말로 믿었다면 분명 우산을 챙겼을 것이다. 그러니 우산 하나 없이 모인 기도회는 믿음 없는 기도회가 되는 셈이다. 그런데 만약 이들이 정말로 안 믿었다면 기도회는 왜 했을까? 뭐든 믿었으니까 온 교인이 벌판 한가운데까지 간 것 아닐까? 이들의 기도가 과연 믿음의 기도였는지 좀 혼란스럽다. '우산을 왜 준비하지 않았는가?' 게이츠 목사는 질문 하나로 핵심을 깊이 찌른다. 비가 오지 않아 온 교인이 하나님께 기도로 매달렸다. 당연히 하나님을 믿으니 기도했을 것이다. 그러면서도 우산은 생각조차 못했으니 이를 어쩌나. 하나님의 능력을 믿고 지금 당장 비를 주실 줄 믿는다 한 이들의 고백이 믿음인 것 같기도 하고 아닌 것 같기도 하다.

그나저나 이 이야기가 유머 책에는 왜 들어갔을까? 우스개를 논리적으로 분석하는 것 자체가 좀 우습긴 하지만, 일단 생각지도 못한 요소를 지적한 게이츠 목사의 기발함이 웃음의 계기가 된 것은 분명하다. 그런데 웃음의 이유는 분명하지 않다. 교인들의 엉터리 믿음을 확인하는 순간 피식 웃음이 나온 것일까? 아니면 기독교 신앙 전체가 웃음거리가 된 것 같아 쓴웃음이 떠오른 것일까? 좋은 유머는 웃음을 통해 삶의 참 모습을 드러낸다고 한다. 웃느라 잠시 방심한 그 틈으로 뚫고 들어가 삶의 가장 깊은 면을 드러내기 때문이다. 이 유머도 그런 좋은 유머로 볼 수 있을까?

사가랴의 믿음의 기도

믿었는지 안 믿었는지 헛갈리는 경우는 성경에도 있다. 세례 요한의 아버지 사가랴가 대표적이다. 사가랴는 대제사장이었다. 나이가 많았는데 아직 자식이 없었다. 부인 엘리사벳이 불임이었기 때문이다. 어느 날 성전에서 하나님께 향을 올려 드리던 중 천사 가브리엘이 나타나 말했다.

"네 아내가 네 아들을 낳을 것이다."

아들이라니? 내가 지금 나이가 몇인데……. 아내도 이미 늙었는데……. 사가랴는 믿을 수가 없었다. 그래서 가브리엘에게 물었다.

"그게 무슨 말씀이신지요?"

예의를 갖추고 공손하게 물었지만 뜻은 분명했다. 못 믿겠다는 말이다. 혹 무슨 오해가 있었을지도 몰라 자기도 아내도 나이가 많다고 천사에게 확인까지 해 주었다. 천사는 답답했는지 자기가 가브리엘임을 먼저 밝혔다. 그러고는 "내 말을 안 믿는구나" 하고는 아들을 낳을 때까지 말을 못 하게 만들어 버렸다. 왜 하필 말을 못 하게 했을까? "할렐루야!" 하고 춤을 추어도 모자랄 판에 "에이, 하나님 농담도!" 그랬으니 "그 입 다물라!" 하신 것이다.

사가랴가 안 믿었다고 천사가 분명히 말했다. 그래서 말도 못 하게 되었다. 그런데 천사가 조금 전에 했던 말은 다르다.

"사가랴야, 무서워 마라. 네 간구가 들려 네 아내 엘리사벳이 네게 아들을 낳을 것이다."

천사의 말을 보니 사가랴는 기도했다. 그리고 간구가 들렸으니 하나님이 들으신 것이다. 하나님이 들으셨다면 사가랴의 기도는 분명 믿음으로 드린 기도다. 하나님께 기도하려면 하나님이 계시다는 것뿐 아니라 그 하나님이 "당신을 찾는 이들에게 갚아 주시는 분이심을 믿어야" 한다(히 11:6). 믿음이 없이 기도하면 하나님이 안 들으시기 이전에 아예 기도가 못 된다. 하나님이 들으셨다면 사가랴가 드린 기도는 분명 믿음의 기도였다.

사가랴가 평소 믿음의 사람이었음은 분명하다. 사가랴 부부는 둘 다 아론의 직계 후손으로, 하나님 말씀을 흠 하나 없을 정도로 철저하게 지켰다. 순종은 곧 믿음이다(약 2:22). 두 사람의 완벽한 순종은 이들의 훌륭한 믿음을 반영한다. 그런데 안타깝게도 이 부부에게는 자식이 없었다. 오직 믿음으로 살았으면서도 남들 다 받는 자녀의 복을 박탈당한 셈이다. 불임을 하나님의 저주라 여기던 시절이니 이들의 상실감은 말로 다할 수 없었을 것이다. 이들로서는 기도하는 것 외에 다른 방법이 없었다. 나이가 많아졌지만 부부는 포기하지 않았다. 두 사람이 얼마나 늙었는지는 아무도 모른다. 레위인은 오십 세가 되면 은퇴하지만 제사장은 죽는 날까지 직무를 감당하게 되어 있었다. 이 나이에 자식을 달라는 게 말이 안 되는 줄 두 사람도 안다. 하지만 포기하는 것조차 사치였다. 너무 답답해 견딜 수가 없는데 하나님 아닌 누구에게 쏟아 놓겠는가. 그래서 기도했다. 그래서 믿음이다. 그래서 하나님이 들으셨다.

사가랴가 자식을 달라고 기도한 것이 아니라고 보는 이들도 있다. 자식을 주겠다는 말을 못 믿었다는 점을 염두에 둔다면 그렇게 풀 수도 있다. 워낙 경건한 사람이니 저 개인의 희망보다 전체 이스라엘의 구속을 위해 기도했을 수도 있다. 지난날 한나도 불임이라는 개인의 아픔에서 시작하여 메시아를 통한 구원을 위해 기도하지 않았던가(삼상 2:1-10). 훌륭한 믿음의 사람은 자신의 개인적인 고통을 온 우주의 구원과 연결시킬 줄 알았다. 사가랴도 아들이 태어난 직후 성령이 충만한 가운데 하나님의 구원의 약속이 성취될 것이라며 기뻐 찬양했다(눅 1:67-79). 그렇지만 본문의 정황 자체는 그렇게 복잡하지 않다. 천사가 한 말을 능동태로 바꾸고 접속사까지 살리면 이렇게 된다.

> 하나님이 네 간구를 들으셨다. 그래서 네 아내 엘리사벳이 네게 아들을 낳을 것이다.

분명 자식을 달라는 기도였고 그 기도를 하나님이 들으신 결과 아들을 주기로 하셨다는 말이다. 사가랴가 믿지 못한 것이 바로 이 약속이다. 지금까지는 사실 아무런 약속 없이 기도해 왔다. 그저 전능하신 하나님을 신뢰한 믿음의 간구였다. 그런데 아들을 주마 약속하신 순간 그 약속을 믿지 못했다. 하나님의 약속을 신뢰하지 못한 것은 하나님을 신뢰하지 못한 것과 같다. 자식을 달라고 오래 기도해 왔으면서 정작 응답의 약속을 주셨을 때는 믿지 못한 것이다.

하나님을 철저하게 믿는 가운데 그토록 간절하게 그토록 오래 해 온 기도라면 응답의 순간에 "할렐루야!"가 터져 나와야 참 믿음 아닌가? 분명 믿음의 기도였는데 왜 하필 그 순간에는 믿지 못했을까? 나이가 많아지면서 가능성은 더욱 줄어들었을 것이다. 혹 기도하면서도 "에이, 설마" 하고 대충 한 것일까? 그래서 주신 복이 워낙 뜻밖이어서 못 믿은 것일까? 천사의 꾸지람을 듣는 순간 '아차!' 했을 것이다. 그리고 즉각 하나님의 약속을 믿었을 것이다. 그냥 주셔도 될 아들을 미리 말씀하고 주신 덕에 믿음이 무엇인지 배운다. 사가랴 부부는 믿음의 사람이었기에 나이가 많아져도 포기하지 않았다. 그래서 하나님이 주신 약속이 실제 엘리사벳의 임신으로 이어졌다. 기도도 포기하지 않았고 하늘을 보는 노력도 계속 기울였다. 둘 다 믿음의 행위였다. 그래서 기어이 별을 땄다.

아픔이 있는 세상에서 믿음의 사람은 기도한다. 우주를 창조하시고 지금도 다스리시는 하나님께 내 아픈 사정을 아뢴다. 병들고 다치고 죽는다. 장애가 있어, 돈이 없어, 사는 일이 잘 안 되어 하나님께 부르짖는다. 문제를 당장 해결해 주실 것이라 믿어서가 아니다. 아픈 사람이 어디 나뿐이던가. 그럼에도 마음을 쏟고 몸을 비틀어 가며 기도하지 않을 수 없는 것은 그저 하나님을 믿기 때문이다. 우리를 사랑하여 독생자까지 아끼지 않고 주신 하나님, 나보다 생각과 판단이 높고 깊으신 하나님을 믿기에 나도 나름 노력을 기울이지만 무엇보다 하나님께 매달리지 않을 수 없다. 비를 달라 구하면서도 우산 챙기는 일은 생각조차 못할 수도 있다. 간구한 일이 이루어졌는데도 워낙 뜻밖의 일이라 믿지 못할 때도 있다. 하지만 우산을 안 챙겨도 믿음이요, 엄청난 결과를 한순간 못 믿어도 믿음이다. 일을 이루실 수 있는 하나님, 또 일을 정말로 이루신 그 하나님은 처음부터 내내 믿어 왔기 때문이다.

예루살렘 교회의 믿음

사가랴는 혼자였지만 성경에 보면 단체로 못 믿은 경우도 나온다. 성령으로 충만했던 교회, 그래서 말씀도 흥왕하고 교인 수도 폭발적으로 늘었던 예루살렘 교회가 그랬다. 교회가 성장을 거듭하자 헤롯이 박해를 시작했다. 헤롯 1세의 손자 헤롯 아그립바였다. 헤롯은 사도 야고보를 먼저 칼로 죽여 버렸다. 야고보가 예수께서 말씀하신 그 잔을 마신 것이다(마 20:22). 야고보가 죽자 유대인들이 좋아했다. 그래서 헤롯은 우두머리인 베드로도 죽이려고 잡았는데 마침 유월절이라 명절이 끝난 뒤 죽이려고 일단 감옥에 가두었다.

예루살렘 교회가 발칵 뒤집혔다. 당장 기도회를 열었다. 성경 표현 그대로 정말 뜨겁게 기도했다. 참으로 절박한 기도였다. 며칠만 지나면 베드로가 처형을 당할 것이다. 베드로가 죽는 것도 큰일이지만 교회의 앞날은 또 어떻게 되겠는가. 베드로의 처형이 예정되었던 전날 밤에는 마가 요한의 어머니 마리아의 집에 모여 밤을 새워 기도했다. 뭐라고 기도했을까? 감옥에서 감기 안 걸리게, 밤에 잠자리라도 편하게 기도하기는 않았으리라. 날이 새면 죽을 형편인데 그런 게 무슨 문제가 되겠는가. 베드로 본인도 그런 기도와 무관하게 넉살 좋게 잘 자고 있었다. 물론 베드로가 너무 힘들지 않게 해 달라는 기도, 또 어떤 일이 있든 끝까지 믿음을 잘 지키도록 도와 달라는 기도 정도는 당연히 드렸을 것이다.

하지만 교회가 가장 시급하게 드려야 할 기도는 오직 하나, 살려 달라는 기도였다. 교회가 밤을 새워 간절히 주께 드린 기도는 감옥에서 꺼내 달라는 기도, 죽지 않고 살아 돌아오게 해 달라는 기도였다. 바울이 순교를 각오하고 예루살렘에 올라가려 했을 때도 제자 여러 사람이 거듭 말렸다(행 21:4, 12-13). 그저 인간적인 배려가 아니라 "성령의 감동으로" 한 조언이었다(행 21:4). 사람이 큰 병에 걸려도 일단 살려 달라는 기도부터 한다. 베드로가 죽음을 앞두고 있었을 때도 교회가 드려야 할 기도는 분명했다. 주님 뜻이라면 물론 야고보처럼 멋지게 순교할 수도 있을 것이다. 하지만 그런 기도는 베드로 본인이나 드릴 수 있을까, 교회로서는 가장 마지막에 드려야 할 기도다. 교회가 가장 시급하게, 가장 힘주어 해야 할 기도는 얼른 감옥에서 꺼내 달라는 기도, 곧 베드로 본인의 표현대로 "헤롯의 손과 유대 백성의 모든 기대에서 벗어나게" 해 달라는 기도였다(행 12:11).

하나님이 그 기도를 들으셨다. 천사를 보내 베드로를 감옥에서 꺼내 주셨다. 쇠사슬에 매인 채 두 군인 틈에 누워 자던 베드로를 깨워 이중으로 된 감시망까지 뚫고 감옥에서 나오게 해 주셨다. 베드로는 처음에는 꿈인가 생시인가 하다가 이내 정신을 차리고는 마가 요한의 어머니 집으로 갔다. 사람들이 모여 기도하던 그 집이다. 하나님이 이미 기도를 들어주셨지만 아직 모른 채 간절히 빌고 있었다.

베드로가 다급하게 문을 두드렸다. "문 좀 열어 주시오." 소리도 질렀다. 로데라는 이름의 소녀가 누군가 하고 나왔다가 베드로의 목소리를 알아듣고 기쁜 나머지 문 여는 것조차 잊은 채 안으로 달려 들어갔다.

"베드로 아저씨가 오셨어요!"

그런데 기도하던 사람들의 반응이 뜻밖이었다.

"너 미쳤구나."

기막힌 반응이다. 이에 비하면 "무슨 말씀이신지요?" 했던 사가랴는 신사다. 베드로가 지금 문 앞에 와 있다는 말은 하나님이 우리 기도를 들으셨다는 이야기다. 온 교회가 간절히 빈 그 기도에 하나님이 응답하셨다는 말이다. 그런데 사람들은 그 소식을 전해 준 아이를 정신이 나갔다며 나무랐다. 이거 믿음 맞나? 온 교회가 드린 그 간절한 기도가 정말 믿음의 기도였나? 혹 믿음은 없으면서 입만 중얼거린 것은 아닌가? 그런데 하나님이 들어주셨다. 안 믿고 기도해도 기도하는 흉내만 내면, 아니면 온 교회가 모여 기도하면, 그것도 밤을 새워 기도한다면 하나님이 들어주신다는 말인가?

여자, 그것도 어린 여자아이가 하는 이야기라 쉽게 무시했을 수도 있다. 하지만 전달자가 누구냐 하는 것보다 전한 내용이 더 중요하다. 예수 부활의 놀라운 소식을 마리아라는 한 여인이 가장 먼저 전했지만 전한 내용은 주님의 오랜 약속의 성취 아니었던가. 그렇기에 여인의 말을 안 믿은 이들은 주님께 꾸중을 들었다(막 16:14). 로데가 전해 준 내용도 결코 가볍지 않았다. 베드로가 문 앞에 와 있다면 그것은 하나님이 우리 기도에 응답하셨다는 엄청난 내용이다. 할렐루야가 터져 나와야 할 순간이다. 그런데 베드로를 살려 달라고 며칠째 기도하고 오늘은 철야까지 하고 있는 사람들이 베드로가 살아 돌아왔다 전해 주는 아이에게 "너 제정신이니?" 했다. 베드로가 살아 돌아왔을 리 없다는 말이다. 하나님이 우리 기도에 응답하셨을 리가 없다는 말 아닌가. 기도한 일이 이루어졌다 하는데 확인해 볼 생각조차 않고 일언지하에 무시해 버린 이것도 믿음일까? 아이가 틀림없다고 다시 말했지만 교인들은 물러서지 않았다. 한순간 못 믿었더라도 거듭 말하면 '그럼 혹시?' 정도의 반응은 보여야 할 것 같은데 교인들은 또 다른 핑계를 대며 부인했다.

"베드로의 천사다."

네가 어려서 사람하고 천사를 혼동한 모양이구나. 어른답게 잘 타일렀다. 하지만 아이가 미쳤다는 성급한 비난이나 천사가 온 것이라는 차분한 설명이나 내용은 똑같다. 못 믿겠다는 것이다. 사가랴는 한 사람이었는데 이번에는 전체 교회의 집단 불신앙이다. 사가랴는 한순간 못 믿었는데 이들은 맞다고 재차 강조하는 아이에게 거듭 아니라며 끈질긴 불신앙을 반복적으로 드러내고 있다. 맞다, 아니다 우기는 사이 베드로가 또 문을 두드렸다. 얼른 열어 달라고 말도 했을 것이다. 문을 열었더니 거기 정말로 베드로가 서 있었다. 사람들은 어안이 벙벙했다. 얼이 빠졌다. 조금 전 로데를 미쳤다 했는데 이제는 그렇게 나무라던 사람들이 넋을 잃고 말았다.

로데라는 아이가 베드로의 목소리만 알아듣고 문 여는 일을 깜빡한 덕분에 우리는 믿음이 무엇인지 다시 한 번 확인한다. 문만 열어 보면 될 일을 옥신각신 시간을 보내는 바람에 더 확실하게 알게 되었다. 문 밖에 서 있던 베드로는 이들의 기도가 믿음의 기도였음을 입증한다. 로데를 미친 아이 취급하고 못 믿겠다고 한참을 우기다가 졸지에 얼이 빠져 버린 이들은 다름 아닌 믿음의 사람들이었다. 로데 하나가 잘 믿어 하나님이 베드로를 살려 주신 것이라고 둘러댈 필요도 없다. 이들은 열심히 기도했고 하나님은 그 기도를 듣고 베드로를 살려 주셨다. 살아 돌아올 줄 믿고 대문을 미리 열어 두지 않았어도 믿음이다. 그저 뜻밖의 일이라 믿지 못한 것이다. 그런 일이 정말 가능하리라고는 상상조차 못했다. 베드로가 잡히기 전 야고보는 헤롯의 칼에 죽지 않았던가. 그때는 사실 기도해 볼 틈조차 없었다. 또 야고보를 그냥 죽게 두셨으니 베드로를 살려 주실 것이라 기대하기란 정말 어려웠을 것이다. 다만 베드로는 아직 살아있으니 일단 하나님께 매달렸다. 간절히 빌었다. 그렇게 기도한 그게 믿음이다.

예루살렘 교회는 전에 핍박이 있었을 때에도 온 교회가 함께 기도해 큰 힘을 얻었다(행 4:23-31). 그 일이 있고 얼마 뒤에는 감옥에 갇혔던 사도들을 천사가 꺼내 준 일도 있다(행 5:18-21). 지금 이 기도회에는 그때 감옥에서 나온 출옥 사도 열 명도 참석했을 것이다. 그때 가능한 일이 지금이라고 왜 안 되겠는가. 때마침 바울과 바나바도 예루살렘에 와 있었으니 이 날 기도회에 참석했을 가능성이 크다. 누구보다 믿음의 본이었던 두 사람 아닌가(행 11:24). 모두 같이 기도했다. 그래서 꿈에도 생각지 못한 결과를 얻었다. 결과가 너무나 엄청나 한바탕 불신앙의 소동을 벌이고 말았지만 분명한 열매를 본 이들의 기도는 사가랴의 기도와 마찬가지로 '효과가 강력한 의인들의 간구'였다(약 5:16).

사라의 불신앙과 신앙

결정적인 순간에 못 믿은 사람이 또 있다. 아브라함의 아내 사라다. 사라도 믿음과 믿지 못함 사이를 오락가락한다. 하지만 결국은 믿음이다. 못 믿은 그 순간도 따지고 보면 믿음이다. 사라의 생애를 거슬러 올라가 보면 사라는 남편을 따라 조금씩 믿음을 키워 간 사람이다. 고개를 갸우뚱하게 만드는 순간도 없지 않지만 삶 전체를 두고 볼 때 사라는 처음부터 끝까지 믿음으로 산 믿음의 사람이었다.

사라는 하나님을 믿었다. 남편을 약속의 조상으로 세우신 하나님이다. 사라는 그 하나님의 언약을 믿었다. 하나님이 처음 아브라함에게 수많은 민족의 조상이 되게 해 주마 하셨을 때 아브라함은 자식이 없었다. 나이도 많았고 아내 사라의 출산 가능성도 점점 줄고 있었다. 그래서 아브라함은 엘리에셀을 양자로 들였다. 하나님의 약속을 믿은 믿음의 행위였다. 이 과정에서는 사라의 역할이 언급되지 않았지만 남편 혼자의 결정으로 양자를 들이지는 않았을 것이다.

얼마 후 하나님께서 아브라함의 친아들이 대를 이을 것이라고 아브라함에게 가르쳐 주셨다. 아브라함이 하나님을 믿자 하나님은 아브라함을 옳다 여기셨다(창 15:6). 아브라함은 아들이 없다. 자신도 여든이 넘었고 아내 사라도 일흔이 넘어 자식을 볼 가능성은 거의 없다. 그런데도 믿었으니 참으로 놀라운 믿음이다. 이때 사라가 적극적으로 나섰다(창 16:1-17). 하나님은 아브라함의 친아들을 통해서 언약을 잇겠다 하셨다. 그런데 자신은 불임이다. 그래서 남편 아브라함에게 자신의 몸종 하갈을 통해 아들을 낳으라 제안했다. 자신의 몸종이니 아들을 낳으면 아브라함의 친아들이면서 또 사라 자신의 아들이 되지 않겠는가. 아브라함도 동의했다. 이때 아브라함의 나이 여든다섯이었다.

하갈은 곧 임신했다. 믿음으로 하니 이렇게 쉬운 것을! 그런데 예상치 못한 일이 일어났다. 하갈이 아이를 임신하자마자 주인 사라를 경멸한 것이다. 그래, 믿음으로 했는데 잘 안 풀리는 경우도 있다. 그래서 아브라함의 묵인 아래 하갈을 학대했다. 얼마나 괴롭혔는지 하갈은 임신한 몸으로 도망을 쳐야 했다. 하지만 천사가 개입하여 하갈을 위로했고 하갈은 집으로 돌아온 얼마 뒤 아들을 낳았다. 하나님이 들어주셨다 하여 이름을 '이스마엘'이라 지었는데, 동상이몽의 이름이었다. 하갈은 자신의 고통을 들어주신 하나님을 기억하였지만 아브라함이나 사라는 저희 기도를 들으신 하나님을 생각했을 것이다. 어쨌든 이스마엘은 하나님의 언약을 이을 아들로 아브라함 집에서 자랐다.

그런데 이스마엘이 열세 살 되었을 때 하나님이 뜻밖의 말씀을 하셨다. 하나님의 언약을 이을 아들이 사라의 몸에서 태어날 것이라는 말씀이었다(창 17:15-22). 아브라함은 속으로 웃었다. 아내는 이미 늙었다. 폐경까지 된 마당에 아들은 무슨 아들? 게다가 친아들 이스마엘이 있지 않은가. 아브라함은 하나님께 이스마엘이 하나님 앞에서 살았으면 좋겠다고 말씀드렸다. 확실하지는 않지만, 그냥 이스마엘이 대를 이으면 좋겠다는 말인 것 같다. 그래서 하나님은 사라가 아들을 낳을 것임을 다시 한 번 힘주어 말씀해 주셨다.

얼마 뒤 하나님이 아브라함의 장막에 두 천사와 함께 찾아오셨다. 아브라함은 마당에서 잔치를 베풀었다. 하나님은 그 자리에서 사라가 곧 아들을 낳을 것이라고 아브라함에게 다시금 확인해 주셨다. 사라가 장막 문에서 그 이야기를 듣고 속으로 웃었다.

"쭈그렁이 할망구가 자식 복은 무슨. 남편도 늙었는데."

하나님이 아시고 아브라함에게 사라가 왜 웃느냐 물으셨다. 전에 아브라함이 웃었을 때는 가만 계시던 하나님이 사라가 웃으니 지적하셨다. 그리고 말씀하셨다.

여호와가 못할 일이 있겠느냐?

사라가 믿지 못했음을 지적하신 것이다. 사라는 안 웃었다 우겼다. 하나님은 웃어 놓고 무슨 소리냐 하셨다. 얼마 전에 웃었던 아브라함도 순간 속이 뜨끔했을 것이다. 그나저나 웃어 놓고 안 웃었다 우긴 것은 무슨 뜻일까? 하나님을 어떻게 속이겠나? 그저 안 믿은 자신이 부끄러웠으리라. 그런데 하나님은 그것을 다시금 지적하셨다. 망신을 주시기 위해서가 아니라 믿음으로 인도하시기 위해서다. 덕분에 우리도 믿음이 무엇인지 배운다. 불신앙을 깨닫는 그게 신앙의 계기가 된다. 변증법 때문이 아니라 하나님의 은혜 때문이다. "아차!" 하는 순간, 뜨끔 하는 순간에 내 순간적인 불신앙을 깨달음과 동시에 마음 깊은 곳에 있는 믿음을 확인한다. 말을 못 하는 벌을 받기도 하지만 그것을 계기로, 우리를 사랑하시는 하나님의 은혜를 다시금 확인한다.

히브리서는 사라를 믿음의 사람으로 소개한다. 사라는 믿었다. 아들을 주겠다 하신 하나님을 신실하신 분으로 본 것이 사라의 믿음이다. 아들을 주겠다 말씀하신 순간에는 분명 안 믿었다. 하나님이 직접 지적하셨으니 틀림없다. 그런데 어떻게 믿음의 사람이 되었을까? 사라가 웃은 직후 하나님이 들려주신 말씀 때문이다. "여호와는 못할 일이 없다" 하신 그 말씀을 사라가 믿었다.

믿음으로 사라 자신도 불임에다가 나이도 많았지만 임신하는 능력을 얻었는데 약속하신 분을 미쁘시다 여겼기 때문입니다(히 11:11).

사라는 미쁘신 하나님을 믿었다. 전능하실 뿐 아니라 약속을 지키시는 하나님이다. 그래서 임신하는 힘을 얻었다. 새로운 믿음이 아니다. 사라는 처음부터 믿었다. 남편 아브라함을 많은 민족의 조상으로 세우신 하나님을 믿었다. 사실 하갈을 첩으로 준 것도 그 믿음이 있었기 때문이요 하나님의 언약을 서둘러 성취하고자 마음이 조급했기 때문이다. 아흔이 거의 된 자신에게 하나님이 아들을 낳게 해 주겠다 하실 때는 물론 못 믿었다. 하지만 잠깐 못 믿었다고 사라가 불신앙의 사람이 된 것은 아니다. 절대 아들을 낳을 수 없는 자신의 처지를 확인했을 뿐, 그로 인해 오히려 하나님의 큰 능력이 드러났다. 너무 엄청나 웃은 것이지 하나님이 그런 능력을 가지신 분인 줄은 사가랴나 예루살렘 교인들이나 캔자스의 교인들처럼 처음부터 알고 있었다. 그래서 하나님이 당신의 전능하심을 상기시켜 주셨을 때 사라는 다시금 믿음에 섰다. 그래서 안 웃었다고 우긴 것이다. 말도 안 되는 이 억지 속에 사라가 처음부터 가졌던 믿음이 담겨 있다. 사라의 믿음은 믿음의 조상 아브라함의 배우자로 조금도 손색이 없다.

하나님께 매달리는 것이 믿음

비를 구하고, 자녀를 달라 하고, 감옥에서 꺼내 달라 비는 것은 모두 기도의 내용이다. 우리가 살면서 그렇게 하나님께 아뢰고 구하는 것이 다 기도의 내용 곧 기도 제목이다. 그런데 기도는 곧 믿음이다. 믿

(히 11:6, 요 6:37, 행 2:21).

성경이 믿음의 틀만 정의하고 있기 때문에 그 틀에 엉뚱한 것을 담아 그것을 믿음이라 우기는 사람들이 많다. 이들은 자기의 생각이나 꿈이나 욕심을 믿음이라는 틀에 담은 다음 마음의 확신을 얻으면 그게 마치 믿음인 양 착각한다. 그런 류의 믿음은 디즈니 애니메이션 '신데렐라'에 나오는 믿음과 다르지 않다. 그것은 뭐든 끝까지 포기하지 않으면 이루어진다는 신념으로 성경의 믿음과 전혀 무관하다. 돈, 명예, 건강 등 이 땅의 것들을 예수 이름으로 탐하는 이들도 "미쓔미다!" 하면서 믿음을 들먹이지만 그것도 사실 신데렐라와 별반 다르지 않다. 이들은 믿어야 이루어진다는 주님 말씀도 그렇게 마음의 힘으로 푼다. 그러면서 오래 전 엘리사가 이스라엘 왕에게 하나님이 물을 주실 터이니 골짜기에 도랑을 많이 파라 지시한 이야기를 보기로 든다(왕하 3:16). 우산을 미리 챙기는 것이 믿음이요, 그런 믿음이 없이는 하나님이 비를 주시지 않을 것이라는 이야기다. 언뜻 들으면 그럴듯하지만, 엘리사의 경우 하나님이 주신 분명한 약속이 있었다. 도랑을 파라 하셨으니 파야 된다. 하지만 하나님의 약속과 무관한 내 희망이나 욕심을 채워 넣은 다음 그게 이미 이루어진 양 생각하고 행동하는 것은 세상의 신념 내지 집념일 뿐 성경이 가르치는 믿음은 아니다.

성경이 가르치는 믿음에는 분명한 내용이 있다. 하나님의 언약 곧 성경에 나와 있는 하나님의 말씀이 우리 믿음의 내용이다. 히브리서가 소개하는 믿음의 사람들 가운데 자기 욕심이나 꿈을 믿음의 내용으로 채워 넣은 사람은 하나도 없다. 이들이 가졌던 것은 구원의 소망이었다. 하나님의 구원을 바라는 것, 보이지 않는 하나님을 믿고 의지하며 그 하나님이 약속하신 영원한 나라를 바라는 것이 믿음이다(히 11장, 롬 4:20).

내용이 분명하기에 더욱 중요한 것이 대상이다. 참 하나님을 바로 알고 믿는 것이다. 성경이 전하는 하나님을 바로 알기만 하면 믿음의 내용은 저절로 확보된다. 천지를 창조하신 분이요 오늘도 다스리시는 분이다. 당신의 아들을 믿는 모두에게 영원한 생명을 약속하신 그 하나님이시다. 영생의 복을 받은 이들을 끝까지 버리지 않으시고 이 땅에서도 가장 좋은 것만을 제공해 주시는 분이다(롬 8:28, 32, 35-39). 이것 하나로 충분하다. 참 믿음은 언제나 내용을 넘어 대상을 향한다.

나그네로 살아가면서 삶의 구체적인 내용도 하나님께 아뢴다. 하나님을 신뢰하므로 우리의 간구 역시 믿음의 내용이 될 수 있다. 하지만 오락가락할 수밖에 없다. 지금 당장이라도 비를 쏟아부어 주실 수 있는 하나님이지만 그 비를 실제로 언제 주실지는 알 수 없는 까닭이다. 자식이 없다면 달라고 매달리는 수밖에 없다. 주실지 안 주실지 누가 알리요마는 그렇게 매달리지 않을 수 없는 게 믿음이다. 사라나 엘리사벳은 기적처럼 아들을 얻었지만 평생을 기도하고도 자녀를 얻지 못한 믿음의 사람은 또 얼마나 많겠는가. 세상의 핍박을 받을 때도 아픔을 덜어 달라고 또 견딜 수 있게 해 달라고 하나님께 달려가 아뢰지만 베드로를 그토록 수고스럽게 꺼내 주신 하나님이 야고보는 왜 그렇게 단칼에 죽도록 놔두셨는지 우리는 모른다. 믿음과 성령이 충만했던 스데반은 강력한 메시지만 하나 전하고 돌에 맞아 죽었다. 그에 반해 비슷한 은사를 가졌던 빌립은 사마리아에서 전도하고 에

티오피아 내시도 전도하고 나중에는 가이사랴에서 오래 살면서 예언하는 딸을 넷이나 길렀다. 두 사람의 길이 왜 이렇게 달랐는지 우리는 모른다. 그래서 우리 기도도 어려워진다. 오래 기도해 온 이것이 정말 하나님 뜻일지, 이것을 두고 얼마나 세게 기도해야 할지 확신이 서지 않을 때도 많다. 그렇지만 걱정할 것은 없다. 우리가 믿는 대상이 하나님이니 됐다. 살아 계신 하나님, 독생자까지 아끼지 않고 주신 그 하나님을 분명하게 믿고 그분께 간구한다면 내용이 조금 틀려도 다 좋게 보아 주신다. 깜빡 잊고 안 구한 것도 주시고 잘못 구한 것은 바로잡아 더 좋은 것으로 주신다. 그냥 믿으면 된다. 그냥 기도하면 된다.

비를 달라고 기도하기 전에 우산부터 챙길 정도로 믿음이 강력하다면 얼마나 좋을까마는 성경에 나오는 믿음의 선배들도 그 정도는 아니었다. 우리 믿음이 사라나 사가랴 근처에나 가겠는가. 오순절 이후 성령으로 충만해 있던 예루살렘 교회의 믿음도 마찬가지. 하지만 믿음이다. 우산을 미리 안 챙겨도, 베드로가 살아 돌아올 줄 알았다고 당연하게 여기지 않아도 다 믿음이다. 기도한 그게 믿음이다. 그들이 못 믿은 게 아니라 하나님의 응답이 너무나 놀라웠을 뿐이다. 답답한 세상, 아픔이 있는 세상은 기도하지 않을 수 없는 세상이다. 기도할 믿음이 있으니 얼마나 좋은가. 기도하는 믿음은 그대로 될 것이라는 자신감과 다르다. 어찌할 수 없어서, 기도 외에는 달리 방법이 없어서 하나님께 울며 매달리는 것이요, 전능하신 그 하나님이 우리를 사랑하시는 줄 믿기에 밤을 새워 씨름한 야곱처럼 그 하나님 한 분 붙들고 늘어지는 그게 바로 믿음이다(창 32:24-32, 호 12:4).

내용이 엄청나다고 그 순간에 꼭 못 믿어야 하는 것은 물론 아니다. 마리아는 처녀의 몸으로 임신할 것이라는 가브리엘의 말을 믿음으로 그대로 받아들였다(눅 1:26-38). 기도해 온 것은 아니었지만 남자 없이 하는 동정 임신이니 엘리사벳의 노년 임신보다 더 믿기 어려웠을 것이다. 그래서 사가랴처럼 그게 어떻게 이루어질 것인지 묻기도 했지만 하나님의 전능하심에 대한 말씀과 엘리사벳의 사례를 전해 듣고 아멘으로 응답한 결과 '믿은 여자'가 되었다(눅 1:45). 또 같은 표현을 쓰면서도 마음은 다를 수 있다. 사실 사가랴가 천사에게 "그게 무슨 말씀이신지요?" 하고 물었던 그 말은 오래 전 아브라함이 친아들을 약속하시는 하나님께 드렸던 바로 그 질문이었다(창 15:8, LXX). 하지만 아브라함이 일단 믿은 다음 방법에 대해 여쭌 반면 사가랴는 순간적으로 못 믿어 입이 닫히는 벌을 받았다. 물론 아브라함도 얼마 후 못 믿는 듯 웃었다가 나중에 분명한 믿음을 고백했다. 모두가 믿음의 사람이었지만 순간적인 반응은 때에 따라 그렇게 달랐다.

못 믿겠다는 반응이 평소의 불신앙을 그대로 드러내는 경우도 있다. 사실 그런 경우가 더 많을 것이다. 이스라엘이 아람의 침공으로 극도의 식량난을 겪고 있을 때 하나님이 엘리사를 통해 곧 풍성한 양식을 주마 약속하셨다(왕하 6:24-7:1). 그러자 왕의 신하 하나가 즉각 못 믿겠다며 시비를 걸었다. 여호와께서 하늘에 문을 내고 직접 공수하셔도 그렇게는 안 될 거라며 빈정거렸다. 엘리사는 하나님을 못 믿은 그에게 벌을 선포했고 그 신하는 하나님의 약속이 이루어지는 것을 보는 순간 사람들에게 밟혀 죽었다(왕하 7:2, 17-20). 사가랴나 사라와 달리 순간의 반응이 그 사람의 평소의 불신앙을 그대로 보여준 경우다.

똑같이 기도하면서도 마음 상태는 천차만별이다. 실제로 하나님이 어떤 응답을 주실지 모르기 때문이다. 어떤 이는 기도하면서 확신의 주먹을 불끈 쥐는 반면, 어떤 이는 기도한 뒤에도 기연가미연가한다. 하지만 하나님께 기도한다면 그것은 믿음이다. 우산 챙길 경황이 없어도 믿음이다. 왠지 비를 안 주실 것 같은 느낌이 들어도 믿음이다. 비를 주실 것 같은 강한 느낌이 있었다가 허탕으로 끝나도 믿음이다. 이런 차이는 개인의 성향의 차이다. 강한 마음, 여린 마음이 나누어지기 때문이다(롬 14:1-15:2). 결국은 우리가 사람이기 때문이다. 우리는 다 연약한 인간이다. 한 치 앞도 내다볼 수 없는 인간이다. 그렇기에 믿으면서도 못 믿는 것 같은 반응을 보인다. 하나님은 우리의 개인적 성향이나 감정이 아닌 당신의 주권대로 일을 이루신다. 우리보다 생각이 높으시기에 응답의 방향은 우리의 기대와 전혀 다를 때가 많다(사 55:8-9). 우리 반응도 오락가락한다. 하지만 하나님을 믿으니 그것으로 충분하다. 그래서 우리의 기도도 언제나 주님처럼 하나님의 뜻이 이루어지기를 바라는 간구로 끝이 난다.

우산을 안 챙겼다고 우리 믿음이 일기예보에 대한 신뢰보다 못하다고 자조해서도 안 된다. 일기예보는 여러 정보를 취합하여 인과 법칙에 따라 예측하는 일이다. 그런 예측은 누구나 쉽게 수용할 수 있다. 하지만 믿음은 보이지 않는 것을 내용으로 한다. 성경에서 약속하신 일이라면 물론 백 퍼센트 확신을 가져야 마땅하다. 사가랴나 사라처럼 분명히 약속해 주셨다면 당연히 그대로 믿어야 한다. 말씀해 주셨는데도 못 믿었기에 벌도 받고 꾸중도 들었다. 하지만 우리 일상의 삶에 대해서는 미리 알려 주신 바가 없다. 그러니 믿음의 기도는 예측

가능성과 무관하게 전능하신 하나님을 신뢰하고 그 하나님이 주실 결과를 기대한다. 예상대로 이루어져도 인과법칙의 결과가 아니라 하나님의 응답이요, 내 기대와 정반대로 되어도 하나님이 주신 답이다. 전능하신 하나님을 믿기에 가능성이 전혀 없는 일도 기도로 구한다. 그런 기도에 하나님이 응답하실 때도 있다. 그런 응답을 경험하면 예루살렘 교인들처럼 믿을 수가 없어 입만 벌어진다. 그래도 믿음이다.

기도회 이야기가 유머 책에 실린 이유는 게이츠 목사의 질문 때문이다. 불신앙을 꼬집는 듯 보이지만 사실은 그렇지 않다. 기도회에 모인 교인들은 다 믿음의 사람이었고 우산을 안 챙긴 그 기도회도 믿음의 기도회였다. 불신앙인 듯 보이는 거기 믿음이 담겨 있다는 믿음의 역설을 웃음 속에 슬쩍 담았다. 그러니 그냥 즐겁게 한 번 웃으면 된다. 이 유머는 그렇게 웃게 만들어 생각의 물꼬를 튼다. 무엇이 믿음이고 무엇이 아닌지 돌아보게 만드니, 삶을 보여주는 참 좋은 유머다.

불신앙 속에 담긴 믿음

믿음으로 기도해 놓고서도 못 믿고, 안 믿은 듯 보이는데도 하나님이 들으신다. 있는 것 같으면서도 없고, 없는 것 같은데 사실은 있는 게 이 믿음이다. 역설이다. 기독교 신앙이 본디 그렇게 역설로 가득하다. 착하게 살아 뿌듯하다면 이미 낙제다. 형편없는 모습으로 쥐구멍을 찾는 이들을 오히려 예쁘게 봐주신다(눅 18:9-14). 그래서 헷갈리기도 하지만 우리 사는 꼴을 보면 그저 감사, 찬송만 남는다. 낙제할 가능성이 전혀 없으니 말이다.

귀신을 쫓아내지 못한 무능한 제자들 덕에 믿음이 무엇인지 또 배운다. 예수께서 산에서 영광스러운 변화를 보여주신 다음 베드로, 야고보, 요한과 함께 내려오셨는데 나머지 제자들이 사람들과 섞여 웅성거리고 있었다. 무슨 일인가 알아보니 귀신이 들려 장애인이 된 한 아이를 아버지가 데리고 왔는데 제자들이 귀신을 못 쫓아냈다 한다. 주께서 탄식부터 하셨다.

안 믿는 세대여, 내가 너희를 얼마나 참아 주랴?

귀신을 못 쫓아낸 제자들도, 귀신 들린 아이 때문에 고생하는 가정도, 그것을 가지고 옳다 그르다 시비하는 서기관들도, 좋은 구경거리라 바라보며 즐기던 사람들도, 주님이 보실 때는 그냥 '안 믿는' 사람들이요 '비뚤어진' 사람들이었다(마 17:17, 눅 9:41).

예수께서 아이를 데려오라 하셨다. 순간 귀신이 아이에게 발작을 일으켰다. 언제부터 이랬는지 예수께서 아이 아버지에게 물으셨다. 아이 아버지는 어렸을 때부터라 대답한 뒤 귀신이 아이를 죽이려고 불에도 물에도 자주 던졌다 말씀드렸다. 그러고는 부탁을 드렸다.

"그렇지만 뭐라도 하실 수 있으면 저희를 불쌍히 보시고 도와주십시오."

예수께서 곧장 대답하셨다.

'하실 수 있으면'이라니? 믿는 이는 모든 게 가능하다.

믿음이 없는 세대에게 예수께서 믿음의 능력에 대해 말씀하셨다. 모여 있는 모든 사람을 '안 믿는' 사람으로 규정하신 예수께서 이제 '믿는 이는 모든 게 가능하다', 다시 말해 믿지 않았기에 귀신이 들렸고 믿지 않기에 귀신을 못 쫓았고, 안 믿기에 말싸움이나 하고 있는 것이라는 뜻을 담으셨다. 모든 게 믿음의 문제다. 믿음에 대한 본문의 첫 가르침이다. 믿음과 무관한 것은 없다. 믿음이면 다 되고 믿음이 아니면 아무것도 안 된다. 주님은 '하실 수 있으면'이라는 말이 틀렸다 하심으로써 주님에게는 모든 것이 가능함을 말씀하신다. 보통 사람도 믿기만 하면 다 할 수 있는데 주님은 그 믿음의 주인이시니 말할 것도 없다(히 12:2).

믿으면 모든 게 가능하다는 말씀을 마치기가 무섭게 아이 아버지가 외쳤다.

> 믿습니다. 제 불신앙을 도와주세요!

기막힌 문장이다. 이 짧은 몇 마디에 믿음의 역설이 고스란히 들었다. 첫 마디가 '믿습니다' 하는 외침인데 사실 이 말은 거짓말이다. 아직 안 믿는다. 못 믿고 있다. 그래서 자신의 '불신앙'을 곧바로 시인했다. 그런데 왜 믿는다고 했을까? 믿는 사람에게는 모든 것이 가능하다 하셨다. 내가 믿는다면 내 아이를 괴롭히는 귀신도 쫓아낼 수 있다. 그래, 믿어야 된다. 그래서 '믿습니다' 하고 외쳤다.

그런데 사실은 아니다. 난 안 믿는다. 믿음이 뭔지도 모른다. 믿는다는 나의 외침은 그저 아이가 낫기를 바라는 아버지의 애끓는 심정일 뿐이다. 그래서 믿지 못하는 자기를 도와달라는 말씀을 얼른 덧붙였다. 안 믿는다고 솔직하게 인정한다. 조금 전에도 '하실 수 있으면'이라고 애매한 토를 달지 않았던가. 그런데 좀 이상하다. 안 믿는다는 이 말은 그러면 정말인가? 내용은 분명 믿음이 없다는 것인데 분위기는 전혀 그렇지 않다. 믿음이 없다 했지만 믿음 없는 자기를 도와 달라 간청했으니 이게 사실은 믿음 아닌가? 처음부터 도와 달라 했다. 내 앞에 서 계신 분, 믿는 사람에게는 모든 게 가능하다고 방금 가르쳐 주신 분, 그분을 향한 신뢰가 이 간청에 담겼다. "제 불신앙을 도와주세요!" 간청을 뛰어넘는 놀라운 고백이다. "그대는 그리스도이시요 살아 계신 하나님의 아들이십니다" 하였던 베드로의 고백이 성숙함이라면, 아이 아버지의 신앙고백은 참으로 멋진 출발점이다.

이게 역설이다. 처음 "믿습니다" 한 것은 불신앙이었다. 그런데 "안 믿습니다" 하고 덧붙인 말은 분명한 신앙이다. 믿고 안 믿는 게 180도 뒤집어졌다. 진술 내용이 참 마음과 반대가 되었고 말과 현실이 완전히 뒤집어졌다. 그런데 만약 뒤에 한 말이 정말 믿음이라면 처음 한 말도 사실이 아닐까? 없던 믿음이 말하는 도중에 갑자기 생기지는 않았을 터. 그렇다면 첫 말부터 믿음이어야 한다. 사실 처음부터 믿음이었다. 그래서 아이를 데리고 온 것 아닌가. 지금도 그리스도께 도움을 간청하고 있다. 아무도 큰소리칠 수 없는 게 믿음이다. 그래서 믿는다 해 놓고 자신의 부족함을 곧이어 고백한 것이다. 본문이 가르치는 믿음의 두 번째 모습이다. 믿음은 역설이다. 말로 믿는다 한 것이 불신앙일 수 있고 거꾸로 믿음이 없다 한 그것이 참 믿음일 수 있다. 하지만 믿음에 대한 것은 무조건 뒤집으라는 뜻이 아니다. 진술이 '그렇다'이든 '아니다'이든 믿음의 참 알맹이는 말의 진술 자체를 뛰어넘는 것임을 보여줄 따름이다.

한국 어른들은 공부하는 아이들을 보면 "열심히 해라!" 한다. 미국 어른들은 대신 "Take it easy!" 한다. 하나는 '열심히 해라'고 하나는 '쉬엄쉬엄 해라'다. 하나는 죄는 것이고 하나는 푸는 것이니 내용은 정반대이지만 알고 보면 뜻은 같다. 표현과 무관하게 그 말에 담긴 것은 아이들에 대한 어른의 관심과 사랑이다. 따뜻한 그 마음을 담은 그릇이 대접이면 어떻고 사발이면 어떤가!

예수께서 말씀으로 귀신을 내쫓으셨다. 다시는 아이에게 들어가지 말라 명령하셨다. 그렇게 귀신 문제는 해결이 됐다. 제자들이 조용한 곳에서 예수께 여쭈었다.

> 저희는 왜 귀신을 내쫓을 수 없었습니까?

예수께서는 뜻밖의 대답을 들려주셨다.

> 이런 종류는 기도 아닌 다른 방법으로는 못 나간다.

주님은 귀신을 기도가 아닌 명령으로 내쫓으셨다. 그런데 제자들에게는 기도가 아니면 안 된다 하신다. 여기서 믿음이 무엇인지 핵심을 가르쳐 주신다. 믿음은 주님을 믿는 것이다. 하나님을 믿는 것이 믿음이다. 기도가 바로 그런 믿음이다. 내 기도를 들으시는 분에 대한 믿음이다. 그래서 같은 내용을 담은 마태복음에서는 제자들의 '작은 믿음' 때문에 귀신을 못 쫓아냈다고 말씀하셨다(마 17:20). 주님은 기도하시지 않았다. 대신 아이의 아버지가 기도했고 주님은 기도를 들으셨다. 주님도 이 땅에 계실 때 아버지께 열심히 기도하셨지만 지금 이 순간에는 우리 기도를 들으시는 하나님의 능력을 보이셨다. 그러면서 믿는 이에게는 모든 게 가능하다 하셨다. 믿는 사람은 기도한다. 기도하는 사람에게는 모든 게 가능하다. 기도를 들으시는 주님이 거기 계시기 때문이다. 기도를 들으시는 하나님이 우리에게 있기 때문이다. 믿는 사람은 기도하는 사람이요, 전능하신 참 하나님께 기도하면 하나님이 들으신다. 하나님이 전능하시니 믿는 사람에게는 모든 게 가능하다.

믿음은 기도하는 것이요 내 기도를 들으시는 그분을 신뢰하는 것이다. 말이야 믿는다 하든 믿음이 없다 하든 그게 중요한 게 아니다. 내 진술을 넘어 마음 깊은 곳에서 그분을 신뢰하고 있는가, 내 기도를 들으시고 모든 것을 하실 수 있는 그분을 믿고 의지하고 있는가 하는 것이다. 그렇게 볼 때 결국 믿음은 역설이 아니다. 사람의 언어가 믿음의 참 모습을 제대로 담아내지 못할 뿐이다. 말하는 자신의 부족함을 깨닫고 나니 믿는다고 감히 진술할 수 없어 머뭇거리기 때문이다.

주님이 가르쳐 주셨다.

하나님을 믿어라(막 11:22).

그게 믿음이다. 참 단순하다. 하나님을 믿는 것이다. 성경의 하나님이다. 우주를 창조하신 하나님, 살아 계시고 당신을 찾는 이를 결코 외면하지 않으시는 하나님, 그리고 독생자까지 아끼지 않고 주셔서 우리를 구원하고자 하시는 바로 그 하나님을 믿는 것이 믿음이다(히 11장).

믿음의 힘, 하나님의 힘

믿어야 이루어진다(막 11:24). 의심해서는 안 된다(막 11:23). 하나님은 다 하실 수 있기 때문이다. 주님께서도 믿어야 된다고, 믿는 그대로 된다고 자주 말씀하셨다(마 8:13, 9:28-29, 17:20, 막 11:24, 요 11:40). 사실 내가 믿든 안 믿든 하나님은 하신다. 하지만 내가 믿어야 그 믿음의 능력을 나도 경험할 수 있다. 하나님은 의인들이 드리는 믿음의 간구를 통해 일하신다(약 5:15-16). 그런 점에서 믿음은 참으로 중요하다. 믿음은 하나님이 다 하셨음을 인정하는 것이다. 나는 한 게 없음을 고백하는 일이다.

그런데 믿음이 없으면 안 된다는 이 말씀을 오해하여 믿음이 그 자체로 어떤 힘이라도 되는 양 착각하는 이들이 있다. 특히 두드러진 것이 지난 세기 미국에서 시작된 신사상(New Thought) 운동이다. 이들은 기본적으로 마음의 힘을 믿는다. 마음 가운데서도 잠재의식은 무한한 힘을 가졌다 하면서 그 힘이 곧 믿음의 힘이라 주장한다. 잠재의식의 힘이 무한한 이유는 우주의 힘이 잠재의식을 통해 나타나기 때문이다. 신사상은 범신론을 믿는다. 우주가 곧 신이라는 믿음이다.

신을 믿으니 그것도 믿음이긴 하지만, 나 또한 우주의 일부요 신의 일부이니 우주를 믿는 믿음은 곧 나 자신의 능력을 믿는 믿음이기도 하다. 따라서 믿음 역시 신이 하시는 어떤 것이 아닌 내 마음의 능력이 되고 만다.

신사상에서 믿음의 능력을 발휘하는 방법은 두 가지, 곧 그리기와 말하기다. 나름 복잡한 그 방법을 여기서 다 설명할 수는 없지만 골격만 보면 우선 내가 바라는 것의 구체적이고 명확한 그림을 마음에 그린다. 내 소원이나 욕심을 엉터리 믿음의 틀에 담는 작업이다. 그 다음에는 그게 이미 주어진 것처럼 말로 표현한다. 이들은 기도한 것을 이미 받았다고 믿으면 그대로 된다(막 11:24) 하신 말씀을 그렇게 심리적으로 푼다. 기도를 들으시는 전능하신 하나님에 대해 가르치신 말씀인데 그것을 마음의 힘으로 왜곡한 것이다. '믿음은 바라는 것들의 실상'이라는 히브리서 11:1도 왜곡하여 내가 원하는 것을 그리기 및 말하기로 잠재의식에 담기만 하면 이루어진다고 우긴다. 이들의 믿음은 하나님의 능력을 신뢰하는 것이 아니다. 우주의 힘을 내가 직접 활용하는 내 마음의 힘을 믿는 것이다. 신데렐라가 가졌던 바로 그 믿음이다. 그런데 이런 신사상 풍조가 소위 번영복음을 통해 한국교회에 스며들었다. 내가 바라는 것을 이루기 위해 믿음을 활용한다. 이들에게 믿음은 도깨비방망이다. '돈 나와라 뚝딱, 합격해라 뚝딱, 월급 올라라 뚝딱, 장로로 뽑혀라 뚝딱!' 소위 '미쓔미다'의 신앙이 그렇게 생겨났다. 내가 믿는 대상이 하나님이 아니라 나 자신으로 바뀐 줄도 모른 채 선명한 그림을 부지런히 그리면서 주신 줄 '미쓔미다' 하고 부르짖는다.

믿음을 이용해 제 꿈을 이루고자 하는 이들은 두 단계의 착각에 빠진 사람들이다. 첫째는 하나님의 힘을 내 힘으로 착각하는 단계다. 믿음은 힘이다. 엄청난 힘이다. 하지만 그 힘은 내 마음의 힘이 아니라 내 마음이 믿는 대상 곧 일을 이루실 능력이 있다고 내가 믿는 그분의 힘이다. 참 믿음은 하나님의 전적인 능력과 나의 전적인 무능력을 동시에 고백한다(마 19:26). 그런데 욕심에 빠진 이들은 하나님의 힘이 마치 믿는 내 마음의 힘인 줄 착각한다. 나의 전적인 무능함이 순식간에 전적인 능력으로 뒤집어지는 것이다.

두 번째는 속는 단계다. 이들이 자기 마음의 힘이라 생각하는 그것은 사실 마음의 힘이 아닌 우상의 힘이다. 믿음은 어떤 대상을 향한 고백으로서 그 고백의 대상이 내 마음을 좌우한다. 우리는 살아 계신 하나님을 믿는다. 우주를 창조하시고 지금도 다스리시는 하나님, 독생자까지 아끼지 않고 내어 주신 그 사랑의 하나님을 믿는다. 그래서 그 하나님의 능력이 우리 믿음의 기도를 통해 우리 삶에 나타난다. 그런데 믿음을 마음의 능력이라 생각하는 사람들도 기도를 통해 제 믿음의 대상의 능력을 경험한다. 그 대상은 내 마음에 들어와 있는 신의 능력 곧 우주 신의 능력이다. 내 마음이 그 신의 일부이니 내가 경험하는 능력은 곧 범신론의 신의 능력이다. 그렇기에 내 욕심을 믿음의 기도로 성취하고자 하는 것은 결국 우상숭배로 귀결되고 만다. 그래서 성경은 처음부터 탐욕은 우상숭배라고 경고하고 있다(골 3:5, 엡 5:5). 하나님이든 우상이든 믿음의 힘은 언제나 내가 믿는 대상의 능력이다. 우리는 우리가 믿는 대상의 지배를 받는다.

미신이 좋은 보기다. 나도 모르게 빠져드는 게 미신이다. 13일의 금요일이 되면 왠지 불안하다. 영화를 잘못 봐 그렇다. 괜히 오늘의 운세를 읽고 하루내내 안절부절못한다. 한국에서 4자를 싫어하듯 미국에는 13호실이 없는 병원이 많다. 호텔에는 13층이 없다. 모두가 가공할 미신의 힘을 입증한다. 미신의 대상은 정체불명의 귀신일 수도 있고 운명의 신일 수도 있다. 미신은 공중의 권세 잡은 자가 힘을 쓰는 영역이다(엡 2:1-3). 사람은 다 연약하다. 조금이라도 영향이 있다 싶으면 무조건 멀리하는 게 최고다. 미신의 대상은 아무것도 아니지만 미신 자체는 엄청난 힘이 있기 때문이다. 난 끄떡없다고 큰소리치며 활짝 열어 놓은 문으로 미신의 바이러스가 나도 몰래 들어올 수 있으니 조심 또 조심할 일이다.

미국의 한 작가가 이런 재미있는 말을 했다. "미신 믿지 마세요. 재수 옴 붙어요." 미신을 믿지 말라니 참 좋은 조언이다. 그런데 믿지 말라는 이유가 또 미신이다. 저는 이미 미신에 빠져 있으면서 그것도 모른 채 남에게는 믿지 말라 한다. 우스개지만 현실에서 자주 만나는 현상이다. 혈액형 미신도 그 하나다. "성격이 혈액형을 따라간다고 믿는 사람들 정말 이해가 안 돼. 그런 사람들은 아마 다 A형일 거야." 농담으로 치부하면서도 혹시나 하는 사람이 아직도 많다. 어떤 대학생이 방에다 부적을 붙여 놓았다. 친구가 그것을 보고는 "배웠다는 사람이 이런 것을 믿나?" 하고 놀렸다. 그랬더니 그 친구 왈. "물론 안 믿지. 하지만 안 믿어도 효력은 있대." 이것도 물론 지어낸 말이다. 부적을 의지하는 믿음은 없지만 효력이 있어 주기를 바라는 마음까지 없는 것은 아니다. 미신은 생각보다 강하다.

미국 하버드 대학 캠퍼스 한가운데 있는 하버드 뜰에는 설립자

존 하버드 목사의 동상이 있다. 재산의 절반과 수백 권의 장서를 기증하여 신생 대학에 제 이름을 길이 새긴 사람인데, 흑갈색으로 덮인 청동 좌상 가운데 유독 왼쪽 구두 하나만 누렇게 번쩍거리고 있다. 거기를 만지면 훗날 자녀가 하버드에 입학하게 된다는 전설이 있어 다들 한 번씩 만지기 때문이다. 정말 그렇다고 믿는지 정색을 하고 만지는 이도 있고 그냥 재미로 손을 얹고 기념사진을 찍는 이도 있는데 가장 인상 깊었던 장면은 그 발을 꽉 잡고 지그시 눈을 감은 중년의 동양인 관광객이다. 나지막이 "주여!" 소리도 들려온다. 그럼 그렇지. 자녀를 하버드에 보내 보고 싶은 그 간절함이야 누가 비난할 수 있을까마는 믿음과 미신을 뒤섞은 그 혼합주의에 섬뜩한 마음이 든다. 섬기는 방법도, 섬기는 이유도 틀렸지만 무엇보다 섬기는 대상이 위험천만이다. 주님과 귀신에게 다 부탁했다가 나중에 단테가 걱정했던 것처럼 천국에서도 쫓겨나고 지옥에마저 못 들어가는 그런 신세가 되지나 않을지……. 한 무리가 빠져나간 다음 기도의 온기가 아직 남아 있는 구두를 나도 한 번 쓰다듬어 본다. 나야 미신 같은 것은 안 믿지만 그래도 혹시 아나?

우상은 사실 아무것도 아니다. 사람들이 신이라고 받드는 것들을 보면 대개 돌이나 나무로 새겨 만든 인간의 수공품이다. 사람 모양을 하고 있지만 보지도 듣지도 못하고 말도 물론 못한다. 그렇기에 그것을 확실히 아는 사람은 우상에 바쳤던 음식도 거리낌 없이 먹을 수 있다. 우상 앞에 잠시 놓였었다고 거기 무슨 귀신에 씐 것도 아니고 음식의 질이 변한 것도 아니다. 천지를 지으신 하나님이 주신 귀한 음식이 조각상 앞을 지나왔다고 더러워질 수는 없다(고전 8:4-6).

그런데 우상을 섬기는 마음은 그렇지 않다. 우상은 아무것도 아니지만 우상을 섬기는 마음은 참으로 심각한 것이요 위험천만한 것이다. 왜냐하면 우상을 섬기는 그 사람도 우상과 같아지기 때문이다(시 115:4-8, 135:15-18, 사 44:9-20). 믿음은 어느 것이나 우리 생각 깊은 곳에 자리를 잡고 우리의 생각과 판단을 주도한다. 참 믿음도 그렇거니와 우상을 섬기는 가짜 믿음도 마찬가지다. 우상을 섬기는 순간 우상처럼 된다. 죽는다. 남들처럼 감각기관은 잘 갖추었지만 그 기관이 하나도 제구실을 못한다. 보기는 보아도 못 보고 듣기는 들어도 못 듣는 처지가 된다. 마치 마법에 걸린 것처럼! 올바른 판단력도 상실한 채 돌과 나무를 섬기고 탐욕과 쾌락을 섬기다가 영원한 멸망으로 간다. 재미로 보는 오늘의 운세? 기막힌 속임수다. 마귀가 준 지혜다. 거기 내 운명이 걸린 줄도 모르고 심심풀이에 인생을 건다. 그리고 인생을 통째로 날려 먹는다. 한 번 걸리면 끝이다. 하지만 첫 시작은 내가 한다. 나의 선택이다. 당연히 책임도 내가 진다.

믿음의 내용과 믿음의 대상은 함께 간다. 우선 믿음의 내용이 믿음의 대상에 따라 결정된다. 참 하나님을 믿으면 그 하나님의 말씀인 성경을 믿음의 내용으로 갖는다. 천지를 지으신 하나님, 죄인을 구원하시는 하나님을 믿고 말씀대로 하나님의 나라와 의를 부지런히 구하게 된다. 하나님의 사랑을 마음에 품고 이웃을 사랑하며 산다. 반대로 거짓 신을 섬기면 그 신이 주는 돈이나 쾌락이나 운명 같은 것을 절대적인 것으로 믿게 된다. 돈 생기는 일이라면 물불 안 가리고 달려간다.

믿음의 대상이 내용을 정하지만 반대로 내 믿음의 내용에 따라 믿는 대상이 바뀌는 경우도 있다. 참 하나님을 믿는다 해도 만약 바라는 바가 성경의 약속이 아니라 돈, 쾌락, 명예, 권세 등 이 땅에 속한 것이라면 우리가 그것을 위해 기도하는 순간 우리 믿음의 대상은 하나님에서 이 세상의 신으로 바뀌어 버린다. 그와 동시에 영적 마비 현상이 일어나므로 자기가 악신의 마법에 빠진 줄도 모르게 된다(고후 4:4). 교회에 다니면서도 그런 우상에 빠진 사람이 참 많다. 그래서 동상을 붙잡은 채 마귀에게 기도도 한다. 하나님의 도우심을 구한다면서 선명한 그림을 그리려고 갖은 애를 쓴다. 목사 가운데 적지 않은 이가 그런 악신에 빠져 교인들을 우상숭배로 몰아가고 있다. 두 주인은 못 섬긴다 하셨다. 이들은 섬길 대상을 우상으로 바꾼 지 오래이면서도 자기가 아직 참 하나님을 섬기고 있는 줄 착각한다. 회개하고 주께 돌아올 기회조차 없으니 불신자보다 못한 딱한 형편이다. 조심 또 조심하자. 미신을 믿으면 정말로 재수 옴 붙는다!

작은 믿음, 큰 믿음

우리가 믿음을 묘사할 때 자주 쓰는 형용사는 '좋다' '굳세다' '훌륭하다' '약하다' '희미하다' '시원찮다' 등이다. 성경의 표현도 비슷하다. 약한 믿음이 있고(롬 14:1) 굳센 믿음도 있다(벧전 5:9). 약했던 믿음이 강해지기도 하고(행 16:5, 롬 4:20) 반대로 강한 믿음이 약해질 수도 있다(롬 4:19). 믿음 가운데 진짜 가짜를 구분하기도 하고(딤후 1:5) 불완전한 것과 완전한 것을 나누기도 한다(딛 1:13).

그런데 주님이 제자들의 믿음을 두고 자주 사용하신 표현은 '작다'는 것이다. '믿음이 작은 자들아' 또는 '믿음이 작은 자야' 하고 호격으로 주로 말씀하셨는데 그리스어로 '올리고피스토이' 또는 '올리고피스테'다. '올리고'는 '올리고스'라는 형용사의 연결형으로 '적다' '작다' 모두 가능하지만, 주님이 믿음에 대해 말씀하실 때는 양보다는 크기를 염두에 두신 것 같다. 우선 믿음을 천국처럼 겨자씨에 비기신 적이 있는데 천국을 겨자씨에 비기실 때 크기 곧 '작다'는 점에 초점을 두셨으므로 믿음 역시 크기를 생각하는 게 자연스럽다(마 13:31-32). 또 훌륭한 믿음을 말씀하실 때도 '많다'가 아닌 '크다'는 표현을 사용하셨으니 반대의 표현 역시 '작다'로 옮기는 것이 더 어울린다.

제자들이 귀신 들린 아이를 못 고쳤을 때 주님은 기도하지 않아 그렇다는 지적과 함께 믿음이 작기 때문이라는 설명도 주셨다(마 17:20). 기도하지 않은 것은 곧 믿음이 작은 것이다. 주님께 전적으로 매달리지 않은 것이다. 믿음의 사람은 기도한다. 한번은 예수께서 제자들과 함께 배를 타셨는데 갑자기 바람이 불고 큰 물결이 일었다. 예수께서는 주무시고 계셨다. 겁에 질린 제자들이 예수를 깨우며 "주님, 살려 주세요!" 하자 예수께서 제자들에게 한 말씀 하셨다.

> 왜 무서워하느냐, 믿음이 작은 자들아(마 8:23-27).

왜 무서워하느냐, 올리고피스토이! 믿음이 없다 하시지 않고 작다 하셨다. 그렇게 작은 믿음이나마 있었기에 주무시는 예수를 깨울 생각이라도 한 게 아니겠는가. 하지만 주님이 곁에 계시는데도 무서워했으니 정말 작은 믿음이다. 주님은 바람과 바다를 꾸중하셨다. 금방 잔잔해진 바다를 보고 제자들은 놀랐다. 주님을 의지하면 되는 줄은 알았지만 이 정도일 줄이야! 이런 사건을 겪으면서 제자들의 작은 믿음도 조금씩 커 갔을 것이다.

베드로가 한번은 주님 허락을 받고 물 위를 걸었다(마 14:31). 잔잔한 물이 아니라 큰 풍랑이 일던 바다였다. 처음 몇 발자국 잘 가다가 바람 때문에 겁을 먹고 빠지기 시작했다. 베드로는 즉각 "주님, 살려 주세요!" 하고 외쳤다. 예수께서 베드로의 손을 잡아 주시면서 말씀하셨다.

> 믿음이 작은 자야, 왜 의심했느냐?

베드로는 간이 콩알만해졌는데 주님은 믿음이 작다고 나무라신다. 의심했다는 말은 흔들렸다는 뜻이다. 큰 바람이 흔든 것은 베드로의 몸이 아니라 믿음이었다. 잠시 흔들렸지만 믿음이 없는 것은 아니었다. 바다로 걸어 나간 것부터 주님을 믿는 믿음이었고 잠시 흔들렸을 때도 즉각 주님을 부름으로써 주님을 의지하는 믿음을 보였다. 한 순간의 의심에도 불구하고 평소에는 늘 믿음이었다. 사가랴의 믿음, 예루살렘 교인들의 믿음, 사라의 믿음이었다. 제 불신앙을 도와 달라 했던 아이 아버지의 믿음도 그런 믿음이다. 가끔 흔들리기도 하고 때로 불신앙처럼 보이기도 하지만 올바른 대상, 올바른 내용을 가진 참 믿음이다.

믿음이 크다고 칭찬을 들은 사람도 둘 있다. 첫째는 가나안에 살던 그리스 여인이다(마 15:21-28). 귀신 들린 딸을 고쳐 달라고 큰 소리로 예수께 부탁했는데 예수는 대꾸조차 않으셨다. 대놓고 무시하신 것이다. 여자가 또 소리를 지르자 제자들이 예수께 여자를 보내시라 부탁드렸다. 자꾸 귀찮게 하니 얼른 고쳐 보내시라는 뜻이었는데 예수께서는 여인이 이방인이라며 거절하셨다. 여인이 대화 내용을 들었는지는 모르지만 적어도 분위기는 느꼈을 것이다. 그 사이 여자는 아예 예수 앞으로 와 절하며 다시 도움을 청했다. "주님, 도와주세요." 그러자 예수께서는 뜻밖의 대답을 하셨다. "자녀에게 줄 떡을 개들에게 던지는 것은 안 좋다." 엄청난 모욕이다. 여인을 개에 비기고 음식을 던진다는 표현까지 쓰셨다. 주님이 이렇게 심한 말씀을 하신 적이 언제 있었던가. 그런데 여인의 반응은 더 놀랍다.

> 옳으신 말씀입니다, 주님. 그런데 개들도 제 주인의 상에서 떨어지는 부스러기를 먹습지요.

하도 들러붙기에 예의고 뭐고 전혀 모르는 사람인 줄 알았더니 말 속에 지혜가 넘친다. 주님의 모욕적인 발언을 멋진 재치로 받아넘기며 주님께 다시금 부탁드렸다. 여인은 오직 하나, 딸의 병을 고치는 일에 집중한다. 지금 체면이나 자존심 따질 상황이 아니다. 여인의 말을 들으신 주님이 대답하셨다.

"오 여인아, 네 믿음이 크구나! 네가 바라는 대로 되어라!"

분위기가 뒤집어졌다. "네 믿음이 크구나!" 여인의 한판승이다. 패배한 것은 여인의 딸을 장악하고 있던 마귀다. 그런데 뭘 두고 믿음이 크다 하셨을까? 우선은 여인의 집요함이 엿보인다. 연이은 악조건

속에서도 여인은 포기하지 않았다. 모욕적인 발언을 들었을 때도 물러서지 않았다. 밀어내면 밀어낼수록 더 들러붙었다. 이 집요함이 믿음일까? 여인의 성격일 수도 있지 않은가? 딸을 사랑하는 마음은 분명 컸을 것이다. 하지만 딸을 많이 사랑하는 그것을 두고 믿음이 크다 할 수는 없지 않은가?

다른 경우도 보자. 믿음이 크다 칭찬을 들은 두 번째 사람은 가버나움에 주둔하고 있던 로마 군대의 백부장이었다(마 8:5-13, 눅 7:1-10). 이 사람은 중풍에 걸린 신하를 위해 주님을 찾아와 간구했다. 이 사람도 이방인이지만 남자라 그랬는지 고관이라 그랬는지 주님은 선뜻 가서 고쳐 주마 하셨다. 그런데 이 사람은 그러실 필요까지 없고 그냥 말씀만 하시면 된다 하였다. 들러붙은 여인과 반대로, 한 걸음 뒤로 물러선 것이다. 그러면서 자기도 명령만 내리면 부하들이 즉각 순종한다고 덧붙였다. 주님이 놀라 말씀하셨다.

> 내가 참으로 말한다. 이스라엘 아무한테서도 이렇게 큰 믿음은 못 보았다.

백부장도 재치가 있는 사람이었지만 이 사람은 주님께 모욕을 당하지도 않았고 끈질기게 들러붙지도 않았다. 그런데도 '이렇게 큰 믿음'이라는 칭찬을 들었다. 병을 고쳐 달라 부탁하면서 그냥 말씀만 하시면 된다 하였다. 듣기 좋으라고 한 소리도 아니고 제 권력을 과시하려는 것도 아니었다. 우주의 주인이신 주님의 권능을 인정했다. 그게 백부장의 큰 믿음이었다. 바람과 바다도 순종한다고 제자들이 뒤늦게 깨달은 그 주님을 백부장은 진작 알고 있었다. 유대인을 사랑하고 많이 도운 것이 정치적인 제스처가 아니었다. 그들이 바라고 고대하던 메시아를 백부장도 기다리고 있었던 것이다. 그랬기에 주님이 자기 집에 오시겠다 하자 황송해서 안 되겠다고 사람을 시켜 말씀드렸다. 주님을 아는 순간 자신이 누구인지도 깨달았다. 백부장의 믿음은 주님 앞에 무릎을 꿇고 죄인임을 고백한 베드로의 믿음 그대로였다.

여인의 믿음도 마찬가지다. 딸의 병을 고치고자 하는 열망이 참으로 컸지만 병 고치고 싶은 마음이 믿음은 아니다. 그런 것은 '미쁘다'의 내용은 되어도 참 믿음의 내용은 될 수 없다. 집요하게 들러붙는다고 좋은 믿음도 아니다. 다가오시는 주님에게서 물러서면서 세련된 매너를 보였던 백부장도 큰 믿음이라 칭찬을 듣지 않았던가. 여인의 큰 믿음은 오직 하나, 주님이 어떤 분이신지 깨달은 점이다. 여인은 처음 주님을 "다윗의 자손이신 주님!" 하고 불렀다. 하나님의 아들로 오신 주 예수 그리스도를 정확하게 알았다. 그랬기에 무시를 당하고 외면을 당하고 자신을 개에 비유하는 말씀까지 들었지만 물러설 수가 없었다. 게다가 자신은 이방 여인 아닌가. 재치가 아니라 정확한 자기인식이었다. 하나님 앞에서 자기를 깨달은 겸손이었다. 그보다 더한 말씀을 하셨어도 아멘 하고 계속 매달렸을 것이다.

하나님이 누구신지 아는 것은 믿음의 기본이다. 우리가 하나님께 드리는 믿음의 기도 역시 그 지식을 바탕으로 한다. 그런 믿음이 있으면 사실 끝까지 들러붙지 않을 수 없다. 믿음의 조상 아브라함은 하나님이 공의와 자비의 하나님이심을 알았기에 소돔 성을 위해 여러 번 간구할 수 있었다(창 18:22-33). 예수님도 한 과부가 불의한 재판관을 찾아가고 또 찾아가서 기어이 억울함을 풀었다는 비유를 통해 하나님은 당신의 선민이 당하는 억울함을 속히 풀어 주시는 분이시라고 가르쳐 주셨다(눅 18:1-8). 하나님이 그런 분이심을 알고 끝까지 포기하지 않고 매달리는 그것이 곧 믿음이다. 하나님을 알면 기도하게 되고 하나님을 믿으면 끝까지 포기하지 않고 기도한다.

주님을 알고 의지하는 것이 믿음이다. 오락가락하는 것이 작은 믿음이라면 처음부터 끝까지 흔들리지 않는 믿음은 큰 믿음이다. 똑같은 그 믿음이 여인으로 하여금 뿌리치는 주님께 더욱 들러붙게 했고 백부장으로 하여금 다가오시는 주님 앞에서 자신의 허물을 깨닫고 뒤로 물러나게 했다. 주님이 누구신지 아는 그것이 핵심이다. 백부장도 여인도 결국 사랑하는 사람의 병만 고친 게 아니다. 내가 바라는 어떤 것을 넘어 주님이 누구신지 알고 의지했기에 큰 믿음이다.

믿음을 키워 주소서

믿음은 보배다. 베드로는 자신과 소아시아 지역 성도들이 '똑같이 보배로운 믿음'을 가졌다 한다(벧후 1:1). 우리도 가진 바로 그 믿음이다. 믿음이 무엇이기에 이토록 값진 것일까? 우리 믿음의 대상이 하나님이기에 보배다. 하나님이 보내신 주 예수 그리스도를 믿기에 보배다. 그리스도는 '보배로우신 산 돌'이시다(벧전 2:4, 6, 7). 그리스도는 우리를 위해 '보배로운 피'를 흘리셨다(벧전 1:19). 하나님이 그리스도 안에서 주신 모든 약속 또한 '보배롭고 지극히 큰' 것들이다(벧후 1:4). 우리는 이 보배를 믿는다.

보라, 내가 한 돌을 시온의 기초로 놓는다. 검증된 모퉁이돌이요 값지고 튼튼한 기초석이다. 그것을 믿는 이들은 조급하지 않을 것이다(사 28:16).

오래 전 하나님이 약속하신 바로 그 보배로운 돌이 그리스도다. 바울은 '조급하지 않을 것'을 칠십인역에 따라 '부끄러움을 당하지 않을 것'이라 옮긴다(롬 9:33, 10:11, 벧전 2:4-6). 게다가 '누구든지'를 추가하여 '누구든지 그것을 믿는 이들은'이라 하였다. 누구든지 주의 이름을 부르면 구원을 받는다 한 말씀과 같은 뜻으로 본 까닭이리라(롬 10:13, 행 2:21, 욜 2:32). 그리스도가 보배이신 까닭은 우리에게 주시는 구원의 능력 때문이다.

믿는 너희에게는 보배이나(벧전 2:7).

우리에게는 보배다. 하지만 "믿음은 모두의 것이 아니다"(살후 3:2). 안 믿을 뿐 아니라 믿음을 방해하고 누르는 이들이 있다. 그리스도는 한 분이신데 믿는 이들에게는 보배가 되시고 믿지 않는 이들에게는 걸려 넘어지는 돌이 되신다. 믿어야 한다. 하나님을 믿고 하나님이 보내신 그리스도를 믿어야 한다. 그리스도의 죽음과 부활을 믿어야 한다(롬 10:9-10). 그래서 믿음이 작다 하실 때는 그냥 말씀만 하시던 주님이 나중에 제자들이 주님의 부활을 믿지 못했을 때는 말 그대로 '꾸지람'을 하셨다(막 16:14). 그것은 내 영원의 운명을 가를 심각한 일이기 때문이다. 믿어야 한다. 믿기만 하면 그리스도는 보배가 되신다. 믿는 이 곧 기도하는 사람에게는 모든 것이 가능하다 하셨다.

우리는 다 믿는다. 그런데 우리가 다 믿음이 약하다. 그렇지만 주 예수를 구주로 믿는다는 사실 하나는 부인할 수 없다. 그러니 믿음이 아예 없는 것은 아니다. 그런데 작다. 그래서 늘 아쉽다. 평소에도 하나님 아닌 엉뚱한 대상을 찾아 헤매기도 하고 하나님이 응답해 주셨을 때 못 믿는 일도 있다. 이러다가 혹 박해라도 오면 주님을 배반하지 않을까 두렵다. 이유는 간단하다. 믿음은 보배지만 그 보배를 가진 우리가 허약하기 짝이 없는 질그릇이기 때문이다. 우리는 생각하는 인간이다. 탐욕과 쾌락의 우상숭배 본능을 저 깊은 곳에 간직한 채 유혹과 도전이 많은 이 세상을 살아간다. 잠시 섰다가 이내 넘어지는 허약한 것들이다. 하여 우리도 주님의 사도들처럼 기도하고 싶다.

> 믿음을 키워 주소서(눅 17:5).

그런데 주님은 제자들의 믿음을 키워 주시는 대신 믿음이 무엇인지 설명해 주신다. 씨 가운데서도 가장 작은 것으로 성경에 등장하는 것이 겨자씨다. 그런데 그런 정도의 믿음만 있으면 뽕나무가 바다에 빠지게 할 수도 있다 하신다(눅 17:6). 뽕나무는 겨자씨가 자라 될 수 있는 나무보다 훨씬 크다. 그것을 움직이는 게 믿음의 힘이다. 귀신 들린 아이를 못 고친 이유를 설명하실 때는 뽕나무가 아니라 산도 옮길 수 있다 하셨다(마 17:20). 그래서 믿고 기도한 것은 다 받는다 하셨다(마 21:21-22). 그렇다면 지극히 작은 씨 하나라도 있으면 되지 키울 필요가 어디 있을까? 겨자씨는 크다 작다 따지기조차 어려운 물건이다. 그냥 있으면 있고 없으면 없는 것이다.

주님은 믿음을 겨자씨에 비기실 때 아주 작다는 뜻으로만 말씀하셨다. 천국 비유에서는 겨자씨가 자라 나무를 이룬다 하셨지만 믿음을 겨자씨에 비기실 때는 자란다는 말씀을 안 하셨다. 그런데 사도들은 이 두 말씀을 이어 생각한 모양이다. 그래서 바울은 우리 믿음이 자랄 수 있다고 가르친다(고후 10:15, 살후 1:3). 그런데 여기서 자란다는 동사가 주님이 겨자씨가 자란다 하실 때 쓰신 바로 그 동사다(마 13:32). 겨자씨 같은 믿음이 우리 안에 있으면 그렇게 자라 큰 믿음이 될 수 있다는 말씀 같다. 자라는 방법에 대해서는 언급이 없다. 제자들처럼 우리도 주님께 부탁할 수 있을 것이다. 또 믿음이 말씀을 들어 생긴다 했으니(롬 10:17) 그 말씀을 더 부지런히 들으면 그렇게 생겨난 믿음이 자라기도 하지 않을까 싶다. 결국 믿음의 유무 및 성장 여부는 말씀과 기도에 달렸다.

제자들이 믿음을 키워 달라 부탁드렸을 때 주님은 믿음을 겨자씨에 비기신 다음 노예가 가져야 할 자세에 대해 말씀해 주셨다(눅 17:7-10). 제자들이 동쪽에서 여쭈었는지 주님의 설명이 언뜻 이해가 안 된다. 하루 종일 밖에서 일한 다음 집에 돌아와 또 주인의 저녁상을 챙겨야 하는 것이 노예의 사명이다. 노예는 그렇게 하고서도 보수 같은 것은 기대할 수 없다. 오히려 이렇게 말해야 한다.

"저희는 쓸모없는 노예입니다. 해야 할 일을 했습니다."

이게 믿음이다. 이 정도로 열심히 일한 다음에도 이렇게 고백할 수 있다면 그게 큰 믿음이다. 왜 하필 노예일까? 주님은 제자들에게 자신이 입은 은혜를 생각해 보라 하신다. 죄의 노예였다가 주 예수의 은혜로 해방된 자다(요 8:32, 갈 5:1). 그렇게 자유인이 되어 이제는 의의 노예, 하나님의 노예, 주님의 노예, 이웃의 노예가 되었다(롬 6:16-22, 골 3:24). 전에는 강제였지만 이제는 기쁨과 감사 가운데 사랑으로 기꺼이 노예가 된다(갈 5:13). 하루 종일 밭에서 수고하고 돌아와 밥 지어 주인을 먹이고 먹는 동안에도 시중을 들었지만 의당 해야 할 일을 했을 뿐 내가 잘한 것은 하나도 없다는 생각이 들 정도로 하나님의 구원의 은혜가 뼛속 깊이 새겨지는 그것이 바로 믿음, 큰 믿음이다.

하긴 무슨 다른 믿음이 있겠는가. 천지를 지으신 그 하나님이 당신의 독생자를 보내어 나를 죄에서 건지시고 영생 구원을 주셨는데 뭐가 더 필요하겠는가. 내 죄를 사하시려 십자가에서 죽으시고 나를 의롭다 하시기 위해 다시 살아나신 예수 그리스도 한 분만 믿으면 충분하다(롬 10:9-10, 4:25). 그게 구원의 믿음이요 다른 모든 것은 그 믿음에서 파생된 것이다.

주님은 제자들에게 귀신을 제어하는 권세보다 우리 이름이 하늘에 기록된 것으로 기뻐하라 하셨다(눅 10:20). 알고 보면 믿음이 다 그렇다. 사가랴의 못 믿은 믿음도 하나님의 구원을 바라본 믿음이요 사라의 믿음 또한 메시아 약속을 믿은 믿음이다. 예루살렘 교회는 약속대로 오신 메시아를 믿고 그분의 복음을 전하던 공동체였고, 베드로를 위한 기도 역시 구주를 보내신 그 하나님을 향한 그들의 간구요 의지였다. 귀신 들린 아들의 아버지도 주님의 그 능력을 통해 구주를 믿는 영생 구원의 믿음으로 나아갔을 것이다. 믿음이 크다 칭찬 들은 두 사람도 예수 그리스도가 누구신지 정확하게 알고 그분 앞에서 자기 또한 어떤 존재인지 분명히 알았다. 그래서 믿음이 크다 칭찬을 들었다.

작은 믿음, 큰 의지

믿음을 키워 달라는 기도는 이미 믿음의 기도다. 믿으니 주님께 부탁하는 것 아닌가. 우리도 주님께 믿음을 키워 달라 기도한다. 믿음이 너무 작기 때문이요 주님을 믿기 때문이다. 주님의 제자로 세상을 산다는 것은 쉬운 일이 아니다. 먹고사는 일부터 벅차고 모두가 무한 경쟁을 벌이는 우리 시대에는 모든 것이 전쟁이다. 주님 당시에도 사실 사는 게 쉽지 않았다.

> 오늘 있다가 내일 아궁이에 던져질 들풀도 하나님이 이렇게 입히신다면 너희는 더욱 잘 입히시지 않겠느냐, 믿음이 작은 자들아!(마 6:30)

하나님을 믿기는 믿는데 걱정도 많다. 누구는 기도만 하면 돈도 생기고 사업도 잘 된다던데, 난 그렇지 못해 걱정을 한다. 비가 안 와도 걱정, 마이너스 통장이 자꾸 커져 걱정, 아이들 성적이 안 나와 또 걱정이다. 그런 우리를 향해 믿음이 없다 하지 않으시고 작다 하시니 부끄럽기도 하면서 그저 고마울 따름이다. 그런데 믿음으로 한다는 내 기도의 내용을 살펴보니 여전히 먹고사는 문제다. 돈 문제, 사회생활 문제, 행복한 가정, 자녀의 성공, 건강과 장수 등등. 우리는 믿음이 정말 작다. 때로 하나님이 기적같이 기도를 들어주신다. 그런데 모른다. 에이, 설마 하고 사가랴 같은 반응을 보인다.

우리가 자주 쓰는 말 가운데 "믿음 좋네!"라는 표현이 있다. 주님이 말씀하신 큰 믿음과 비슷해 보인다. 하지만 대개 기도한 그대로 이루어질 것이라는 확신이 강할 때 이런 표현을 쓰는데 그것은 사실 믿음이 아니라 주관적인 확신 내지 집념일 뿐이다. 좋은 믿음은 하나님의 약속을 근거로 한다. 사가랴의 완벽한 순종처럼 하나님의 말씀과 계명을 어떤 상황에서도 그대로 실천하겠다는 마음이 좋은 믿음이다. 믿음은 하나님을 신뢰하는 것이다. 고난이 와도 하나님의 약속을 믿고 계명을 순종하는 것이 좋은 믿음이다. 전능하신 하나님, 전능하신 주님을 전적으로 신뢰하는 것이 좋은 믿음이다. 그런데 하나님의 약속과 무관한 내 생각, 내 꿈, 내 욕심에 집착하는 것, 다시 말해 좋은 믿음일 수 없는 것을 두고 좋은 믿음이라 종종 부르기에 "믿음 좋네!"라는 이 표현은 농담이 될 때가 많다. 그런 믿음은 하나님을 기쁘시게 하지 못하는 가짜 믿음, 아니 거짓 믿음이다(히 11:6).

우리 주변에는 믿음이 좋은 사람이 참 많다. 확신의 강도로 봐서는 성경 인물을 훨씬 능가한다. 믿음대로 이루어졌다는 간증도 쏟아진다. 그렇지만 '큰 믿음' 아닌 그런 '좋은 믿음' 때문에 기죽을 필요는 없다. 큰 믿음 곧 진정으로 좋은 믿음은 그릇의 크기에 있지 않고 보배의 소중함에 있다. 때로 믿음을 과시하는 이들을 보면 그릇만 화려하고 클 뿐 안에 담긴 것은 오히려 악취를 풍긴다. 이들이 믿는 대상, 이들의 기도를 듣는 이가 과연 성경의 하나님일까 의심마저 든다. 예수께서도 예수 이름으로 말씀을 선포하고 귀신을 쫓아내고 병자를 고친 사람들이 마지막 날 주님께 문전박대를 당할 것이라 경고하셨다(마 7:22-23). 아무리 굳센 신념이라도 그것을 가진 자는 다 연약한 인간이다. 무모한 좋은 믿음보다는 내 소박한 믿음이 더 나은 이유다.

걱정과 의심과 욕심과 흔들림의 그릇에 주님께서 믿음이라는 보배를 담아 주셨다. 초라한 우리가 믿음이 있어 산다. 믿음이 있어 기도한다. 하지만 연약하다. 무엇을 빌어야 할지 모른 채 엉뚱한 간구를 늘어놓는다. 그래서 성령께서 기도하는 우리를 도우신다. 성령께서 중재하신다(롬 8:26-27). 탄식하심으로써 엉뚱한 것을 구하던 마음을 조금씩 당신과 일치되게 만드신다. 그리스도께서도 우리를 위해 중재하신다(롬 8:34, 히 7:25). 우리 주님은 헛된 간구를 늘어놓게 만드는 우리의 연약함을 몸소 다 맛보시고 담당해 주셨다(히 4:15, 마 8:17). 우리의 크고 작은 간구가 실상 우주를 구원하시는 하나님의 권능과 이어져 있다. 자식을 달라 한 사가랴도, 딸의 병이 낫기를 바란 여인도, 자녀의 입시를 위한 우리의 기도도 다 그렇게 통한다. 결국 하나님이 다 하셨다. 우리 믿음의 대상도 하나님이시요, 우리 연약함을 이기게 해 주신 분도 하나님이시요, 오늘 우리 기도를 믿음으로 이끌어 주시는 분도 하나님이시다. 믿음은 엄청난 것이다. 우리 믿음의 내용이요 대상이 하나님이기 때문이다. 오직 은혜다.

하나님을 믿어라. 그게 믿음이다. '믿습니다!' 하고 외쳐 댈 필요도 없다. 믿음은 말의 능력을 뛰어넘는 것이다. 믿음 하나로 살기가 쉽지 않지만 조금 흔들렸다고 너무 기죽을 것도 없다. 내 마음에 우상 아닌 하나님이 계시면 된다. 독생자까지 아끼지 않고 주신 하나님 한 분으로 충분한 게 믿음이다.

어려운 일 당할 때 나의 믿음 작으나,
의지하는 내 주를 더욱 의지합니다(찬송가 534장).

다시금 믿음은 역설이다. 쉽지 않은 인생을 살면서 내 믿음이 작음을 날마다 깨닫는다. 하지만 믿음이 작을수록 주님을 더욱 의지한다. 의지하는 그게 믿음이니 믿음이 작을수록 더 열심히 믿는다. 그게 참 믿음이다.

2.

우리도 새옹지마의 지혜가 필요한가

새옹지마에 담긴 지혜와 섭리를 믿는 믿음의 차이

새옹지마와 방어기제

중국 변방에 지혜로운 한 노인이 살았다. 어느 날 그 노인의 말이 국경 너머로 도망을 갔다. 큰 손실을 겪은 노인을 사람들이 위로하자 노인은 그게 좋은 일일지 누가 아느냐 했다. 몇 달 뒤 그 말이 준마 한 마리를 이끌고 돌아왔다. 갑자기 재산이 불어 사람들이 축하해 주자 이번에는 그게 안 좋은 일일 수도 있다 했다. 얼마 후 노인의 아들이 새 말을 타다가 말에서 떨어져 다리를 부러뜨렸다. 사람들이 위로하자 노인은 또 이게 복일지도 모른다 했다. 머지않아 이웃 나라와 전쟁이 벌어져 나라의 모든 젊은이가 징집되어 많은 사람이 죽었는데 노인의 아들은 다리의 장애 때문에 면제되어 목숨을 건졌다.

유명한 '새옹지마'(塞翁之馬) 이야기다. '변방 노인의 말'이라는 뜻이다. 이야기는 중국 전한 시대의 자료집인 『회남자』(淮南子)에 나온다. 그런데 이 이야기를 인생을 보는 하나의 틀로 만든 것은 남송 및 원나라 때의 승려 원희(元熙, 1238-1319)의 시다.

사람의 일이 다 새옹의 말이다.

퇴침헌에서 빗소리를 들으며 잔다.

이 시에서 생겨난 말이 바로 '새옹지마'다. 세상 모든 일이 알고 보면 다 새옹의 말이다. 화가 복으로, 복이 또 화로 변하는구나! 퇴침헌은 원희가 서재 겸 거실로 쓰던 건물이다. 빗소리를 들으며 잠을 청한다. 잠은 죽음의 상징이니 끝난 뒤 돌아보면 인생 별것 없다는 이야기다. 내가 잠이 든 다음에도 비는 계속 내릴 것이다. 덧없는 인생과 달리 자연은 끊임없는 변화 가운데 영원히 존재한다. 새옹지마를 중국에서는 '새옹실마'(塞翁失馬)로 쓴다. 변방 노인이 말을 잃었다는 뜻이다.

이야기의 배경은 중국 국경 지대다. 중국 주변에는 중국 사람들이 오랑캐라 부른 수많은 민족들이 살고 있었으므로 다툼의 가능성이 상존한 지역이다. 주인공은 지혜로운 노인이다. 풍부한 삶의 경험에 남다른 지혜까지 갖추었으니 시작부터 기대감을 불러일으킨다. 이야기는 그 노인의 말이 이민족 지역으로 도망가면서 시작된다. 변방에서 충분히 예상 가능한 일이다. 말을 타고 사냥해 먹고 살던 시절이다. 말은 당시로서 적지 않은 재산인데 국경 너머로 도망을 갔으니 가서 찾아올 방법도 없다. 주변 사람들의 위로는 이웃이 보여줄 수 있는 지극히 자연스러운 태도다. 그런데 노인의 반응이 뜻밖이다. 그게 좋은 일일 수도 있다는 것이다. 상식을 깨뜨리는 이 한 마디가 노인의 나이 및 지혜와 어우러져 우리를 생각의 세계로 인도한다.

노인의 첫 지혜는 더 큰 손실을 막는 마음가짐이다. 불행이 불행이 아닐 수도 있다고 한 노인의 말은 그 불행이 좋은 결과를 가져올 것이라는 기대라기보다 모두가 불행이라 부르는 그 일을 자기는 다른 관점에서 바라보겠다는 것이다. 재산상의 손실을 원망이나 절망 같은 다른 손실로 확대하지 않는 지혜다. 물이 이미 엎질러졌는데 땅을 치고 운들 무슨 소용이 있나. 상황을 바꿀 수 없으니 대신 내 생각을 바꾼다. 슬픈 일을 오히려 좋은 일로 여김으로써 아픔도 줄이고 더 이상의 손해도 막자는 뜻이다. 인생은 누구에게나 쉽지 않다. 좋은 일보다는 안 좋은 일이 많다. 그런 세상이라도 나름 살아가기 위해서는 괴롭고 답답한 현실을 소화하는 기술이 꼭 필요하다. 말이 도망간 게 안 좋은 일인 줄 나라고 왜 모르겠는가. 하지만 그렇게 생각을 바꾸지 않고서는 내가 살 수 없다. 손해 앞에서 초연한 노인의 태도는 그런 삶의 경험이 낳은 열매였다.

이솝으로 많이 알려진 고대 그리스의 현자 아이소포스(기원전 620-564)가 사람의 이런 심리를 「여우와 포도」라는 우화로 멋지게 표현했다. 어느 무더운 여름날 여우 한 마리가 숲을 어슬렁거리다가 잘 익은 포도 한 송이를 보았다. 높은 나뭇가지 위로 드리워진 포도덩굴에 대롱대롱 매달려 익어 가고 있었다. "목을 축이기에 꼭 좋은 포도로군." 여우는 몇 걸음 뒤로 물러선 다음 내달려 높이 뛰었지만 포도에는 닿지 못했다. 다시 돌아가서 심호흡을 하고는 하나, 둘, 셋을 센 뒤 다시 높이 뛰었지만 이번에도 실패였다. 그렇게 몇 번을 시도해 보다가 결국 포기하고 말았다. 여우는 돌아가면서 코를 높이 들고는 한 마디 외쳤다.

"분명히 시어 못 먹는 포도일 거야!"

신 포도는 아직 덜 익은 포도다. 동물도 그런 것은 안 먹는다. 실패하기 전에는 그토록 먹고 싶던 포도였지만 불가능을 아는 순간 익지 않은 포도가 돼 버렸다. 아무리 탐스러운 포도라도 내가 먹을 수 없다면 그렇게 시어 먹을 수 없는 것으로 만들어야 한다. 그래야 내가 안 다친다. 사람이 가진 생각의 능력이다. 모든 상황을 나 중심으로 해석하는 이런 사고방식을 심리학에서는 합리화(rationalization)라 부른다. 실제로는 억지지만 그럴 듯한 논리로 포장하는 것이다. 합리화는 자신을 보호하려는 사고체계인 방어기제(defense mechanism)에 속한다. 현실을 과장하고 왜곡함으로써 그런 현실이 주는 압력이나 불안감으로부터 스스로를 지키는 장치다. 이런 영어 속담도 있다. '시커먼 먹구름도 가장자리는 밝게 빛난다'(Every cloud has a silver lining). 어떤 어려움을 만나도 긍정적인 측면을 보자는 것이다. 상황을 바꿀 수는 없어도 내 마음은 얼마든지 바꿀 수 있다. 합리화도 방어기제도 밝은 면을 보는 것도 다 나 자신을 위한 일이다.

그런데 노인의 말이 예언이 된 것일까? 도망을 갔던 말이 얼마 뒤 멋진 말 한 마리를 데리고 돌아왔다. 안 좋은 일이 좋은 일로 변했으니 흔히 말하는 전화위복이 된 것이다. 삶에서 이런 일은 흔하지 않다. 노인도 이런 상황을 기대하고 한 말은 아니었을 것이다. 급변한 상황이 노인을 일종의 예언자로 만들어 버렸다. 사라졌던 전 재산이 단숨에 두 배로 불어나다니! 사람들이 모여들어 축하해 주었다. 이 또한 지극히 자연스러운 반응이다. 하지만 노인은 이번에도 반대로 이야기했다. 그게 안 좋은 일일 수도 있다는 말이다. 슬픔을 만났을 때 마음을 뒤집어 안정시키더니 이번에는 기뻐해야 할 이유를 애써 억누른다. 노인의 마음은 방어기제 차원을 넘어 이제 관조의 단계로 간다. 약간의 거리를 두고 바라보자는 이야기다. 내 일이지만 마치 남의 일인 양 대함으로써 감정적인 동요를 가라앉히겠다는 각오다. 실제로 가능한지는 알 수 없으나 동서고금의 많은 종교, 많은 사상이 사람들에게 두루 권장하는 방법이다.

노인의 지혜를 입증이라도 하듯 좋은 일은 다시금 안 좋은 일이 되었다. 말 타기를 좋아하던 아들이 새 말을 타다가 낙마하여 다리를 부러뜨린 것이다. 장애인이 되었으니 재산 좀 불어난 것과 비교하기 어렵다. 장애인을 비하하던 유교 사회라 더 그렇다. 마을 사람들은 당연히 위로의 말을 던졌고 노인은 그게 좋은 일일 수 있다고 또 반대로 말했다. 사람들은 이번에는 어떤 식으로 뒤집어질까 기대했을 것이다. 아니나 다를까 때맞추어 전쟁이 일어나 나라의 젊은이가 다 징집을 당했다. 중국에서는 한 번 붙었다 하면 보통 수십만은 죽지 않던가. 하지만 노인의 아들은 장애인이어서 징집을 면하고 목숨도 건졌다. 재산으로 시작된 이야기가 목숨을 건지는 것으로 마무리되면서 이야기는 반복을 통해 더 깊은 세계로 들어간다. 이후의 이야기는 모른다. 병역 면제 때문에 나중에 불이익을 당했는지 아니면 2천 년 뒤의 어느 이웃 나라에서처럼 오히려 더 출세를 했는지. 인생만사 새옹지마라 하니 너무 따지진 말자.

복이라 부르는 게 화가 될 수 있고 손해라 생각한 게 이득을 가져올 수도 있다. 참으로 알 수 없는 것이 인간사의 길흉화복 아니던가. 새옹의 경우처럼 꼭 정반대로 뒤집어지지 않더라도 복이든 화든 그 자체로 절대적인 것은 아니다. 그러니 매번 웃다가 울기를 거듭할 필요가 없다. 핵심은 에누리다. 기쁨이든 슬픔이든 반대되는 것을 섞어 강도를 줄인다. 기쁨도 슬픔도 그 자체가 결론이 아니다. 기쁠 때는 불행의 가능성을 생각하여 즐거움을 억누르고 슬플 때는 기쁨이 찾아올 날을 기다리며 슬픔을 이기라는 가르침이다. 새옹지마에 담긴 세상은 온갖 일이 아무런 뜻 없이 일어나는 세상이다. 개연성으로 가득 찬 세상, 우연과 무작위가 지배하는 그런 세상이다. 새옹처럼 복과 화가 뒤바뀌기도 하고 복이 더 큰 복이 되거나 손해가 더 큰 손해를 낳기도 하지만 대부분은 복이든 화든 아무 상관없이 그냥 일어난다. 변방 노인의 지혜는 그런 불확실성의 세상에서 자기를 지키는 좋은 방법이었다.

세상에 오직 기쁨만 있다면 노인의 지혜 같은 것은 필요하지 않을 것이다. 모든 것을 상대화시키고 중립으로 만드는 이유는 그저 슬픔과 고통을 이기기 위해서다. 새옹의 이야기는 슬플 때 참으로 유용한 지혜다. 하지만 그 지혜 때문에 기쁨도 함께 줄어들어 버린다. 슬플 때 기쁨을 예상하며 슬픔을 이기려 하다 보니, 기쁠 때도 반대 상황이 떠올라 즐거움이 반감된다. 새옹지마 이야기를 인용하는 사람들은 전화위복 하나에 초점을 맞춘다. 슬픔이 닥쳤을 때 얼른 잊고 좋은 일로 넘어가자는 것이다. 그렇기에 기쁠 때는 그런 이야기를 생각조차 않으려고 한다. 하지만 억누르는 게 습관이 된 다음에는 기쁜 일이 있어도 마음껏 즐거워할 수가 없다. 기쁨을 더 누리자고 슬픔을 줄였는데 슬픔을 누르다가 기쁨마저 잃어버리고 말았다. 어차피 괴로움이 더 많은 세상이니 그래도 결국은 유익이 되는 태도일까? 가뜩이나 웃기 어려운 인생을 살면서 울지 않기 위해 알량한 그 웃음마저 거두어야 한다면, 왜 사는지 그것부터 물어야 하지 않겠는가.

우주의 섭리와 사라질 것들

삶을 상대화시키는 이런 지혜는 서양에도 있었다. 대표적인 것이 스토아 사상이다. 기원전 4세기부터 기원후 3세기까지 그리스 로마 문화를 주도했으니 중국에서 새옹지마 이야기가 생겨나던 때와 겹친다. 비슷한 시기에 지구 양쪽에서 비슷한 생각을 했던 모양이다. 하긴 괴로운 인생에 동서양이 따로 있던가. 삶의 고통은 장소뿐 아니라 시대까지 뛰어넘는다. 스토아 학파의 세계관은 범신론이었다. 우주가 곧 신이라는 관점이다. 보이지 않는 힘이 보이게 나타난 것이 우주다. 온 우주가 만물의 원리인 로고스의 구현이기에 우주 전체가 완벽한 조화를 이루며 정해진 어떤 법칙에 따라 일사불란하게 움직인다. 우주가 곧 신이라면 이 법칙을 신의 섭리라 부를 수도 있지만 알고 보면 신도 이 법칙에서 자유롭지 못하다. 사람의 능력도 당연히 뛰어넘는다. 우리가 어떻게 할 수 없는 것이기에 운명론이다.

사람도 물론 로고스의 구현이다. 로고스는 사람 속에도 있다. 그런데 사람에게는 자유의지도 있다. 우주의 법칙과 무관하게 내가 내 마음대로 할 수 있는 능력이다. 이 의지를 우주의 법칙과 조화를 이루도록 활용하는 것이 스토아 사람이 본 좋은 삶 곧 덕이다. 말이 좋아 조화이지 사실 세상에서 일어나는 모든 일을 그대로 받아들이는 자세다. 대안이 없다. 어차피 바꿀 수 없는 것이므로 받아들이지 않으면 나만 손해다. 스토아 철학자였던 황제 마르쿠스 아우렐리우스(Marcus Aurelius, 121-180)가 말했다.

> 바깥 일로 마음이 괴로운가? 그대를 힘들게 하는 건 그 일이 아니라 그 일에 대한 그대 자신의 판단일세. 그 판단은 지금 그대의 힘으로 얼마든지 몰아낼 수 있네(『명상록』 VIII, 47).

사람들이 말하는 죄나 악 또는 우주의 결함은 우리의 단편적인 눈으로 관찰한 결과일 뿐 온 우주를 포괄하는 신의 눈으로 볼 때는 모든 것이 전체의 선함에 이바지하는 것이다. 우주의 모든 것이 완벽한 조화를 통해 거대한 전체를 이룬다. 이 전체가 바로 신이요 신은 선한 존재이므로 우주에 있는 것은 다 좋은 것이다. 따라서 우주의 법칙을 깨달은 사람은 제 의지를 잘 훈련시켜 좋은 일이든 안 좋은 일이든 담담하게 받아들일 수 있어야 한다. 좋은 일이라고 기뻐 날뛰지 말고 안 좋은 일에도 슬퍼할 것 없다. 상황에 따라 감정 변화를 겪지 말라. 초연하라! 아우렐리우스도 거듭 강조했다. 침잠하라!

세상의 일이 전부 좋은 것이고 그것을 무조건 수용하는 게 덕스러운 삶이다? 그런 주장은 사실 세상의 혜택을 원 없이 누리는 최고의 금수저한테도 통하기 어려운 논리다. 그런데도 이런 논리가 그리스 로마 세계를 몇 세기 동안 장악했던 이유는 한 마디로 인간의 무기력함 때문이다. 유구한 우주의 역사 가운데 나는 잠깐 머물다 갈 뿐이다. 이 거대한 우주에서 한 톨 먼지보다 못한 내가 뭘 할 수 있단 말인가. 변방 노인의 지혜도 똑같은 수동적인 태도를 담고 있다. 어찌할 수 없으니 포장이라도 잘해 받아들이자는 것이다. 그런데 우주와 조화를 이룸으로써 슬픔은 어떻게 잘 이겨냈는지는 모르겠으나 그런 노력의 결과 기쁨도 함께 사라지고 말았다. 사람은 모두 행복을 원한다. 침잠하고자 한 것도 결국은 모든 종류의 감정을 뛰어넘기보다 행복 하나를 더 느끼기 위해서였다. 하지만 스토아 사람들이 남긴 글에는 즐거움에 대한 언급이 많지 않다. 이들이 모든 일에 초연한 가운데 이따금 느낀 기쁨이나 행복은 보통 사람들이 생각한 것과 상당한 차이를 보인다.

변방의 노인에게는 모든 것이 우연이었다. 세상 일은 제멋대로 일어난다. 그런데 노인의 경우 불행이 다행이 되고 다행이 다시금 불행으로 뒤집어진다. 보기 드문 일이다. 희귀한 경우이기에 오늘까지 2천 년을 전해 온 것 아니겠는가. 스토아 사람들은 뒤집는 대신 온 우주를 포괄하는 거대한 법칙을 그냥 수용했다. 하지만 그 역시 정해진 운명이요 기계적인 것이니 거기서 뜻 같은 것은 찾을 수 없다. 뜻이 없으니 따스함도 없다. 죽는 날까지 알 수도 없는 그 운명을 그대로 수용하는 게 무슨 의미가 있다는 말인가. 그냥 고통은 싫다 하고 슬플 때는 펑펑 울며 기쁠 때는 마음껏 웃는 게 차라리 낫지 않을까. 하지만 스토아 범신론은 악이나 고통의 실체를 인정하지 않았다. 고통이나 슬픔도 우주의 눈으로 바라보면 좋은 것이라 가르쳐 차지도 뜨겁지도 않은 미지근한 세상을 살게 만들었다. 범신론의 힘은 대단하다. 악의 실체를 보고도 못 느끼는 능력이기에 범신론을 신봉하는 수억 명 힌두들은 오늘도 쓰레기와 오물 가운데서 별 불평 없이 잘 살아가고 있다.

비슷한 사고방식은 또 있다. 미국에서는 링컨 덕에 유명해진 구절이다. 링컨은 대통령이 되기 얼마 전에 한 연설에서 동방의 왕 이야기라 하면서 이 문장을 소개하였다.

"이 또한 지나가리라."

어느 영국 시인이 이 구절을 솔로몬의 일화라고 소개하는 바람에 유대인 이야기인 것처럼 알려졌지만 사실은 아라비아에서 나온 말이다. 12세기 초 페르시아의 시인 아타르에 따르면, 한 왕이 현자들을 모아 슬픈 사람을 기쁘게 만들어 줄 수 있는 가락지를 만들라 지시했다. 현자들은 오래 의논한 끝에 반지를 하나 만들어 거기에다 '이 또한 지나가리라'는 글을 새겨 넣은 뒤 왕에게 전해 주었다. 왕은 반지가 아주 마음에 들었다. 슬플 때마다 보았더니 정말로 슬픔이 줄어들었다. 그런데 뜻밖의 부작용도 있었다. 기쁠 때 그 반지를 보았더니 기쁨이 사라지고 말았다. 세상에 어디 슬픔만 있던가. 그래도 가끔은 기쁨도 오는 법이거늘 그 반지 때문에 즐거움마저 사라지고 말았다. 슬픔을 잊게 도와주는 복덩어리 반지인 줄 알았더니 있던 기쁨마저 내쫓아 버리는 저주의 반지가 되고 만 것이다.

비슷한 이야기가 유대인들의 생각을 모은 미드라시에도 몇 편 나온다. 이야기의 구성은 서로 많이 다르지만 왕과 지혜를 합친 이야기라 솔로몬이 늘 주인공으로 등장한다. 어떤 이야기에서는 솔로몬 왕이 신하들에게 그런 반지를 만들어 오라 지시했다 하고, 어떤 이야기에서는 솔로몬 자신이 그런 반지를 만들어 사람들에게 준다. 유대인들은 이 이야기가 마음에 들었는지 히브리어 약자로 반지에 새기기도 하고 두루 전해 주기도 했다. 아랍에서 나온 이야기든 유대인들이 만든 이야기든 뜻은 동양의 새옹지마와 통한다. 스토아 철학도 다르지 않다. 기쁨이든 슬픔이든 그것을 반감시켜 충격을 줄이자는 것이다. 지나갈 것임을 생각함으로써 위로를 받고자 했으니 슬픔을 상대화한 것이요 부작용으로 기쁨마저 약해지고 말았으니 기쁨도 슬픔도 다 힘을 잃고 말았다. 우리말 버전도 있다. '세월이 약이겠지요.' 가공할 위력을 가진 이 약이 오직 슬플 때만 효과를 발휘한다면 얼마나 좋을까.

이따금 교회에서 이 말이 마치 성경에서 나온 것인 양 써먹는 이들도 있다. 유대인 책에 나오니 거부감이 덜했을까? 멋있는 표현이니 아랍인이 만든 줄 알았어도 적당히 성경에 끼워 맞추었을 것이다. 큰 슬픔을 겪는 이들에게는 당장은 이 한 마디가 위로가 될 수 있을 것이다. 하지만 그렇게 에누리함으로써 위로를 얻음과 동시에 마음껏 누려야 할 기쁨마저 잘라 내는 양날의 칼이라는 점을 잊어서는 안 된다. 물론 세상은 변한다. 헤라클레이토스가 말하기 오래 전부터 만물은 변하고 있었다. 하지만 아프다고 현재를 서둘러 외면한다면 그것은 무책임이다. 우리 삶에서 가장 중요한 시간이 바로 지금인 까닭이다. 우리가 하나님을 힘입어 살아야 할 날은 오늘이다(마 6:11). 말씀으로 서로 권하고 바로잡는 일도 오늘 해야 한다(히 3:13, 4:7). 내일 일을 앞당겨 걱정하는 것도 잘못이지만(마 6:34) 내일을 도피처로 삼아 현재에서 도망가려 해서도 안 된다. 항상 기뻐하는 것은 지금 이 순간을 기뻐하는 것이요, 범사에 드리는 감사에는 지금의 이 아픔도 포함되어야 한다(살전 5:16-18). 아픔이든 기쁨이든 그 자체로 받아들이는 것이 믿음이다. 세월에 맡기는 위로는 참 위로가 아니다. 이슬람이나 유대교의 지혜가 어찌 성경의 가르침이 되겠는가. 지나간다는 표현은 성경에도 물론 나온다. 하지만 기쁨이나 슬픔이 아닌 인생 전체가 풀의 꽃처럼 사라질 것이고 결국은 이 세상 전체가 지나갈 것이라 가르친다(약 1:10, 벧후 3:10). 이 세상은 다 없어지겠지만 오직 주님의 말씀은 영원히 있을 것이다(마 24:35, 요일 2:17).

반대 상황을 생각하는 것은 사람의 지혜에 속한다. 하루이틀 살고 말 인생이 아닌 까닭이다. 위기를 만나 모두가 불안해하고 있을 때 지혜자가 나서서 위기가 곧 기회임을 상기시킨다. 위기가 비극으로 끝날 수도 있겠지만, 만약 그런 용기 덕분에 보다 나은 결과를 얻었다면 그런 용기는 칭찬 받아 마땅하다. 같은 지혜가 또 정상에 섰을 때는 낮추라고 조언한다. 링컨도 이 또한 지나가리라는 조언을 아플 때의 위로 및 잘될 때의 겸손으로 적용했다. 값진 지혜다. 그렇지만 사람이 고안해 낸 온갖 방어기제는 동서고금의 깊은 지혜의 표현이기 이전에 우리 인간이 살아가는 삶이 결코 쉽지 않다는 뼈아픈 현실을 먼저 보여주고 있다. 뜻대로 되지 않는 일이 더 많은 세상이기에 우리는 슬픔도 기쁨도 부지런히 뒤집어야 한다. 내 힘으로 안 되는 것들은 얼른 시어 못 먹는 것으로 만들어야 한다. 그렇게 하지 않으면 제정신으로 살아갈 수 없는 게 우리 인생이다. 반대를 생각하는 지혜, 그 가장 밑바닥에는 끊임없이 몰려오는 불행과 힘겹게 싸워야 하는 우리 인생의 고통과 슬픔이 깊고도 넓게 깔려 있다.

하나님의 사랑이라는 안경

새옹지마도 신 포도도, 스토아 사상이나 이 또한 지나갈 것이라는 생각도 다 세상을 보는 관점이다. 세상에서 일어나는 일을 평가하고 수용하는 태도다. 이미 닥친 불행이 나를 더 해치지 않도록 보호하는 장치다. 고난으로 점철된 인생을 살아가기에 꽤 유익한 지혜가 아닐 수 없다. 기쁨이든 슬픔이든 뒤집어 보며 숨은 뜻을 찾는다. 작은 일도 그 일 하나에 국한시키지 않고 큰 틀에서 보려고 한다. 나를 위해서다. 그렇기에 불행은 위장된 복일 수도 있다. 당장은 아프지만 온 우주에 좋은 것이라면 언젠가는 그 우주의 일부인 나에게도 유익이 되어 돌아올 것이다.

아픔이 가득한 세상, 그래서 설명이 필요한 세상을 우리 그리스도인도 살아간다. 우리는 믿음으로 산다. 우리의 믿음도 새옹지마나 스토아 사상처럼 세계를 보는 눈이라는 점에서는 같다. 스토아 사람들처럼 머리로 납득할 수 없는 것도 우리는 믿음으로 받아들인다. 그래서 변방의 노인처럼 화를 복이라 부르기도 한다. 이것도 지나가리라 한 아랍인들처럼 우리도 지금의 이것이 끝이 아닌 줄 안다. 나를 보호하는 게 목적이 아니니 방어기제까지는 필요하지 않다. 따라서 좋은 것을 일부러 안 좋게 보거나 잘 익은 포도를 굳이 안 익었다 할 것까지는 없다. 그렇지만 우리가 가진 믿음 역시 크게 볼 때 합리화와 많이 닮았다. 고통이든 슬픔이든 오직 믿음의 눈으로 보며 거기에 맞는 설명도 부지런히 찾는다.

모든 것이 믿음이다. 성경 전체가 이런 믿음의 관점을 가르친다. 그 가운데서도 가장 뚜렷한 골격은 사도 바울의 글에 나온다.

> 하나님을 사랑하는 이들 곧 목적대로 부름 받은 이들에게는 모든 것이 함께 일해 좋은 것을 이루는 줄 우리는 압니다(롬 8:28).

모든 것이 함께 일해 좋은 결과를 낳는 줄 우리는 안다 하였다. 안다는 것은 그렇게 믿는다는 말이다(요 6:69, 요 17:8, 21, 23, 엡 4:13). 모든 것을 그저 좋게만 받아들이는 믿음의 태도다. 하나님을 사랑하고 목적대로 부름 받은 우리에게 모든 것이 함께 일해 좋은 것이 된다는 이것이 세상을 보는 우리의 관점이다. 하나님의 부르심은 곧 구원의 부르심이다. 하나님의 구원이라는 안경을 통해 보면 세상의 모든 것, 곧 기쁨이나 행복뿐 아니라 사람들이 슬픔, 고통, 불행이라 부르는 것들까지 다 좋은 것이다. 뒤집어 본다는 점에서는 새옹지마와 닮았고 전체를 좋게 본다는 점에서는 스토아 입장과 통한다.

그렇다면 차이점은 무엇일까? 우선, 이 원리는 제한된 사람에게만 적용된다. 새옹지마는 남녀노소를 불문하고 누구나 시도해 볼 수 있는 처세술이다. 익은 포도를 신 포도로 만드는 것 역시 사람이면 다 가진 기술이다. 스토아 사고방식이나 '이 또한 지나가리라'는 태도도 마찬가지다. 하지만 모든 게 함께 일해 좋은 것을 이루는 이 법칙은 오직 '하나님을 사랑하는 이들'에게만 적용된다. 하나님을 사랑하기 위해서는 하나님의 사랑을 먼저 받아야 한다. 따라서 하나님을 사랑하는 이들은 곧 '목적에 따라 부름 받은 이들'이다. 하나님을 사랑하는 사람들에게 모든 것이 함께 일해 좋은 것이 되는 이유는 하나님이 그들을 부르셨기 때문이다. 목적에 따라 부르셨다. 하나님의 목적, 하나님의 의도다. 하나님이 당신을 사랑하게 될 사람들을 향해 가지신 계획이다. 그 계획대로 우리를 부르신다.

하나님이 부르셔서 우리가 산다. 우리 삶 전체가 하나님의 부르심이다. 바울은 하나님이 어떻게 모든 것을 활용하셔서 우리를 향한 당신의 부르심을 구현하시는지 이어 설명한다. 우선 우리를 "미리 아시고 미리 정하셨다." 예지(豫知) 및 예정(豫定)이다. 그리고 그렇게 정하신 사람들을 "부르시고, 의롭게 만드시고, 영광스럽게 만드셨다"(롬 8:29-30). 우리를 먼저 알고 당신의 것으로 정하신 다음 우리를 불러 의로운 사람으로, 또 당신의 아들의 형상으로 영광스럽게 만드셨다. 이 일을 이루시기 위해 하나님은 모든 것을 당신의 뜻대로 움직이신다. 성경이 처음부터 끝까지 가르치는 하나님의 절대주권이다.

> 그분 안에서, 모든 것을 당신이 바라는 의도대로 움직이시는 그분의 목적대로 우리가 예정되어 상속을 받았습니다(엡 1:11).

하나님은 당신의 목적대로 우리를 예정하시고 당신의 나라를 상속받게 하셨다. 창세 전에 계획하신 그 일을 이 세상 가운데서 이루시기 위해 하나님은 모든 것을 '당신이 바라는 의도대로' 움직이신다. 우리에게 일어나는 일은 모두가 그 목적과 계획 곧 우리를 향한 선한 계획의 일부다. 그래서 모든 것이 함께 일해 우리에게 좋은 것이 된다.

저절로 되는 것이 아니다. 옛 사람들에게는 세상이 아무 뜻 없는 곳이었고 스토아 사람들은 우주가 곧 신이라고 믿었지만, 성경은 온 우주가 하나님의 피조물이며 창조주 하나님이 온 세상을 다스리신다고 선포한다. 하나님이 우주의 모든 것을 한데 모아 움직이심으로써 그것들로 우리에게 좋은 것이 되게 만드신다. 하나님이 하시는 일이기에 영어 새국제역(NIV)은 로마서 8:28의 "모든 것이 함께 일해"를 "하나님이 모든 것을 함께 움직이셔서"로 번역했다. 좀 억지스럽긴 하지만 저절로 되는 게 아니라 하나님이 하시는 일임은 잘 보여준다.

자연법칙도 아니고 우주의 원리도 아니고 오직 하나님의 섭리다. 하나님의 주권과 인격적인 개입이 분명하게 드러난다. 그렇기에 하나님을 사랑하지 않는 사람, 하나님의 부름을 받지 못한 사람에게는 이 법칙이 적용되지 않는다. 그들도 이 땅의 복과 화를 수시로 경험한다. 그렇지만 그들에게는 모든 것을 모아 좋은 결과를 주시는 하나님이 없다. 그렇기에 직접 나서서 에누리 작업을 해야 한다. 그들에게는 세상의 모든 일이 아무런 뜻 없이 일어나는 일이기 때문이다.

믿음의 눈으로 볼 때, 지금까지 일어난 우주의 역사 전체가 하나님이 모든 것을 움직여 좋은 것이 되게 하시는 역사였다. 그 가운데서도 가장 중요한 사건은 당신의 섭리 가운데 약속대로 메시아를 이 땅에 오게 하신 것이다(창 3:15, 요 1:14). 그 좋은 결과를 낳기 위해 처음부터 끝까지 아버지의 뜻만 받들은 아들 그리스도의 순종이 먼저 있었고, 오랜 기다림의 세월 동안 하나님의 약속을 믿고 순종의 대를 이어간 믿음의 조상들이 있었다(히 1:1-12:2). 아들이 이 땅에 사람이 되어 오신 다음에는 그 아들을 죽여 없애고자 한 종교 지도자들과 그들을 이용한 마귀의 힘도 작용했다(마 26:54-56, 행 2:23). 불행한 인간 유다의 배신과 빌라도의 판단 착오 및 잘못도 하나님은 이용하셨다(마 26:24). 그 일들 역시 이루시기 오래 전에 말씀으로 미리 알려 주신 것이다(눅 24:46-47, 행 4:25-28). 그런 모든 것이 함께 일해 가장 좋은 결과를 기어이 낳았기에 성경은 온 세상을 향하여 이렇게 선언한다.

> 하나님이 세상을 사랑하셔서 독생자까지 주셨기에 그를 믿는 모두가 멸망하지 않고 영생을 얻게 되었다(요 3:16).

하나님의 독생자가 세상에 오셔서 인류의 죄를 대신하여 죽어 주시지 않았다면 모든 것이 함께 일해 좋은 것을 이루는 신비로운 역사도 불가능했을 것이다. 하나님이 주시는 좋은 것 가운데 영원한 생명의 구원이 첫째이기 때문이요 그 구원이 아니고서는 다른 그 무엇도 좋은 것이 될 수 없기 때문이다. 제한된 사람들만 누리는 복이지만 믿기만 하면 모두가 영생을 얻으니 사실상 기회는 누구에게나 있다.

우주의 역사에서 두 번째로 중요한 사건은 우리가 하나님의 독생자를 믿게 되었다는 점이다. 모든 것을 목적대로 움직이시는 하나님은 알맞은 때에 우리를 이 세상에 나게 하시고 여러 가지 방법을 사용하셔서 우리로 하여금 주 예수를 만나고 믿게 하셨다(요 1:12-13, 마 16:17). 사람마다 다른 환경, 다른 상황 속에서 주 예수를 믿게 되지만, 중요한 것은 하나님의 부름을 받은 우리가 이렇게 결국 믿어 하나님을 사랑하게 되었다는 사실이다(요 6:37, 39, 벧전 2:9). 하나님이 창세 전에 당신의 것으로 정하신 그 계획, 그 목적이 오늘도 모든 것 가운데서 일하시는 당신의 섭리를 통해 우리가 태어나 살아가고 있는 이 현실 가운데 그대로 이루어졌다.

하나님이 독생자를 주셨고 우리는 독생자를 믿었다. 이 두 가지 사실이 이제 다른 모든 것에 대한 분명한 보증으로 다가온다. 모든 것을 한데 모아 좋은 것으로 만드시는 하나님의 섭리를 알기에 우리는 바울과 함께 이렇게 물을 수 있다.

> 자기 아들을 아끼지 않고 우리 모두 대신 내주신 그분이 어떻게 그 아들과 함께 모든 것을 우리에게 거저 주시지 않겠습니까?(롬 8:32)

독생자를 주신 것이 나를 위한 일이다. 가장 값진 존재를 내어 주신 하나님이 나로 하여금 그 독생자를 믿게 하셨다. 영생의 선물을 주셨다. 하나님은 나를 불러 당신을 사랑하게 하시려고 참으로 큰 희생을 치르셨다. 가장 값진 것을 주신 하나님이 다른 무엇이 아까워 안 주시겠는가. 하나님은 지금 이 순간에도 가장 좋은 것을 나에게 주고 계시다. 이것이 우리 믿음의 고백이다. 삶의 경험으로 얻은 지혜도 아니고 심오한 철학이나 종교처럼 깊은 사색이나 연구가 낳은 결론도 아니다. 하나님의 구원의 말씀 성경을 통해 얻은 믿음이다. 성경에서 주 예수를 만나 그분과 하나가 되었기에 확실히 안다(롬 6:5). 그리스도가 오셨고 내가 그분을 믿게 되었다는 사실은 나를 향한 하나님의 사랑이 영원히 변하지 않는다는 것을 보여주는 확실한 증거다. 좋은 일, 안 좋은 일이 거듭되는 세상이지만 새옹의 알량한 지혜는 필요하지 않다. 우리는 하나님의 사랑의 눈으로 삶을 보고 역사를 읽고 우주를 살핀다. 그리스도인이 가진 가장 기본적인 세계관, 인생관은 "그리스도 예수 안에 있는 하나님의 사랑"이다(롬 8:39).

예정은 구원의 은혜에 대한 찬송

하나님은 사랑이시다(요일 4:8, 16). 독생자를 주신 사랑의 하나님은 우주를 창조하고 오늘도 다스리시는 바로 그 하나님이시다. 그렇기에 하나님의 사랑을 알고 믿는 이들에게는 모든 것이 뜻이 있다. 하나님은 목적대로 우리를 부르셨다. 천지를 지으시기도 전에 가지신 목적이다. 뜻 있는 세상, 목적 있는 삶이다. 광대한 우주는 그냥 있는 것도 아니요 우연히 생겨난 것도 아니다. 하나님이 다 생각이 있어 만드신 것이다. 하나님은 그 우주에 당신의 권능과 지혜로 온갖 복잡한 법칙과 원리도 두셨다. 온 우주는 오늘도 하나님의 그 주권에 따라 움직인다. 우연이나 무작위도 아니고 스스로의 힘으로 돌아가는 것도 아니다. 하나님은 우리를 향한 구원의 사랑을 구현하시려고 그 모든 것을 주관하신다.

하나님의 깊은 관심은 우리의 머리카락 수까지 헤아리고 계시며, 하나님의 오묘한 섭리는 참새 한 마리의 생사까지 결정하실 정도로 철저하고 정밀하다(마 10:29-31, 눅 12:6-7). 그렇게 우주를 운행하시는 하나님의 첫째 관심이 바로 당신의 사랑을 입은 자들에게 좋은 것을 주시고 복을 주시는 일이다. 독생자까지 아끼지 않고 주신 그 사랑을 받아들인 이들에게 다른 모든 좋은 것도 함께 주시는 사랑이다. 하나님의 이 사랑을 성경은 '예정'(豫定, predestination)이라는 표현으로 소개한다. 미리 정하셨다는 것이다. 모든 것이 하나님의 예정대로 움직인다고 우리는 믿고 고백한다. 하나님의 예정에 따라 메시아가 이 세상에 오셔서 구원을 이루셨고 하나님의 예정에 따라 우리도 부르심을 받아 하나님의 자녀가 되었다. 하나님이 모든 것을 모아 오늘 우리에게 가장 좋은 것을 주시는 일 역시 하나님 예정의 성취다.

그런데 세상의 이론 가운데도 이 예정과 닮은 것들이 있다. 결정론과 운명론이다. 결정론(determinism)은 모든 것이 원인과 결과로 완벽하게 연결되어 있다고 믿는 사상이다. 고대 그리스에도 그렇게 믿는 사람이 많았지만 근세 들어 뉴턴 이후로는 대부분의 사람이 그렇게 믿게 되었다. 모든 것이 인과관계로 얽혀 있다면 정해진 그 법칙

내지 과정대로 움직일 것이요 변화라는 것은 애초에 불가능할 것이다. 사람의 의지는 그런 인과의 고리에서 벗어난 듯 보이지만 의지가 완전 자유인지 아니면 인과법칙의 지배를 받는지 증명은 불가능하다. 어느 쪽이든 인간 의지의 결정은 또 원인이 되어 이후의 인과관계에 영향을 미친다. 얼마 전까지는 세상의 모든 원인을 다 파악하면 결과도 백 퍼센트 예측이 가능할 것이라는 낙관적 기대가 많았다. 날씨도 백 퍼센트 맞출 수 있겠지만 어떤 정해진 시간에 누가 어디서 무엇을 하고 있을지 그것까지 완벽한 예측이 가능할 것이라 보았다. 그런 세상이라면 새옹지마 같은 처세술이 소용이 없을 것이다. 이 또한 지나갈 것인지 말 것인지 그것도 정확하게 파악이 가능할 테고. 하지만 하이젠베르크가 양자역학에서 입자 관측의 정확도에 근본적인 한계가 있다는 것을 불확정성 원리로 발표한 이후 지금은 그런 기대를 많이 하지 않는다. 원인을 다 알 수도 없거니와 설령 알 수 있다 해도 미래를 정확하게 내다볼 수는 없다. 인과법칙의 바탕에서 이룩된 첨단 과학의 시대에 결정론 자체가 이미 신뢰를 잃어 가고 있으니 참 아이러니다. 덕분에 옛 사람들의 많은 지혜가 새롭게 힘을 얻고 있다.

운명론(fatalism)은 다르다. 숙명론이라고도 부르는 이 입장은 인과법칙을 뛰어넘는 가치관으로, 과학이나 철학이라기보다 오히려 종교에 가깝다. 운명을 믿는 신앙이다. 우주의 과정과 미래가 이미 다 정해져 있어서 내가 무엇을 해도 바꿀 수 없다는 사고방식이다. 일종의 신앙이기에 운명론에서는 논리적 해명이나 입증 같은 게 필요하지 않다. 미래를 예측할 수 있든 없든 상관없다. 우연히 일어나는 일도 이들에게는 불가피한 운명이다. 운명을 결정하는 존재가 있어야 하므로 운명론은 유신론으로 기울기 쉽지만 대개는 신조차 이 운명을 이길 수 없다. 신도 어떻게 할 수 없을 정도이니 인간으로서는 운명 앞에서 전적으로 무기력할 수밖에 없다. 고대 스토아 사상에서 보듯, 운명론은 모든 것을 주어진 그대로 받아들이는 수동적 태도 및 우리는 아무것도 할 수 없다는 패배주의로 쉽게 이어진다.

성경이 가르치는 예정론을 이 결정론 및 운명론과 혼동하는 이들이 적지 않다. 뼈대만 보면 비슷해 보인다. 예정론은 하나님이 창세 전에 모든 것을 다 결정하셨고 지금도 온 우주를 그 예정에 따라 완벽하게 다스리신다는 것이다. 하나님의 예정이 한 치의 오차도 없이 이루어진다면 모든 것이 인과에 따라 일어난다는 결정론과 통한다. 또 정해진 그대로 다 된다면 우리가 손쓸 여지가 없을 것이므로 숙명론과도 닮았다. 그렇지만 예정론은 이들 이론과 근본적으로 다르다.

어떻게 다른가? 무엇보다 먼저 예정론은 어떤 학문적 깨달음이나 연구의 결과가 아니라 성경에 근거한 믿음의 판단이요 은혜에 대한 감격의 고백이다. 성경의 예정은 하나님의 구원에 집중한다. 하나님이 모든 것을 미리 정하셨다는 것 이전에 하나님이 창세 전에 나를 당신의 것으로 택하셨고, 내가 세상에 났을 때 그 사랑을 알게 해 주셨으며, 그렇게 구원받은 나에게 오늘도 가장 좋은 것을 주시고 마지막 날 약속대로 영원한 생명을 주실 것이라는 게 예정의 알맹이다. 하나님의 구원과 구원받은 백성을 향한 하나님의 사랑을 첫째로 이야기하는 것이 성경의 예정이다.

그렇기에 성경의 예정론은 출발부터 다르다. 우주에 대한 성찰이나 사변 같은 것은 애초부터 없었다. 예정은 하나님 말씀을 통해 하나님의 구원을 발견한 사람들이 하나님의 은혜를 깨닫고 내뱉은 감격의 표현이다. 내가 어떤 계기로 주 예수를 만났다. 믿는 부모 아래 태어나 신앙을 배웠든, 아니면 진리에 목말라 헤매다 생명이신 주님을 만났든, 아니면 어쩌다 연애를 잘못해 교회에 발을 들여놓게 되었든, 방법은 다 다르겠으나 어쨌든 독생자를 보내신 참 하나님을 알게 되고 주 예수를 믿어 모든 죄를 용서받았다. 내가 찾고 내가 만났다. 그런데 예수를 만나는 순간 뒤집어졌다. 내가 주님을 찾아 만난 줄 알았는데 주님이 나를 먼저 아시고 나를 부르신 것이었음을 깨달았다. 삭개오가 예수를 보려고 뽕나무에 올랐지만 예수께서 먼저 아시고 "삭개오야, 얼른 내려오너라!" 하시지 않았던가(눅 19:1-5). 나다나엘이 빌립의 전도를 받고 예수를 찾아갔더니 예수께서는 이미 나다나엘을 알고 계셨다(요 1:45-50). 내가 주님을 만난 게 아니라 주님이 나를 만나셨으니 코페르니쿠스적 전환이 일어난 것이다. 태양이 지구를 돈다 생각할 때는 괜찮았는데 반대로 내가 태양 주변을 돌고 있음을 깨닫고 나니 갑자기 어지럽다. 그 정도 충격도 없이 참 진리를 만났다 할 수 있겠는가. 그렇게 주객이 뒤집혀 어질어질한 가운데 고백한 것이 바로 하나님의 예정이다.

하나님은 언제부터 나를 찾으셨을까? 내가 주님을 실제로 만난 것은 내 생애 가운데 일어난 일이다. 하지만 주님이 나를 당신의 것으로 정하신 것은 그 이전이다. 훨씬 이전이다. 바울은 청년 시절 교회를 박해하다가 예수를 만났고 주의 이름을 불러 구원을 얻었다(행 22:16). 그런데 바울은 하나님이 그보다 이전인 어머니 뱃속에서 자신을 선택하시고 또 부르셨다고 고백한다(갈 1:15). 사실 바울과 우리를 부르신 하나님의 뜻과 은혜는 우리가 태어나기 전으로 거슬러 올라간다.

> 하나님이 우리를 구원하사 거룩하신 부르심으로 부르심은 우리의 행위대로 하심이 아니요 오직 자기 뜻과 영원한 때 전부터 그리스도 예수 안에서 우리에게 주신 은혜대로 하심이라(딤후 1:9).

하나님의 예정은 우리가 하나님의 이름을 부르기 전, 아니 세상에 나기도 전 곧 창세 전까지 거슬러 올라간다(엡 1:4-5). 누구든지 주의 이름을 부르는 자는 구원을 얻지만, 우리가 태어나 하나님을 부르기 전에 여호와께서 먼저 우리를 부르셨다는 것이 성경이 가르치는 하나님의 예정 곧 구원의 부르심이다(욜 2:32, 행 2:21, 39). 전적인 은혜다(롬 11:5). 그렇기에 바울은 예정을 길게 논하는 구절을 "하나님, 찬송 받으소서!" 하고 시작한다(엡 1:3). 뽕나무에서 급히 내려와 주님을 집으로 모신 삭개오의 즐거움이 성경적 예정론의 바탕이다(눅 19:6).

그런데 하나님의 구원의 예정을 생각하자면 구원의 반대인 멸망도 외면할 수 없다. 구원이 예정이라면 구원에서 제외되는 이것도 하나님의 예정인가? 어려운 질문이다. 개혁자 칼뱅(Jean Calvin, 1509-1564)은 주저 『기독교강요』에서 하나님이 구원받을 자만 예정하신 게 아니라 멸망 받을 자도 예정하셨다 하여 이중예정을 이야기한다. 하나님의 구원의 예정에 들지 못한 사람은 다 멸망으로 갈 것이니 논리적으로는 타당한 추론이다. 성경도 두 곳에서 멸망으로 가는 일을 하나님의 예정으로 설명한다. 산 돌이신 그리스도를 거부하고 불순종한 이들을 두고 "그렇게 정해져 있었다" 말하고, 교회에 잠입하여 도덕적 타락을 부추긴 이들에 대해 "이 판결을 받도록 이전에 이미 기록되어 있었다" 말한다(벧전 2:8, 유 1:4). 하나님의 절대주권의 관점에서 본다면 모든 것이 하나님의 예정이므로 멸망으로 가는 것 역시 하나님의 예정에 속한다. 하나님의 주권에는 심지어 사람을 강퍅케 하시는 일도 포함되어 있다(롬 9:18). 그렇게 볼 때 이중예정도 무척이나 성경적인 듯 보인다.

그렇지만 이중예정이라는 논리 자체에 담긴 위험을 간과해서는 안 된다. 하나님의 모습을 일그러뜨릴 가능성이 있기 때문이다. 하나님의 구원의 예정은 하나님의 주권뿐 아니라 구원의 은혜를 함께 담고 있다. 내가 내 행위로 구원받은 것이 아니라 하나님의 전적인 은혜로 구원받았다는 고백이다. 그런데 이 예정의 원리에 구원 대신 멸망을 그대로 대입할 경우 문제가 생긴다. 사람이 멸망에 가는 것 역시 자신의 행위와 무관하게 하나님의 일방적인 결정이라는 뜻이 되어 하나님을 불의하신 분으로 만들 수 있기 때문이다(롬 3:5-6). 잘한 것 없는 나를 구원해 주신다면 그저 고맙겠지만 잘잘못도 안 따지고 영원한 멸망에 보내신다면 그보나 부낭한 일이 어디 있겠는가. 그렇게 되면 하나님의 절대주권이 신화에 나오는 이방 신들의 독재나 폭력으로 왜곡될 가능성마저 있다. 하나님은 공의의 하나님이다. 불신자들이 받는 심판과 멸망은 비록 하나님의 예정이 분명하기는 하지만 그보다 먼저 사람의 죄에 대한 하나님의 의로운 심판이다. 그렇기에 멸망을 하나님의 예정과 연결시키는 성경 구절 두 곳도 예정을 말하기 전에 그리스도를 안 믿고 불순종한 그들의 죄를 먼저 언급한다.

바울이 사람을 강퍅케 하시는 하나님을 말한 것도 결국은 심판 아닌 하나님의 긍휼과 구원을 말하기 위해서였다.

미묘해 보이지만 중요한 차이다. 성경이 말하는 예정의 핵심은 구원의 예정이다. 하여 성경의 예정은 선택 하나로 끝나지 않고 긴 과정으로 이어진다(롬 8:29-30). 영원에 잇닿은 역사 가운데서 우리를 부르시고, 의롭다 하시고, 영화롭게 하시는 일이 이 과정에 다 포함된다. 우리를 당신의 것으로 미리 정하신 것은 우리로 하여금 당신의 아들의 형상을 본받게 하기 위해서다. 하나님은 우리를 거룩하고 흠이 없는 자녀로 세우시고 당신의 기업으로 삼으셔서 당신의 영광의 찬송이 되게 하신다(엡 1:4, 11). 성경은 이 모든 과정을 예정으로 설명하면서 구원에서 배제된 자에 대해서는 언급조차 하지 않는다.

멸망도 분명히 하나님의 절대주권이지만 성경의 예정은 구원 하나에 집중한다. 특히 구원과 멸망을 함께 언급할 경우 구원은 하나님의 예정으로 설명하는 반면 멸망은 하나님의 예정과 결부시키지 않는다. 주님이 들려주신 '양과 염소의 비유'가 좋은 보기다. 주님은 오른쪽에 있는 사람들을 "내 아버지께 복 받은 이들아!" 하고 칭찬하시면서 "창세부터 너희를 위해 준비된 나라를 상속받아라" 하셨다(마 25:34). 천국이 '너희'를 위해 창세 때부터 준비되었다 하셨으니 예정론 그대로다. 바울의 예정론도 어쩌면 주님의 이 말씀에 근거한 것일지 모른다. 그런데 왼쪽에 있던 사람들을 향해서는 "저주받은 이들아!" 하신 다음 "마귀와 그의 사자들을 위해 준비된 영원한 불에 들어가라"고 하셨다(마 25:41). 이들이 들어갈 영원한 불은 '너희'를 위해 준비된 것이 아니라 마귀를 추종하는 자들을 위해 준비된 것이다.

그러니 이들은 스스로 마귀의 추종자가 됨으로써 저주를 자청했다는 말씀이다. 사도행전에도 비슷한 보기가 나온다. 바울과 바나바의 전도를 듣고 믿은 이방인들을 가리켜 "영생으로 정해진 이들"이라 하여 예정과 연결하는 반면, 복음을 거부한 유대인들은 "영생의 자격이 없다고 스스로 결정했다"고 기록하고 있다(행 13:46, 48). 예수 그리스도의 복음을 거부하는 것은 스스로에게 심판을 행한 것과 같다고 주님이 가르치셨다(요 3:18). 최후의 심판에서도 구원과 멸망의 기준이 다르다. 산 자들은 생명책에 이름이 기록되었기 때문에 구원받지만 죽은 자들은 자기들의 행위가 기록된 책에 따라 심판과 둘째 사망의 벌을 받는다(계 20:12-15).

사실 이중예정은 그리스도인의 삶의 원리와도 조화되지 않는다. 우리 인생의 최대 목표는 하나님을 영화롭게 하는 것이다. 그래서 우리는 우리가 이루는 모든 좋은 것에 대해 감사한 마음으로 하나님께 영광을 돌린다. 내가 아무리 땀 흘리고 수고했다 해도 절대 자신을 과시하지 않는 것이 참 믿음의 모습이다. 그렇지만 무언가 잘못 되어 안 좋은 결과를 낳았을 때는 반대로 한다. 하나님께 원망이나 비난의 화살을 돌리지 않고 자신의 부족함을 탓한다. 잘되면 하나님 은혜지만 안 되면 무조건 내 탓인 게 믿음이다. 그렇다고 잘못된 일에 대해 하나님의 주권을 부인하는 것은 아니다. 그때는 하나님께 위임받은 내 책임을 더 생각할 뿐이다. 하나님의 절대주권은 오직 하나님께 영광을 돌리고자 함이지 인간의 부족함에 대해 하나님을 원망하거나 하나님께 따지자는 것이 아니다. 모든 것이 은혜인 줄 아는 까닭이다.

하나님의 예정도 마찬가지다. 구원의 예정이 첫째인 까닭에 언제나 감사와 찬송으로 이어진다. 모든 것을 모아 좋은 것을 이루어 주시는 것이 오늘 우리 삶에 구현되는 하나님의 예정이다. 뜻 없는 결정론이나 숙명론과 달리 하나님의 사랑과 은혜를 듬뿍 담고 있는 것이 성경의 예정이다.

정해져 있지 않은 하나님의 예정

예정론을 결정론이나 운명론과 다르게 만드는 두 번째 요소는 자유와 책임이다. 우선 운명론에서는 모든 것이 정해져 있다. 불어로 '케세라 세라', 될 건 된다. 그렇게 정해진 일은 아무도 바꾸지 못한다. 스토아 사람들은 신조차 그 우주의 흐름을 바꿀 수 없다고 믿었다. 그런 운명 아래서는 내가 할 수 있는 일도 없거니와 내 행동에 대한 책임도 크게 느낄 필요가 없다. 그렇게 적응해 살면 불평은 적을 것이다. 하지만 기쁨이나 감사도 없다. 스토아 인생이다. 그런 삶에서는 적극적인 노력이 필요 없고 무엇보다 하나님을 향한 간구도 불가능하다. 성경의 예정은 그렇지 않다. 우주의 모든 것을 창세 전에 예정하신 하나님은 모든 인간에게 마음대로 할 수 있는 자유를 주셨고 그 자유에 대해 책임을 묻겠다 하셨다(창 2:16-17, 전 11:9, 롬 2:5-10). 하나님과 우리 사이에는 인격적인 관계가 존재한다. 자유와 책임, 그리고 창조주와 갖는 인격적인 관계는 구원의 은혜와 더불어 결정론이나 운명론에는 없는 성경적 예정론만의 특징이다.

스토아 사람들도 인간의 자유를 믿었다. 하지만 스토아의 자유는 그저 우주의 법칙을 최대한 깨달아 그대로 수용하는 수동적 자유였다. 자유를 줄일수록 우주의 원리에 더 가까운 덕스러운 삶을 살 수 있다는 말이다. 새옹지마의 지혜를 만들어 낸 동양 역시 자연과 조화되어 사는 삶을 가장 이상적인 것으로 보았다. 자유라는 개념 자체도 별로 느끼지 못했음을 새옹의 소극적인 태도가 보여준다. 그렇지만 성경은 사람의 자유를 그렇게 가볍게 다루지 않는다. 하나님이 사람에게 자유를 주실 때는 그 자유로 하나님을 마음껏 섬기기 원하셨기 때문이다. 그래서 보통 자유가 아닌 완전한 자유 곧 하나님의 뜻을 정면으로 거부할 수 있을 정도의 자유를 주셨다. 아담이 그 자유를 하나님을 순종하지 않고 오히려 거역하는 일에 사용하여 오늘까지 인간이 고통 가운데 살아간다. 오늘 우리도 하나님을 순종하고 거역하는 일을 마음대로 선택할 수 있다. 그리고 그 자유에 대해 책임을 진다(마 16:27, 요 5:29, 계 20:13).

이 자유를 고려할 때 성경의 예정은 사실 '정해져 있지 않다'고 표현할 수도 있다. 미리 정하셨다는 게 예정인데 정해져 있지 않다면 어폐가 있다. 성경에는 분명 주님의 수난과 부활 등 확고하게 정해진 예정이 많이 나온다. 앞으로의 일 가운데서도 주님의 재림이나 최후의 심판 등은 확정된 예정이 분명하다. 그렇지만 예정론이 운명론에 빠지는 것을 피하기 위해 적어도 사람이 보기에는 정해지지 않았다고 말하는 것이 도움이 될 수도 있다. 안 정해져 있다는 것은 내가 모른다는 뜻도 되지만 무엇보다 내가 손쓸 수 없는 것은 아니라는 뜻이다. 성경의 예정은 우리를 소극적인 인간으로 만들거나 책임을 외면하게 만들지 않는다. 성경은 하나님의 예정뿐 아니라 인간의 자유의지와 책임도 함께 말한다. 인격이신 하나님께 기도로 간구하라고 명령한다. 하나님의 예정이 사람의 자유를 제한하거나 종속시키는 쪽으로 간다면 그것은 성경의 예정을 떠나 결정론 내지 운명론으로 흐르는 일이다.

보기를 들어, 친구를 전도할 때 우리는 하나님의 예정을 잊고 백 퍼센트의 가능성을 믿고 전도해야 한다. 전도할 때 머리에 떠오르는 예정, 이를테면 '예정되었으면 믿겠지' 하는 생각은 이미 운명론으로 기운다. 우리는 믿는 사람은 모두 구원받는다는 약속을 붙잡고 악착같이 도전해야 한다(롬 10:13). 내 전도를 받는 그 사람의 운명이 아직 정해져 있지 않다고 믿는 것이 성경적 예정론이다. 아니, 내 전도가 그 사람의 운명을 바꿀 수 있다고 믿는 게 더 나을지 모른다. 그렇기에 하나님께 기도한다. 그 사람이 내 전도를 일흔 번씩 일곱 번이나 거절한 다음에도 가능성은 여전히 백 퍼센트여야 한다.

앞에서 잠깐 언급한 바울과 바나바의 전도가 좋은 보기다. 바울과 바나바가 비시디아의 안디옥에서 복음을 전했을 때 유대인들은 비판하며 반대한 반면 이방인 가운데는 많은 사람이 예수를 믿었다. 이 일을 성경은 이렇게 기록하고 있다.

> 이방인들은 듣고 기뻐하며 주님 말씀을 찬송하였고 영생으로 정해진 이들은 모두 믿었다(행 13:48).

언뜻 보면 바울과 바나바가 영생 얻을 사람이 누군지 미리 알고 있었는데 복음을 전했더니 그 사람들이 하나도 빠짐없이 다 믿었다는 말처럼 들린다. 하지만 사도들이 무슨 재주가 있어 하나님이 예정하신 사람이 누군지 미리 알았겠는가. 그래서 이 구절을 많이들 예정과 무관하게 푼다. '영생으로 정해진 이들'을 '영생에 헌신된 이들'로 보아 하나님의 예정이 아닌 인간의 결단으로 풀거나, '영생으로 준비된 이들'로 풀어 루디아의 경우처럼 말씀을 듣는 순간 성령께서 이들의 마음을 여신 것이라고 해석하는 식이다(행 16:14). 유대인들이 영생의 복을 스스로 거부한 것처럼 이방인들 역시 예정과 무관하게 자신의 결단으로 믿었다는 해석인데, 예정론에 대한 오해가 성경을 곡해하게 만든 대표적인 경우다.

우선 '정해진'은 '예정'과 용어는 다르지만 뜻은 거의 같다. 본문은 분명하게 하나님의 예정을 이야기한다. 바울과 바나바가 예정된 사람을 먼저 알아보았다는 뜻은 물론 아니다. 본문의 뜻은 전도한 말씀을 듣고 믿기로 한 그 사람들은 모두 하나님의 예정에 들었던 사람이라는 말이다. 그냥 믿었다 해도 될 것을 이방인 구원의 확실성을 강조하기 위해 하나님의 예정에 연결한 것이다. 하나님의 눈으로 볼 때는 예정된 사람은 모두 믿을 것이다. 하지만 거꾸로 우리가 볼 때는 믿은 사람은 하나도 빠짐없이 다 예정된 사람이어야 한다. 내가 친구를 전도해 믿으면 내 친구도 창세 전에 예정되었던 사람이라는 게 성경의 예정이다. 반대의 경우는 물론 아니다. 유대인들이 영생의 복을 스스로 걷어찼지만 그렇다고 예정에서 제외되었다 생각해서는 안 된다. 예정은 그러라고 있는 게 아니다. 믿기만 하면 다 되므로 끝까지 포기하지 않고 전도해야 한다. 바울도 가는 곳마다 유대인들에게 외면을 당하고 심지어 박해까지 받았지만 동족 유대인을 하나라도 더 구원하려고 끝까지 최선을 다했다(롬 11:14).

종종 사용하는 '믿도록 예정되었다'는 말은 예정과 믿음의 관계를 고려할 때 바람직한 표현이 아니다. 물론 모든 것이 하나님의 은혜임을 고백하는 것이 예정의 참 뜻이니 꼭 틀린 말은 아니다. 그렇지만 믿음을 예정의 일부로 포함시키는 것은 칼뱅의 이중예정과 마찬가지로 성경이 가르치는 예정의 취지에서는 어긋난다. 성경이 하나님의 예정을 말할 때 믿음은 언제나 사람의 영역으로 남겨 두고 있기 때문이다(엡 1:5, 13, 살후 2:13). 믿어야 구원받는다는 한 가지에만 매달려 성경적 예정 교리를 무시하는 것도 잘못이지만 반대로 우리 책임으로 두신 것까지 깡그리 예정의 틀에 담아 버리는 것도 옳지 않다. 하나님은 예정하셨고 우리는 믿었다는 것이 성경적 표현이다.

또 어떤 결정을 내릴 때 하나님이 어떻게 예정하셨을까 고려하는 것 역시 예정 아닌 운명론적 태도다. 우리가 생각하고 판단할 때는 물론 상황을 최대한 정확하게 파악하고 또 그 일을 하나님의 말씀으로 올바로 평가해야 한다. 이 과정에 내 욕심이나 선입견이 개입되지 않도록 주께 간절히 기도하는 일도 반드시 필요하다. 하지만 하나님이 어떻게 예정하셨을까 하는 문제는 생각할 필요조차 없다. 그것은 하나님의 영역으로서, 내가 신경 쓸 일이 아니다. 내 결정이 혹 하나님의 예정과 다르면 어떡하나 하는 걱정은 예정론에 대한 오해가 빚은 대표적인 기우다. 배우자를 만나는 과정이나 전공 또는 직장을 선택하는 일도 마찬가지다. 난 이렇게 예정했는데 넌 왜 다른 것을 선택했니? 마지막 심판 날 하나님이 이렇게 물으실까 두렵다면 이미 성경의 예정 아닌 운명론에 빠졌다는 증거다. 내가 말씀과 기도로 철저하게 하나님을 의지하면서 내린 결정이라면 그게 바로 하나님이 예정하신 배우자요 직장이다. 말씀과 기도로 과감하게 나아갈 수 있는 이런 태도가 성경이 말하는 장성한 자의 모습이다(히 5:13-14).

예정의 이 측면을 이해하기 위해서는 하나님의 뜻에 두 가지가 있음을 알면 도움이 된다. 첫째, 실제 이루어지는 일은 다 하나님의 뜻이다. 하나님의 '주권적 뜻'이다(욥 42:2, 행 18:21, 계 4:11). 하나님의 뜻이 아니고는 참새 한 마리도 땅에 떨어지지 않는다(마 10:29). 누가 병에 걸려 기도했는데 결국 죽었다면 그 사람의 죽음은 하나님의 뜻이다. 이미 엎질러진 물이니 우리가 어떻게 할 수 없다(삼하 14:14). 지금까지 일어난 일은 단 하나의 예외도 없이 모두 하나님의 주권적 뜻이다. 그런데 미래의 일에 대해서는 알 수가 없다. 한 치 앞도 내다볼 수 없는 우리에게 앞날의 일이 어떻게 전개될지는 그저 예상이고 추측일 뿐이다. 예정은 앞날의 일에 대한 하나님의 주권적 뜻으로서 우리 인간에게는 비밀이다.

주권적 뜻과 구분되는 다른 뜻은 하나님의 '기쁘신 뜻'이다(빌 2:13, 시 40:8). 하나님이 기뻐하시는 일이다. 이 둘을 구분해야 하는 이유는 하나님이 사람에게 자유를 주셨고 사람이 그 자유로 죄를 지었기 때문이다. 죄가 있는 세상에서 하나님의 주권적 뜻은 백 퍼센트 이루어지는 반면, 하나님의 기쁘신 뜻은 이루어지지 않는 경우가 많다. 하나님은 세상의 모든 악, 죄, 불의, 부정, 고통을 싫어하신다. 사람의 죽음도 하나님의 기쁘신 뜻이 아닌 경우가 많다. 35년의 일제 강점기 역시 주권적 차원에서는 하나님의 뜻이 명백하지만 하나님의 기쁘신 뜻은 절대 아니라는 것이 우리의 신앙고백이다. 세월호의 고통은 말할 것도 없다. 하나님이 조금도 기뻐하시지 않는 일이 세상에서는 많이 일어난다. 하나님의 능력이 모자라서가 아니라 하나님이 당신의 주권으로 허용하시기 때문이다. 하나님의 주권적 뜻과 기쁘신 뜻이 백 퍼센트 일치하는 곳이 '하나님의 나라'다. 주님께서 가르치신 "당신의 뜻이 하늘에서처럼 땅에서도 이루어지소서" 하는 기도는 이 땅에서도 하나님의 기쁘신 뜻만이 구현되기를 바라는 기도다(마 6:10). 우리도 기도할 때는 언제나 하나님의 기쁘신 뜻이 주권적 뜻으로 이루어지게 기도해야 한다(마 26:42, 행 21:14).

이 두 가지 가운데 우리가 관심 가져야 할 것은 하나님의 기쁘신 뜻 하나다. 하나님의 주권적 뜻은 우리가 모르는 영역일 뿐 아니라 알려고 해서도 안 되는 영역이다(전 3:11, 14). 하나님이 모세를 통해 이 원리를 분명하게 가르쳐 주셨다.

> 오묘한 일은 우리 하나님 여호와께 속하였거니와 나타난 일은 영구히 우리와 우리 자손에게 속하였나니 이는 우리로 이 율법의 모든 말씀을 행하게 하심이니라(신 29:29, 개역).

오묘한 일이 하나둘이 아니겠지만 미래 역시 그 영역에 속한다. 하나님이 무엇을 예정하셨는지 우리는 모른다. 모르게 하셨기 때문이다. 주님의 재림 날짜도 그런 비밀이다. 모르게 하신 것을 알려고 해서는 안 된다. 우리에게 필요한 것, 우리가 꼭 알아야 할 것은 하나님이 다 알려 주셨다(시 115:16). 하나님의 구원의 약속을 비롯하여 주님의 재림도 그런 약속에 속한다. 하나님이 각 사람을 행위대로 심판하실 것도 하나님 말씀에 들었다. 율법의 모든 말씀이다. 하나님이 무엇을 기뻐하시는지 알아 그것을 순종하면 된다. 우리가 가져야 할 올바른 태도를 바울은 이렇게 가르친다.

> 그러므로 형제들이여, 하나님의 모든 자비로 권고합니다. 그대들의 몸을 하나님이 기뻐하시는 거룩한 산 제물 곧 그대들의 올바른 예배로 드리십시오. 그대들은 이 세상을 따르지 말고 마음이 새로워지는 변화를 겪어 하나님의 뜻 곧 선하고 기뻐하시고 온전한 뜻이 무엇인지 가려내십시오(롬 12:1-2).

하나님이 무엇을 기뻐하실지 성경을 통해 가르쳐 주셨다. 그러니 우리는 하나님의 말씀을 읽고 듣고 밤낮으로 묵상하여 그 말씀을 실천하면 된다. 무엇을 예정하셨는지 주권적 뜻에는 신경 쓰지 말자. 정해진 것은 없다. 오직 하나님의 기쁘신 뜻이 무엇인지 알아 마음을 다해 실천하면 우리는 하나님이 기쁘게 받으시는 산 제물이 된다. 하나님의 주권적 뜻에 따르면 불신 친구의 운명은 아직 미정이다. 그런데 내가 그 친구를 전도해 믿게 하는 것을 하나님은 기뻐하신다. 그렇게 전도해 믿게 만든다면 그 친구는 하나님의 예정에 든 사람이 되고 하나님의 주권적 뜻도 정해진다. 예정은 창세 전에 이루어졌지만 친구의 이름을 생명책에 적어 달라고 지금 기도할 수 있는 이게 성경적 예정의 특징이다. 우리가 하나님이 기뻐하시는 일을 열심히 순종함으로써 하나님의 주권적 뜻을 이루는 것이다. 결정론, 운명론에서는 생각조차 할 수 없는 일이 하나님의 뜻 가운데서는 가능할 뿐 아니라 우리의 책임이 된다.

하나님을 순종하는 사람의 복

하나님은 모든 것을 예정하셨는데 우리는 또 우리의 자유로 책임을 지며 살아간다. 하나님은 백 퍼센트 예정하신 그 섭리를 한 치의 오차도 없이 이루어 가신다. 반면 사람은 그 누구의 간섭도 받지 않는 완벽한 자유를 백 퍼센트 활용해 살아간다. 그런데 이 둘이 둘이 아니라 하나다. 내가 하는 단일한 행동이 하나님의 예정의 성취인 동시에 내 자유의지의 실현이다. 하나님의 예정과 내 의지는 충돌 하나 없이 완벽한 조화를 이룬다. 하나님의 예정이 내 자유를 제한하는 것도 아니고 내 자유의지가 하나님의 예정을 바꿀 수 있는 것도 아니다. 나는 그저 내 마음대로 하는데 나의 그 자유로운 활동을 통해 하나님이 예정하신 일이 그대로 이루어진다. 자유 가운데 성령의 인도를 받으니 신비다(갈 5:13-16). 불가사의다. 오직 우주를 창조하시고 다스리시는 하나님, 사람에게 완전한 자유의지를 주시며 활용하라 하신 하나님의 예정이기에 우리의 자유와 완전한 조화를 이룰 수 있다. 결정론에서는 모든 것이 법칙에 따르므로 자유가 끼어들 자리가 없다. 숙명론이라면 자유의지 자체가 아무 뜻도 없다.

성경은 예정과 자유를 함께 가르친다. 하지만 사람의 머리로 볼 때는 그저 모순이다. 그래서 성경을 믿은 철학자들이 하나님의 예정과 사람의 의지가 어떻게 조화를 이루는지 알아보려고 2천 년 동안 씨름을 벌였지만 답을 얻지 못했다. 이유는 간단하다. 철학의 차원에서는 성경의 예정이 결정론이나 숙명론과 어떻게 다른지 그것부터 알 수가 없기 때문이다. 사람의 머리로는 납득이 안 되는 주제이므로 믿음으로 받아들여야 한다. 그런데 그리스도인 가운데도 하나님의 예정과 사람의 의지가 서로 모순된다 생각하고 둘 가운데 하나만 택하는 사람이 많다. 성경의 예정을 결정론이나 숙명론과 혼동하기 때문이다.

조금 조심스럽지만 예정과 의지의 조화를 성경이 가르치는 또 다른 신비 곧 그리스도의 양성(兩性)과 비교해 볼 수 있다. 그리스도는 완전한 하나님이시면서 완전한 사람이셨다. 그러면서도 한 분이셨다. 전능하신 하나님과 유한한 인간의 공존 및 조화는 우리가 이해할 수 없는 주제다. 그리스도의 신성과 인성이 어떻게 모순 아닌 조화를 이루는지 긍정문으로는 설명할 수가 없어서 칼케돈 공의회는 "서로 나뉘지도 않고, 뒤섞이지도 않고, 구분되지도 않고, 바뀌지도 않는다"고 부정(否定)의 언어를 사용하여 고백했다. 예정과 의지의 조화도 비슷하다. 일어나는 일은 하나지만 두 측면이 신비롭게 이어져 있다. 예정이 의지를 조종하지 않고 의지도 예정을 건드리지 못한다. 예정 따로, 의지 따로인데 사건은 하나다.

이 조화가 어떻게 가능한지 설명하는 것보다 중요한 것은 이 조화가 우리에게 지우는 큰 책임을 깨닫는 일이다. 백 퍼센트 하나님의 예정대로 이루어지는 그 일이 우리 입장에서 볼 때는 백 퍼센트 자유의지의 행동이기 때문이다. 사실 자유의지에 대해 거부감을 느끼는 사람도 많다. 사람은 태어날 때부터 죄인이며 마귀의 노예라는 성경의 가르침과 어긋나는 것 같기 때문이다(롬 3:9-18). 그렇지만 성경은 인간의 상태를 노예로 규정하면서도 사람이 죄를 지어 스스로 마귀의 노예가 되는 것이라 가르친다(롬 6:16). 그런 상태에서 죄를 짓는 행위 자체에 대해서도 반드시 책임을 묻겠다 하심으로써, 사람의 행동이 책임져야 하는 자유에 바탕을 두고 있음을 전제한다. 자연의 계시가 비록 희미하기는 하지만 마지막 심판 때 사람들이 몰랐다 핑계할 수 없을 정도로 분명하다고 성경은 가르친다(롬 1:18-20). 따라서 사람은 자신이 실행한 자유에 대해 책임을 져야 한다.

자유와 책임을 생각할 때 성경의 언어 역시 오해하지 않도록 조심해야 한다. 하나님의 주권을 강조하는 말씀 가운데는 마치 인간의 자유를 완전히 말살하는 듯한 표현도 있다. 하나님은 하나님 마음대로 사람에게 긍휼을 베풀기도 하시고 사람을 강퍅하게 만들기도 하신다(롬 9:18). 이 말이 문자 그대로 하나님이 사람을 죄 짓게 만드신다는 뜻이라면 하나님은 죄를 미워하시는 분이 아닐 것이다. 죄인에게 분노하시거나 죄인을 심판하실 수도 없을 것이다. 이 말은 우주의 창조주가 가지신 하나님의 절대적인 주권과 영광을 말하는 것이지 사람이 하나님의 조종을 받아 강퍅하게 된다는 뜻이 아니다. 이집트의 바로가 하나님을 명령을 완강하게 거부했지만 하나님을 거역한 마음이나 행위도 하나님의 주권에서 벗어나지 못한다는 말씀이다. 실제로 하나님을 거역하고 강퍅하게 된 것은 바로 자신이므로 바로를 비롯한 온 나라가 하나님의 엄중한 징벌을 받았다(출 4:19, 5:2, 6:1, 13:3). 이스라엘의 인구를 조사한 다윗의 죄 역시 하나님이 부추기신 일이었다. 하지만 동시에 다윗이 마귀의 유혹에 넘어가 지은 죄였기 때문에 하나님은 큰 벌을 내리셨다(대상 21:1). 신약에서도 거짓 교리에 속은 사람들을 두고서 하나님이 그들로 하여금 '거짓을 믿게 만드셨다'고 말하지만 그 사람들 스스로가 '불의를 좋아하여' 거짓을 믿었으므로 심판을 피할 수 없다(살후 2:11-12). 하나님은 사람으로 하여금 죄 짓게 만드시지 않는다고 성경은 분명하게 가르친다(약 1:13-14).

예정하신 그 일이 또한 내 자유의지의 결정이므로 사람이 그 일에 책임을 져야 한다는 것이 성경의 일관된 가르침이다. 예수님은 성경에 예정된 대로 가셨지만 유다는 스승을 팔아먹는 죄를 지어 저주를 자초했다(눅 22:22). 유다가 지게 될 책임의 무게를 아셨기에 주님은 유다가 차라리 태어나지 않았더라면 좋을 뻔했다는 말씀까지 하셨다(마 26:24). 헤롯과 빌라도와 이방인과 이스라엘 백성이 함께 모의하여 예수를 거역한 것도 하나님이 당신의 주권으로 이루고자 예정하신 바로 그 일이었다(행 4:25-28). 그렇지만 이들은 하나님을 대적하는 큰 죄를 지었기에 하나님은 이들을 철장으로 깨뜨리고 질그릇처럼 부수어 벌주실 것이다(시 2:9). 주님의 십자가 역시 하나님의 예정대로 된 일이지만 그 일을 일어나게 한 것은 유대인들의 계획과 실천이었다(행 2:23). 이 사람들도 오순절 베드로의 설교를 듣고 자신의 죄를 깨달았다. 그런데 이 사람들은 자신들이 죽인 바로 그 그리스도를 믿음으로써 그 끔찍한 죄를 용서받고 영생의 복을 얻었다(행 2:37-38). 자유로 죄를 지은 것은 잘못이지만 그 자유로 즉각 회개하였으니 참으로 다행한 일이다.

죄인이 지게 될 책임을 생각할 때 한 가지 잊지 말아야 할 것은 우리의 순종이나 범죄가 하나님의 예정에 영향을 미칠 수 없다는 사실이다. 우리가 순종을 하든 거역을 하든 하나님의 주권적 뜻은 한 치의 오차도 없이 이루어진다. 내가 거역한다고 예정이 틀어질 수도 없거니와 순종한다고 더 나아지는 것도 아니다. 그럼에도 하나님이 순종하라고 우리에게 거듭 명령하시는 이유는 순종하는 사람이 복을 받기 때문이다. 하나님은 우리가 복 받기를 원하신다. 이래도 저래도 이루어질 예정이지만 순종해 이루면 복을 받고 거역해 이루면 벌을 받기 때문에 우리에게 오직 순종 하나를 명하시는 것이다.

자유에 따르는 책임은 온 인류에게 요구되는 것이지만 특히 그리스도인에게 무겁게 다가온다. 주 예수께서 오셔서 진리로 우리를 해방시켜 참 자유를 주셨기 때문이다.

> (너희가) 진리를 알 것이고 그러면 진리가 너희를 자유롭게 만들 것이다(요 8:32).

이 자유는 구원의 자유다. 이전에는 자유롭게 죄를 지었다. 그래서 기꺼이 죄와 죽음의 노예가 되었다. 그런데 주님의 은혜로 구원을 얻고 보니 이전의 삶은 자유가 아니라 노예생활이었음을 깨닫는다. 주님 안에 참 자유가 있다는 것을 그 자유를 얻으면서 비로소 알았다. 하나님을 거역하는 자유가 아니라 순종하는 자유, 하나님을 기쁘게 섬기는 자유, 곧 하나님이 처음 사람을 만드시고 자유를 주실 때 의도하신 그 목적에 맞게 활용하는 자유다. 구원의 자유, 생명의 자유다. 자유의 영이신 성령께서 이 자유 가운데 우리를 인도하신다(고후 3:17, 갈 5:16, 18).

그리스도께서 주신 자유로 우리가 하나님을 순종하여 하나님을 기쁘시게 하면 하나님이 복을 주신다. 어떤 복일까? 구원받은 자의 복이다. 하나님이 주신 영생 구원의 확신도 커지고 기도도 응답 받는다(요일 3:19-22). 우리가 주님의 제자인 것을 안팎으로 확인하며 세상에 생명의 빛을 비추게 된다(요 13:33-34, 마 5:13-16). 우리를 향한 하나님의 예정과 섭리를 생각할 때 이 복은 곧 하나님이 모든 것을 모아 나에게 좋은 것을 이루어 주시는 복이기도 하다. 주님이 주신 자유를 활용해 사는 내 삶이 놀랍게도 하나님이 좋은 것을 이루어 주시는 그 일에 포함된다. 하나님의 기쁘신 뜻을 이루고자 애쓰다 보면 하나님이 창세 전에 계획하신 당신의 주권적 뜻이 이루어진다. 내가 친구를 위해 기도하고 말로 복음을 전하고 시간을 쓰고 돈도 쓰고 교회에 데리고 가는 그 모든 적극적인 노력을 통해 창세 전에 내 친구를 부르신 하나님의 예정이 이루어진다. 내가 죄를 지어도 하나님의 예정은 이루어지겠지만 순종을 통해 이루어지니 내게 복이다. 하나님의 뜻대로 부름을 받은 우리가 하나님의 은혜에 감사하는 마음으로 하나님을 사랑하고 이웃을 사랑하며 열심히 살아가면 하나님은 그런 우리의 삶을 당신의 예정 가운데 이용하셔서 우리에게 가장 좋은 것을 이루신다.

막중한 책임이다. 주인의 뜻을 알고도 행하지 않은 종은 많이 맞을 것이라 하셨다(눅 12:47-48). 물론 주신 은혜가 언제나 출발점이 되어야 하지만 믿는 우리의 삶을 하나님이 마지막 날 평가하실 것이므로(마 16:27, 고후 5:10, 벧전 1:17) 두려움과 떨림 가운데 최선을 다해야 한다(고후 7:15, 엡 6:5, 빌 2:12). 그리스도인은 열심히 살아야 한다. 불순종의 삶을 사는 불신자들보다 더 열심히 살아 우리의 순종을 통해 하나님의 좋은 일들이 나를 포함하여 오늘도 하나님을 사랑하는 사람들의 삶에 구현되게 해야 한다. 학생이라면 남보다 열심히 공부해야 할 것이고 사회인이라면 누구보다 성실하고 정직한 삶을 살아야 한다. 부지런히 기안도 하고 사람도 만나고 물건을 만들고 팔기도 하면서 우리의 순종을 통해 하나님의 기쁘신 뜻을 이루어 가야 한다. 그것이 바로 악한 시간을 구속해 내는 일이다(엡 5:16). 그런 삶은 하나님의 노예가 되는 일이면서 또한 사랑으로 다른 사람의 노예가 되는 일이다. 서로 사랑하라는 주님 말씀을 실천하는 삶이다.

스토아 사람들도 자유를 알았다. 그 자유를 우주의 원리에 순응시키려 애를 썼으니, 자유 가운데 하나님의 기쁘신 뜻을 행하고자 하는 우리와 닮았다. 또 우주와 조화를 이루기 위해 자신의 의지를 최대한 억누른 점 역시 자기를 부인하고 자신을 쳐 복종시키는 우리의 노력과 비슷해 보인다. 하지만 스토아 사람들이 그렇게 억누른 결과 자유가 아예 위축된 반면 우리는 죄에 억눌렸던 옛 본성을 버리고 그리스도 안에서 새로운 자유를 얻는다. 우리 몸의 행실을 죽이는 삶은 자유를 억눌러 수동적, 소극적 삶을 사는 게 아니라 그와 반대로 그리스도께서 주신 자유를 마음껏 활용하는 삶이다. 죄의 노예가 되었던 이전과 달리 적극적이고 진취적인 삶을 산다. 내가 마음껏 누리는 그 자유를 통해 하나님의 기쁘신 뜻이 주권적 뜻으로 성취된다는 이것이 성경이 가르치는 예정의 놀라운 부분이다. 말은 똑같이 자유의지인데 성경의 자유는 스토아 사람들이 알았던 자유와 정반대다. 하나님의 예정 역시 그들이 알았던 결정론이나 숙명론과 하늘과 땅처럼 다른 보배로운 진리다.

기쁘신 뜻을 실천하는 믿음

운명론은 생각보다 넓게 퍼져 있다. 모든 것이 우연히 일어난다고 믿는 사람들도 은연중 그 우연 뒤에는 어떤 필연 같은 게 숨어 있다고 믿는다. 그런데 우연의 옷을 입고 있으니 알 재간이 없다. 결정론에서는 앞날을 예측하는 것이 적어도 이론으로는 가능하지만 운명론은 그렇지 않다. 피할 수도 없거니와 미리 아는 것도 불가능하다. 하여 운명론자에게는 앞날이 더욱 두렵다. 그래서 운명론이 있는 곳에는 앞날의 일을 미리 알 수 있다는 교묘한 속임수도 늘 함께 있었다. 알 수 없는 그것을 알면 자신감을 갖고 살아갈 수 있을 것이라 유혹한다. 가장 보편적인 것이 점을 치는 방법이다. 오늘의 운세! 심지어 그렇게 알아낸 미래를 바꿀 수 있다고 기만하기도 한다. 미리 알 수 있는 것이라면 정해져 있는 일이니 바꿀 수도 없는 것이다. 바뀔 수 있는 일이라면 운명도 아니요 그런 것을 미리 알아 뭐 하겠는가. 그런데도 알 수 있고 또 바꿀 수 있다는 점쟁이나 무당의 감언이설에 사람들은 쉽게 넘어간다. 연약한 인간인 까닭이다. 우리의 두려움 가운데 상당한 것이 알 수 없는 것에 대한 두려움 아닌가.

그리스도인도 이런 풍조에 속을 수 있다. 예정과 숙명을 쉽게 혼동하는 우리 가운데도 어쩌면 이런 잘못된 사고방식이 스며들었는지도 모른다. 미리 정하셨다는 것을 믿고 하나님의 절대주권을 믿는다고 해서 성경적 예정론을 가졌다고 착각해서는 안 된다. 성경의 가르침이 어떻게 다른지 분명하게 알아야 한다. 무엇보다 먼저 하나님의 구원의 은혜에 대한 감사와 감격에서 출발해야 하고, 예정과 조화를 이루는 내 자유의 무게를 느껴야 한다. 주께서 주신 완전한 자유를 가진 사람으로서 사랑으로 기꺼이 이웃의 노예가 되는 일에 그 자유를 사용해야 할 책임이 있음을 깨달아야 한다. 세상 가치관을 성경의 가르침으로 혼동하면, 하나님을 섬긴다 생각하면서 실은 운명의 신을 섬길 수도 있다.

우리 신앙생활의 큰 축을 이루고 있는 큐티 문화에 숙명론적 요소가 숨어 있을 수 있다. 이를테면, 편집부에서 결정한 그날의 본문이 하나님이 오늘 나의 삶을 위해 구체적으로 지정해 주신 본문이라 믿는 이들이 많다. 무의식적이라 못 느끼는 사람도 많지만 성경 육십육권 가운데 특정 본문을 특정 시간, 특정 상황에 잇댐으로써 하나님의 전능하심을 확인할 뿐 아니라 마음의 평안도 얻고자 한다. 머리카락 수까지 헤아리시는 하나님 아닌가. 성도 한 사람 한 사람의 상황에 맞추어 그날그날 필요한 말씀을 들려주신다면, 어떤 어려움이 닥쳐도 확신을 갖고 기어이 순종해 내고 말 것이다. 그렇지만 불확실한 미래의 일을 마치 이미 정해진 것처럼 생각하는 이런 태도에는 이미 숙명론이 섞여 있다. 모르는 일에 대한 불안감이 우리에게도 없지 않기 때문에 우리도 속을 수 있다. 그날의 말씀에 등장한 상황이 오늘 내 삶에 그대로 일어날 것이라 기대하는 사람도 있다. 그런 기대가 한두 번 반복되다가 나중에는 꼭 그대로 일어나야 한다는 강박관념이 되기도 한다. 어쩌다 큐티를 빼먹는 날은 하루 종일 불안에 사로잡힌다. 결국 우리가 믿고 의지하는 하나님의 모습도 이미 상당 부분 왜곡되어 있음을 부인하기 어렵다.

우리가 사는 현실의 삶은 우연성과 개연성을 띤다. 불확실성으로 덮여 예측조차 할 수 없기에 늘 긴장이 있게 마련이다. 그래서 실존주의 철학자들은 용기를 내라고 격려하지만 애쓴다고 어디 용기가 나오나. 하여 불안을 조금이라도 덜어 보고자 사람들은 점도 치고 오늘의 운세도 본다. 우연 뒤에 숨은 필연을 알아내 확신을 얻겠다는 것이다. 하지만 그런 태도는 내가 내려야 할 판단을 제삼자에게 떠넘기는 책임 회피일 뿐 아니라 있지도 않은 우상을 향해 절하는 우상숭배이기도 하다. 그 우상이 스토아 사람들이 섬겼던 범신론일 수도 있고 아니면 서양 역사에 오래 전해져 온 운명의 신일 수도 있다. 어떤 형태든 그런 태도는 우리가 적극적이고 창조적으로 개척해 나가야 할 것을 마치 이미 정해져 있는 것처럼 생각하고 소극적으로 행동하게 만든다. 한 달란트를 받은 종처럼 행동하는 게으름이요 무책임이다.

자유에는 책임이 따른다. 책임이니 무겁다. 긴장이 된다. 하지만 하나님이 우리에게 자유를 주실 때는 그것을 활용하여 생각하고 판단하고 행동하기를 바라셨다. 자유에 따르는 책임을 기꺼이 떠맡고 불확실성에 따르는 긴장도 믿음으로 이겨 내기를 바라신다. 모든 것이 한 치의 오차도 없는 하나님의 섭리 아닌가! 예측 불허의 세상이지만 하나님의 사랑 하나를 믿음으로 단단히 붙잡고 과감하게 나아가기를 바라신다(시 139:8-10). 든든한 기둥으로 삼으라고 당신의 말씀 성경도 주셨고 그 말씀으로 우리를 인도하실 성령도 보내 주셨다. 게다가 이 땅에 교회를 두셔서 힘들지 않게 서로 도우며 살 수 있게 배려해 주셨다. 그러니 하나님 한 분 의지하고 약속 하나 붙잡고 나가면 된다. 모든 것을 내 의지로 진행해 가면서 절대주권을 가지신 하나님을 백 퍼센트 신뢰하면 된다.

이 눈에 아무 증거 아니 보여도 믿음만을 가지고서 늘 걸으며
이 귀에 아무 소리 아니 들려도 하나님의 약속 위에 서리라(찬송가 545).

우리에게 필요한 것이 바로 이 믿음이다. 실존주의 같은 자기 신뢰가 아니라 철저한 하나님 신뢰다. 눈과 귀의 경험이 증거가 될 수 없다. 하나님의 약속 하나면 충분하다. 말씀에 기록된 약속 그것만 붙잡고 나가는 삶이 바로 믿음의 삶이다. 하나님과 살아 있는 관계를 유지해야 하는 이유가 그것이다. 사울이 하나님께 버림받은 뒤 이전에 박멸했던 접신하는 여인을 찾아갔다(삼상 28:5-6, 8, 15). 하나님을 향한 신뢰가 끊어지면 누구나 그렇게 다른 대상을 찾게 마련이다.

자유와 책임의 문제를 생각할 때 큐티의 열정에는 말씀과 사회에 대한 체계적인 연구도 반드시 보강되어야 한다. 하나님의 말씀도 그렇지만 우리가 살아가는 삶의 현장은 크고 복잡하여 매일매일의 단편적인 묵상으로는 다 담아낼 수 없기 때문이다. 큐티는 말하자면 내비게이션처럼 사람들을 인도한다. 짧은 본문, 짧은 묵상으로 우회전, 좌회전, 직진을 즉각즉각 알려 준다. 시키는 대로만 하면 목적지까지 정확하게 찾아갈 수 있으니 놀라운 시대다. 숲을 보아야 나무도 알 수 있는 게 말씀이지만 요즘은 아침에 한 구절만 봐도, 아니 관련된 예화 하나만 읽어도 얼마든지 현장에 적용할 수 있다. 게다가 현장도 연구할 필요가 없다. 어디에 무슨 건물이 있는지 몰라도 기계가 시키는 대로만 하면 유턴 한 번 없이 목적지에 닿을 수 있다.

문제는 무엇인가? 말씀도 현장도 연구할 필요가 없으니 무엇보다 생각하지 않는다. 그냥 큐티 교재가 가르쳐 주는 대로만 하면 된

다. 큐티뿐 아니라 설교를 들을 때도 그런 마음가짐이 익숙하다. 생각, 연구, 고민, 판단, 그런 것은 하지 않아도 된다. 복잡한 세상 골치 아픈 것들은 몰라도 되니 갈등 같은 것은 겪을 일도 없다. 그냥 기계가 시키는 대로만 하면 된다. 하나님의 인도를 그렇게 또박또박 받으면 참 좋을 것 같지만 그런 것은 사람 아닌 기계를 위한 방법이다. 반응장치 하나로 될 일이었다면 생각과 감정과 판단과 의지는 왜 주셨겠는가? 순종을 하면서도 그게 왜 옳은지, 왜 그래야 하는지, 그렇게 하면 하나님이 왜 기뻐하시는지, 그런 것은 생각하지 않는다. 생각 없는 순종, 역사 없는 순종, 믿음 없는 순종이다. 거룩함에 나아가는 훈련도 안 된다. 그리스도인의 삶은 자유 가운데 생각하고 자유 가운데 행동하고 자유인으로 책임을 지는 삶이어야 한다. 가난한 자, 소외된 자를 찾아 돕는 것은 기본이다. 이에서 더 나아가 정치, 경제, 문화, 교육 등 모든 분야가 우리 책임이 되어야 한다.

어느 정당이 어떤 정책을 주장하는지 모르고 어떻게 하나님이 기뻐하시는 사람을 골라 투표할 수 있겠는가? 설교자가 시키는 대로 하면 되는가? 고용 문제, 임금 문제, 실업자 문제 등등을 외면한 채 어떻게 이 복잡한 시대에 하나님이 기뻐하실 정책이나 원리를 알아내어 찬성도 하고 아닐 경우 비판도 하면서 기쁘신 뜻을 순종할 수 있을까? 낙태나 동성애 등 개인 윤리 문제도 따져야 하고 또 역사도 읽어야 하고 남북 관계도 살펴야 한다. 그리스도인의 비율이 상당히 높은 우리 사회에서 하나님의 기쁘신 뜻이 왜 나타나지 않는지 묻기도 하고 답도 찾아보아야 한다. 성령의 인도를 잘 받는 삶은 큐티로 끝내지 않고 삶의 다양한 영역을 하나님의 말씀으로 개척해 나가는 삶이다. 하지만 복잡한 것, 골치 아픈 것을 싫어하는 현대의 그리스도인들은 생각하게 만드는 삶의 현장에는 관심을 주지 않는다. 생각할 수 있게 도와주는 책이나 매체도 곧잘 외면해 버린다. 교회는 또 그런 소비자의 기호에 적극 호응하여 단순하고 깔끔하게 살아가는 방법을 부지런히 가르친다.

성경은 우리에게 마음을 새롭게 하라고 명령한다. 하나님이 무엇을 기뻐하실지 가려내라고 명령한다(롬 12:2). 가려내자면 생각하고 연구해야 한다. 그리고 실천해야 한다. 우리는 새옹처럼 그저 일어나는 일만 적당히 소화하는 소극적인 삶을 살아서는 안 된다. 스토아 사람들처럼 수동적인 삶을 살아서도 안 된다. 백 퍼센트 하나님이 예정하신 우리 삶은 또한 백 퍼센트 우리가 책임져야 할 영역이다. 주 예수 그리스도의 은혜로 완전한 자유까지 얻었으니 핑계할 수도 없다. 적극적이고 진취적인 삶을 살면서 우리 순종의 결과로 주어지는 것은 성취든 좌절이든 고난이든 기쁨이든 무조건 하나님이 주시는 좋은 것으로 감사하며 받는 것이 곧 하나님의 은혜의 예정을 믿는 성도의 삶이다.

성도의 삶에 찾아오는 고난

하나님의 섭리를 생각할 때마다 외면할 수 없는 주제가 고난이다. 세상에 악이 있고 죄가 있고 고통이 있다. 그런데 하나님을 사랑하는 나에게도 고통이 찾아온다. 사랑하는 사람이 다치거나 아프고 때로는 죽는다. 인간관계나 금전 문제에서 억울한 일을 당하기도 하고 부당한 압력 때문에 몸과 마음이 고통스러울 때도 있다. 그럴 때마다 간교한 마귀가 우리 믿음을 흔든다. 하나님이 모든 것을 모아 만들어 주신 좋은 게 겨우 이 정도냐 하고 묻는다. 나름 열심히 살았다. 하나님의 기쁘신 뜻을 이루기 위해 몸부림도 쳤다. 그런데 고난이 왔다. 때로는 견디기 어려운 아픔도 겪는다. 현실과 믿음이 서로 다른 정도가 아니라 아예 정반대가 되기도 한다. 성경도 고난을 이야기하고 또 믿음의 선조들도 고난으로 점철된 삶을 살았지만 그 고난이 나에게 닥칠 때는 그냥 "아멘!" 하나로 넘어가지지 않는다. 고난 자체도 힘들지만 그 고난의 뜻을 찾는 일도 쉽지 않은 싸움이다.

우리는 성경의 가르침대로 모든 고통이 죄에서 온다고 믿는다. 그렇지만 그것 하나로 설명하기에는 세상의 죄와 악이 너무나 많고 복잡하다. 하나님이 창조하시고 지금도 절대주권으로 다스리시는 세상에 부정, 불의, 고통이 차고 넘친다. 그런 것 때문에 새옹의 이야기도 생기고 동서고금의 온갖 지혜자도 등장했다. 악과 고통의 존재는 불신자들이 기독교 복음을 공격하는 좋은 구실이 되어 왔다. 이들은 성경과 현실 사이의 괴리를 이용해 기독교 신앙을 조롱한다. 이들의 논리는 간단하다. 우리가 믿는 하나님은 전능하시면서 또 선하신 분인데 세상에는 선의 반대인 악이 있다. 그러므로 우리가 믿는 하나님은 악을 없앨 능력이 없거나 아니면 인간의 고통을 보고 즐기는 악한 신이라는 것이다. 세상에 실제로 악이 넘쳐나고 있으므로 기독교가 말하는 전능하시고 선하신 그런 하나님은 없다는 것이 이들의 결론이다.

하루 이틀 된 공격이 아니다. 이런 공격에 맞서 복음을 변호하는 주장이 신정론(theodicy)이라는 이름으로 발전되어 왔다. 교부 아우구스티누스(354-430)는 악은 실제로 존재하는 것이 아니라 그저 선의 결핍이므로 악을 두고 신을 공격할 수 없다 주장했다. 또 단편적으로 볼 때는 악이지만 큰 틀에서 보면 아름다운 전체의 일부를 구성하므로 좋게 보아야 한다는 스토아식 이론도 전개했다. 개혁자 칼뱅도 이 전통을 이어받아 우주의 역사 전체를 하나님의 선한 계획이라는 거대한 틀로 이해했다. 신정론이라는 용어를 만들어 낸 독일의 철학자 라이프니츠(1646-1716)는 '가능한 최상의 세계'라는 개념으로 신을 옹호하려 했다. 아무 고통이 없는 완벽한 세상은 이론상 가능할 뿐 현실로 존재하기 위해서는 고통이 없을 수 없고 따라서 지금의 세상은 현실적으로 존재할 수 있는 세계 가운데 가장 낫다는 주장이다. 어떤 것이든 이론적인 한계도 있고 또 성경과 맞지 않는 부분도 있다. 또 실제로 고통을 겪고 있는 이들에게 잘 와 닿지 않는 추상적 이론이라는 공통점도 있다.

최근 들어 미국의 앨빈 플랜팅가(Alvin Plantinga) 등 기독교 철학자들이 전개한 '자유의지 변론'이 큰 영향을 미치고 있다. 하나님이 사람에게 완전한 자유를 주시기는 했지만 악은 사람이 자유의지로 죄를 지어 생기는 것이므로 세상의 악을 두고 하나님을 비난할 수 없다는 논리로서 무신론자들도 제법 공감하는 변론이다. 그렇지만 자연재해로 인한 고통이나 억울한 고통, 사고, 질병 등은 이 논리로도 설명할 수 없으므로 악과 고통의 문제는 성경을 믿든 안 믿든 숙제로 남을 수밖에 없다. 성경은 악의 존재를 두고 하나님을 변호하려 하지 않는다. 대신 인간의 범죄로 우주에 죄와 고통이 들어왔음을 강조한다. 또 주님께서는 원수가 '사람들이 잘 때' 와서 가라지를 뿌리고 갔다 하심으로써 악의 기원을 어둠 속에 두셨다(마 13:25). 밤에 일어난 일이니 논리적 기원은 이해할 수 없다는 말씀처럼 들린다. 그러면서 하나님이 당신의 백성을 배려하시기 때문에 악을 제거하시지 않는다 하셨다(마 13:29). 우리가 이렇게 아픈 것이 하나님이 우리를 배려하신 결과라 하니 고통은 더욱 이해하기 어려워진다.

하나님을 사랑하는 우리에게 고통이란 무엇일까? 어떤 고통은 쉽게 이해할 수 있다. 죄를 지어 벌로 받는 고통이 있다(벧전 2:20). 아픔 가운데 죄를 깨달았다면 즉각 회개하면 된다. 말씀을 순종하다가 겪는 고난도 있다. 복음과 함께 받는 고난으로서 십자가의 삶을 살다가 세상에서 냉대와 외면을 당하는 그런 고난이다(딤후 2:3, 벧전 3:14, 4:16). 악인이 의인에게 가하는 참으로 부당한 고난이지만 보배를 가졌기에 겪는 값진 고난이니 오히려 감사할 이유가 된다(요일 3:12-13, 벧전 2:19-20). 죄 때문이든 순종 때문이든 이유가 있는 고난은 그래도 괜찮다. 문제는 이유를 알 수 없는 고난이다.

세상에는 이유를 설명하기 어려운 고난이 많고 그리스도인도 그런 고난을 불신자와 똑같이 겪는다. 질그릇 인생이 겪는 질그릇 고난이다. 한 청년이 날 때부터 가졌던 시각장애는 본인이나 부모의 죄와 무관한 것이었지만 본인에게도 부모에게도 큰 고통이었을 것이다(요 9:1-3). 오늘 우리가 겪는 각종 질병이나 장애나 죽음 가운데도 그렇게 까닭을 알 수 없는 게 많다. 사고로 죽거나 다치는 경우도 마찬가지다. 실로암의 망대가 무너져 죽은 열여덟 명이 예루살렘의 다른 사람들보다 죄가 더 많은 게 아니라 하셨다(눅 13:4). 악한 정치권력에 희생된 사람들 역시 죄가 더 많아 죽은 게 아니라 하셨으니 그 또한 뜻을 찾기가 쉽지 않다(눅 13:1-3). 세월호로 자녀를 잃은 믿음의 부모들 역시 같은 질문을 던진다. "왜?" 남들이 어떤 삶을 살아 어떤 고난을 겪는지는 사실 잘 모른다. 그런데 적어도 나는 하나님이 주신 자유를 마음껏 활용하면서 순종의 삶을 살았다. 그런데 왜 질병, 자연재해, 사고, 죽음 등 남들이 불행이라 부르는 일이 나에게 닥쳤을까?

고통 가운데서 곤혹을 느끼는 이유는 하나님의 섭리를 믿기 때문이다. 우연도 아니고 결정론도 아니기에 뜻을 찾지 않을 수 없다. 말씀대로 살다가 겪는 고난이라면 고민할 것도 없다. 이를 악물고 할렐루야를 불러야 옳다. 그게 아니라면 혹 특정한 죄 때문이 아닌지 살펴야 한다. 근신하는 마음으로 잘 돌아보되 억지로 끼워 맞춰서는 안 된다. 또 누구나 할 수 있는 질그릇 같은 설명으로 만족해서도 안 된다. 행복의 계기가 될 수도 있다 생각하며 슬픔을 외면하는 것도 옳지 않고 나에게는 불행처럼 보이나 광대한 우주에는 좋은 것이니 슬퍼하지 말라고 해서도 안 된다. 지금은 아프지만 곧 사라질 것이니 괜찮다 하는 것도 잘못이다. 내 삶을 바라보는 가장 중요한 눈은 나를 부르신 하나님의 사랑이다. 나를 사랑하셔서 우주를 만드시기도 전에 당신의 것으로 불러 주신 하나님, 우주의 역사를 주관하셔서 기어이 구원자를 보내신 하나님, 그리고 지금 이 순간에도 모든 것을 모아 가장 좋은 것을 만드시는 하나님을 믿는 믿음이다. 지금 이 순간, 바로 이것이 그 자체로 좋은 것임을 우리는 믿음으로 고백한다. 우리의 믿음은 세상의 지혜나 나의 개인 경험에서 나오지 않고 하나님의 말씀에서 나온다.

믿음으로 수용은 하지만 이해할 수는 없을 때가 많다. 남들에게 설명은 더더욱 못한다. 그렇기에 우리에게 필요한 것이 인내다. 참을 인(忍), 견딜 내(耐), 곧 참고 견디는 것이다. 그런 인내를 배우라고 하나님은 우리에게 욥기라는 긴 책을 주셨다(약 5:11). 욥이 당한 고난에 무슨 뜻이 있었던가. 마귀가 장난 한 번 쳐 본 것뿐인데 7남 3녀 자식을 전 재산과 함께 하루아침에 잃었고 몸에 몹쓸 병까지 얻었다. 욥은 하나님이 주신 자유의 무게를 그 누구보다 깊이 느꼈던 사람이다. 그래서 순전하고 정직하며 악에서 떠난 삶으로 하나님을 경외했다(욥 1:1-5). 자식들까지 죄를 멀리하도록 철저하게 가르쳤다. 그런데 고통이 왔다. 말로 표현할 수 없는 엄청난 시련이 닥쳤다. 이것을 어떻게 이해해야 하나? 하나님을 순종하면 복을 받아야 한다. 하나님을 거역해 죄를 지었으면 벌을 받는 게 당연하다. 그런데 고통이라면, 복 아닌 벌 쪽이다. 욥의 친구들도 그렇게 보고 욥에게 숨은 죄를 자백하라 종용했다. 하지만 욥은 책임 있게 살았다. 그래서 친구들의 조언도 받아들일 수 없었고 저 혼자 답답한 가슴을 쳐야 했다. 이렇게 아프게 하시는 이유가 무엇인지 알려 달라고 하나님께 부르짖으며 몸부림을 쳤다.

> 내 영혼이 살기에 곤비하니 내 원통함을 발설하고 내 마음의 괴로운 대로 말하리라. 내가 하나님께 아뢰오리니 무슨 연고로 나로 더불어 쟁변하시는지 나로 알게 하옵소서. 주께서 주의 손으로 지으신 것을 학대하시며 멸시하시고 악인의 꾀에 빛을 비취시기를 선히 여기시나이까(욥 10:1-3, 개역)

그렇지만 욥은 참았다. 그런 답답한 상황에서도 하나님의 주권을 인정하고 그 앞에 무릎을 꿇었다. 하나님을 원망하거나 저주하지 않고 끝까지 믿음을 지켰다(욥 1:22, 2:10). 그게 바로 욥의 위대한 인내다. 욥의 친구들처럼 합리적인 이유를 찾는 노력도 물론 필요하다. 하지만 하나님이 욥기를 우리에게 주신 이유는 우리 삶에는 그렇게 깔끔하게 설명할 수 없는 고통이 많기 때문이다. 욥의 경우는 그런 불합리한 고통 가운데서도 극단적인 경우다. 그런데도 욥은 참았다. 끝까지 참고 견뎠다. 그리고 결국 복을 받았다. 그 인내를 우리도 배워야 한다. 그냥 참는 게 아니다. 하나님을 믿고 참는 것이다. 욥이 답답한 가슴을 치며 고통을 받고 있던 그 순간에도 하나님은 좋으신 하나님이었다.

> 보라, 인내하는 자를 우리가 복되다 하나니 너희가 욥의 인내를 들었고 주께서 주신 결말을 보았거니와 주는 가장 자비하시고 긍휼히 여기시는 자시니라(약 5:11, 개역).

욥이 나중에 받은 두 배의 복은 하나님이 항상 그렇게 사랑의 하나님이심을 확인한 것이다. 우리가 고통 가운데 믿는 하나님이 바로 그 사랑의 하나님이다. 독생자를 주시고 나를 부르신 사랑이다. 고통을 이기는 최선의 방법을 성경에서 배운다. 하나님의 사랑이다. 동서양의 지혜도 배우고 철학자의 명상록도 읽지만 참된 위로, 올바른 답은 오직 성경에만 있다.

믿음은 하나님을 내 편으로 삼는 것이다. 경험을 넘어 말씀을 그대로 수용하는 자세다. 모든 것이 함께 일해 좋은 결과가 된다고 믿는 것은 남들이 볼 때는 철저한 아전인수의 논리다. 사실이다. 하나님을 알면 온 우주의 역사가 나 중심으로 전개된다. 당신의 백성을 약속대로 귀환시키기 위해 고레스를 등장시켜 중동 전체를 뒤집어엎으신 하나님이다. 당신의 백성을 건지시기 위해 이집트와 구스와 스바를 내주시는 하나님이다(사 43:3). 온 우주를 주관하시는 하나님의 예정도 내 입장에서 볼 때는 결국 나 하나를 구원하시기 위한 것 아닌가. 우주의 역사가 수십억 년이나 되고 우주에는 천억 개의 별로 이루어진 은하가 2천억 개나 있다는 사실을 갖고 신의 존재를 부인하려는 자들이 요즘 많이 있지만, 그것을 뒤집어 보면 하나님이 그런 광대한 시공간을 나 하나를 구원하기 위해 활용하셨다는 사실에 오히려 가슴이 터질 지경이다. 그렇기에 하나님을 사랑하는 사람은 남들이 볼 때 억지 같은 이야기를 간증이랍시고 눈물 콧물 쏟으며 내놓는다. 때로 사실이 아닌 것까지 뒤섞여 심리학이 말하는 합리화보다 더 심할 때도 있다. 사람들이야 뭐가 다른지 모를 터이니 합리화다, 방어기제와 다를 바 없다 비판할 것이다. 하지만 우리 믿음의 눈에는 그들이 알 수 없는 하나님의 사랑이 언제나 담겨 있다.

"좋은 것을 이룬다"(롬 8:28)는 말은 시제가 현재다. 지금을 가리킬 수도 있고 원론적인 진술로서 과거, 현재, 미래를 다 포함할 수도 있다. 어느 쪽이든 중요한 시간은 현재다. 지금은 아프니 안 좋지만 하나님이 나중에 그것을 좋은 목적을 위해 이용하실 것이라 풀어서는 안 된다. 물론 지금 일어나는 모든 일이 하나님이 완성하실 그 목표를 위한 한 단계인 것은 분명하다. 하나님은 지금의 이 슬픔까지 포함한 '모든 것'을 이용해 온 우주를 '좋은 것' 하나로 완성하실 것이다(고전 15:20-28). 하지만 우리의 현재는 그저 목적을 위한 수단이 아니라 현재의 상황 그 자체로 이미 선이요 좋은 것이다. 지금 내가 겪고 있는 이 아프고 슬픈 상황이 하나님이 모든 것을 이용해 나에게 주신 가장 좋은 선물이다. '좋은 것'은 지금의 내 상태에 대한 믿음의 고백이다. 모든 것이 선이요 모든 것이 복이다. 절대적인 선, 절대적인 복이다. 슬픔을 덜려 하다가 기쁨마저 반감시키는 어리석음은 끼어들 여지도 없다.

우리는 시간이라는 틀에 갇혀 살아간다. 그렇기에 언제나 앞을 바라보게 되고 현재는 미래를 위한 준비 단계가 되는 경우가 많다. 그런 점도 무시할 수 없다. 요셉의 생애는 나중에 총리가 되어 수행한 역할을 빼고서는 제대로 평가하기 어렵다. 그렇지만 목표만 바라보며 살다가는 현재를 잊는다. 자꾸만 다음으로 미루게 되고 결국은 '좋은 것'으로 마무리할 내 삶의 내용 자체가 없어질 수도 있다. 요셉이 여호와와 동행하여 형통하고 끝까지 거룩한 삶을 지킨 것은, 서른 살 이후 수행한 사명을 생각하지 않고서도 얼마든지 값진 삶이다. 지금 없으면 없는 그대로 감사하는 게 믿음이지 주실 줄 믿고 드리는 것은 참 감사가 아니다. 앞으로 할 감사를 미리 당겨 드리는 것은 범사에 드리는 감사가 될 수 없다. 그런 식의 감사는 가불에 가불을 거듭해 결국 빚더미만 남기는 어리석음이다. 변방의 노인처럼 일이 거듭 뒤집어지지 않으면 감사의 이유도 금방 바닥이 날 것이다. 참 감사는 있든 없든, 아프든 즐겁든 기쁨 가운데 올려 드리는 감사다(살전 5:18, 엡 5:20, 골 2:7).

경험이 많은 사람은 똑똑하다. 그래서 남다른 깊은 분석을 하기도 한다. 아니면 변방의 노인이나 그리스 로마의 철학자처럼 모든 것을 상대화시키는 지혜를 발휘한다. 하지만 거기에 생명은 없다. 나를 보호하기 위한 합리화나 방어기제는 그 순간에는 유익할지 몰라도 때로 심각한 후유증을 낳는다. 현실과 괴리시켜 건전한 판단력을 빼앗고 심할 경우 현실도피로 몰아간다. 아직 살아 있을 때 겪는 후유증이니 죽음 이후에 있을 영원의 운명에 대해서는 말할 것도 없다. 믿음은 그 모든 것을 뛰어넘는다. 경험은 아니라 하는데도, 믿음은 기쁨을 맛보며 하나님께 감사를 드린다. 경험은 불행이라 위로하고 슬픈 일이라며 얼른 잊으라 하는데, 믿음은 그게 아니라 하면서 하나님께 찬송을 드린다. 하나님이 나를 부르셨는데, 나를 위해 당신의 독생자를 내어 주셨는데, 그래서 내가 그분을 믿어 하나님의 자녀가 되었는데 불행이 다 무엇이며 슬픔은 또 무엇이란 말인가!

고통에 담으신 하나님의 사랑

모두가 저 나름의 틀을 갖고 있지만 믿음은 세상의 그 어떤 틀과도 다르다. 누구나 겪는 아픔이지만 그리스도인의 고난은 다르다. 우리의 고난에는 뜻이 있다. 죄 지어 받는 고난, 십자가를 져 겪는 고난 외에 까닭을 알 수 없는 고난에서도 분명한 뜻 하나는 찾을 수 있다. 바로 하나님의 사랑이다. 하나님의 부르심을 받은 우리만 알 수 있는 뜻이다. 고통의 질그릇에 담아 주신 하늘의 보배다. 남들 겪는 고통 우리는 안 겪어서 보배가 아니라 똑같이 겪는 고통 속에서 남들은 못 보는 것을 보니 보배다. 뜻 없이 사는 이들은 물음도 답도 없다. 우리는 섭리를 믿어 곤혹스러웠는데 섭리를 믿기에 답도 얻는다.

죄 지어 겪는 고통에도 하나님의 사랑은 있다. 죄를 멀리하고 구원에 서라 명하시는 하나님의 사랑의 채찍이다(히 12:5-11). 말씀대로 살다 받는 고난이라면 그 고난이 장차 얻을 영광에 대한 증거가 되고 또 그런 고난을 통해 온전함에 나아갈 수 있으니 거기서도 하나님의 사랑을 놓칠 수가 없다(롬 8:18, 약 1:2-4). 그리스도인은 한 걸음 더 나아가 뜻을 알 수 없는 고통에서도 하나님의 사랑을 발견한다. 천지를 지으신 하나님이 우리 인간의 아픔에 들어오셨기 때문이다. 독생자를 보내신 하나님의 사랑이다.

이해하기 힘든 일이다. 우주의 창조주 하나님이 피조물 인간의 범죄로 생겨난 고통 속으로 들어오신다. 죄 지어 겪는 아픔이든, 제자로서 겪는 아픔이든, 까닭 모를 아픔이든 하나님은 우리의 모든 아픔에 사랑으로 함께하신다. 하나님이 우리를 사랑하시는 방식이 바로 고통이다. 오래 전 이스라엘 백성을 사랑과 긍휼로 구원하실 때 하나님은 "그들의 모든 환난에 동참"하셨다(사 63:9). 고생하게 내던져 놓고 구경만 하신 게 아니라 그들의 어려움을 함께 겪으셨다. 우리 아픔에 동참하시는 하나님의 그 사랑은 그리스도의 십자가 죽음으로 가장 분명하게 나타났다. 하나님은 우리를 구원하시기 위해 당신의 독생자를 아끼지 않고 내어 주셨다. 우리가 죽어야 할 죽음을 당신의 아들로 하여금 대신 죽게 하셨다.

고난을 직접 겪으신 것은 아들이었다. 죄가 가져온 인간의 고통에 동참하시기 위해 하나님의 아들이 사람이 되어 오셨다. 그리스도의 수난과 죽음은 우리를 위해 받으신 고난이었다. 하나님의 아들이 우리 대신 고난을 받으셨다. 질그릇 우리 대신 질그릇 취급을 받으신 것이다. 우리도 세상 살면서 억울한 일을 많이 겪지만 그리스도께서 당하신 고난이야말로 가장 억울한 고난이다. 죄가 없으시면서 가장 흉악한 죄인의 자리에서 죽으셨다(벧전 2:22-25). 그러면서도 저항도 비난도 않으시고 죽으심으로써 우리를 살리셨다. 그리스도가 받으신 고난은 우리가 받는 고난의 모범이었다. 우리도 같은 고난을 받으라고 본을 보이신 것이다(벧전 2:21). 그러니 아무리 뜻 모르고 억울한 고통을 겪는다 해도 가장 억울한 죽음을 겪으신 주님을 생각하고 참아야 한다. 게다가 우리가 겪는 고난은 사실 주님이 겪으신 그 고난에 동참하는 것이다(벧전 4:13). 우리가 겪는 고난이 아무리 커도 그것은 아류에 불과하다. 진짜 고난은 주님이 우리 대신 다 받으셨기 때문에 우리는 주님이 받으신 그 고난에 낄 따름이다.

우리 주님이 받으신 고난은 하나님 아버지께서 받으신 고난이기도 하다. 아버지의 아픔은 우리 주님이 십자가에서 외치신 한 마디에 담겨 있다.

> 나의 하나님, 나의 하나님, 왜 나를 버리셨습니까(마 27:46).

왜 나를 버리셨느냐 외치는 아들의 부르짖음을 아버지는 끝내 외면하셨다. 아들의 아픔은 아버지의 아픔이다. 우리를 사랑하신 하나님의 사랑은 십자가 죽음이라는 아픈 사랑이다. 그 사랑을 입은 우리도 하나님을 사랑한다. 아프게 사랑한다. 아픔 속에서 사랑한다. 죄가 하나님을 아프시게 했고 죄가 우리를 아프게 한다. 우리의 아픔은 우리의 사랑이다. 죄는 지금도 내 마음에 있고 다른 사람 마음에도 있다.

온 세상에 죄악이 가득하다. 그런 세상에서 하나님과 우리가 사랑을 주고받는다. 우리에게 있는 고난도 슬픔도 하나님의 사랑이다. 우리는 답답한 가슴을 치며 아픈 몸을 뒤틀며 하나님을 사랑한다. 고통은 죄가 있는 세상에서 하나님과 우리가 사랑을 주고받는 방식이다. 고통에 담긴 보배다. 우리를 위해 십자가를 지신 주 예수의 아픔의 사랑을 알고, 독생자의 절규를 외면하면서까지 우리를 사랑하신 하나님의 아픔의 사랑을 아는 자만이 볼 수 있는 보배다.

고통 가운데 있을 때는 누구나 쉬운 답을 얻고 싶어진다. 믿는 우리도 몸부림을 친다. 너무도 괴로워 조금이라도 위로가 된다면 거기 의지하고 싶다. 그래서 사람들이 새옹지마 이야기를 즐겨 듣고 마르쿠스 아우렐리우스의 글을 읽으며 감동도 받는다. 그러면서 고통을 뒤집어 보기도 하고 거대한 틀에 담아 보기도 한다. 아픈 순간이 얼른 지나기를 고대한다. 하지만 답은 못 얻는다. 우리는 그렇지 않다. 아픔이 와도 뒤집지 않는다. 아픔 그대로 받아들이면서 거기서 하나님의 사랑을 본다.

그리스도인의 태도가 세상 사람들과 근본적으로 다른 점은 좋으신 하나님에 대한 절대 신뢰다. 그리스도를 주신 사랑을 모르면 모든 것이 함께 일해 좋은 것을 낳는다는 믿음은 절대 불가능하다. 지금은 물론 설명하지 못한다. 이해할 수도 없다. 그렇지만 우리는 열심히 사는 가운데 마지막을 바라본다. 욥처럼 참고 견디면서 하나님이 모든 것을 바로잡아 주실 그날을 고대한다. 그날에는 깨닫게 될 것이다. 하나님의 보좌 앞에 설 때 하나님이 우리의 눈물을 닦아 주시면서 지나온 우리 삶을 설명해 주실 것이다. 그때의 그 아픈 일이 어떻게 하나님이 모든 것을 모아 만들어 주신 좋은 것이었는지 분명하게 가르쳐 주실 것이다. 보좌 앞에 선 우리는 하나님의 사랑을 확인하고 "아!" 소리를 연발하며 연신 고개를 끄덕일 것이다. "아, 하나님 그러셨군요!" 우리의 믿음이 마지막 열매를 보는 순간이다. 우리의 아픈 눈물을 다 닦으신 하나님은 새롭게 흘러내리는 감격의 눈물을 또 닦아 주셔야 할 것이다.

그래, 지나갈 것이다. 우리를 아프게 하는 것들도, 그것들을 멋지게 풀어낸 온갖 이론들도 엎치락뒤치락 하며 다 사라질 것이다. 그런 다음 하나님의 사랑 하나가 남을 것이다. 절대주권의 하나님을 신뢰하며 자유 가운데 열심히 산 우리 모두가 하나님의 사랑 가운데 함께 아버지의 집에 모여 영원히 살 것이다.

3.

교회에서는 큰 자가 섬겨야 하는가

겸손의 처세술을 교회에서 내쫓아야 하는 이유

벼보다 못한 인간?

벼는 익을수록 고개를 숙인다. 여름을 지나면서 알곡이 튼실해지면 이삭이 커지고 또 무거워진다. 그런데 잘 익은 벼를 붙잡고 있는 이삭축과 그 아래의 수축이 그다지 강하지 못해 백오십 알쯤 되는 벼를 곧추 세워 줄 수가 없다. 하여 늦여름의 벼는 자연스럽게 고개를 숙인다. 땅으로 늘어진 채 하늘거리는 벼이삭은 이제 알곡이 꽉꽉 들어찼으니 얼른 거두어 잡수시지요 하는 신호다.

고개 숙인 벼는 훌륭한 인격의 본보기로 자주 등장한다. 고개 숙여 절하는 것이 인간 사회의 기본 예절인 까닭이다. 나를 낮춤으로써 남을 존중하고 받들어 주는 인사법이다. 고개를 잘 숙이는 것은 됨됨이가 훌륭하다는 표시다. 특히 머리에 든 게 많을수록 자신을 낮추어야 하는데 이것을 벼가 참 잘한다. 이삭과 머리가 무언가를 담았다는 점에서 같다면, 이삭과 수수를 이어 주는 수축은 머리와 몸을 이어 주는 목에 비길 수 있겠다. 그래서 뻣뻣한 목은 교만의 상징이 되었다(신 10:16, 행 7:51).

'벼는 익을수록 고개를 숙인다'는 말은 속담이다. 그저 자연 현상을 묘사하는 표현이 아니라 사람에게 주는 도덕적 훈계다. 자연을 보고 배우라는 이야기다. 한갓 미물도 속이 차면 고개를 숙이는데 만물의 영장인 사람이 지식 좀 얻었다고 사람들 앞에서 고개를 쳐들어서야 되겠느냐는 꾸지람이다.

오해는 말자. 벼는 말 그대로 미물이다. 야곱 집안 소속이 아닌 다음에야 벼가 절이라는 것을 어찌 알겠는가. 자연은 인과법칙의 지배를 받으니 이삭이 무거우면 고개를 숙이지 않을 재간이 없다. 고개 숙인 이삭은 알곡이 꽉 찼다는 확실한 증거다. 하지만 사람은 만물의 영장이다. 자연법칙을 능가하는 자유의지를 가졌다. 묵직한 머리를 옥수수처럼 꼿꼿하게 세울 수도 있지만 텅 빈 머리를 한여름 수양버들보다 더 늘어뜨릴 수도 있는 게 사람이다. 벼의 늘어짐에는 자연법칙에 근거한 원인이 있다. 하지만 사람은 자유이니 고개 숙임도 물리적인 질량과 무관하다. 하여 원인 대신 이유를 찾는다. 그리 무겁지도 않은 고개를 그토록 숙이는 까닭이 무엇일까?

숙인 고개는 겸손의 상징이다. 자신을 낮추는 마음이다. 마음이니 알 수 없지만 부드러운 목을 통해 나타난다고 믿는다. 안과 밖이 그렇게 통하는 사람도 없진 않을 것이다. 하지만 많은 경우 숙인 고개는 그냥 예절이다. 겉으로 보이는 형식이다. 예절은 습관인 경우가 많다. 버릇을 가르친다며 아들의 머리를 내리누르는 부모도 있다. 자식이 건방진 사람으로 비난받지 않도록 예의범절을 훈련시키는 것이다. 물론 엎드려 받는 절처럼 마음과 무관한 겉꾸밈이다. 하나 아리스토텔레스 말마따나 그런 것도 습관이 되면 사람까지 좋아질 가능성도 전혀 없지는 않다.

많이 배운 사람이 고개를 숙이면 두 가지 효과가 있다. 우선 사람들이 내 머리가 무겁다고 생각한다. 알곡이 차면 고개를 숙이는 자연의 법칙을 자유의지를 가진 인간에게 무심코 적용하는 것이다. 또 내 인격의 훌륭함도 과시한다. 난 많이 배웠지만 이렇게 자신을 낮출 줄 안다는 것을 과시하는 것이 이른바 배운 사람의 고개 숙임이다. 힘든 일을 성취한 다음 제 재능이나 노력은 숨긴 채 사람들의 성원과 도움에 감사하는 지혜다. 사람들은 나의 많은 지식과 훌륭한 인격을 한꺼번에 칭찬할 것이다. 앎이 인격으로 이어지지 못하는 세상에서 아는 만큼 인품까지 갖추었다면 참으로 아름다운 본보기 아니겠는가. 그래서 옛 지혜를 모은 『명심보감』도 이렇게 가르친다.

가득 차면 손실을 부르고, 겸손하면 이익을 받는다(6편 5).

그래, 이익이다. 고개를 깊이 숙이는 참 뜻은 자기 과시다. 인정해 달라는 소리 없는 아우성이다. 벼는 고개를 숙이면 이내 잘린다. 탈곡과 함께 바닥에 떨어지고 머지않아 사람에게 먹힌다. 하지만 사람은 고개를 숙였다고 함부로 건드려서는 안 된다. 아래를 향하고 있다고 정말로 바닥에 떨어뜨려서는 안 된다. 고개를 숙이는 것은 그렇게 나를 낮추어 달라는 뜻이 아니라 반대로 나를 높여 달라, 나를 세워 달라는 요구이기 때문이다. 본인이 직접 세울 수도 있다. 하지만 인간 사회의 규칙은 그렇지 않다. 나는 그냥 낮추기만 하고 다른 사람이 세워 줘야 아름답다고 한다. 그래서 낮춘다. 숙인 고개일수록 눈동자는 날카롭게 움직인다. 만의 하나 낮아진 내 머리를 누가 만지거나 누르려 하는 순간, 내 온 힘이 목으로 가 즉각 고개가 꼿꼿해질 것이다. 그래서 세상이 복잡하다.

고개를 숙이는 것은 꽉 찼다고 주장하는 일이다. 이렇게 겸손까지 갖추었노라고 과시하는 일이다. 푹 늘어뜨린 고개는 우리의 겸손함이 아닌 교만함을 드러낸다. 나를 낮추는 행위를 통해 높아지려고 하는 교활함까지 담았다. 높아지기 위해 반대의 행위를 하는 고도의 처세술이다. 벼는 익을수록 고개를 숙인다? 그래, 자연에서 배웠다. 참 잘 배웠다. 아무렴, 만물의 영장이 한갓 미물보다 못하려고.

거꾸로 가야 닿는 목표

김연아의 스케이팅을 본다. 트리플 점프를 뛰는데 우선 몸을 낮춘다. 바짝 움츠리나 싶더니 저 높은 곳으로 날아오른다. 골프 선수는 공을 저 앞으로 보내기 위해 골프채를 한껏 뒤로 젖힌다. 양궁을 보니 활시위를 뒤로 바짝 당긴다. 화살을 앞으로 최대한 멀리 보내기 위해서다. 어떤 목표를 이루기 위해 그것과 반대되는 방법을 사용한다. 인간만이 가진 지식은 아니다. 개구리도 멀리 뛰기 전에 몸을 움츠리니 자연이 본능으로 알고 있던 것이다.

목표를 이루기 위해 반대의 행동을 하는 일이 인간 세상에는 꽤 흔하다. 좋은 보기가 연예인의 기부다. 기부는 내가 가진 것을 다른 사람에게 주는 행위다. 주로 돈을 낸다. 그런데 그렇게 기부하는 목적은 보다 많은 인기를 얻기 위해서다. 연예인에게 인기는 곧 돈 아닌가. 보다 많은 돈을 벌기 위해 약간의 돈을 내는 일이니 연예인의 기부는 고도의 투자다. 물고기 한 마리를 낚으려 해도 미끼 값은 드는 법. 유명인의 기부는 신문에 자주 나온다. 재미있게도 '오른손이 하는 일을 왼손이 모르게 했다'는 문구도 함께 나온다. 그래서 기부가 더욱 훈훈하다는 평가까지 곁들인다. 왼손도 모르는 그 일을 언론사는 어떻게 알았을까? 오른손이 친절하게도 보도자료를 돌리며 나팔을 불었기 때문이다. 물론 왼손은 끝까지 몰라야 한다. 그래서 누가 물으면 전혀 몰랐다고 딱 잡아떼야 한다.

겸손도 그런 처세술의 하나다. 높아지고 싶을 때 내가 할 일은 낮아지는 것 하나다. 그렇게 겸손을 과시함으로써 사람들로 하여금 나를 높여 주게 해야 한다. 물론 보이지 않는 곳에서는 애도 쓰고 암투도 벌여야 하지만 드러난 자리에서는 언제나 겸손할 줄 알아야 한다. 수중발레 선수들이 상체로 우아한 동작을 선보이며 얼굴에는 웃음까지 가득 담지만 물 아래서는 두 다리를 끊임없이 격렬하게 움직이는 것과 같다. 손님을 대접할 때 상다리가 부러지게 차린 뒤에도 말은 언제나 변변찮아 송구하다고 해야 한다. 많이 차렸다고 칭찬해 주는 것은 상대 몫이기 때문이기도 하거니와 내가 나를 낮추면 낮출수록 손님은 나를 더 높이 추켜 줄 것이기 때문이다.

지는 게 이기는 것이다. 목표는 이기는 것인데 지는 방법을 쓴다. 그래서 진다 하지 않고 져 준다 한다. 그렇게 져 줌으로써 이긴다. 지난 시절 어머니들은 싸움질에 빠지기 쉬운 아들들에게 애써 이 지혜를 전해 주었다. 지는데 어떻게 이긴다 하는가? 눈앞에 보이는 주먹 싸움에서 이겼다가 학교나 사회에서 벌을 받아 결국 더 중요하고 더 긴 인생의 경쟁에서 질 수 있으니 그런 작은 싸움은 그냥 져 주는 게 큰 싸움에서 이기는 비결이라는 뜻이었다. 또 싸움 자체에 도덕적인 차원이 따로 있기 때문에 주먹을 쓰는 차원에서는 져 줌으로써 도덕적 차원에서는 승리한다는 뜻도 된다. 폭력을 이용하느니 당하는 게 낫다. 또 감정을 못 참고 주먹을 내미는 것보다 얻어맞고도 참은 나의 인격이 더 훌륭할 것이니 그냥 코피 흘리며 지는 것이 참되게 이기는 방법이 된다. 요즘은 모르겠으나 전에는 그랬다.

학문계에서 반대의 방법을 사용하여 목표에 도달하려 한 사람이 있다. 근세를 연 프랑스 철학자 르네 데카르트(1596-1650)는 확신이라는 목표에 도달하기 위해 확신의 반대인 의심을 수단으로 이용했다. 그래서 그런 의심을 '방법론적 회의'라 부른다. 데카르트는 의심할 수 없는 확실한 지식에 이르기 위해 의심할 수 있는 것은 전부 의심해 보기로 했다. 우선 일상생활의 모든 면을 하나씩 의심해 보았다. 지금까지 진리라 확신했던 것들이 사실은 전통이요 습관에 지나지 않음을 알았다. 감각 또한 믿을 수 없는 것으로 치고 심지어 수학에서 가르치는 논증조차 일단 의심하기로 했다. 그리고 그 어떤 것이든 꿈에 나타날 수 있으니 결국은 모든 것을 일단 의심하는 수밖에 없다고 생각하는 순간 데카르트는 깨달았다. 그렇게 의심하는 나 자신의 존재만큼은 의심할 수 없다는 것을! 의심을 아무리 심하게 해도 그렇게 의심하는 주체는 반드시 있을 수밖에 없다. 하여 결론지었다. "나는 생각한다. 고로 나는 존재한다." 그 유명한 '코기토 에르고 숨'(cogito ergo sum)의 진리다. 내 의심을 통해 내 존재를 확신하게 되었다. 인간 이성의 힘을 그 누구보다 신뢰한 데카르트가 그 이성의 능력을 의심해 봄으로써 이성의 힘을 보다 확실하게 신뢰하게 된 것이다.

우리가 알고 있는 인생의 기본 교훈들 상당수가 그처럼 역설적이다. "인내는 쓰다. 그러나 그 열매는 달다." 아리스토텔레스가 말하기 전부터 누구나 알고 있던 진리다. 동양에서도 '고진감래'(苦盡甘來)라 했다. 모두가 달콤한 열매를 기대한다. 오직 인내만이 그 열매를 맺을 수 있는데, 인내는 쓰다. 쓴 인내는 달콤한 열매를 얻기 위한 방법이다. 단 것을 맛보기 위해 그와 반대인 쓴 것을 먼저 먹는다. 쓴 것을 먹지 않고서는 단 것도 기대할 수 없다. 젊어 고생은 사서라도 한다. 목표는 고생하지 않는 삶이다. 그것을 나중에 누리기 위해 젊었을 때 미리 고생을 선택한다. 인생에 고생과 안락이 반반 있어 고생을 먼저 맛보자는 게 아니다. 고생을 하지 않고서는 고생 없는 이후가 없기 때문에 고생을 맛본다. 반대로 가지 않고서는 뜻하는 바를 이룰 수 없기 때문이다.

중국의 노자도 "빼앗기 위해서는 반드시 잠깐 주어야 한다" 하여 목표와 방법이 정반대인 원리를 지적하고는 그것을 '미명'(微明)이라 불렀다(『노자』 36장). '미묘한 지혜'라 풀기도 하고 '희미함과 밝음'으로 보기도 하는데 어느 쪽이든 사람에게 완전히 드러나지 않는 요소가 있다는 뜻이다. 왜 그렇게 되었을까? 고진감래에 일말의 실마리가 담겨 있는 것 같다. 단 열매를 먹기 위해 하는 수고는 쓰다. 그런데 태곳적에는 풍성한 과일을 그냥 따먹기만 하면 되었으니 수고도 달았을 것이다. 가시와 엉겅퀴가 생겨나면서 땀을 흘리지 않으면 먹고살 수 없는 세상이 되어 버렸다. 먹는 즐거움을 누리기 위한 방법이 힘든 고생이 된 것이다. 그런 원초적인 비극이 우리 삶을 복잡하게 만든다. 뛰기 위해서는 움츠려야 하고 더 벌기 위해서는 약간 내놓아야 하며 확신하기 위해 의심해야 하는 세상을 만들었다. 그런 세상이기에 높아지기 위해서는 고개를 들지 말고 숙여야 한다.

하지만 방법이다. 방법은 방법으로 그쳐야지 그게 목표가 되어서는 안 된다. 의심을 방법으로 채택했으면 중간에 회의론에 빠지지 말고 반드시 그 반대인 확신에 도달해야 한다. 남에게 얻어맞아 사소한 싸움에 진 다음 인생의 경주에서도 진다면 그것은 안 될 일이다. 방법이다. 목표는 반대다. 고개를 잔뜩 숙였다가 혹여 밟히기라도 한다면 나의 공손함은 결국 바보짓이 되고 만다. 낮추었다면 반드시 높아져야 한다. 겉으로 낮추는 예절은 방법으로 그쳐야 한다. 그래서 반드시 내 이익을 얻어내야 한다. 죄가 있는 세상에서는 그렇다.

으뜸이 되려면 섬겨라?

낮춤으로써 높아진다. 미묘한 지혜를 담은 고도의 처세술이다. 그런데 놀랍게도 이런 방법적 겸손이 성경에도 있다. 주님께서 직접 가르쳐 주셨다. 야고보와 요한이 주님께 높은 자리를 청탁한 것 때문에 제자들 사이에 다툼이 일어나자 주님이 제자들을 불러 들려주신 말씀이다. 마태복음 20:26-27과 마가복음 10:43-44에 나오는데 개역판은 마태복음 20:26-27을 이렇게 옮겼다.

> 너희 중에 누구든지 크고자 하는 자는 너희를 섬기는 자가 되고
> 너희 중에 누구든지 으뜸이 되고자 하는 자는 너희 종이 되어야 하리라.

다른 한글 번역도 비슷하다. 크게 되려면 섬겨야 한다. 으뜸이 되는 방법은 종이 되는 것이다! '너희'에게 주신 말씀이니 제자들 사이에서 통하는 원리다. 방법적 겸손이 교회에도 있다는 말씀 아닌가! 영어를 비롯한 여러 언어의 번역을 봐도 이 구절은 방법적 겸손을 가르치는 말씀이 분명하다.

그런데 원문을 보니 다르다. 원문은 '되어야 한다'는 명령이 아니라 '될 것이다'라는 단순미래형이다. 본문을 문자 그대로 읽으면 이렇게 된다.

> 누구든 너희 가운데서 크게 되기 바라면 너희 시종이 될 것이고,
> 누구든 너희 가운데서 첫째가 되기 바라면 너희 노예가 될 것이다.

큰 사람이 되려 하다가는 노예가 될 것이다! 시도하는 것과 반대의 결과를 얻을 것이니 크게 될 꿈조차 꾸지 말라는 경고처럼 들린다. 자리를 선점하려던 두 제자 때문에 다툼이 난 상황이라 엄하게 꾸짖으신 것이다. 그런데 번역 성경은 뒷부분을 전부 명령형으로 옮겨 전혀 다른 뜻으로 만들었다. 크게 되려는 시도 자체는 잘못이 없지만 대신 방법을 잘 골라야 한다는 말씀이 되었다. 크게 되려면 권력을 잡으려 애쓰지 말고 거꾸로 시종처럼 섬겨야 한다. 방법이 목표와 반대이니 낮아짐으로써 높아진다는 역설이다.

일단 오역은 아니다. 단순미래가 명령의 뜻을 가지는 경우가 성경 원어에서는 무척이나 흔하다. 그러니 문맥에 따라 얼마든지 명령형으로 옮길 수 있다. 게다가 같은 상황을 묘사하는 누가복음 22:26에서는

주님 말씀이 사실 명령형으로 되어 있다. 개역판은 이렇게 옮겼다.

> 너희 중에 큰 자는 젊은 자와 같고 두목은 섬기는 자와 같을지니라.

여기는 원문도 분명히 명령형이다. 젊은 사람은 어린 사람 내지 신출내기를 가리키니 큰 자와 반대다. 두목은 지도자 또는 대표로서 섬기는 자 곧 시종과 반대다. 큰 자는 작은 자처럼 되어라. 지도자는 시종처럼 되어라. 그런데 여기는 '큰 자가 되기 바라면'이라는 조건이 없다. 그냥 '큰 자'다. 그러니 명령이기는 하지만 크게 되는 방법을 말하지는 않는다. 말씀하시는 게 큰 자의 책임인지 자세인지는 분명하지 않다. 어쩌면 그냥 뒤집으시는 것 같기도 하다. 마태, 마가와 달리 여기서는 비교급이어서 '더 큰 자'와 '더 어린 자'로 되어 비교의 뜻이 강하다. 두목과 시종도 마찬가지다. 누가 더 크냐고? 더 작은 사람이 더 크다! 어쨌든 이 구절에는 작아짐으로써 크게 된다는 방법적 겸손은 나오지 않는다.

다투던 제자들에게 주신 말씀을 명령형으로 옮기는 것은 문법적으로도 가능하고 또 누가의 이 본문도 그런 번역을 지지하는 것 같다. 그런데 그 명령이 '크고자 하는' 및 '으뜸이 되고자 하는'이라는 조건의 구절과 결합되는 바람에 주님께서 마치 방법을 가르치시는 것처럼 되어 버렸다. 예상치 못한 결과다. 본문의 뜻이 과연 그러한가? 우리 주님도 방법적인 겸손을 가르치신 게 확실한가?

성경에 보면 욕망 내지 희망을 담은 조건절이 명령형과 결합되어 정말로 방법을 가리키는 경우가 여럿 있다. 주님이 제자들에게 이렇게 말씀하셨다.

> 누구든 나를 따르고 싶으면 자기를 부인하고 제 십자가를 지고 나를 좇아라.

마태, 마가, 누가가 똑같이 전하는 주님의 명령이다(마 16:24, 막 8:34, 눅 9:23). 부인하고, 지고, 좇는 세 개의 동사가 다 명령형이다. 여기서는 분명히 방법을 가르치신다. 자기를 부인하고 제 십자가를 지고 주님을 좇는 것이 주님을 따르는 방법이다. 또 영생의 길을 묻는 부자 청년에게도 완전하게 되기 원한다면 가진 것을 팔고 가난한 자들에게 주고 주님을 따르라고 명령하셨다(마 19:21). 조건과 명령이 결합되어 방법을 가리킨다. 바울도 일하기 원치 않는다면 '먹지도 말라'고 분명하게 명령했다(살후 3:10). 이런 경우는 다 희망사항과 명령형을 결합시켜 명령한 내용이 그 희망을 이루는 방법이 되고 있다. 하지만 다투던 제자들에게 주신 말씀은 그런 경우가 아니다. 마태, 마가는 조건이 붙어 있지만 단순미래형이고, 누가는 명령문이지만 조건이 붙어 있지 않다.

단순미래를 명령으로 옮기든 아니면 그냥 단순미래형 그대로 두든, 적어도 주님이 제자들에게 주신 말씀이 높아지기 위해 낮아지는 방법적 겸손을 가르치는 말씀이 될 수 없는 이유가 셋 있다. 첫째, 이 말씀을 주신 정황이 높아지는 방법을 가르쳐 주실 만한 상황이 전혀 아니다. 주님은 제자들과 함께 예루살렘으로 올라가시는 중이다. 이제 곧 십자가를 지실 것이다. 그런데 제자들은 그런 주님과 함께 가면서 누가 큰 자리를 차지할 것인지 내내 다투고 있었다. 그 소식을 들으신 주님이 "그래, 참 좋은 주제를 골랐구나" 하고 제자들을 불러 '큰 자리를 차지하는 효과적인 방법'에 대해 세미나를 인도해 주신 게 아니라는 말이다. 두 제자가 먼저 한 자리를 청탁했지만 나머지 열 명이 분노한 것을 보니 속마음은 똑같다. 그래서 한심한 제자들을 불러 엄중하게 경고해 주신 것이다.

주님은 자리를 탐하는 야고보와 요한에게 주님 당신이 마시실 잔을 마실 수 있는지 물으셨다. 둘은 할 수 있다고 대답했다. 주님은 그들의 답을 그대로 수용하셨지만 그런 희생의 결과 주님의 좌우편에 앉는 영광이 주어지는 것은 아니라고 분명히 말씀해 주셨다. 만약 그렇게 죽음의 희생을 치름으로써 주님의 양옆에 앉는 영광을 얻을 수 있다고 말씀하셨더라면 이어진 이 말씀 역시 방법적 낮춤을 말씀하시는 것으로 억지로 풀어 볼 수 있겠지만, 그 원리에 대해 이미 아니라 하셨으니 여기서 더 따져 볼 필요도 없다.

이 말씀이 방법을 가르치는 말씀이 될 수 없는 두 번째 이유는 이 가르침을 주시기 전 이방인 집권자들을 반대 보기로 주셨기 때문이다. 이건 마태, 마가, 누가가 다 같다. 세상의 모든 권력은 군림한다. 권력을 잡으면 그 권력을 휘두른다. 이는 권력자들의 일반적인 행태 내지 특성에 관한 묘사이지 권력자가 되는 방법에 관한 말씀이 아니다. 그런 다음 "너희 중에는 그렇지 않다" 하시고는 이 말씀을 주셨으니 이 말씀 역시 방법에 대한 말씀일 수가 없다.

"그렇지 않다" 하고 세상과 교회를 대비시키셨다. 그냥 다르다기보다 아예 반대라는 뜻일 것이다. 어떻게 반대가 되는지 두 가지 가능성이 있다. 주님 말씀을 명령형으로 읽을 경우, 교회에도 큰 사람 내지 으뜸이라는 게 있지만 군림하는 세상과 달리 섬겨야 한다는 말씀이 될 것이다. 권력을 행사하는 책임과 자세가 세상과 다르다는 뜻이다. 그냥 단순미래형으로 읽을 경우 크게 되려는 욕심으로 권력을 휘두르다가는 오히려 시종이나 노예처럼 되고 말 것이라는 뜻이 된다. 세상과 달리 교회에는 큰 자가 아예 없다는 말씀이다. 있지도 않은 권력을 휘둘렀으니 자신이 노예가 되어 그 권력에 밟힐 것이다. 마태, 마가는 '크게 되고자 하는'이라는 조건이 붙어 있으니 후자일 가능성이 크지만 누가의 경우 '큰 자'라는 고정된 표현을 썼으므로 전자일 수도 있다. 결국 본문을 명령으로 읽을지 단순미래로 읽을지 그것은 교회에 큰 자가 있느냐 없느냐 하는 문제에 달렸다.

마태, 마가의 문장이 방법적 겸손이 될 수 없는 세 번째 근거는 주님의 모범이다. 이어지는 마태복음 20:28을 개역판은 이렇게 옮겼다.

> 인자가 온 것은 섬김을 받으려 함이 아니라 도리어 섬기려 하고 자기 목숨을 많은 사람의 대속물로 주려 함이니라.

참 감격스럽고 황송한 말씀인데 우리말로 옮길 때 중요한 낱말 하나를 빠뜨렸다. '~처럼'을 뜻하는 말 '호스페르'다. 이 낱말은 주님의 십자가가 방금 주신 말씀의 보기임을 보여준다. 이 낱말을 넣어 다시 옮기면 이렇게 된다.

> 사람의 아들이 섬김을 받지 않고 섬기고 또 제 목숨을 많은 사람의 속전

으로 주려고 온 것처럼.

주님은 우리 주님으로 이 땅에 오셔서 목숨을 주시기까지 우리를 섬기셨다. 주님이 본을 보이셨으니 제자 된 우리도 따라해야 한다. 그런데 주님은 주님으로 등극하시기 위해 섬기신 것이 아니라 이미 주님이시면서 섬기셨다. 주님은 낮아지신 결과 온 우주의 주가 되셨지만, 그것은 하나님의 섭리에 따른 결과였을 뿐 주님이 그렇게 높아지는 것을 목표로 낮아지신 것은 아니다(빌 2:5-11). 그러니 주님의 십자가는 높아지기 위해 낮아지는 방법적 겸손의 보기가 될 수 없다. 마가복음은 비슷한 내용을 '호스페르' 없이 전한다. 대신 '카이 가르'를 썼다. 약한 이유를 설명하는 표현이니 당신의 사역을 모범 대신 선례로 전하신 셈이다. 어떤 방식으로 모범 내지 선례가 된다는 말씀인지는 다소 애매하다. '나도 섬김을 안 받았는데 너희가 섬김을 받아?' 하는 나무람 같기도 하고 '내가 섬겼으니 너희도 섬겨!' 하는 명령 같기도 하지만, 어느 쪽이든 섬기면 크게 될 것이라는 뜻은 전혀 없다.

큰 자가 되지 마라, 섬김을 받으려 하지 마라, 그런 말씀이라면 이해가 쉽다. 그런데 만약 섬겨야 한다는 말씀이라면 조건이 다시금 등장한다. 교회에도 '큰 자'가 있어야 그런 사람에게 섬기라 요구할 수 있다. 주님이 주로서 우리를 섬기셨으니 교회에 만약 큰 자가 있다면 그 사람도 주님처럼 다른 사람을 섬겨야 할 것이다. 그렇지만 어느 쪽이든 섬김이 크게 되는 방법이 될 수는 없다.

명령이 아니라 경고다

크게 되기 위해 섬겨야 한다는 방법적 겸손은 성경에 없다. 다투는 제자들에게 주신 구절을 단순미래로 읽든 명령형으로 읽든 마찬가지다. 그럼 그 말씀은 어떻게 읽어야 하나? 미래형이라면 큰 사람 또는 크게 되려는 사람은 시종이 될 것이라는 뜻이니 그런 꿈도 꾸지 말라는 경고가 될 것이요, 명령형으로 읽는다면 교회에서는 큰 사람이 섬길 책임이 있다는 뜻이 될 것이다. 큰 차이다. 하나는 크고 작음 자체를 거부하는 것이요 하나는 크고 작음을 인정하되 세상과는 다른 역학이 있다는 이야기다. 문제는 하나다. 교회에 큰 자가 있는가?

주님이 대접 받기 좋아하는 바리새인의 위선을 꾸짖으시면서 제자들에게 주신 말씀 가운데 이런 구절이 있다.

> 너희 중에 큰 자는 너희를 섬기는 자가 되어야 하리라. 누구든지 자기를 높이는 자는 낮아지고 누구든지 자기를 낮추는 자는 높아지리라(마 23:11-12, 개역).

첫 문장은 청탁을 꾸짖으신 마태, 마가의 구절에다 또 같은 상황을 다룬 누가의 구절을 섞은 것 같다. '큰 자'라는 고정된 표현을 비교급으로 쓴 점은 누가와 같고 명령형 아닌 단순미래를 쓴 점은 마태, 마가와 같다. 우리말 성경은 이 첫 문장을 모두 명령문으로 옮겼다. 청탁 때의 문장과 분위기가 비슷해 그랬을 것이요 아무 생각 없이 따라한 번역도 많을 것이다. 그런데 다른 언어로 된 번역 성경은 단순미래와 명령형이 반반 정도로 나누어진다. 청탁 때의 구절을 'must'로 번역했던 영어 NIV 성경도 이 문장은 'will'로 옮겼다. 왜 그랬을까? 이어지는 두 번째 문장 때문인 것 같다. 주님은 제자들을 꾸짖으셨던 그 말씀에 이어 "높이는 사람은 낮아지고 낮추는 사람은 높아질 것이다" 하고 부연해 주셨다. 방금 하신 말씀을 일반적인 원리로 바꾸어 다시금 들려주신 것인데 이 두 번째 문장은 평범한 단순미래다. 두 구절을 원문 그대로 다시 옮기면 이렇게 된다.

> 너희의 큰 자는 너희의 시종이 될 것이다. 자기를 높이는 모두가 낮아질 것이고 자기를 낮추는 모두가 높아질 것이다.

'될', '낮아질', '높아질' 등 세 개의 동사가 다 단순미래형이다. 두 번째 문장은 번역 성경이 하나같이 미래형 그대로 두었다. 첫 문장을 명령형으로 바꾼 한글 성경도 마찬가지다. 시도한 것과 반대가 되리라는 경고의 말씀으로서 명령이 될 수가 없기 때문이다. 그렇다면 같은 취지로 들려주신 첫 문장도 명령이 아닌 경고가 되어야 옳다. '너희'는 제자들이다. 바리새인들을 반면교사로 삼으라는 말씀이다. 바리새인들은 교만하여 대접을 받지만 너희는 높아도 시종처럼 섬겨야 한다는 말씀이 아니다. 큰 자가 되었다가는 시종이 되고 말 것이라는 경고다. 그래서 말귀를 못 알아들을까 봐 자기를 높이는 사람은 낮아질 것이라고 다시 말씀해 주신 것이다. 모두라 하셨으니 예외가 없다. 이 두 번째 문장을 단순미래형 그대로 두는 게 옳다면, 직전에 말씀하신 첫 문장 역시 명령으로 바꾸지 말고 단순미래형 그대로 두어야 한다.

시종이 되리라는 말씀을 명령형이 아닌 단순미래형 그대로 두어야 할 이유는 또 있다. 제자들이 자리 욕심이 많았는지 꽤 자주 다툰 모양인데 한번은 주님이 이렇게 말씀하셨다.

> 아무든지 첫째가 되고자 하면 뭇사람의 끝이 되며 뭇사람을 섬기는 자가 되어야 하리라(막 9:35, 개역).

첫째와 끝이라는 새로운 표현이 등장했다. 문장 구조와 분위기는 야고보, 요한의 청탁 때 주신 말씀과 흡사하다. 조건까지 붙어 있어 똑같이 방법적 겸손으로 충분히 오해할 수 있는 말씀이다. 이 문장도 단순미래형인데 번역 성경은 프랑스어 하나만 빼고 죄다 명령형으로 옮겼다. 결국 방법을 가르치시는 말씀처럼 되어 버렸다. 그렇지만 이 문장이 청탁 때의 문장과 닮았다고 명령형으로 선뜻 옮길 수 없는 중요한 이유가 하나 있다. 주께서 첫째와 끝이 뒤집히는 원리를 이 구절 외에도 여러 번 들려주셨는데(마 19:30, 20:16, 막 10:31, 눅 13:30), 이 구절을 뺀 나머지는 모두 명령형으로 옮기는 것이 불가능하기 때문이다. 다른 구절들이 다 단순미래형일 수밖에 없다면 이 구절 역시 일단 단순미래형 그대로 두는 것이 옳다. 굳이 명령형으로 옮기고 싶다면 명령으로 바꿀 이유부터 먼저 제시해야 할 것이다.

부자 청년이 주님의 초청을 거부하고 돌아간 뒤 주님은 부자가 천국에 들어가는 것이 낙타가 바늘귀로 들어가는 것보다 더 어렵다 하셨다. 그런 다음 그래도 하나님은 다 하실 수 있다 하시자 베드로가 끼어들었다. 자기들은 다 버리고 주님을 따라왔다 하면서 무엇을 얻게 되는지 여쭈었다. 주님은 많은 상을 약속하신 다음 이렇게 덧붙이셨다.

그러나 많은 첫째가 끝이 되고 끝이 첫째가 될 것이다(마 19:30).

베드로는 주님을 가장 먼저 따른 사람이다. 그렇지만 주님은 순서가 바뀔 수 있다고 경고하신다. 등수가 조금 달라지는 게 아니라 많은 경우 아예 정반대로 뒤집어질 것이라 말씀하신다. 이 말씀은 단순미래형이다. 명령형으로 옮겨야 할 이유도 없다. 게다가 주님이 이어 들려주시는 포도원 품꾼의 비유를 보면 이 말씀은 그냥 미래형 그대로 둘 수밖에 없다(마 20:10-16).

포도원 주인이 아침 일찍 인력시장에 나가 일꾼들을 구해 하루 품삯을 약속하고 포도원에 들여보냈다. 이들은 첫째다. 오전 아홉 시에 나가 보니 노는 일꾼이 또 있어 포도원에 보내고, 정오에도 또 오후 세 시에도 그렇게 했다. 오후 다섯 시에도 나가 보니 그때까지도 일자리를 못 구한 사람들이 있어 그들도 포도원에 들여보냈다. 마지막이 온 이들은 끝이다.

한 시간 뒤 하루 일과가 끝났다. 주인이 관리인을 통해 품삯을 주는데 끝에 온 사람부터 먼저 주었다. 이들은 마지막에 와 겨우 한 시간 일했는데 뜻밖에 하루 품삯을 고스란히 받았다. 먼저 온 사람들은 이것을 보고 자기들은 당연히 더 받을 것으로 기대했다. 그런데 자기들 역시 애초에 약속한 품삯밖에 받지 못하자 분노를 터뜨렸다. 하루 종일 일한 자기들과 겨우 한 시간 일한 사람을 똑같이 취급했다며 주인을 불공평한 사람으로 공격했다. 주인은 오히려 그 사람들을 꾸짖었다. 약속대로 주었는데 왜 불만이냐 되물었다. 나중에 온 사람에게 더 주는 것은 주인이 자비롭기 때문인데 그런 주인을 오히려 나쁜 사람으로 본다며 심하게 나무랐다.

그러면서 주님은 '이런 식으로' 첫째가 끝이 되고 끝이 첫째가 될 것이라 하셨다. 일하러 온 순서와 품삯을 받는 순서가 뒤집어진다는 말씀이 아니다. 주인은 일부러 끝에 온 사람들 품삯을 먼저 주었다. 그렇게 함으로서 자신의 너그러움을 보여준 것이다. 일을 많이 못한 이들도 먹여 살릴 가족이 있지 않겠는가. 그렇지만 먼저 온 사람들은 덫에 걸렸다. 주인의 너그러움보다 자기들의 수고를 더 생각했다. 그래서 자기들에게 일자리를 주고 약속대로 품삯을 지불한 신실한 주인, 일을 많이 못한 사람에게도 삯을 넉넉히 주는 자비로운 주인을 못 보았다. 그 결과 품삯은 똑같이 받았지만 남보다 고생은 많이 하고 남들 안 들은 꾸중까지 들었다. 첫째로 왔으면서 꼴찌가 되고 말았다. 나중에 온 사람들은 일도 적게 했으면서 하루치 품삯을 받았고 꾸중도 안 들었다. 주인의 은혜만 깊이 느꼈을 것이다. 첫째가 꼴찌가 된 덕에 꼴찌로 온 사람들은 뜻하지 않게 첫째가 되어 버렸다.

먼저 온 바람에, 그래서 수고를 더 하는 바람에 꼴찌가 되고 말았다. 차라리 꼴찌로 왔더라면 일한 것에 비해 넉넉히 받는 은혜를 누렸을 것을. 이 비유에는 첫째가 되려는 시도 같은 게 없다. 그냥 첫째였던 사람이 끝이 되고 끝이었던 사람이 첫째가 되는 과정을 보여줄 따름이다. 주님을 위해 다 버리고 나섰다는 베드로에게 정신 차리라 하신다. 첫째라고 뻐기다가는 꼴찌가 될 수 있다는 경고다. 첫째라고 으스대는 것은 먼저 온 자들의 일반적인 행태다. 특히 다른 사람이 은혜

받는 꼴을 못 봐준다. 옛 이스라엘 백성이 그랬고 선지자 요나도 같은 마음으로 하나님께 불만을 토로했다가 꾸중을 들었다(겔 18:19-20, 욘 3:10-4:3). 순서가 먼저라고 남보다 낫다 생각한다면 꼴찌가 될 것이다. 이등, 삼등은 없다. 첫째 아니면 마지막이다. 석차의 문제가 아니라 은혜를 아느냐 모르느냐의 차이다.

첫째와 꼴찌가 뒤집어진다는 똑같은 이 말씀을 자리다툼을 하던 제자들에게도 주셨다(마 9:35). 그런데 그 구절은 청탁 때의 말씀과 닮았기 때문인지 모두들 명령형으로 번역했다. 하지만 베드로에게 주신 경고의 말씀을 염두에 둔다면 그 구절도 원문 그대로 단순미래형으로 옮겨야 한다.

> 누가 첫째가 되고자 하면 모두의 끝, 모두의 시종이 될 것이다(막 9:35).

첫째가 되려 하다가는 끝이 된다. 주님은 끝이 곧 시종이라고 풀어 주신다. 야고보, 요한의 청탁 때 주신 말씀 그대로다. 명령이 아니라 경고다. 포도원 품꾼의 비유를 볼 때 더욱 명백하다. 방법적 겸손을 가르치신 것도 아니요 큰 사람이 섬겨야 한다는 명령도 아니다. 그냥 반대말을 사용하여 뒤집으신 것이다. '시종' 또는 '노예'라는 표현을 쓰셨다. '크게 되기 바라면'이라는 조건이 붙은 문장 세 개가 똑같다(마 20:26-27, 막 10:43-44, 막 9:35). 우리말 번역은 시종이라는 표현이 어색했는지 '섬기는 자'로 풀어 마치 섬기라고 말씀하신 것처럼 되었다. 노예를 종으로 옮긴 것을 보면 영어 흠정역(KJV) 번역을 따른 게 아닌가 싶다. 영어 NIV 성경은 원문 그대로 옮겨 종은 servant로, 노예는 slave로 표현했다. 물론 이 번역도 미래형을 명령형으로 옮기는 잘못은 피하지 못했다.

청탁 때의 일을 기록한 누가복음의 경우, 주님 말씀이 명령형으로 되어 오해하기 더 쉽다. 또 '섬기다'라는 동사를 분사 형태로 하여 '섬기는 자'라고 표현하고 있다. '시중드는 사람'이다. 명령문이니 '시중드는 사람처럼 되라'는 뜻이 분명하다. 그렇지만 이 역시 섬기라는 명령은 아니다. 주님은 '더 큰 자'와 '더 작은 자' 그리고 '지도자'와 '시종'등 대비되는 표현을 거푸 사용하심으로써 제자들이 갖고 있던 크고 작음의 기준 자체를 공격하신다. 그 다음 말씀을 보면 더 분명하다.

> 누가 더 크냐? 앉아 먹는 사람이냐, 시중드는 사람이냐? 앉아 먹는 사람 아니냐? 그런데 나는 시중드는 자로 너희 가운데 있다(눅 22:27).

제자들이 누가 크냐 다툰다. 주님이 불러 주님 당신과 제자들을 비교해 보라 하신다. 주님은 앉아 잡수시는 분이고 제자들은 시중드는 사람이다. 제자들의 기준으로 보면 주님이 더 크다. 그런데 주님은 당신이 제자들 가운데 시중드는 자로 계시다 말씀하신다. 이제 곧 십자가를 지심으로 제자들을 섬기실 것이다. 그러면 제자들이 더 큰가? 아니다. 앉아 먹는 사람이 크다고 방금 말씀하셨다. 그런데 주님은 시중을 드는 분으로 계셨다. 가장 큰 나도 섬기니 너희도 크면 섬기라는 뜻인가? 그렇지 않다. 커야 섬길 텐데 누가 크다는 말인가? 주님은 제자들이 말하는 크고 작은 기준 자체를 뒤엎으시는 것이다. 교회에서는 세상 기준이 반대로 적용된다는 말이 아니다. 그런 기준 자체가 없다는 말씀이다. 크게 되려는 관심 자체를 아예 끊으라는 엄중한 경고다.

부끄러움을 피하고 영광을 얻는 지혜

크게 되기 위해 섬겨야 한다는 방법적 겸손은 성경에 없다. 성경 구절 몇 개를 잘못 번역해 그런 오해가 생겼을 뿐이다. 큰 자에게 섬기는 책임을 주신 것도 아니다. 주님은 높이 되려는 자 또는 높다고 생각하는 자에게 바닥을 치게 될 것이라 경고하셨을 뿐이다. 가버나움처럼 하늘에까지 높아지려 하다가는 음부에까지 낮아질 것이다(마 11:23, 눅 10:15). 그렇지만 문제가 다 해결된 것은 아니다. 큰 자는 시종이 될 것이라는 경고를 주실 때 그와 반대가 되는 말씀도 함께 주셨기 때문이다.

> 자기를 높이는 모두가 낮아질 것이고 자기를 낮추는 모두가 높아질 것이다(마 23:12).

높이는 자는 낮아질 것이다. 이것은 이미 여러 번 말씀하셨다. 명령 아닌 경고임을 거듭 확인했다. 그런데 반대로 낮추는 자는 높아질 것이라 하신다. 낮추는 게 높아지는 방법이다. 이거야 말로 방법적 겸손 아닌가? 성경 여러 곳을 이리저리 한참을 헤맨 뒤 겨우 방법적 겸손 같은 것은 없다는 결론에 도달했는데, 그 결론에 도움을 준 문장 하나가 우리를 더 큰 혼란에 빠뜨린다. 너무나 명백해서 반박이 거의 불가능하다. 신약성경에 세 번 나오는데(마 23:12, 눅 14:11, 18:14) 문장 구조가 거의 같고 셋 다 '모두'를 강조하므로 예외가 없다. 무조건 반대로 간다. 높이면 낮아지고 낮추면 높아진다. 낮아지고 싶은 사람은 없다. 모두가 높아지고 싶다. 그래서 후반부에 나오는 방법적 겸손, 방법적 낮춤을 택한다. 높아지기 위해 낮아지는 것이다.

방법적 겸손이 확실한가? 그게 정말 성경에도 있는가? 다행히도 주께서 이 말씀의 뜻을 풀어 주는 보기를 두 가지 들려주셨다. 그 보기를 잘 살피면 주님이 주신 말씀이 방법적 겸손인지 아닌지 확실하게 알 수 있다. 첫째는 결혼 잔치에 관한 말씀이다(눅 14:1-11). 주님이 바리새인이 연 잔치에 가셨는데 바리새인과 율법사가 많이 왔다. 그런데 주님이 아픈 사람을 고쳐 주시는 사이 이들이 상석을 다 차지했던 모양이다. 그래서 주님이 사람들에게 상석에 앉는 게 지혜롭지 못하다고 가르쳐 주셨다. 개역판은 주님의 비유를 이렇게 전한다.

> 네가 누구에게나 혼인 잔치에 청함을 받았을 때에 상좌에 앉지 말라. 그렇지 않으면 너보다 더 높은 사람이 청함을 받은 경우에 너와 저를 청한 자가 와서 너더러 '이 사람에게 자리를 내어 주라' 하리니 그때에 네가 부끄러워 말석으로 가게 되리라. 청함을 받았을 때에 차라리 가서 말석에 앉으라. 그러면 너를 청한 자가 와서 너더러 '벗이여 올라앉으라' 하리니 그때에야 함께 앉은 모든 사람 앞에 영광이 있으리라. 무릇 자기를 높이는 자는 낮아지고 자기를 낮추는 자는 높아지리라(눅 14:8-11).

결혼 잔치는 촌수나 인간관계에 따라 자리의 높낮이가 있다. 사회적 지위도 물론 반영될 것이다. '상좌'는 가장 높은 자리다. 잔치에 초대를 받았을 때 가장 높은 자리에 앉으면 나중에 나보다 더 높은 사람이 올 경우 아랫자리로 밀려나게 될 것이다. 얼마나 부끄럽겠는가. 반대로 말석에 앉아 있으면 혼주가 나를 친구라 부르며 더 높은 자리로 옮기라 할 것이요 모든 사람들 앞에서 으쓱해질 것이다. 잠언 25:6-7을 염두에 두신 것 같기도 하다. 왕이나 고관들 자리에 잘못 섰다가 내려가라는 말을 듣는 것보다 애초에 낮은 곳에 있다가 이리 올라오라는 말을 듣는 게 낫다는 말씀이다.

왜 그렇게 되는지 주님이 가르쳐 주신다. 개역판에는 나타나 있지 않지만 인용문의 마지막 절은 '이유'를 설명해 주시는 말씀이다.

> 누구든 자기를 높이는 이는 낮아질 것이고 자기를 낮추는 이는 높아질 것이기 때문이다(눅 14:11).

높이는 이는 다 낮아지고 낮추는 이는 다 높아질 것이라 하신다. 이 법칙 때문에 상석에 있던 사람이 말석으로 가고 말석에 있던 사람은 높아졌다는 말씀이다. 이 땅에서는 방법적 겸손이 실패할 때도 많다. 그런데 '누구든'이라 하셨으니 교회에서는 백 퍼센트 통한다는 말씀 같다. 무엇 때문일까? 본문을 자세히 보자. 처음 상석에 앉았던 사람이 더 귀한 손님이 오면 '말석으로 가게 되리라' 하셨는데 일단 좀 어색하다. 아무러면 가장 높은 자리에 앉았던 사람이 손님 하나 더 왔다고 끝자리로 밀려나겠는가? 원문을 보면 조금 다르다.

말석을 차지하기 시작할 것이다.

그렇지. 주님은 위치가 아닌 방향을 말씀하신다. 가장 높은 자리에 앉았다면 갈 수 있는 방향은 낮아지는 쪽 하나다. 그렇게 가면 마지막에는 말석에 닿을 것이다. 처음부터 말석에 앉은 경우도 마찬가지다. '올라앉으라' 하였는데 원문은 '더 높은 자리로 올라가라'는 말이다. 여기도 역시 방향이다. 애초에 가장 말석에 앉았다면 갈 수 있는 방향은 올라가는 쪽 하나뿐이다. 내려가는 것은 부끄럽다. 인간 세상의 일반적인 가치다. 나는 잘났다 생각했는데 남이 아니라 하니 더 부끄럽다. 반대로 올라가는 것은 자랑스럽다. 생각지도 않았는데 알아준다면 더욱 뿌듯할 것이다. 이것이 지혜다. 낮추면 올라가고 높이면 내려가지만 사실 올라가고 내려가는 방법을 말씀하는 게 아니다. 부끄러운 상황을 미연에 방지하고 오직 자랑스러울 일만 일어나게 만드는 지혜다. 중요한 것은 위치가 아니라 방향이다. 그렇기에 주님은 중간 자리는 언급도 않으신다. 우리가 택할 자리는 상석 아니면 말석이다. 첫째와 꼴찌가 뒤바뀔 것이라는 말씀과 곧장 이어진다.

주님 말씀의 의도가 바로 그것이다. 상석을 피하는 것은 혹 나보다 더 귀한 손님이 올 경우 내가 아랫자리로 밀려나는 사태를 미리 막기 위함이다. 만약 상석에 앉는다면 남은 일은 아래로 가는 것뿐이다. 그러니 거기 앉는 것은 어리석다. 말석에 앉는 이유는 그래야 주인이 나를 높이 올려 줄 것이기 때문이다. 결혼 잔치에는 동네 거지도 온다. 나는 그래도 초청장은 받지 않았던가. 그런 내가 말석에 앉아 있다면 주인이 얼른 더 높은 자리로 옮겨 주지 않겠는가. 미안한 마음 때문인지 더더욱 높은 자리로 옮겨 줄 것이라고 주님은 말씀하신다. 말석에 앉는 것은 좋은 일만 일어날 수 있게 미리 준비를 갖추는 것이다. 그렇게 낮추었으니 높아지는 길밖에 없다. 앞날을 미리 보는 지혜다.

실제 잔치에 적용해도 꽤 유용한 지혜임이 틀림없다. 하지만 이 말씀은 비유다(눅 14:7). 땅의 것으로 하늘의 지혜를 가르치시는 말씀이다. 씨 뿌리는 자의 비유를 농사에 활용한다고 비난할 것은 없지만 백 배로 거둔 곡식을 창고에 쌓아 두고서 정작 이웃 사랑의 말씀은 순종할 줄 모른다면 아무 소용이 없는 것처럼, 자리잡기에 관한 이 말씀 역시 실제 잔치에 가서 아무리 잘 활용한다 해도 별 가치는 없다. 상석에 앉았다가 한두 단계 내려간다고 얼마나 부끄럽겠으며 말석에 있다가 한두 칸 위로 올라간다고 무슨 가문의 영광이라도 된다던가. 설령 주님의 지혜를 최대한 활용하여 가장 높은 자리까지 올라갔다 해도 그 자리는 주님께 꾸중 듣기 딱 좋은 자리일 뿐이다(마 23:6, 눅 11:43). 사람들 사이의 일을 통해 주님은 하늘의 법칙, 구원의 진리를 전하신다. 영원의 진리를 듣고서 겨우 벼는 익을수록 고개를 숙인다는 정도의 예절 교육으로 그친다면 그만큼 어리석은 사람도 따로 없을 것이다.

핵심은 방향이다. 어느 쪽이냐에 따라 부끄러움과 영광이 결정된다. 상석에서 한두 칸 밀려나도 사실 말석의 서너 칸 윗자리보다 더 높을 수도 있다. 그렇지만 그 위치보다 중요한 것은 혼주에게 내려가라는 말을 듣느냐 올라가라는 말을 듣느냐 하는 것이다. 내려가면 부끄럽지만 올라가는 것은 영광이다. 게다가 혼인 잔치 자리다. 주님이 이 날 참석하신 잔치는 혼인 잔치가 아니었다. 안식일이었으니 그냥 식사하러 가신 자리였다. 그런데 가르침을 주실 때는 혼인 잔치라 하셨다. 주님의 비유에 등장하는 혼인 잔치는 언제나 종말의 뜻을 갖는다. 이어지는 두 개의 잔치 비유 역시 결혼 잔치는 아니나 종말의 뜻을 담아 말씀하셨다(눅 14:12-24).

혼인 잔치는 마지막 심판의 자리다. 구원의 자리다. 어떤 수를 써서라도 이 자리에 들어가야 한다(마 25:11-12). 이 자리가 즐거워야 한다. 예복을 안 입어 쫓겨날 수도 있고(마 22:12) 엉뚱하게 높은 자리를 차지했다가 아래로 쫓겨나는 수모를 당할 수도 있다. 하만이 겪은 단 한 번의 굴욕은 완전한 패망의 출발점이었다(에 6:13). 오직 그리스도를 믿는 자만이 부끄러움을 면할 수 있다 하였으니 부끄러움을 피하는 지혜는 단순한 이 땅의 처세를 뛰어넘는다(롬 10:11, 벧전 2:4). 끝이 좋다고 다 좋은 것은 아니겠지만 그 끝이 진짜 끝이라면 다르다. 마지막 순간 올라갈 곳은 하늘이요 내려간다면 거기는 땅 아래다. 이 자리에서 부끄러움을 당하느냐 아니면 영광을 얻느냐 하는 것은 내 영원의 문제가 달린 절체절명의 문제다.

높아짐과 낮아짐의 참 뜻

자기를 높이면 낮아지고 낮추면 높아질 것이라는 말씀은 자신을 낮추면 사람들이 높여 줄 것이라는 방법적 겸손을 가르치지 않는다. 어떤 사람이 구원을 얻는지 그 원리에 대해 가르쳐 주시는 말씀이다. 주님은 이 말씀의 참 뜻을 누가복음 조금 뒤에서 보다 분명하게 설명해 주신다. 그 유명한 바리새인과 세리의 비유다(눅 18:10-14). 개역판은 이렇다.

> 두 사람이 기도하러 성전에 올라가니 하나는 바리새인이요 하나는 세리라. 바리새인은 서서 따로 기도하여 가로되 '하나님이여, 나는 다른 사람들 곧 토색, 불의, 간음을 하는 자들과 같지 아니하고 이 세리와도 같지 아니함을 감사하나이다. 나는 이레에 두 번씩 금식하고 또 소득의 십일조를 드리나이다' 하고 세리는 멀리 서서 감히 눈을 들어 하늘을 우러러 보지도 못하고 다만 가슴을 치며 가로되 '하나님이여, 불쌍히 여기옵소서. 나는 죄인이로소이다' 하였느니라. 내가 너희에게 이르노니 이 사람이 저보다 의롭다 하심을 받고 집에 내려갔느니라. 무릇 자기를 높이는 자는 낮아지고 자기를 낮추는 자는 높아지리라.

비유를 들려주신 주님은 결론으로 같은 말씀을 주셨다. 세리가 바리새인보다 의롭다고 여김을 받은 이유가 바로 똑같은 원리에 있다.

> 누구든 자기를 높이는 이는 낮아질 것이나 자기를 낮추는 이는 높아질 것이기 때문이다(눅 18:14).

자기를 높였다가 낮아진 사람은 바리새인이고 낮추었다가 높아진 이는 세리다. 똑같은 원리가 결혼 잔치에서는 상석에 앉은 사람을 끌어내리고 말석에 앉은 사람을 윗자리로 올렸다. 그 원리가 여기서는 자기를 높인 바리새인이 아닌 자기가 죄인인 줄 알고 가슴을 쳤던 세리가 의롭다 여김을 받게 만들었다. 낮아지고 높아지는 문제는 의롭다 여김을 받는 일 곧 구원의 문제와 직결된다. 그러니 마지막 혼인 잔치는 반드시 말석에 앉아 시작해야 한다.

두 사람이 성전에 기도하러 올라간 점은 똑같다. 둘 다 서서 기도한 것과 기도한 뒤 집으로 내려간 것도 같다. 그렇지만 두 사람은 정반대의 길을 걸었다. 바리새인은 자신을 높였고 세리는 낮추었다. 우선 바리새인은 어떻게 자기를 높였을까? 바리새인의 기도는 감사 하나였다. 감사의 내용도 훌륭했다. 인간관계에서 도덕적인 삶을 살았다. 남을 등쳐먹지도 않고 속이지도 않고 간통도 하지 않았다. 게다가 지금 성전에 와 옆에서 함께 기도하고 있는 저 세리 같은 생활도 하지 않았다. 매주 두 번 금식도 하고 십일조도 드렸다. 이 모든 것을 바리새인은 감사의 내용으로 하나님께 아뢰었다. 번역을 보면 금식과 십일조는 감사 제목이 아닌 것처럼 되어 있지만 원문은 그냥 기도 전체가 감사 하나로 되어 있다.

그런데 감사 제목을 찬찬히 살펴보니 사실은 자랑이다. 바리새인은 간단히 말해 '남들과 다름'을 감사했다. 등쳐먹고 속이고 간음하는 사람들, 금식도 안 하고 십일조도 안 내는 그런 사람들을 경멸하면서 자신은 그렇지 않음을 하나님께 감사했다. 말이 좋아 감사이지 자기자랑이요 자화자찬이다. 주님의 수많은 비유 가운데 꼭 한 번 등장하는 감사가 이런 거짓 감사이니 감사도 함부로 할 일이 아니다. 바리새인의 기도에는 하나님이 계시지 않았다. 바리새인은 주님 표현대로 사람들 앞에서 자기 의를 행하여 사람들에게 칭찬을 들었다(마 6:1-18). 넘치는 자신감을 보니 자신을 가장 많이 칭찬한 사람은 바리새인 자신이었다(눅 18:9). 주위 사람들과 비교해 자신을 한껏 높인 바리새인은 당당한 자세로 서서 기도했지만 하나님께는 좋은 평가를 받지 못했다. 자기를 높이는 사람은 낮아질 것이기 때문이다.

세리는 바리새인과 반대였다. 바리새인 곁에 감히 설 수 없어 멀리 섰다. 세리도 자신을 남들과 비교한 것일까? 죄인의 대명사였으니 그럴 수도 있었으리라. 그런데 눈을 들어 하늘을 우러를 엄두조차 내지 못했다. 하늘은 하나님이 계시는 곳 아닌가. 세리는 남들 쳐다볼 겨를조차 없이, 무엇보다 하나님 앞에 선 자신의 모습부터 바라보았다. 그래서 가슴을 치며 하나님의 자비를 구했다. 기도하러 성전에 올 정도의 마음이라면 그렇게 막 살지는 않았을 텐데 하나님 앞에 서니 죄밖에 보이는 게 없다. 그래서 불쌍히 여겨 달라고만 빌었다. 세리가 고개를 들지 못하고 자신을 낮춘 것은 무게 때문이었다. 내 생각과 삶을 덮은 죄가 속이 꽉 찬 알곡보다 더 무겁게 나를 짓눌러 하나님 앞에서 고개를 들 수가 없었다. 그런 세리를 하나님은 높여 주셨다. 죄를 용서해 주시고 옳다 인정해 주신 것이다.

차이는 하나다. 나를 보되 누구 앞에서 보느냐 하는 것이다. 세리는 하나님 앞에서 자신을 보았다. 거룩하신 하나님 앞에 서니 내 죄밖에 보이는 게 없다. 그래서 성전에서 하나님을 뵈었던 이사야처럼 가슴을 쳤다(사 6:3-5). 자신의 영이 알거지임을 깨닫고 슬피 눈물을 쏟았다(마 5:3-4). 내 코가 석 자라 주위 사람들은 눈에 들어오지도 않았다. 하지만 바리새인은 사람부터 보았다. 주위를 둘러보니 온통 죄인이다. 그들과 비교하니 자신이 너무나 자랑스러웠다. 그렇게 자신을 높이니 하나님도 눈에 들어오지 않았다. 감사로 칠갑한 기도였지만 하나님과 무관하게 저 좋으라고 부른 자화자찬의 노래였다.

포도원 품꾼의 비유에 등장하는 첫째와 마지막 역시 누구를 보느냐 하는 문제에서 뒤집어졌다. 아침 일찍 채용된 품꾼이 끝까지 주인만 바라보았다면 얼마나 좋았을까. 일자리를 주고 약속대로 품삯도 지불한 신실하고 고마운 주인을 보았을 것이다. 게다가 한 시간밖에 일하지 않은 사람들에게도 하루 품삯을 줌으로써 모두를 배려하는 선한 주인을 칭송했을 것이다. 하지만 눈길이 주위 사람을 향하는 순간 남보다 더 수고한 내가 높아졌고 그렇게 높은 곳에서 내려다 본 주인은 모두를 배려하는 선한 사람이 아니라 내 많은 수고를 외면하고 부당하게 대우한 못된 사람이 되고 말았다. 주인의 은혜가 보일 때는 첫째였는데 내 공로가 눈앞을 가로막는 순간 꼴찌로 전락하고 말았다.

자기를 스스로 높이는 것을 성경은 교만이라 부른다. 반대로 자기를 낮추는 것을 겸손이라 부른다. 높이는 자는 낮아질 것이다. 하나님이 낮추시기 때문이다. 겸손한 자가 높아지는 것 역시 하나님이 하시는 일이다. 그래서 '낮아질 것이다' 또 '높아질 것이다'가 원문에는 모두 수동태로 되어 있다. 낮추어지고 높여진다는 말이다. 제대로 옮기면 이렇게 된다.

> 누구든 자기를 높이는 이는 낮춰질 것이고 자기를 낮추는 이는 높여질 것이기 때문이다(눅 14:11).

높이면 낮춰진다. 교만한 자가 서지 못하는 것은 여호와께서 살아 계시기 때문이다(잠 16:5, 18). 반대로 낮추면 높여진다. 이 역시 하나님이 하시는 일이다. 언뜻 보아서는 방법적 겸손과 닮았다. 하지만 여긴 높아지기 위해 낮추는 그런 처세술이 끼어들 여지가 없다. 성경이 말하는 겸손과 교만이 세상이 말하는 것과 근본적으로 다르기 때문이다. 사람들 앞에서 고개 숙여야 소용없다. 하나님 앞에서 숙여야 한다. 그러면 높여 주실 것이다. 하지만 높아지겠다는 꿈은 불가능하다. 난 그저 낮아질 뿐이다.

교만은 죄다. 아니, 죄가 곧 교만이다. 아우구스티누스의 지적처럼 교만은 죄 그 자체다. 교만은 나를 높이되 하나님처럼 높이는 것이다. 피조물인 내가 창조주 하나님과 맞서겠다는 것이다. 인류의 첫 범죄가 바로 그것 아닌가(창 3:5). 시날 평지에서 사람들이 하나님과 겨루어 보려고 높은 탑을 쌓았다(창 11장). 가버나움의 높아짐 역시 '회개하지 않음' 곧 회개의 복음을 전파한 그리스도를 거부한 죄악이다(마 11:20, 23, 눅 10:15-16). 세상 학문 가운데서도 하나님을 대적하여 높아진 것들이 있다(고후 10:5). 이렇게 높아진 것들을 하나님은 낮추신다. 심판하여 영원한 벌을 내리신다. 아침의 아들 계명성도 하늘에 오르려 하다가 구덩이 맨 밑바닥에 떨어지는 벌을 받았다(사 14:12-15).

죄는 우리 삶에 깊이 스며들어 있다. 그래서 하나님을 대적하는 교만의 죄가 인간 세계에서는 남보다 높아지려는 시도로 제 모습을 나타낸다. 아담과 하와가 함께 하나님을 대적했을 때 둘 사이에는 이미 주도권 쟁탈전이 벌어지고 있었다(창 3:16). 아들 가인도, 또 가인의 후손 라멕도 그런 교만함을 이어받았다. 주님의 가르침에서는 상좌를 차지한 바리새인, 세리를 경멸한 그 바리새인, 적게 일한 동료를 경멸한 품꾼이 다 그런 교만한 사람들이었다. 사람들 사이에서 높아지는 것이 그렇게 하나님을 대적하는 일과 통하기에 하나님은 그런 것을 싫어하신다(눅 16:15).

높고 낮음은 인생의 기본 문제 가운데 하나다. 우리 삶을 고통으로 만드는 주요소가 이것 아닌가. 다 높아지고 싶다. 그래서 힘들다. 높아지는 사람도 있다. 많다. 그런데 그들이 높아지기 위해서는 다른 사람들이 낮아져야 한다. 피해자요 희생자들이다. 높아진 이들에 의해 강제로 '낮춰진' 자들이다. 이 땅의 높고 낮음이 그렇게 죄가 낳은 것이기에 하나님의 구원은 필연 사회적인 측면도 포함한다. 높은 산은 깎아 낮추신다. 대신 낮아진 골짜기는 메우신다. 그렇게 해서 평평하게 만드는 것이 하나님의 구원이다. 그리스도께서 이 구원을 이루기 위해 오셨다. 그래서 그리스도를 임신한 마리아가 이렇게 노래를 불렀다.

> 고관들을 보좌에서 끌어내리시고 낮은 자들을 높이셨으며, 주린 자들을 좋은 것으로 배불리셨고 부자들을 빈손으로 보내셨습니다(눅 1:52-53).

낮은 자들을 높이셨다. 하나님의 구원이다. 하나님이 높이실 것이니 본인들은 높여질 것이다. 반대로 자기를 높이는 교만한 사람들은 낮춰질 것이다(잠 29:23).

낮아짐의 뜻을 오해하지는 말자. 내가 경쟁에서 져 낮아졌다고 해서 그것이 내 의로움의 근거가 되는 것은 아니다. 가난이 곧 벼슬은 아니다. 참된 낮아짐은 무엇보다 먼저 나를 아는 것이다. 높아지기 바라는 내 본성을 아는 것이다. 나의 욕망이 내 이웃을 넘어 하나님하고도 겨루어 보겠다는 사악한 마음임을 깨닫고 그 마음과 그런 마음이 낳은 열매까지도 혐오하는 마음이다. 모든 것이 하나님을 향한 대적 행위임을 알고 그 죄의 무게에 눌린 채 가슴을 치는 것이 참된 낮아짐이다. 고르지 않은 세상에서 피해자가 된다는 것은 적어도 높아짐에 담긴 마귀적 요소를 더 뼈저리게 느낄 수 있다는 점에서 남보다 유리하다. 그래서 바닥까지 짓밟힌 창녀나 세리가 한껏 높아진 바리새인보다 천국에 먼저 들어간다.

세상에서 약한 자를 구원하시는 것이 하나님의 구원의 능력이다. 사회 구조의 변화에서도 나타나는 하나님의 구원은 그와 동시에 개인의 인격과도 깊이 연결되어 있다. 소외된 자들이 자기가 죄인인 줄 더 빨리 깨닫는다. 내가 죄인인 줄 알 때 사회도 더 좋게 바꿀 수 있다. 인격에만 치중하고 사회 구조를 무시해서도 안 되겠지만 인격을 무시한 채 구조의 개혁만 외치는 것도 잘못이다. 무엇보다 내가 죄인임을 알아야 한다. 낮춘다 하셨지만 이미 바닥이다. 말석이니 더 낮아질 자리도 없다. 바닥인 줄 깨닫는 그것이 나를 낮추는 일이다. 그런 사람을 하나님은 구원하신다. 죄를 깨닫는 이들에게 용서의 은혜를 베푸신다. 하나님의 구원은 기본적으로 용서다. 높아지려 한 나, 높아졌던 나, 하나님을 거역한 나를 깨닫는 순간 하나님이 용서해 주신다. 이 원리를 성경은 이렇게 말씀한다.

> 주님은 교만한 자들을 물리치시고 겸손한 자들에게 은혜를 주십니다 (약 4:6, 벧전 5:5).

구약 잠언이 이미 가르치고 있던 원리다(잠 3:34). 이 원리 때문에 자기를 높인 바리새인은 하나님 앞에서 인정을 받지 못했다. 하나님은 그런 사람을 물리치신다. 반대로 세리는 자기를 낮추었기 때문에, 다시 말해 자기가 죄인임을 알았기 때문에 하나님께 의롭다는 평가를 받았다. 낮추는 자를 높여 주시는 은혜를 받은 것이다. 이런 역설적인 오르내림을 두고 파스칼은 이렇게 말했다.

> 세상에는 두 종류의 사람만 있다. 자기가 죄인이라 생각하는 의인과 자기가 의롭다 생각하는 죄인이다(『팡세』 #562[534]).

성경은 하나님의 구원을 '높여 주시는 것'이라 표현한다. 죄로 낮아진 나에게 죄 용서와 의로움의 은혜를 주시는 것이다. 낮추는 자는 그렇게 높아지지만 높아지기 위해 낮아지는 꼼수가 끼어들 여지는 없다. 높여 주시는 그것이 사람들이 꿈꾸는 높아짐과 전혀 다른 것이기 때문이다. 높아지기를 꿈꾸는 그 자체가 이미 낮아짐과 반대의 상태 곧 높음에 사로잡혀 있다는 뜻이다. 그 욕망을 이루려고 낮춤이라는 정반대의 방법을 써도 하나님 앞에서는 그저 가증스러운 위선일 뿐이다. 벼는 익어야 고개를 숙이지만 사람은 익지 않아 속이 텅 비었기에 고개를 숙인다. 정말 대단한 만물의 영장이다. 하지만 사람의 마음을 보시는 하나님 앞에서는 그런 처세술이 통하지 않는다.

교회에서는 누가 큰가?

세상은 죄가 있는 곳이고 높낮이가 있는 곳이다. 누구나 높아지려 하며 뜻을 이루지 못한 사람들은 억눌리거나 좌절감에 빠진다. 그래서 인생이 즐겁지 못하다. 모두가 올라가고 싶어 하지만 남이 올라가는 것은 아무도 좋아하지 않는다. 방법적 겸손이라는 것도 그래서 생겼다. 미묘한 지혜라 하니 심오해 보이지만 죄가 가져온 혼돈을 현학적으로 표현했을 뿐이다. 사람들은 내가 많이 배우고 많이 가지고 높이 올라가는 것을 좋아하지 않는다. 그래서 나는 모두 앞에 머리를 숙인다. 좋은 말로 예절이지만 사실은 현실을 인정해 달라는 간절한 바람이다. 만약 그렇게 숙이지 않고서도 더 가지고 누릴 수 있다면 요즘 우리 사회에서 날마다 보는 것처럼 고개를 빳빳하게 쳐들고 사람들 앞에 군림하려 할 것이다. 선거 때는 표를 받아야 하니 고개를 숙이지만 일단 권력을 잡으면 나머지는 개 돼지 취급을 하고 권력을 마음껏 누린다.

교회는 어떤가? 교회는 하나님이 계시는 하늘나라다. 그 나라는 구원을 받은 사람들이 들어가는 나라다. 산은 깎아 낮추시고 골짜기는 메워 평탄케 하시는 하나님의 구원을 경험한 사람들이다. 쉽게 말해, 바닥을 친 사람들이다. 자신의 죄를 깨닫고 그 죄를 용서해 주시는 하나님의 은혜를 입은 사람들이다. 이 땅에서 높아지는 것이 곧 죄에서 온 것이요 하나님을 대적하는 일임을 알고 이제는 높아지는 일에 더 이상 마음을 두지 않는 사람들이다. 높아지려면 섬겨야 한다는 방법적 겸손은 하나님의 교회에는 해당 사항이 없다. 높은 자는 섬겨야 한다는 명령 같은 것도 교회에는 있을 수 없다. 하나님의 교회는 높고 낮은 것이 다 사라지고 없는 그런 곳이어야 하기 때문이다.

주님께서 그것을 간단명료하게 가르쳐 주셨다. 제자들이 누가 큰지 다툼을 벌이자 주님은 어린아이를 데리고 와 옆에 세우시고는 이렇게 말씀하셨다.

> 참으로 너희에게 말한다. 너희가 돌이켜 아이처럼 되지 않으면 하늘나라에 절대 못 들어간다. 그러므로 누구든 이 아이처럼 자기를 낮추는 이, 그가 하늘나라에서 큰 사람이다(마 18:3-4).

주님의 요점은 두 가지다. 첫째, 어린아이처럼 되지 않으면 하늘나라에 '절대' 못 들어간다. 아이처럼 되는 것은 하늘나라에 들어가기 위한 절대 필수조건이다. 아이처럼 된다는 말은 어렵지 않다. 당시의 아이는 가장 보잘것없는 존재, 가장 하찮은 존재다. 또 어른의 도움 없이 아무것도 할 수 없는 자가 아이다. 홀로 설 수 없는 게 아이다. 하나님의 은혜가 아니면 존재할 가치조차 잃고 마는 게 하늘나라 백성 아닌가. 보배를 담은 질그릇이다. 아이는 주는 것을 받을 따름이다. 하나님의 나라도 그렇게 받지 않으면 '절대' 못 들어간다 하셨다(막 10:15). 누가 큰지 따지는 제자들에게 그냥 가장 작은 존재를 데리고 와서는 "얘가 크다" 하신 것이다. 제자들에게 한 방 먹이신 셈이다.

둘째 요점은 어린아이처럼 자기를 낮추는 사람이 하늘나라에서 크다는 것이다. 아이처럼 되지 않으면 하늘나라에 '절대' 못 들어가니 하늘나라에서는 모두가 아이다. 교회가 그렇게 믿는 사람들의 모임이라면 교회 역시 아이들의 모임이어야 한다. 그런데 모두가 아이인 교회에서 자기를 아이처럼 낮추다니 무슨 말인가? 아이의 마음가짐이나 행동을 본받으라는 말씀은 아니다. 아이는 자기를 낮출 줄 모른다. 자신의 연약함을 모를 뿐 아니라 방법적 겸손 같은 예절에도 아직 익숙지 못하다. 순진할 순 있어도 착하거나 겸손하진 않다. 아이처럼 낮춘다는 것은 아이의 행동을 본받는 게 아니라 아이 같은 처지, 아이처럼 연약하고 누군가에게 의존하지 않을 수 없는 자신을 깨달으라는 말이다. 쉽게 말해 작은 줄 알라는 말씀이다. 작아지라는 말씀이다. 누가 크냐고? 작은 사람이 크다.

아이처럼 낮추라 하셨지 그러면 높아진다는 말씀은 안 하셨다. 높아지면 얼마나 높아진다고? 높아지려면 아이처럼 되라 하시지도 않았다. 작으면 크다. 낮추면 크다. 그렇구나. 낮추어야지. 그래서 얼마나 커졌는가? 바울처럼 죄인의 두목이라도 되었는가? 주님의 요지는 '너희 가운데', 다시 말해 아이들이 모인 곳에서 누가 큰지 다투는 것 자체가 얼마나 우습고 부끄러운 일인지 깨달으라는 말씀이다. 주님이 중국에 계셨더라면 '오십 보 백 보'라 하셨을 것이요, 일본에 계셨더라면 '도토리 키 재기'라 하셨을 것이요, 우리나라에 계셨다면 '도긴개긴'이라 하셨을 것이다.

그런데 아이처럼 되는 것보다 더 중요한 한 가지가 있다. 아이를 데리고 와 이 아이 같은 사람이 하늘나라에서는 크다 하신 다음 이런 말씀을 이어 주셨다.

> 누구든 내 이름으로 이 아이를 받아 준다면 나를 받아 주는 것이다. 또 누구든 나를 받아 준다면 나 보내신 분을 받아 주는 것이다. 너희 모두 가운데 가장 작은 이, 그가 큰 까닭이다(눅 9:48).

제자들이 다툰 이야기는 공관복음 세 권이 다 전한다. 그런데 아이처럼 되어야 한다, 아이처럼 자기를 낮추어야 한다, 첫째가 되려 하다간 끝이 된다 등의 말씀은 한두 곳에만 나오지만 아이를 받아 주는 일의 중요성은 세 곳에 다 나온다. 그만큼 중요하다는 이야기다. 아이를 받아 주는 것은 주님을 받아 주는 것이요 주님을 받아 주는 것은 주님을 보내신 하나님을 받아 주는 것이다. 가장 작은 그 아이를 받아 주는 것이 우주의 창조주이신 하나님을 받아 주는 것과 같다. 가장 작은 자의 가치가 가장 크신 하나님의 영광과 이어진다. 이유가 뭔가? 작은 그 아이가 크기 때문이라 하신다. 작고 큼의 차이가 없다는 말씀이다. 그렇다고 나는 불쌍한 아이를 받아 주는 훌륭한 사람이구나 하고 착각하진 말자. 내가 바로 그 불쌍한 아이니까.

결론은 간단하다. 결국 똑같다는 말씀이다. 하늘나라에는 사실 크지 않은 사람이 없다. 다 크다. 그러니 하늘나라에는 더 큰 사람이 없다. 다 똑같다. 크고 작음을 따지는 제자들 앞에서 주님은 하나님의 구원이 있는 곳에서는 그런 높낮이가 다 사라지고 없음을 거듭 강조하신다.

주님은 큰 자가 되기 위해서는 섬겨야 한다는 방법적 겸손을 가르치시지 않은 것처럼 큰 사람이 섬겨야 한다는 명령도 주신 바가 없다. 그래서 사도들도 서로 섬기라는 말은 거의 하지 않는다. 교회에서는 서로 할 일이 참 많다. 사랑하고, 용서하고, 위로하고, 권면하고, 문안하고, 복종하고, 받고, 기다리라 하였다. 하지만 서로 섬기라는 표현은 잘 쓰지 않는다.

섬김이라는 용어 자체는 꽤 자주 사용된다. 성도들이 주님을 섬길 때는 이 용어를 사용했다. 주님이 우리를 섬기실 때도 사용하셨다. 실제로 시중들던 사람들을 가리키기도 한다. 또 재물로 어려운 이웃을 돕는 일을 이 섬김이라는 용어로 자주 사용한다. 가장 많이 사용되는 경우는 교회의 직분을 섬김이라 부를 때다. 교회에서 일을 맡아 하는 것은 섬기는 것이다. 그래서 베드로도 "선한 청지기같이 서로 봉사하라" 하였다(벧전 4:11). 서로 섬기라 한 신약의 유일한 권면인데 자기 은사로 교회를 섬기라는 뜻이니 모두에게 해당되는 권면이다.

그렇다. 교회에서는 모두가 섬기는 사람이다. 섬기는 책임만을 따로 받은 사람은 없다. 열두 제자가 꿈꾸던 그런 높음이나 섬김은 아예 없다. 모두가 섬기기에 또한 모두가 섬김을 받는다. 섬김을 받는 사람이 더 높아지는 것도 아니요, 섬기는 그 사람이 섬김의 결과 높아지는 것도 아니다. 교회에도 물론 지도자는 있다. 성경이 말하는 '장로', 지금으로 치면 목사와 장로는 교회를 이끌어 가는 책임을 맡았다(벧전 5:1-2). 양을 치는 목자와 같기에 많은 권한이 책임과 함께 주어진다. 그래서 성경은 경고와 권면을 들려준다.

> 맡기운 자들에게 주장하는 자세를 하지 말고 오직 양 무리의 본이 되라(벧전 5:3, 개역).

주장한다는 말은 이방인 집권자들이 한다고 주님이 지적하신 '임의로 주관하는 것' 곧 군림하는 것을 말한다(마 20:25, 막 10:42). 교회 지도자는 권한을 행사할 때 힘을 과시하듯 해서는 안 된다. 그런데 그 대신 양들을 섬기라 하지 않고 "양 무리의 본이 되라"고 권고한다. 주님의 가르침과 똑같다. 교회의 지도자는 세상 지도자와 다른 방식으로 지도하는 게 아니라 지도하는 사람이나 받는 사람이 다 같다는 이야기다.

섬기는 것은 세상의 방법이다. 나를 낮춤으로써 높아지고자 하는 고도의 처세술이다. 군림하는 세상의 또 다른 얼굴일 뿐이다. 주님은 그런 처세술을 가르치신 적이 없다. 세상에서 통하는 그런 가치관이 하나님의 말씀 성경을 번역할 때 영향을 미쳐 하나님의 말씀을 세상의 가르침과 비슷한 것으로 만들어 버렸으니 가슴 아픈 일이다. 마치 섬김을 명하시는 듯한 구절은 다시금 원문 그대로 단순미래형으로 고쳐야 한다. 그러지 않으면 세상의 그릇된 가치관이 계속 교회를 덮게 될 것이요 교회는 성경과 세상이 뒤섞인 가치관의 혼돈 속에서 오랜 세월 계속해서 방황하게 될 것이다.

낮추면 높아질 때도 있다

성경은 사람들 앞에서 자신을 낮추라는 뜻으로 섬기라 하지 않는다. 교회에서는 더욱 그렇다. 그런데 성경에서 자신을 낮추라, 겸손하라 명령하는 본문이 두 곳 있다. 그 본문 역시 잘못 읽으면 방법적 겸손을 실천하라는 말씀처럼 들릴 수 있다.

첫 본문은 야고보서다. 야고보는 우선 하나님이 교만한 자를 물리치시고 겸손한 자에게는 은혜를 주신다는 잠언 말씀을 인용한다. 그리고 몇 절 뒤에 가서 이렇게 말한다. 개역판이다.

> 주 앞에서 낮추라. 그리하면 주께서 너희를 높이시리라(약 4:10).

낮추면 높여 주신다는 말씀 그대로다. 그런데 원문은 조금 다르다. 낮추라는 말이 수동태로 되어 있다. '낮춰져라' 하는 말이다. 주체가 누군지 나와 있지 않지만 나 스스로 낮추는 것일 가능성이 크다. 그래서 '낮추라'로 옮겼다. 외국어 번역도 거의 재귀용법으로 옮겼다. 그런데 수동태이니 동작의 주체가 따로 있을 것이다. 혹 우리가 스스로를 낮추는 경우라면 그렇게 낮추게 만드는 어떤 강력한 힘이 있을 것이다. 답은 '주 앞에서'다. 주님 앞에 서면 낮아지지 않을 재간이 없다. 주님의 권능과 은혜에 압도되어 낮아짐을 당한다. 하나님 앞에서 내 죄를 깨닫고 또 그 죄를 용서해 주시는 은혜를 깨닫고 한없이 낮아지는 것이다. 그래서 이 말씀 직전에 낮아짐의 뜻을 설명하고 있다.

> 손을 깨끗이 해라, 죄인들아. 마음을 깨끗하게 해라, 두 마음을 품은 이들아. 괴로워하고 애통하고 울어라. 너희 웃음을 애통으로 기쁨을 슬픔으로 바꾸어라. 주 앞에서 낮춰져라. 그러면 너희를 높여 주실 것이다(약 4:9-10).

나를 낮추는 것은 주 앞에서 나 자신을 발견하는 일이다. 영의 파산을 깨닫고 슬피 울며 부드러운 자가 되어 하나님의 의를 갈구하는 일이다. 그것이 바로 나 자신을 낮추는 일이다. 그렇게 낮아질 때 주께서 우리를 높여 주실 것이다. 위로해 주시고 배부름을 주시고 하늘나라를 물려 주실 것이다. 높여 주시는 분은 주님이 분명하다. 그런데 낮춰지는 것 역시 주님의 힘이다. 주님 앞에서 깨달은 죄의 힘이요 주님이 보여주신 은혜와 긍휼의 힘이다. 감히 하늘을 우러르지도 못하고 가슴만 쳤던 바로 그 세리가 바로 낮춰진 사람이다. 진정으로 하나님 앞에 선 사람이다. 그랬기에 하나님께서 높여 주셨다. 낮춰지지 않은 사람은 아직 주 앞에 서지도 못한 사람이다. 바리새인처럼.

비슷한 말씀을 베드로도 전한다. 역시 개역판이다.

> 그러므로 하나님의 능하신 손 아래서 겸손하라. 때가 되면 너희를 높이시리라(벧전 5:6).

'겸손하라' 했는데 원문은 야고보서 4:10과 똑같은 낱말의 똑같은 수동태다. '낮춰져라'는 뜻이다. 그런데 하나님의 강한 손 아래서 낮춰져라 했으니 하나님의 강한 손의 영향일 것이다. 우리를 낮추는 것은 하나님의 강한 손이다. 하나님의 권능 없이 누가 스스로 낮출 수 있겠는가. 강한 손은 하나님의 구원의 손이다. 그 손이 우리를 구원하기 위해 먼저 우리를 낮춘다. 높이기 위해서다. 세리의 경우 그대로다. 원문은 '히나' 구문이다. 목적 또는 결과를 가리킨다. 낮추는 그게 높아지기 위한 조건 내지 준비다. 하나님이 우리를 높이시려면 우리가 먼저 낮춰져야 한다. 그렇게 낮추면 하나님이 우리를 높이실 것이다. 바울이 자기를 낮춘 것도 고린도 교인들을 높이기 위해서였다(고후 11:7). 낮춰지는 목적이 높아지는 것이니 방법적 겸손인 듯 보인다. 하지만 인간 세상의 처세술이 아닌 하나님의 구원을 가르치는 말씀이다.

높고 낮음의 문제는 결국 너와 나 사이의 문제가 아니라 하나님과 나 사이의 문제다. 죄를 깨닫고 하나님의 용서의 은혜를 맛본다는 뜻이지 사람들 사이에서 낮추었다가 높아진다는 뜻이 아니다. 우리는 다 같다. 누가 큰가? 작은 사람이 크다. 누가 높은가? 낮은 사람이 높다. 주님은 그냥 반대로 말씀하신다. 우리 사이에 그렇게 크고 작음을 따지는 게 무의미하기 때문이다. 높은 게 낮은 것이고 낮은 그것이 높은 것이다. 그래서 야고보는 "낮은 형제는 제 높음을 자랑하고 풍요한 자는 제 낮춤을 자랑하라" 했다(약 1:9-10). 그리스도인의 자유를 보여준다. 돈이 좀 없어도 주 안에서 높은 자이니 자랑하고, 있던 재산 날리는 일을 겪어도 어차피 없어질 것이니 낮아지는 그 일로 오히려 주 안에서 자랑할 수 있다.

베드로의 이 권면은 교회에서 종종 오해를 불러일으킨다. 이 구절 직전에 나오는 말씀이 마치 교회에 높고 낮음이 있는 것 같은 인상을 주기 때문이다. 개역판은 이렇게 되어 있다.

> 젊은 자들아, 이와 같이 장로들에게 순복하고 서로 겸손으로 허리를 동이라. 하나님이 교만한 자를 대적하시되 겸손한 자들에게는 은혜를 주시느니라(벧전 5:5).

'젊은 자'는 앞서 인용한 누가복음 22:26의 '젊은 자'와 같다. 큰 자에게 젊은 자와 같이 되라고 주님이 명령하셨다. 그런데 베드로는 이제 젊은 자들에게 장로들에게 순복하라 명령한다. 장로는 나이가 많은 사람 또는 교회 지도자를 가리킨다. 그런데 곧바로 '다 서로 겸손으로 허리를 동이라' 하였다. 모든 사람에게 겸손으로 허리를 동이되 서로서로 하라 하였다. 전부이니 젊은 자와 장로가 구분이 없다. 서로 하라 하였으니 모두 함께 해야 한다. 마지막 문구는 이유를 설명한다. '은혜를 주시기 때문이니라.' 겸손으로 옷을 입어야 할 이유다.

그런데 그 전에 젊은 자에게 장로들 곧 어른들에게 순종하라는 명령을 주었다. 교회에서도 위아래가 있다는 것 같은 느낌이다. 그러고는 다음 절에 가서 낮추면 때가 되면 높이실 것이라 했으니 젊을 때 자기를 잘 낮추면 하나님이 장로로 높여 주실 것이라는 인상을 준다. 많은 사람들이 이 구절을 그렇게 오해한다. 하지만 때가 되면 높여 주신다는 표현 역시 하나님의 강한 팔 아래 낮아진 사람들에게 주는 약속이므로 구원의 완성에 대한 약속이 되어야 한다. 그렇다면 그 '때' 역시 베드로가 편지 서두에서 언급한 '예수 그리스도가 나타나실 때'가 되어야 한다(벧전 1:7). 베드로가 편지에서 언급한 '때'는 전부 그리스도의 재림을 가리킨다(벧전 1:5, 11, 4:17). 목사로 취임하는 날도 아니요 장로, 권사로 선출되는 날도 아니다.

베드로는 겸손하라는 말을 문학적 기교를 사용하여 겸손으로 허리를 동이라 하였다. '허리를 동인다'는 말은 그리스어에서 거의 쓰지 않는 독특한 낱말이다. 옷을 입고 허리띠를 졸라맨다는 뜻이니 겸손을 몸에 매는 것으로서 '옷을 입는다'는 표현과 통한다(롬 13:14, 골 3:12). 성도의 행실 또는 성품을 갖추라는 이야기다(롬 13:12, 14, 골 3:12). 겸손을 입는다는 것은 그리스도 안에서 새 사람을 입는 것과 같다(엡 4:24, 골 3:10).

허리를 동이라는 구절을 그리스도께서 제자들의 발을 씻기신 사건과 연결시키는 주석도 있다. 주님께서도 제자들의 발을 씻기시기 전 수건을 허리에 두르셨기 때문이다(요 13:1-15). 그리스도의 겸손은 제자가 스승 앞에 자신을 낮추는 당연한 예절이 아니라 스승이 제자들 앞에서 허리를 동인, 거꾸로 가는 섬김이다. 주님께서는 제자들도 주님처럼 하게 하시려고 본을 보이셨다 말씀하신다(요 13:15). 주님이 스승으로 우리를 섬기셨으니 제자 된 우리끼리는 얼마나 더 섬겨야 하겠는가(요 13:16). 주님은 목숨을 바쳐 우리를 아예 목욕을 시켜 주셨다. 하지만 우리는 발을 씻어 주는 정도다. 형제를 위해 목숨 바칠 생각까지는 말고 그저 재물로 어려운 이웃을 돕는 정도면 된다(요일 3:16-17).

주님은 그렇게 가르침을 주신 다음 제자들에게 그들이 서로 발을 씻기고 서로를 받아 주면 그것은 그들을 보내신 주님을 받아 주는 것과 같고 주님을 받아 주는 것은 주님을 보내신 하나님을 받아 주는 것과 같다 하셨다(요 13:20). 누가 큰지 다투는 제자들에게 주신 바로 그 말씀이다. 열두 제자를 보내실 때도 비슷한 말씀을 하셨는데 그때도 제자들을 '작은 자'라 하셨다(마 10:40-42). 누가 큰지 싸우던 제자들 앞에 세우신 아이를 가리켜 사용하신 바로 그 낱말이다(마 18:10). 누가 큰가? 서로 받아 주면 모두가 큰 사람이 된다. 그런데 방법이 발을 씻기는 것이다. 두 가지 뜻을 함께 갖는다. 첫째는 내가 종임을 인정하는 것이다. 내가 작은 자임을 스스로 인정하는 것이요 그렇게 함으로써 하늘나라 백성 된 자격을 다시금 입증한다. 다시 말해, 스승이신 주님을 본받는 일이다.

또 하나는 죄를 서로 씻어 주는 일이다. 받아 주는 일은 허물을 용서하고 용납하는 과정을 반드시 포함한다. 서로의 죄를 용서하는 일은 주님이 우리를 사랑하신 것처럼 우리가 서로 사랑하는 핵심적인 방법이다. 발을 씻는 주체는 나다. 용서하는 사람이다. 그런데 내게 발을 맡기는 그 사람의 죄를 씻는다. 내가 낮아졌지만 그 사람도 이 순간 죄인이 된다. 함께 낮아지는 순간이다. 나는 발 씻는 사람으로 너는 죄인으로. 둘 다 똑같다.

하나님 앞에서는 다 똑같다. 혹 높낮이가 있다면 그것은 사람들 사이의 일이다. 사람들 사이에서는 그렇게 높아질 수 있다. 하지만 우리 사이의 그 일이 하나님과 직결되어 있음을 잊어서는 안 된다. 예수께서 바리새인들을 이렇게 꾸중하셨다.

> 너희는 사람들 앞에서 스스로 옳다 하는 자들이다. 하지만 하나님은 너희 마음을 아신다. 사람들 사이에서 높이 되는 것은 하나님 앞에서 혐오스러운 일이다(눅 16:15).

스스로 옳다 하는 이들은 사람들 앞에서 그렇게 한다. 그래서 사람들 사이에서 높아진다. 우뚝 솟는다. 하지만 사람들 사이에서 높아지는 것 자체가 하나님 앞에서는 역겨운 일이다. 우리가 다 하나님 앞에서 똑같은 자들이기 때문이다. 우리는 모두가 바닥이다. 그것을 알 때 마지막 심판의 날 하나님이 우리 모두를 높여 주실 것이다.

방법적 겸손이 넘치는 교회

교회는 평탄케 하시는 은혜를 입은 자들이 모이는 곳이지만 실제 교회에는 높은 사람도 많고 높아지려는 사람도 많다. 직분이 권력이 되어 권력을 탐하고 돈을 탐하는 무리가 교회를 상당히 장악하고 있다. 이들의 군림 아래 있는 사람들은 저희도 높아지고 싶어 많은 애를 쓴다. 하지만 교회 아닌가. 주님이 높여 주셔야 높아질 수 있다. 하여 내 노력보다는 주께 간절히 기도한다. 낮은 마음을 달라고 아주 간절히 기도한다. 참 수고들 한다.

교회에서도 높아지고 싶다. 권력이 그립다. 그런데 주님께서 높아지는 방법을 말씀해 주시는데 낮아지는 것이라 하신다. 그래서 낮아진다. 눈에 띄는 방법도 많다. 허드렛일을 도맡으면 된다. 청소나 정리정돈 아니면 주차장 봉사. 장애인 부서를 맡는 것도 방법이다. 사랑으로 열심히 섬긴다. 좀 힘들어 보이는 일, 남들이 즐겨 하지 않는 일을 하면 된다. 그런 영어 노래도 있다.

> 주의 나라에서 큰 자 되려면
> 종이 되어 섬기세요.

모두의 시종이 되는 법을 연습해라. 그러면? 그러면 크게 된다. 사람들의 인정을 받아 안수집사가 되고 조금 뒤 장로가 된다. 섬겼더니 하나님이 높여 주시더라는 간증이 많다. 목사 세계에서는 노회장, 총회장으로 높여 주시더라는 간증을 자주 듣는다. 교회만이겠는가? 회사에서도 인사 잘하고 나를 낮추고 열심히 일했더니 남들보다 일찍 과장, 부장으로 높여 주시더란다. 그렇게 다들 부지런히 기어 올라간다. 하나님의 미움을 사는 그 자리로.

사랑으로 섬기는 일은 참 귀하다. 인사 잘하는 유교식 겸양도 아름다운 교회생활의 일부가 될 수 있다. 문제는 사고방식이다. 자기 속에 있는 탐욕을 십자가에 달아 죽이지 못하고 오히려 왜곡된 가치관으로 정당화하는 그것이 잘못이다. 높아지고 싶은 마음, 그것이 문제다. 에덴 동산에서도 그랬고 오늘 우리 가정이나 교회에서도 마찬가지다. 누가 크냐 다툰 제자들은 어떤 면에서 인간의 본성을 꿰뚫는 핵심적인 주제를 잘 골랐다. 덕분에 주님은 세미나 한두 번으로는 모자라 포럼에다 심포지움까지 열어 주셔야 했다. 그런데 우리 속을 장악한 탐욕이 성경 구절마저 뒤틀어 오늘까지 수많은 사람이 혼란 가운데 헤맨다. 영원한 생명의 말씀 성경이 이 세상의 처세술을 전하는 명심보감 수준으로 떨어진다.

때로 이래선 안 되겠다는 의식이 생긴다. 좋은 징조다. 그런데 가치관이 온통 뒤죽박죽이 되어 뭘 어떻게 해야 할지 모른다. 그래서 주님 말씀을 문자 그대로 따라한다. 교회마다 이른바 세족식이라는 것을 많이 한다. 그냥 '발씻기'라 해도 될 것을 굳이 한자로 바꾸니 성찬식 비슷하게 엄숙한 느낌도 난다. 그런데 교회에서는 섬기는 게 원리라 하면서 목사와 장로가 교인들의 발을 씻어 준다. 교회에 높으신 분들이 계셨구나! 그러면서 주님을 따라했다고 뿌듯하게 생각한다. 주님은 너희 사이에는 높고 낮은 게 없다고 거듭 말씀하셨지만, 한자리에 눈이 어두웠던 제자들처럼 우리도 그 말씀이 곧이곧대로 들어오지 않는다. 주님이 하지 말라 하신 것을 해 놓고 잘했다 착각하는 것이다. 어떤 교회는 목사가 장로의 발을 씻어 준다. 그 교회는 또 다른 서열이 있다는 이야기다. 숙인 고개는 내 훌륭함을 알아 달라는 과시 외에 아무것도 아니다. 발을 씻어 주는 행위 역시 온 교회가 주님 한 분만을 주님으로 모시고 똑같이 주고받는 것이 아니라면 나의 높임을 은근히 과시하고, 그것도 뒤집어진 방법으로 교묘하게 과시하면서 인정해 달라 요구하는 참람함에 지나지 않는다.

하나님의 교회는 작은 자들이 모인 곳이요 또 큰 자들의 모임이다. 사랑으로 섬기는 것은 모든 성도가 할 일이다. 그렇지만 세상의 교활함이 그 아름다운 섬김을 더럽히는 일이 잦으니 조심 또 조심할 일이다. 죄 많은 세상, 죄 많은 교회다. 높아지기 위해서라면 섬기는 흉내 얼마든지 낼 수 있다. 가치 있는 투자처럼 보인다. 그렇지만 높아지려는 사람은 혼인 잔치에서 굴욕을 당할 것이다. 하나님이 미워하시는 일을 했기 때문이다. 언제나 잊지 말아야 할 것은 모든 것이 하나님의 은혜라는 사실 한 가지다.

4.

사랑은 어떻게 허다한 죄를 덮는가

죄를 감추는 사랑의 거짓됨과 열매 맺는 회개의 중요성

원수를 용서할 수 없는 이유

예수께서는 우리에게 원수를 사랑하라고 명령하셨다(마 5:44, 눅 6:27-28, 35). 원수는 나를 미워하고 괴롭히고 이런저런 피해를 안겨주는 사람이다. 주님은 그런 사람들을 선대하라 하시면서 그들을 축복하고 위해서 기도하라 하셨다. 그런데 이상하게도 원수를 용서하라는 말씀은 하신 적이 없다. 용서가 우리 사랑의 핵심인데도 말이다.

원수를 사랑하는 데는 몇 가지 단계가 있다. 첫째는 보복하지 않는 것이다. 내가 무슨 피해를 입든 앙갚음을 해서는 안 된다는 것이 성경의 일관된 가르침이다. 법적인 조치는 별문제로 하더라도 적어도 개인적인 보복은 엄격히 금지하고 있다(레 19:18). 구약도 악을 되갚지 말라 명령하고 신약성경도 악을 악으로 갚아서는 안 된다고 가르친다(잠 20:22, 살전 5:15. 벧전 3:19, 롬 12:17). 욕을 들어도 욕하지 말고 주먹으로 맞아도 되받아쳐서는 안 된다. 자존심, 신체, 재산 등에 손상을 입어도 가만있어야 한다. 그렇게 감수하자면 분노나 미움 같은 감정을 억누르는 인내가 필요할 것이다. 참으려면 이를 악물어야 할 터이니 원수 사랑은 이 첫 단계에서부터 무척이나 어려운 일이다.

내가 직접 보복하지 않는다고 해서 거기서 끝나는 것은 물론 아니다. 그리스도인은 불의에 민감해야 하며 내가 당사자라 해도 예외일 수는 없다. 성경은 내가 직접 갚는 대신 여호와 하나님을 기다리라고 가르친다(잠 20:22). 하나님은 공의의 하나님이시기 때문에 당신의 진노에 따라 원수를 처리하실 것이다(신 32:35, 시 94:1, 롬 12:19, 히 10:30). 하나님을 기다리는 것은 하나님의 징벌을 기다리는 것이니 한편 무자비해 보인다. 하지만 적어도 나 개인의 차원에서는 보복을 않으니 그것도 용서라면 용서다.

피해를 되갚지 않는 것만으로도 사실 대단한 사랑이다. 그렇지만 이 첫 단계는 무언가를 하지 않는 단계로서 아직 소극적인 차원이므로 적극적인 다음 단계로 나아가야 한다. 성경은 우리에게 참는 것으로 그치지 말고 원수에게 필요한 도움을 베풀라고 명령한다. 원수가 주리면 먹이고 목마르면 물을 주어야 한다(잠 25:21-22, 롬 12:20). 원수라도 인간으로 갖는 생존권은 적극 보장해 주어야 한다. 원수가 재산상의 손실을 겪게 되었을 때에도 외면하지 말고 도와야 한다고 명령한다(출 23:4-5). 이 정도라면 사랑이라는 이름에 걸맞은 행동이다. 단순한 용서를 넘어서는 사랑이다. 원수를 이렇게 선대하는 것은 성경의 가르침을 따라 선으로 악을 이기는 방법이다(롬 12:17, 21).

다윗이 자기를 죽이려 하던 사울을 죽일 기회가 있었지만 죽이지 않고 옷자락만 베고 물러나온 일이 있다(삼상 24:1-22). 다윗은 직접 보복하는 대신 모든 것을 여호와께 맡겼다. 사울은 다윗이 자기를 살려 준 것을 알고 감동의 눈물을 흘리며 다윗을 축복했다. 다윗은 그렇게 선으로 악을 이겼다. 요셉도 보복이 두려워 떠는 형들에게 자신이 하나님 자리에 설 수 없음을 분명히 하고 형들과 자녀들을 돌보겠다 함으로써 형들을 선대했다(창 50:19, 21). 십여 년 전 미국 펜실베이니아의 아미쉬 마을에서 총기살인사건이 나서 초등학교 여학생 다섯 명이 죽임을 당했을 때 아미쉬 교인들도 이런 사랑을 실천하여 온 세계를 감동시켰다. 아미쉬는 메노나이트 계열의 기독교 분파로 비폭력 평화주의를 문자 그대로 실천하는 사람들이다. 이들은 범인을 용서한다고 선언한 다음 범인의 가족을 찾아 위로했고 모금까지 해 주었다. 아이들 장례식에 범인의 부인을 초대했을 뿐 아니라 자살한 범인의 장례식에도 아미쉬 교인들이 대거 참석해 주었다.

그런데 성경은 원수에게 보복하지 않고 오히려 도움을 베푸는 이런 행위를 독특한 문구로 표현하고 있다. 잠언에 나오는 말씀인데 바울도 로마서에서 그대로 인용하고 있다.

> 네 원수가 배고파하거든 식물을 먹이고 목말라하거든 물을 마시우라. 그리하는 것은 핀 숯으로 그의 머리에 놓는 것과 일반이요 여호와께서는 네게 상을 주시리라(잠 25:21-22).

'핀 숯을 머리에 놓는다'는 말은 무슨 뜻일까? 핀 숯은 불타고 있는 숯으로서 종종 하나님의 진노의 심판을 상징한다(시 11:6, 18:8-13, 140:10, 삼하 22:9-13). 놓는다는 표현은 쌓아 올린다는 뜻도 있으므로(롬 12:20, 잠 25:2, LXX) 하나님의 진노를 쌓는다 또는 하나님의 진노의 그릇을 가득 채운다는 느낌을 준다(롬 2:4-5, 9:22). 그러니 핀 숯을 머리에 놓는다는 것은 하나님께 얼른 심판해 주시기를 구하는 것과 같다. 원수에게 합당한 벌을 내리시라는 간구다. 바울이 잠언의 이 구절을 인용하기 직전 하나님의 진노와 갚으심을 언급하고 있으므로 핀 숯은 자연스레 심판과 연결된다(롬 12:19-20).

그런데 핀 숯의 뜻을 그렇게 풀 경우 잠언의 문맥과 잘 어울리지 않는다. 핀 숯을 원수의 머리에 쌓으면 여호와께서 상을 주신다 하였는데 원수가 벌 받아 멸망하기를 바라는 우리 마음이 하나님을 감동하여 상을 주시게 만들기는 사실 어렵다. 보복하지 않고 도움을 베푼 것은 잘한 일이지만 용서보다 심판을 바란다면 그것은 니느웨 성을 용서해 주신 하나님께 불만을 토로했다가 꾸중을 들었던 요나의 심보와 다를 바 없다(욘 4:9-11). 하나님은 공의의 하나님이면서 또한 사랑의 하나님이다. 우리가 하나님의 마음을 가졌다면 원수가 망하기를 바라는 대신 오히려 회개하고 구원받기를 바라야 한다(겔 18:23, 딤전 2:4, 벧후 3:9). 우리가 멸망받기를 바라야 할 진짜 원수는 마귀 하나뿐이다(눅 1:71).

하여 대부분의 학자들이 이 문구의 뜻을 다르게 푼다. 핀 숯이 '뜨거운 부끄러움과 후회'를 가리킨다는 해석이다. 누구나 제 잘못을 깨달으면 얼굴이 붉어지는 것처럼 핀 숯을 머리에 쌓는다는 말 역시 자신의 잘못을 깨닫고 마음 깊이 부끄러움을 느끼게 만든다는 뜻으로 본다. 우리가 보복하지 않고 오히려 먹여 주고 마실 것도 주는 친절을 베풀 때 원수가 자신의 잘못을 깨닫고 심지어 회개할 수도 있을 것이다. 하나님의 인자하심이 죄인들을 회개로 인도하듯 우리도 참고 자비를 베풂으로써 비슷한 결과를 기대할 수 있다(롬 2:4). 그런 사람에게는 여호와께서 상을 주실 것이다. 바울은 "여호와께서 상을 주시리라"는 구절 대신 "악에게 지지 말고 선으로 악을 이기라"는 말씀을 덧붙였다(롬 12:21). 하나님의 보복을 기대하는 마음을 선이라 보기는 어려우므로 바울이 인용한 핀 숯 역시 직전에 나오는 하나님의 심판보다는 원수의 회개와 용서를 바라는 신앙인의 자비로운 마음과 더 잘 통한다.

두 번째 해석이 문맥에 더 어울리지만 그렇다고 첫째 뜻이 사라진 것은 아니다. 원수가 어떤 태도를 보이느냐에 따라 결과가 달라질 것이다. 우리가 보복하지 않고 오히려 잘 대해 주는 것을 보고 자기 잘못을 깨닫고 부끄러움 가운데 회개할 수도 있고, 반대로 우리의 태도를 보고 자신감을 얻어 하나님의 진노를 거듭 쌓아 하나님의 심판을 부를 수도 있다. 신체 가운데서 복 또는 저주가 내리는 곳이 머리다(창 49:26, 행 18:6, 수 2:19). 핀 숯이 머리에 놓였으니 어느 쪽이든 시급한 결단이 요구된다.

핀 숯을 쌓는다는 말을 회개와 연결시킬 경우 이 말씀은 원수를 사랑하라 하신 주님의 가르침과 맥을 같이한다. 원수를 선대하라는 주님의 명령은 보복하지 않는 소극적인 단계와 필요한 도움을 베푸는 적극적인 단계를 넘어 원수를 축복하고 원수를 위해 기도하는 세 번째 단계로 나아간다(마 5:44, 눅 6:28). 우리에게 나쁜 짓을 하는 사람을 위해 복을 빌어야 한다는 것은 베드로와 바울 등 사도들도 이어받아 가르치는 내용이다(벧전 3:9, 롬 12:14). 구약이 핀 숯으로 희미하게 말한 것을 주님이 분명하게 밝혀 주신 셈이다. 원수를 위한 기도 역시 주님이 먼저 본을 보이셨고 사도들도 이어 순종했다.

축복하는 것은 저주하는 것과 반대다(롬 12:14, 벧전 3:9). 원수가 하나님의 심판을 받아 망하기를 바라는 것이 저주다. 악을 악으로 갚는 것과 크게 다르지 않다(롬 12:17). 내가 직접 보복하는 것은 악이지만 보복을 하나님께 부탁한다고 해서 곧장 선으로 바뀌지는 않는다. 얻어맞은 아이가 직접 받아치지 않고 아버지에게 더 큰 복수를 요청하는 것과 통하기 때문이다. 따라서 축복하는 것은 원수가 잘되기를 하나님의 이름으로 바라는 것이다. 잘되되 하나님 앞에서 잘되어야 한다. 원수가 우리가 주는 음식을 먹고 기운을 차려 다시 나쁜 짓을 한다면 그것은 잘된 게 아니다. 하나님이 기뻐하시는 사람이 되어야 잘된 것이다. 가장 중요한 것은 나에게 나쁜 짓을 했음을 깨닫고 회개하여 하나님께 용서받는 일이다. 원수를 축복할 때 우리도 복을 상속받는다 하였으니, 우리가 주님께 기대하는 복과 원수를 위해 빌어 주는 복은 같은 복 곧 하나님의 용서와 구원이어야 한다(벧전 3:9).

그런 축복의 내용이 우리의 기도 제목이 된다. 원수를 위한 우리의 기도는 우리를 아프게 한 사람을 벌주라는 요청을 넘어 그 사람이 제 잘못을 깨닫고 하나님 앞에서 회개하여 용서받게 해 달라는 간구가 되어야 옳다. 죽이는 기도가 아닌 살리는 기도다. 핀 숯의 원문이 제사장들이 향로에 담았던 숯불과 같고 분향은 또 기도를 상징하므로(레 16:12-13, 시 141:2, 계 5:8) 머리 위에 쌓은 숯불 역시 원수를 위한 우리의 기도로 볼 수도 있다. 이런 기도가 성경에 여러 번 나온다. 주님께서는 십자가에서 사람들의 죄를 사하여 달라고 아버지께 기도하심으로 본을 보여주셨다(눅 23:34). 스데반도 돌에 맞아 순교하기 직전 주님을 본받아 사람들의 죄를 그들에게 돌리지 말아 달라고 기도했다(행 7:60). 바울도 자기를 배신한 사람들에게 허물을 돌리지 않고자 했으니 이것도 그들을 위한 기도로 볼 수 있다(딤후 4:16).

용서를 위한 축복이요 용서를 위한 기도다. 이런 축복과 기도가 원수를 사랑하는 가장 고귀한 방법이다. 그런데 축복과 기도는 하나님께 부탁을 드리는 것이지 내가 직접 하는 게 아니다. 용서에도 물론 여러 가지가 있다. 보복하지 않는 것도 용서, 잘못을 잘못으로 여기지 않는 것도 용서다. 적대감을 품지 않는 것도 훌륭한 용서다. 적극적인 도움을 베푸는 것은 아예 용서를 뛰어넘는 사랑이다. 그렇지만 그런 것은 모두 사람과 사람이 주고받을 수 있는 수평적 차원의 용서다. 성경이 말하는 참 용서는 죄를 없애는 것이다. 죄는 너와 나의 문제가 아닌 하나님과 우리 사이의 문제다. 수평이 아닌 수직의 차원이다. 내가 남에게 잘못을 저질렀다면 남에게 저지른 그 잘못이 하나님께는 죄가 된다. 잘못은 우리가 눈감아 줄 수 있지만 죄는 우리가 용서할 수 없다. 오직 하나님만이 죄를 용서하실 수 있다.

주님은 우리에게 서로 용서하라 명령하셨다. 우리가 다른 사람을 용서하는 것이 우리가 하나님께 용서받는 조건이 된다고 가르치셨다(마 6:12, 14-15, 마 18:35). 하지만 내가 받는 용서와 내가 베푸는 용서는 다르다. 참 용서는 하나님만 하신다. 우리가 할 수 있는 것은 하나님이 하신 그 용서를 받아들이는 일이다. 미워하지 않고, 적극적으로 돕고, 축복하고 기도하는 것도 다 용서지만, 하나님의 용서를 경험한 우리가 서로에게 할 수 있는 가장 중요한 용서가 바로 하나님이 그 사람에게 베푸신 용서를 그대로 수용하는 일이다(고후 2:10, 엡 4:32). 하나님이 먼저 우리를 받으셨기에 우리도 형제자매로 서로 받아야 한다(롬 15:7, 골 3:13). 일흔 번씩 일곱 번이라도 받아야 한다. 만약 받아 주지 않으면 어떻게 될까? 내가 그 사람에게 원수가 되어 버린다. 따라서 하나님과 나 사이도 틀어질 수밖에 없다. 형제를 용서해야 하나님께도 용서받을 수 있는 것이다.

하나님은 널리 용서하시는 하나님이다(사 55:7). 그렇지만 조건이 있다. 반드시 죄인 자신의 회개가 선행되어야 한다(사 55:7, 행 2:38-39). 회개하는 죄인을 하나님은 즉각 용서하신다. 그런데 내 원수가 하나님께 회개하면 그 사람과 하나님의 관계가 달라지고 그와 동시에 그 사람과 나 사이도 달라진다. 회개하는 순간, 그 사람은 더 이상 내 원수가 아니라 형제가 된다. 그런 사람을 우리는 용서하고 받아 준다. 그러니 형제는 용서할 수 있어도 원수를 용서하는 것은 불가능하다. 내 원수가 하나님께 회개하지 않아 여전히 내 원수로 있는 동안에도 소극적이고 적극적인 사랑 및 축복하고 기도해 주는 사랑을 얼마든지 실천할 수 있고 그것을 용서라 부를 수도 있지만, 그 사람이 하나님께 참 용서를 받지 못한 한에서는 나도 그 사람을 용서할 수가 없다. 하나님이 하시지 않은 용서를 내가 대신할 수는 없는 까닭이다. 아미쉬 사람들은 범인이 이미 죽었기 때문에 용서부터 선포할 수 있었다. 살아 있었다면 범인을 용서하기 전에 그가 하나님께 먼저 용서받도록 애썼을 것이다. 하지만 이미 죽어 참 용서의 가능성이 사라졌기 때문에 보복하지 않고 적대감을 품지 않고 도움을 베푸는 정도의 사랑을 용서라는 이름으로 실천할 수밖에 없었다.

"용서 못 해!" 살면서 자주 듣는 말이다. 사람들은 원수가 미워 그런 말을 하는지 모르지만, 우리는 원수를 사랑하면서도 능력이 안 돼 못한다. 그 사람을 용서하고 싶은 마음은 굴뚝같다. 그렇지만 하나님이 하셔야 할 일을 우리가 대신할 수는 없는 노릇이다.

명심보감과 손잡은 잠언

사랑하면 용서한다. 용서하지 않는 사랑은 거짓이다. 보복하지 않고, 필요한 도움을 베푸는 것이 다 사랑이면서 또 용서에 속한다. 그리고 사랑하면 하나님의 참 용서를 받도록 축복하고 기도한다. 사랑이 이렇게 용서와 이어진다는 것을 명백하게 가르쳐 준 사람은 사도 베드로다.

> 무엇보다 열심으로 서로 사랑할지니 사랑은 허다한 죄를 덮느니라(벧전 4:8).

사랑이 첫째다. '열심으로'는 '뜨겁게'라는 뜻이다. 서로 뜨겁게 사랑하는 이게 가장 중요하다. 그 사랑이 죄를 덮는다. 주어는 사랑이다. 서로 사랑하라 한 다음 사랑이 죄를 덮는다 했으니 우리가 주고받는 그 사랑이 죄를 덮는다. 하나님이 사랑으로 우리 죄를 덮으신 것처럼 우리의 사랑도 죄를 덮는다. 목적어는 죄다. '허다한'은 원문이 '무리'라는 뜻이다. 사람이나 물건이 많이 모인 것이 무리다. 죄의 무리라면 '죄 덩어리' 내지 '죄 떼'다. 아주 많다는 뜻이니 '허다한 죄'도 괜찮다. 그런데 누구의 죄를 가리킬까? 우리는 다 덮어야 할 죄가 많은 사람들이다. 사랑은 사랑하는 나의 죄를 덮나 아니면 사랑받는 너의 죄를 덮나? 서로 사랑하라 했으니 둘을 한꺼번에 덮을 수도 있을까?

'덮는다'는 동사는 연구가 좀 필요하다. 사랑이 죄를 덮는다? 사랑이 무슨 이불인가? 아니면 뚜껑인가? 사랑을 한다면 죄를 덮는 행동으로 나타날 것이고 또 그렇게 죄를 덮는 행동만이 사랑이라 할 수 있다. 사랑은 내가 한다. 그러면 덮는 것도 내가 하는가? 하나님이 내 죄를 덮어 주시듯 나도 남의 죄를 덮어 주라는 말인가? 아니면 사랑은 내가 하지만 덮는 것은 하나님이 하실까? 덮는 것은 못 보게 만드는 것이다. 누가 못 본다는 말일까? 나? 남들? 아니면 하나님이 못 보시게? 사람들은 덮어 둔다는 말을 용서한다는 뜻으로 종종 사용한다. 하지만 하나님의 용서는 죄를 없애는 용서다(시 51:1, 사 43:25). 덮는 것은 없애는 것과 다른데, 죄를 덮기만 해서 사랑일 수 있을까? 덮어 주고, 묻어 두고, 숨겨 주고, 아니라고 말해 주면 그것이 용서이고 사랑일까?

우선 학자들은 베드로전서의 이 말씀이 구약의 잠언 10:12을 염두에 둔 표현이라고 본다. 그러니 잠언으로 가 보면 힌트를 얻을 수 있을지 모른다.

> 미움은 다툼을 일으켜도 사랑은 모든 허물을 가리우느니라.

신약성경은 그리스어로 되어 있다. 신약을 기록한 사도들은 구약성경을 인용할 때 구약을 직접 그리스어로 번역하기보다 당시 이미 번역되어 있던 칠십인역(LXX)을 활용했다. 그런데 이 구절의 칠십인역은 베드로의 문장과 상당히 다르다. 덮는다 또는 가린다는 말의 원문은 같다. 하지만 나머지는 다 다르다. 베드로의 사랑이 '아가페'인 반면 칠십인역은 '필리아'다. 베드로는 '허다한 죄'를 덮는다 했는데 칠십인역은 '다툼을 사랑하지 않는 모든 이들'을 덮는다 했다. 히브리 원문은 '모든 허물들'이지만 번역은 대구(對句)를 살리려고 그랬는지 원문에서 상당히 이탈했다. 미움이 다툼을 일으키는 반면 그런 다툼을 사랑하지 않는 사람들을 사랑이 덮고 있다는 말이다. 미움과 달리 사랑은 평화와 일치를 가져온다는 뜻이므로 잘못을 덮어 준다는 뜻은 적어도 칠십인역에는 없다.

그런데 히브리 원문 자체는 베드로의 문장과 상당히 비슷하다. 허물은 죄라는 뜻으로 사용할 수 있으니 '모든 허물'은 '허다한 죄'와 통한다. 사랑이라는 말('아하바')도 필리아 대신 아가페로 옮길 수 있다. 가린다는 말도 똑같으니 결국 베드로가 한 말과 거의 같은 문장이다. 그런데 이 문장이 다른 한 문장과 대구를 이루고 있으므로 비교해 보면 뜻을 좀 더 정확하게 알 수 있다. 미움이 다툼을 일으키는 것은 하나님 아닌 사람들 사이의 이야기다. 그러니 허물을 가리는 것 역시 하나님 아닌 사람의 사랑이다. 베드로의 문장과 같다. 다툼은 여러 가지 이유로 생길 수 있지만 여기서는 미움이 원인이라 했다. 그러면서 허물을 가리는 것과 대조했으니 다른 사람의 잘못을 덮어 주지 않음으로써 생기는 다툼일 것이다.

우선 너와 나 둘만의 문제인 경우 잘못을 시비하면 싸움이 나지만 시비하지 않고 덮어 두면 좋은 사이를 유지한다는 뜻이 된다. 내가 당한 일이니 나만 참으면 된다. 고린도전서 13:7은 "사랑은 모든 것을 참는다" 했는데 이 '참는다'는 말의 본디 뜻이 '덮는다'는 말이다. 덮는 그게 결국 참는 것이라는 뜻이다. 다른 사람이 개입될 경우라면 어떤 사람의 잘못을 밝혀내거나, 들먹이거나, 퍼뜨리거나 심지어 없는 잘못까지 만들어 중상모략을 하면 싸움이 일어나고 남들 모르게 숨겨 주면 평화 내지 일치가 온다. 베드로전서 4:8의 뜻을 잠언 10:12에서 찾으면 어떤 사람의 잘못을 따지지도 않고 남에게 알리지도 않음으로써 그 사람과 잘 지내는 것이 사랑이라는 결론이 나온다. 모든 허물을 덮는다 하였으니 요즘 표현대로 한다면 스캔들이 나는 족족 덮어 최대한 소문이 나지 않게 하는 것이 사랑이다.

잠언을 살펴보니 비슷한 가르침을 담은 구절이 몇 개 더 있다.

> 허물을 덮어 주는 자는 사랑을 구하는 자요 그것을 거듭 말하는 자는 친한 벗을 이간하는 자니라(잠 17:9).

역시 사랑과 허물인데 여기서는 순서가 뒤집어졌다. 허물을 덮어 사랑을 구한다는 말은 허물을 덮어 줌으로써 상대의 호의를 기대한다기보다 허물을 덮는 행위는 사랑에 따라 하는 행동이라는 말이다. 그러니 뜻은 잠언 10:12과 같다. 사랑이 내 행동의 원리가 된다는 뜻이니 "사랑을 따라 구하라" 한 바울의 가르침과 통한다(고전 14:1). 잘못을 숨겨 주는 빌미로 내 편을 만드는 게 아니라 사랑을 지속하기 원하는 마음으로 허물을 덮어 준다. 루터는 사랑을 우정으로 옮겼다.

대구(對句)에서는 벗을 이간한다 했는데, 제삼자가 둘 사이를 갈라 놓는다기보다 한 사람이 다른 사람의 허물을 자꾸 들먹이면 아무리 가까운 사이라도 멀어질 수밖에 없다는 뜻이다. 거듭 말한다는 표현에는 한 번 덮으면 끝까지 덮어야 한다는 요구가 담겼다. 친구든 부부든 교인이든 잘못을 거듭 들추는 것은 관계를 파괴하는 지름길이다. 방금 본 베드로전서 4:8 및 잠언 10:12과 같은 뜻을 담았다. 덮어 주는 일의 소중함을 말하는 구절은 더 있다.

> 두루 다니며 한담하는 자는 남의 비밀을 누설하나 마음이 신실한 자는 그런 것을 숨기느니라(잠 11:13).

> 두루 다니며 한담하는 자는 남의 비밀을 누설하나니 입술을 벌린 자를 사귀지 말지니라(잠 20:19).

> 너는 이웃과 다투거든 변론만 하고 남의 은밀한 일은 누설하지 말라(잠 25:9).

남의 비밀을 누설하는 사람하고는 아예 친해지지도 말라는 조언이다. 내 허물을 들추고 다닐 것이기 때문이다. 내가 그런 짓을 한다면 나 역시 사람들의 미움이나 외면을 당할 것이므로 이웃과 다툴 때도 비밀은 지켜 주라 한다. 결국 잠언에 담긴 조언은 하나같이 좋은 인간관계를 위한 지혜 곧 처세술이다. 만약 베드로전서 4:8의 뜻도 같다면 베드로는 사람들에게 다른 사람들과 잘 사귀는 방법에 대해 가르침을 준 셈이다. 좋게 말하면 성도의 교제를 잘 나누는 방법이다. 남의 잘못을 가려 주고, 덮어 주고, 숨겨 주는 것이 사랑이요 그게 훌륭한 인간관계의 열쇠라는 것이다.

성경이 가르치는 사랑이 이런 종류의 사랑일까? 사실 그런 사랑은 흔하다. 성경을 모르는 곳에도 많다. 다른 사람의 잘못을 덮어 줌으로써 좋은 관계를 유지하라는 조언은 세계 대부분의 문화가 전하는 지혜다. 유대인의 탈무드도 사랑하면 눈과 귀가 먼다 하였고 아랍 사람들도 사랑과 눈먼 것은 같이 간다 하였다. 동양의 여러 고전도 비슷한 내용을 전한다. 중국의 지혜를 모은 우리의 고전 『명심보감』에도 그런 지혜가 가득하다. 마원(馬援)이 말했다.

> 남의 잘못(過失)을 들거든 부모의 이름을 듣는 것 같이 하여, 귀로는 들을지언정 입으로 말하지 말아야 한다(5편 4).

누가 나에게 가한 잘못이 아닌 내가 소문으로 알게 된 잘못이다. 말하지 않아야 할 이유는 언급이 없다. 하지만 부모의 이름에 비기고 있으니 일단 거론되는 그 사람의 인격을 존중하는 차원일 것이다. 그런데 더 따져 보면, 인격 자체보다는 그 인격에 대한 사람들의 평가 곧 평판 내지 체면을 더 고려하는 겉치레 문화다. 평판도 물론 중요하다. 하지만 그보다 더 중요한 것이 많지 않은가? 누군가 잘못을 저질렀는데도 그 잘못을 바로잡는 문제나 사회정의 같은 공동체의 유익은 고려조차 하지 않는다. 유교는 겉으로는 공동체를 중시하는 것 같지만 사실상 개인주의 성향이 강하다. 그렇기에 사회 전체보다는 작은 공동체가 늘 우선이다. 천하를 평정하기 전에 나라를 다스리고 그 전에 집을 잘 보살피고 그 전에 내 몸을 먼저 잘 관리해야 한다. 그런데 작은 공동체의 유익이 더 큰 공동체의 유익으로 이어지기가 참 어렵다. 공자는 『논어』에서 이렇게 가르쳤다.

아버지는 자식을 위해 숨기고 자식은 아버지를 위해 숨긴다. 그러는 가운데 곧음이 선다(13장 18).

어떤 사람이 도둑질한 친아버지를 고발했다는 이야기를 듣고 공자가 한 말이다. 도둑질을 드러내어 바로잡는 것보다 아버지와 아들의 친밀함을 다지는 것이 오히려 올바르다는 이야기다. 아버지와 아들 사이가 유교 윤리의 근간이기는 하지만 기본적으로 잘못을 덮어 준다는 점에서는 다를 바 없다. 여기서도 가장 먼저 고려하는 것은 체면이요 평판이다. 그것이 공자가 말하는 '곧음'이다. 집을 잘 다스려 소문이 잘 나야 관직에도 나가 볼 것 아닌가. 피해자에 대한 배려나 공동체의 정의 문제는 다시금 뒷전이다.

그럼 다른 사람의 체면만 배려할 뿐 덮어 주는 나에게는 아무 유익도 없는가? 그렇진 않다. 『명심보감』에는 이런 구절도 있다.

귀로 남의 그릇됨(非)을 듣지 않고, 눈으로 남의 단점(短)을 보지 않고, 입으로 남의 허물(過)을 말하지 않아야 거의 군자에 가깝다(5편 23).

잘못을 덮어 줌으로써 상대방의 평판을 지켜 주는 것은 나 자신의 인격을 도야하는 길이다. 군자에 한 걸음 다가서는 길이다. 험담을 즐기는 인간의 본성을 억누르는 훈련이니 귀하다. 남의 허물을 들추어 내가 상대적으로 높아지겠다는 것은 소인배들이나 하는 짓이다. 내 그릇은 그렇게 작지 않다. 그런데 여기서도 평판의 문제에서 자유롭지 못하다. 아무도 모르게 덮어 주는 경우도 없지 않겠으나 적어도 내가 입은 손해를 묵묵히 감수할 때 나에게 해를 끼친 사람은 나의 인격에 감동을 받을 것이다. 소문도 좋게 날 것이고. 입을 다무는 것 역시 군자가 되기 위해서라기보다 군자라는 평가를 받기 위해서일 가능성이 크다.

문제를 덮을 줄 알아야 좋은 인간관계가 가능하다는 잠언의 가르침은 『명심보감』에도 거듭 나온다. "남을 꾸짖는 사람은 사귐을 온전히 하지 못하고……." 좋은 관계를 유지하자면 그냥 덮어 두는 게 좋다. 그렇게 덮자면 용서해야 한다. "자기를 용서하는 마음으로 남을 용서한다면 사귐을 온전히 할 수 있다." 12세기의 주자가 지은 『소학』(小學)에도 책을 읽는 목적 가운데 '함구장질'(含垢藏疾), 곧 남의 오점과 과실을 감추어 덮어 주는 일이 포함되어 있다. 중국 명나라 말기인 16세기에 나온 『채근담』(菜根譚)은 이 모든 것을 한 문장에 모았다.

> 남의 작은 허물을 꾸짖지 말고, 사사로운 비밀을 드러내지 말며, 지난 악을 기억하지 말라. 이 세 가지로 덕을 기를 수 있으며 해로움을 멀리할 수 있다(105조).

꾸짖는 것보다는 용서하고 잊으라는 조언이다. 그렇게 하는 것이 우선 나 자신의 인격도야에 좋기 때문이다. 해로움을 멀리하는 유익도 있다. 나 자신도 같은 처지임을 알고 근신하면 같은 잘못에 빠지지 않을 수 있고 또 남들과 좋은 관계를 이루어 혹 실수할 경우에도 같은 차원의 도움을 받을 수 있다는 말이다. 모든 것을 나 중심으로 판단하는 철저한 개인주의다.

잘못을 숨겨 주는 미덕은 고대 그리스에도 있었다. 물론 모든 사람의 경우는 아니고 친아버지의 경우를 두고 한 이야기다. 경건에 관해 논의하는 플라톤의 『대화편』 '에우튀프론' 장에 보면, 에우튀프론이 아버지를 과실치사 혐의로 고발하러 법정에 갔다가 소크라테스를 만나 대화를 나눈다. 에우튀프론의 말에 따르면 아버지가 집에서 일하던 일꾼 하나를 죽였다. 그 일꾼이 술에 취해 집안 노예 하나를 때려죽이자 아버지가 그 일꾼을 묶어 도랑에 던진 뒤 돌보지 않아 결국 죽게 만들었다는 것이다. 소크라테스는 그런 아버지를 고발하는 것이 경건한 일이라고 확신하는 에우튀프론에게 여러 가지 질문을 던짐으로써 참 경건이란 무엇인지 다시금 생각해 보게 만든다. 이 과정에서 소크라테스는 일꾼을 죽게 만든 아버지의 행위가 왜 옳지 않다고 믿는지 묻지만 그보다는 아들이 아버지를 고소하는 일이 과연 옳은 일인지 거기에 더 비중을 두고 있다. 인류의 4대 성인 중 두 사람인 소크라테스와 공자가 이렇게 다시금 통한다. 사실 에우튀프론 집안 사람들도 다 자식이 아버지를 고소한다는 것을 불경스러운 일로 여기고 있었다. 적어도 자식이 부모의 잘못을 드러내는 일이 옳지 못함을 모두가 인식하고 있었다는 이야기다.

그런데 동서고금의 지혜는 남의 잘못을 덮어 주라 하면서도 그것을 사랑에 연결시키지는 않는다. 오직 성경만이 그것을 사랑이라 부른다. 다른 사람의 잘못을 덮어 주는 것, 그래서 내 인격을 기르는 것이 어떻게 사랑이 될까? 그렇게 죄를 덮어 생기는 유익이라고는 그 사람의 평판이 나빠지지 않는 한 가지뿐이다. 이름 하나 붙들고 산 유교식 체면 문화에는 꼭 어울린다. 소문이 나지 않으면 책임 있는 자리도 계속 유지할 수 있고 지도자 노릇도 계속할 수 있다. 들키면 모든 게 날아간다. 그래서 덮는 게 유익인가? 그렇게 덮는 것은 핀 숯을 머리에 쌓아 하나님의 심판을 부르는 행위 아닌가? 저주에 가까운 그런 행동을 사랑이라 부를 수 있을까? 잠언이나 베드로가 가르치는 지혜가 그런 것이라면, 그것이 굳이 하나님의 말씀일 까닭이 없다. 서로 그렇게 덮어 주는 것은 자연인으로 태어날 때 갖는 본성이요 죄와 뒤엉킨 일반 은총의 영역에서도 얼마든지 가능하기 때문이다. 성경은 자연만으로 불가능한 하나님의 구원을 위해 주신 책이다. 계시가 처음부터 끝까지 자연과 달라야 할 필요는 물론 없다. 하지만 사랑, 용서, 구원 등 계시의 핵심 내용이 자연의 지혜와 똑같다 주장하는 것은 성경의 존재 가치 자체를 부인하는 것과 다를 바 없다.

키르케고르가 못 본 것

덴마크의 기독교 철학자인 키르케고르(S. Kierkegaard, 1813-1855)가 『사랑의 역사』(*Works of Love*)라는 책에서 베드로전서 4:8의 뜻을 자세하게 풀어 주었다. 무척이나 아쉽게도 키르케고르는 죄를 덮는다는 말을 자연의 지혜 곧 동서고금의 지혜가 가르치는 것과 같은 방식으로 푼다. 그의 설명을 살펴보면 우리가 얻을 수 있는 유익이 뭔지 또 그것이 과연 올바른 사랑인지 확인해 볼 수 있다. 키르케고르는 내가 이웃의 죄를 덮어 주는 방법을 다섯 가지로 설명한다. 사랑의 다섯 단계인 셈이다.

첫째는 죄를 못 보는 단계다.

> 사랑은 많은 죄를 덮는다. 죄를 발견하지 못하기 때문이다. 분명 거기 있고 그래서 발견할 수 있는 것인데도 발견하지 못한다면 그게 바로 덮는 것이다.

한마디로 사랑은 눈이 멀다는 말이다. 사랑을 하면 상대의 허물이 보이지 않는다. 분명히 있는데도 못 보니 그게 곧 덮는 것 아닌가. 사람 가운데 발견에 남다른 재능을 가진 이도 있다. 특히 세상은 죄나 악을 잘 찾아내는 이들에게 환호를 보낸다. 그런 세상에서 사랑하는 사람은 아무것도 찾아내지 못한다. 특히 이웃의 죄를 못 보는데, 못 보는 그게 곧 숨기는 것이다. 성경 표현대로 악에는 어린아이가 되는 것이다(고전 14:20). 도둑놈 소굴에 다녀온 아이가 자신이 보고 들은 것을 아무리 자세하게 말해도 그게 죄요 악이라는 것을 모르는 것과 같다. 죄를 잘 발견하는 사람은 훈련이 되어 나중에는 없는 죄도 찾아낼 수 있게 된다. 하지만 우리는 있는 죄도 못 보는 사람이 되어야 한다.

그런가? 첫 단계부터 좀 어색하다. 나 하나 못 본다고 되나? 죄는 그대로 있는데 나 하나 모른다고 뭐가 달라질까? 끔찍한 장면을 보면 보통 눈을 감는다. 하지만 내가 눈을 감아도 내 앞에서 펼쳐지는 광경은 조금도 달라지지 않는다. 게다가 도둑질을 모르는 아이의 순진함은 타락 이전의 상태로 돌아가야 가능한 것 아닌가? 하지만 인류는 금하신 열매를 먹었고 이미 좋고 나쁜 것을 알아 버렸다. 현대의 자연주의자들이 그렇게 자연으로 돌아가자고 외쳤을 때 윌리엄 제임스

(William James, 1842-1910)는 이미 선악을 알았으면서도 마치 모르는 척 행동한다며 그들의 위선을 비판했다. 불교 같은 범신론도 수도나 명상을 통해 천진난만의 세계로 돌아가고자 애쓰지만, 성경에 따르면 그것은 어리석은 시도요 불가능한 일이다. 눈을 감으면 내 마음은 편할지 모른다. 남을 정죄하지 않았다는 위안도 된다. 하지만 그것은 내 만족일 뿐 상대와는 아무 상관이 없으니 사랑일 수도 없다.

죄를 덮는 두 번째 방법은 침묵하는 것이다. 부득이하게 다른 사람의 죄, 잘못, 악행을 알게 될 경우도 있다. 하지만 침묵함으로써 사랑을 실천하여 죄를 덮는다. 우연히 알게 된 연인들의 은밀한 관계를 비밀로 지켜 주는 것처럼. 침묵을 정당화하기 위해 키르케고르는 이웃이 '연약함에 넘어갔다'는 이유를 보탠다. 키르케고르는 이웃의 죄를 말하는 것은 죄를 증폭시키는 것이라 본다. 소문이 커지는 것과 다른 차원이다.

> 인간이 호기심과 경박함과 질투심에다 심지어 악의마저 품고 소문이나 수군거림을 통해 이웃의 잘못을 아는 습관에 빠지는 것, 이것이 사람을 타락시킨다……. 이웃의 잘못을 알림으로써 인간을 타락시키는 데 일조하는 사람은 분명 죄를 증대시킨다.

옳다. 죄는 누룩처럼 번진다. 소문을 내는 것 곧 '남을 욕하고 다니는 것'은 공동체 전체를 타락시키는 일이다. 키르케고르는 다른 사람의 잘못을 알고 싶어 하고 그것을 남에게 알리고 싶어 하는 인간의 타락한 본성을 예리하게 지적한다. 성경도 '수군수군함'과 '비방'을 심각한 죄로 거듭 언급하고 있지 않은가(롬 1:29-30, 고후 12:20). 키르케고르는 죄 자체보다 그것을 남에게 퍼뜨리는 죄가 더 나쁘다고 본다. 그렇게 퍼지는 그 죄는 다른 사람을 또 다른 죄에 빠뜨릴 가능성이 크다.

그런데 여기서도 죄가 더 느는 것을 막을 뿐 처음 그 사람의 죄는 그대로 있다. 내가 소문내는 죄를 짓든 아니면 『명심보감』의 가르침대로 입 다물고 그 죄를 극복하든, 처음 발생한 그 죄에는 아무 영향을 미치지 않는다. 키르케고르는 내가 다른 죄에 빠지지 않는 것을 두고 죄를 덮는다는 표현을 쓴다. 틀렸다. 첫 죄에 대한 소문이 커지는 것이나 다른 사람이 추가로 죄를 짓는 것은 처음의 죄를 늘리는 게 아니다. 또한 키르케고르는 이웃의 잘못에 좋은 의도로 관심을 가질 가능성을 완전히 배제한다. 소극적 사랑만 생각할 뿐 거듭난 사람이 할 수 있는 적극적 사랑은 염두에 두지 않는다. 적극적으로 대하라 하신 그리스도의 가르침과 반대다. 죄의 삯은 죽음이라 하셨는데 침묵한다고 살 수 있나?

셋째, 설명을 잘 해 줌으로써 죄를 덮는다. 설명을 하되 약하게, 부드럽게 하는 방법이다. 사실 침묵은 아무것도 못 없애는 반면 누그러뜨리는 설명은 뭔가 제거하기는 한다. 설명은 어떤 사건이나 사실에 옷을 입히는 것과 같다. 어떻게 설명하느냐에 따라 완전히 달라진다. 아 다르고 어 다른 게 말이다. 사람은 남의 잘못을 과장하고 증폭시키는 경향이 있지만 사랑은 '가장 누그러뜨리는 설명'을 고른다. 우리는 정죄하는 사람이 되지 말고 사랑하는 사람, 곧 부드러운 설명을 하여 많은 죄를 덮는 사람들이 되어야 한다. 죄를 부인하라는 말이 아니라 죄가 아닌 것을 죄가 아니라고 분명하게 밝혀 주라는 뜻이다.

이 방법 또한 한계가 있다. 내 주변의 사람들, 나와 그 문제로 대화를 나누는 사람들에게 좋게 말해 주어도 그들의 인식만 달라질 뿐 그 사람의 죄 자체는 조금도 달라지지 않는다. 이것은 평판에 치중한 유교식 미덕이다. 포장을 잘하는 게 덮는 것인가? 다른 사람들의 오해를 풀어 주거나 방지하는 것은 좋다. 나 또한 남을 나쁘게 말하는 죄에 빠지지 않을 것이다. 나와 대화하는 이웃 역시 남을 정죄하는 죄에 빠지지 않을 것이니 두루 유익이 있다. 하지만 두 번째 방법처럼 죄가 더 많아지는 것을 막아 줄 뿐 처음의 그 죄는 그대로 있다.

넷째 방법은 용서하는 것이다. 가장 중요한 방법이다. 죄라는 사실을 부인할 수 없을 때 꼭 필요한 방법이다. 용서는 죄를 없앤다. 믿음의 힘이다. 믿음은 언제나 보이지 않는 것과 이어져 있다(고후 4:18). 우리는 보이는 것이 보이지 않은 것에서 나왔다고 믿는다(히 11:3). 마찬가지로 용서가 죄를 없앴다고, 그래서 이제 안 보인다고 믿는 것이다. 아예 못 보던 첫 단계와 다르다. 눈에는 분명 보이지만 없어졌다고 믿는다. 용서가 제거했다고 믿는 것이다. 보이는 죄가 안 보이게 되는 것은 믿음의 기적이다. 하나님처럼 해야 한다. 하나님의 용서는 창조와 반대다. 무에서 유를 만드신 것이 창조라면 용서는 있던 것을 다시금 무로 만드는 일이다. 하나님이 용서하시면 우리 죄를 당신 등 뒤로 던지신다(사 38:17). 그런 식으로 용서하고 잊고 말소한다. 용서하지 않으면 죄가 늘어나지만 용서하면 죄의 생명력을 빼앗아 죄를 줄인다.

드디어 '용서'가 나왔다. 사실 덮는 것이 곧 용서하는 것이라는 느낌이 처음부터 있었다. 그런데 용서의 주체가 나다. 내가 용서하면 상대의 죄책감을 덜어 준다. 하지만 죄를 없애기는커녕 줄이지도 못한다. 하나님의 용서는 있던 것을 없이 만들지만 내가 하는 용서는 그렇게 안 된다. 내 눈에는 믿음의 기적이 일어나 죄가 안 보인다. 하지만 내 눈에 안 보인다고 남들 눈에도 안 보이는가? 나 한 사람 눈감아 버린다고 온 세상이 낙원으로 변하지는 않는다. 내가 용서하지 않으면 징벌에 대한 호소가 있어 죄가 더 커지고 죄의 생명력을 빼앗지 못해 죄가 늘어난다 했는데, 논리가 엉성하다. 핀 숯이 심판으로 이어지느냐 회개와 용서로 이어지느냐는 죄 지은 당사자의 태도에 달렸지 나의 용서 여부에 달린 것이 아니다. 죄를 덮어 주지 않는 것은 키르케고르 말대로 정죄하는 죄가 맞다. 그렇지만 용서를 통해 나는 정죄의 죄를 피할 수 있겠지만 내가 하는 용서는 하나님의 용서처럼 죄 사함에는 이르지 못한다. 그러니 그 사람의 죄를 그렇게 덮은 것이 무슨 의미가 있을까? 사랑이 죄를 덮는다는 게 결국 죄의 증대를 막는다는 선에서 그친다. 마치 썩는 냄새가 더 퍼지지 않도록 뚜껑을 덮는 것과 같다. 안에서 썩어가는 그것은 그대로 두고 말이다. 키르케고르의 사랑으로는 이미 썩어 있는 그것을 어떻게 못한다. 그냥 두면 더 썩을 것이다.

다섯째, 다른 죄를 예방해 줌으로써 허다한 죄를 덮는다. 죄는 또 다른 죄의 계기 내지 기회가 된다. 죄의 전염성 및 상호증폭효과 등이다. 그런데 사랑은 앞의 네 가지를 함으로써 다른 죄를 예방해 준다. 다른 사람의 죄나 그것을 알림으로써 내가 범하는 죄가 아니라 그와 같거나 유사한 죄를 다른 사람이 저지르지 않도록 막아 주는 것을 말한다. 결국 죄의 확산을 막는 것이니 앞에서 언급한 부수되는 죄와 비슷한 차원이며 처음의 죄와는 아무 상관이 없다. 키르케고르는 '허다한 죄'에 다른 사람들의 죄도 포함된다고 보는 입장이지만 마지막 단계에 이른 뒤에도 가장 중요한 그 죄는 결국 못 덮고 말았다.

키르케고르는 위대한 기독교 철학자다. 기독교 복음의 참 뜻을 그 누구보다 잘 풀어 가르친 고마운 선생이다. 성경에 대한 깊은 깨달음과 인간에 대한 예리한 이해를 바탕으로 하여 그리스도의 제자로 살고자 하는 수많은 사람들에게 많은 유익을 준 사람이다. 그런데 유독 여기서는 무척이나 무기력하고 어색한 풀이를 늘어놓고 있다. 이유는 간단하다. 핵심을 건너뛰었기 때문이다. 키르케고르는 '죄'가 무엇인지 생각지 않고 시작했다. 죄를 모르는데 그것을 덮는 방법은 또 어찌 알겠는가. 키르케고르가 죄에 대해 먼저 생각하고 글을 썼더라면 아마 완전히 다른 글이 나왔을 것이다.

죄는 기본적으로 하나님과 우리 사이의 문제다. 너와 내가 주고받은 잘못이라도 너와 나 사이의 문제이기 전에 하나님과 우리 사이의 문제가 된다. 사실 사람들 사이의 모든 일이 그렇게 하나님과 잇닿아 있다. 우리의 수평 관계는 언제나 하나님과의 수직 관계를 동반한다. 홀로 운전하다가 내뱉는 욕 한 마디도 하나님께 죄가 된다. 그런데 키르케고르의 설명에는 수직 차원이 아예 빠져 있다. 유교와 잘 통하고 유교식으로 푼 잠언하고도 잘 통한다. 죄도 너와 나 사이의 문제인 것 같고 그런 죄를 눈감아 주지 않음으로써 생기는 문제도 관계를 해치고, 상처를 주고, 젊은이를 타락시키고, 공동체를 파괴하는 등 인간들만의 문제다. 남의 죄를 덮어 주지 않는 죄 또한 너와 나 사이의 문제인 양 다룬다. 용서를 말할 때는 하나님을 생각하나 싶더니 결국 인간인 내가 용서하고 만다. 그렇기에 사랑이 얕다. 아니, 아예 사랑이 아니다. 상대의 체면과 평판이 나빠지지 않는다는 유교식 유익은 있을지 모르나, 그 사람이 하나님 앞에서 지은 죄는 그대로 있으니 상대에게 아무런 유익이 되지 못한다.

키르케고르의 주장대로, 베드로가 말한 사랑은 물론 우리가 하는 사랑이 맞다. 죄를 덮는 방식으로 말한 다섯 가지도 하나같이 유익한 것들이다. 죄 지은 그 사람뿐 아니라 나나 다른 사람이 잇따라 지을 수 있는 죄도 미리 언급하여 조심하게 한 것은 참으로 유익하다. 하지만 가장 중요한 그 하나를 빼먹었다. 죄를 정말 덮는 일은 우리가 못한다. 죄는 언제나 하나님께 짓는 것이기 때문에 허다한 죄를 덮으실 분은 오직 하나님 한 분이시다. 그러니 사랑이 어떻게 많은 죄를 덮는지 알기 위해서는 '우리'의 사랑이 어떻게 '하나님'의 용서로 이어지는지 그것을 밝혀 주어야 한다. 키르케고르의 설명에는 하나님의 용서도 여러 번 등장한다. 하지만 언제나 우리가 해야 할 용서의 본보기로 나올 뿐 너와 내가 나누는 이 사랑이 어떻게 하나님으로 하여금 우리 죄를 덮으시게 만드는지 그것은 말하지 않는다.

죄를 참으로 덮는 방법

사람과 사람이 어울려 사는 세상이니 인간관계도 중요하다. 사실 우리가 짓는 죄라는 게 대부분 사람에게 짓는 것들이다. 그렇지만 나쁜 짓을 사람에게 해도 죄는 하나님께 짓는 것이다. 우리 수평에는 언제나 수직도 함께 있다. 이청준 원작의 영화 「밀양」이 꼬집은 것처럼, 수평을 무시하고 수직만 논해서는 안 되겠지만, 반대로 수평만 알고 수직을 잊어서도 안 된다. 사실 기독교 복음이 무엇인가? 나와 이웃의 수평 관계가 하나님과 우리의 수직 관계하고 맞물려 있다는 것 아닌가?

동양은 기본적으로 '죄' 개념 자체가 약하다. 하나님의 용서라는 것도 없다. 그러니 덮는 것 외에는 방법이 없다. 또 유교는 기본적으로 인간관계다. 수직 관계는 없고 수평 관계만 있다. 하늘에 대한 언급은 물론 있다. 공자도 "하늘에 죄를 얻으면 빌 곳이 없다" 하였다. 하지만 하늘에 얻는 죄는 유달리 심각한 죄를 가리킨다. 죄 가운데 크고 작은 게 있다는 이야기일 뿐 삶의 크고 작은 모든 일이 다 하늘에 맞닿아 있다는 점은 생각하지 않는다. 그렇게 볼 때 키르케고르의 분석은 공자의 가르침이나 『명심보감』에 나오는 마원의 조언과 크게 다르지 않다. 무엇 때문일까? 성경을 보되 세상의 가르침에 너무 익숙해진 나머지 그것으로 성경을 풀기 때문이다. 겉모습은 닮았다. 질그릇이다. 그렇지만 하나님 말씀은 보배를 담았는데 그것을 우리가 못 본다. 하여 오늘날 수많은 설교가 '공자 왈, 맹자 왈'이 되고 있다.

성경은 성경으로 풀어야 한다. 한 구절을 다른 구절로 풀어야 한다는 말이 아니다. 성경 전체의 주제와 원리와 체계에 맞게 풀어야 한다는 뜻이다. 성경도 인간관계를 가르치지만 그 자체가 성경의 목적은 아니다. 성경의 핵심 주제를 먼저 알아야 다른 것들도 그 주제에 비추어 바로 깨달을 수 있다. 성경은 하나님의 사랑, 이 세상을 사랑하셔서 독생자를 주신 그 사랑을 가르친다. 인간관계도 모든 것이 하나님과 잇닿아 있다. 하나님의 사랑을 알 때 우리도 서로 사랑할 수 있다. 사랑이 죄를 덮는 것도 마찬가지다. 죄는 하나님께 짓는 것이다. 우리끼리 주고받는 잘못도 다 죄다. 우리만의 문제이기 이전에 하나님과 나 사이의 문제다. 잘못은 우리끼리 덮어 줄 수 있어도 죄는 그렇게 못 덮는다.

죄를 덮는다는 문구의 정확한 뜻은 잠언 아닌 시편에 있다. 다윗이 쓴 시편 32:1이다.

> 허물의 사함을 얻고 그 죄의 가리움을 받은 자는 복이 있도다.

허물을 용서받고 죄가 가려진 사람은 복이 있다. 잠언 10:12은 '허물을 가린다' 하였는데 여기서는 '죄를 가린다' 하였다. 대신 '허물'은 '사함'을 받는다. 죄와 허물은 바꾸어 쓸 수 있는 말이므로 다윗은 히브리어 대구를 통해 '가린다'는 말의 뜻이 곧 '용서한다'는 뜻임을 보여주고 있다. 따라서 사랑이 허물을 가린다는 잠언 10:12 말씀도 사랑은 죄를 용서한다는 뜻이 된다.

키르케고르도 네 번째 방법으로 용서를 이야기했다. 하지만 그것은 우리끼리 주고받는 용서이기 때문에 사함으로 이어지지는 않는다. 다윗이 여기서 말하는 용서와 가림은 사람과 무관하다. 수동태 문장을 능동태로 바꾸면 주어는 하나님이 된다. 이웃이나 형제가 가려준 것이 아니라 하나님이 다윗의 죄를 가려 주셨다는 말이다. 하나님이 자기의 죄를 용서해 주셨다는 고백이다. 하나님이 용서해 주신 것을 '가린다'고 표현하여 시의 예술성도 높이고 또 감각을 통해 우리의 이해도도 넓히고 있다. 하나님이 덮고 안 보시면 그것이 곧 없는 것이기 때문이다. 전지전능하신 하나님도 못 보시는 것이 있다. 회개한 사람의 죄 곧 당신이 용서하신 그 죄는 못 보신다. 이렇게 죄를 용서하시는 일을 죄를 덮으신다는 말로 표현한 구절이 여럿 있다. "주의 백성의 죄악을 사하시고 저희 모든 죄를 덮으셨나이다"(시 85:2). "그 악을 덮어 두지 마옵시며 그 죄를 도말하지 마옵소서"(느 4:5. 히브리 원문 느 3:37).

다윗은 이어 고백한다.

> 마음에 간사가 없고 여호와께 정죄를 당치 않은 자는 복이 있도다(시 32:2).

우리말 번역은 히브리 원문과 순서가 바뀌었다. "여호와께서 죄를 인정하지 않으시고 마음에 속임이 없는 사람은 복이 있도다!" 죄를 가려 주시는 것은 죄를 죄로 여기지 않으신다는 말이다. 그것이 바로 용서다. 용서받았으니 하나님을 속일 일도 없다. 바울은 다윗의 이 고백을 인용하여 오직 은혜로 얻는 구원을 가르친다. 칠십인역을 그대로 가져와 "주께서 그 죄를 인정치 아니하실 사람은 복이 있도다" 하였다(롬 4:8-9). 죄를 죄로 여기지 않으시는 그것이 바로 덮으시는 것이요 용서하시는 것이다. 바울은 사랑에 대해 가르치는 고린도전서 13장에서도 똑같은 표현을 사용하여 사랑은 "악한 것을 생각지 아니한다" 하였다(고전 13:5). 악을 악으로 인정하지 않는 것이 사랑이라는 말이다. 사람이 이 점에서 하나님을 닮아야 한다면 우리 역시 키르케고르의 가르침처럼 이웃의 죄를 죄로 인정하지 않아야 할 것이다. 물론 정죄자의 자리에 서지 말라는 뜻이요, 궁극적으로는 하나님이 그 죄를 죄로 인정하시지 않도록 돕는 것이 사랑이다.

그럼 하나님이 언제 다윗의 죄를 죄로 안 여기시고 덮어 주시고 용서해 주셨을까?

> 내가 이르기를 내 허물을 주께 자복하리라 하고 주께 내 죄를 아뢰고 내 죄악을 숨기지 아니하였더니 곧 주께서 내 죄의 악을 사하셨나이다(시 32:5).

내가 회개할 때 해 주셨다. 내 허물을 주께 자복하리라! 하나님께 회개할 때 하나님이 죄를 용서해 주신다. 키르케고르 표현대로, 하나님이 창조를 뒤집어 있던 죄를 없이 만드신 것이다. 그런데 다윗은 자기가 회개한 것을 두고 대구(對句)에서 '숨기지 않았다'고 표현한다. 숨긴다는 말은 덮거나 가린다는 말과 원문이 같다. 숨기는 것은 회개하지 않는 것이다. 나 스스로 죄를 인정하지 않고 또는 깨닫지 못하여, 그래서 하나님께 자백하지 않는 것이다. 여기서 사람이 죄를 덮으려 하는 것이 얼마나 위험하고 무모한 일인지 드러난다. 그렇게 덮으면 영원히 기회가 없다. 하지만 덮지 않고 드러내면 하나님이 덮어 주신다.

죄를 짓는 것도 비극이지만 그것을 숨기는 것은 비극 중에서도 비극이다. 내가 회개하면 하나님이 덮어 주시지만 내가 감추려 하면 덮이지도 않고 영원히 용서도 없다. 하나님께 숨길 수 있다 생각하는 것은 악인의 일반적인 특성이다(시 36:1-2, 73:11). 아담이 첫 죄를 지은 뒤 보인 모습 그대로 사람은 일단 죄를 숨기려는 본성이 있다. 이웃이 못 보도록 감출 뿐 아니라 하나님이 못 보시게 할 수도 있다고 믿는다. 아이 성 패배의 원인이 된 아간, 베드로 앞에서 즉사한 아나니아와 삽비라가 그런 무모한 짓을 한 사람들 아닌가.

죄를 덮지 않는다는 것은 회개하는 것을 말한다. 회개만 하면 하나님이 다 용서해 주신다. 그런데 회개는 쉽게 나오지 않는다. 다윗도 처음에는 숨겨 보려고 했다. 꽤 오랫동안 회개하지 않고 버텼다(시 32:3-4). 하지만 하나님이 거듭 압력을 넣으셨고 결국 굴복했다. 덮으려던 것을 다 포기했다. 죄를 깨닫고 인정하고 주께 회개했다. 그랬더니 하나님이 다 덮어 주셨다. 죄를 진정으로 덮는 방법은 오직 하나, 숨기지 않고 드러내는 것이다. 모든 것을 아시는 하나님 앞에 인정하고 회개하는 방법뿐이다. 하나님은 용서하시기 위해 회개하게 만드신다(롬 2:4). 내가 시도할 때 안 되는 일이 하나님께 내놓으면 완벽하게 이루어진다. 같은 가르침을 잠언도 전하고 있다.

> 자기의 죄를 숨기는 자는 형통치 못하나 죄를 자복하고 버리는 자는 불쌍히 여김을 받으리라(잠 28:13).

죄를 덮으려 하는 게 무모한 짓인 이유는 안 되기 때문이다. 아무리 덮어도 다 드러난다. 드러나는 게 문제가 아니다. 드러나 있는 그 죄는 나에게 사형 판결을 내릴 것이다. 그냥 활짝 열어 하나님께 보여 드리기만 하면 하나님이 다 덮어 주시고 영원한 생명을 주시는데 그것을 모르고 그냥 덮으려 하는 것은 어리석기 짝이 없는 일이다. 사람들이 그런 어리석음에 빠지는 이유는 무엇일까? 하나님을 못 보기 때문이다. 사람만 보고 수평만 안다. '코람 데오'로 살지 못하고 '코람 호모'로 살기 때문이다. 온 우주에 창조주가 한 분뿐이듯 이미 있는 것을 없애실 수 있는 분도 오직 하나님 한 분뿐이다.

오직 하나님만이 우리 죄를 덮으실 수 있음을 고려한다면, 내가 다른 사람의 잘못을 덮어 주는 일에는 생각지 못한 위험이 도사리고 있음을 알아야 한다. 내가 사랑이라는 이름으로 이웃이나 형제의 죄를 덮어 줄 때 두 가지 가능성이 있다. 첫째는 내 형제가 내 사랑의 행위를 통해 하나님의 은혜를 경험하고 회개의 열매를 맺는 경우다. 참으로 아름다운 일이지만 현실에서 일어날 가능성은 희박하다. 원수를 위한 우리의 축복이나 기도가 열매를 맺기 어려운 것도 같은 이유에서다. 둘째는 내 이웃이 내 사랑의 행위를 보고 자기도 제 죄를 덮으려 시도하는 경우다. 내가 잘 덮으면 다른 사람들이 못 보게 될 수도 있을 것이다. 그런 식으로 잘 덮었다면 소문도 나지 않을 테고 그러다 보면 하나님이 못 보시게 덮을 수도 있을 것이라는 착각에 빠지기 쉽다. 옛 이스라엘도 그렇게 속아 죄를 덮으려 애쓰다가 결국 멸망의 길로 가고 말았다(사 29:15). 그러면 내 사랑의 행위가 그 사람의 회개 기회를 박탈하여 그 사람을 영원한 멸망으로 인도하는 셈이다. 이웃의 잘못을 덮어 줄 경우 거의가 이런 비극적인 결말을 맞는다.

엄청난 차이다. 죽고 사는 차이 곧 영원의 운명을 극과 극으로 갈라 놓는 이 차이가 사랑이 죄를 덮는다는 한 구절을 어떻게 해석하느냐에 달려 있다. 사랑이 죄를 덮는데 결과는 정반대다. 사람이 못 보게 덮으면 멸망이요 드러낸 다음 하나님이 덮어 주시면 영생이다. 사랑을 진정으로 실천하기 위해서는 정말이지 성경의 가르침을 정확하게 알아야 한다. 질그릇에 담긴 보배를 보아야 한다. 성경을 상식대로 어설프게 알았다가는 죽음으로 몰아가면서도 사랑으로 착각할 수 있다. 성경이 진정 생명과 구원의 책일진대 성경을 성경으로 바로 푸는 일 역시 사람을 살리느냐 죽이느냐의 문제가 된다.

회개에 이르게 하는 사랑

죄를 덮는 방법에는 두 가지가 있다. 사람이 모르게 덮는 방법과 하나님이 모르시게 덮는 방법이다. 이 둘을 한꺼번에 할 수 있다면 얼마나 좋을까. 꿩도 먹고 알도 먹고. 하지만 누이와 매부가 덩달아 좋은 경우는 세상에 많지 않다. 죄를 덮는 방법의 경우에는 더 그렇다. 사람이 모르게 덮는 방법은 죄 자체보다 더 큰 죄가 된다. 겉보기에는 사랑처럼 보이나, 실제로는 그 사람을 영원한 저주로 몰아넣는 폭력이요 죄악이다. 하나님이 덮으시게 하려면 열어젖혀야 한다. 하나님이 덮어 주시면 사실 사람들이 알든 모르든 아무 상관이 없다. 영원의 운명이 달려 있는데 내 체면이나 사람들의 평판이 무슨 대수겠는가. 우리는 구원의 계시를 가진 사람들이다. 불신자들도 다 아는 그것을 지혜라고 가져와 우리의 참 지혜를 더럽혀서는 안 된다.

사랑이 많은 죄를 덮는다는 말씀의 참 뜻은 야고보서 5:20에 분명하게 나온다.

> 죄인을 미혹한 길에서 돌아서게 하는 자가 그 영혼을 사망에서 구원하며 허다한 죄를 덮을 것이니라.

'허다한 죄를 덮을 것이니라'는 문구는 베드로가 말한 '허다한 죄를 덮느니라'와 원문이 같다. 베드로가 현재형으로 말한 것을 야고보는 미래형으로 말했을 뿐이다. 베드로는 사랑이 덮는다 했는데 야고보는 사람이 덮는다 했다. 사랑하는 그 사람이 덮는다. 여기서 말하는 죄인은 누구인가? "너희 중에 미혹하여 진리를 떠난 자"다(약 5:19). 미혹은 진리의 반대다(요일 4:6). 그러니 여기서 죄인은 불신자가 아니라 신자로서 이단에 넘어갔다든지(마 24:4-24, 딤전 4:1) 아니면 큰 죄에 빠진 사람을 가리킨다(롬 16:18, 고전 6:9, 약 1:14). 어느 경우든 마귀에게 속아 넘어간 것이다(계 20:10). 그런 사람을 돌이키게 하라는 권고다. 긴 편지의 마지막 문장이니 비중이 크다.

이 구절은 구원과 생명에 관한 말씀이다. 영혼을 사망에서 구원하는 일이므로 죄를 덮는 것은 하나님의 용서를 뜻한다. 그러자면 죄인을 '돌아서게' 만들어야 한다. '에피스트레포'는 '돌다' 또는 '돌아서 어디를 향하다'는 뜻이다. '돌게 만들다'는 뜻도 있다. 몸도 돌지만 마음에도 적용되어 회개한다는 뜻으로 자주 쓰인다(마 13:15, 행 3:19). 안 믿던 사람이 믿게 되는 것도 돌아서는 일이지만 본문은 실족한 사람이 다시금 올바른 믿음으로 돌아오는 것을 말하고 있다. 죄를 덮는데 놀랍게도 사람이 덮는다. 실족했던 사람을 돌아오게 만드는 그 사람이 돌아온 사람의 죄를 덮는다. 죄인으로 하여금 회개하게 만들어 하나님이 덮으실 수 있게 했기 때문이다. 베드로전서 4:8과 연결시키자면, 죄에 빠진 사람을 바른 길로 돌아오게 만드는 그것이 바로 사랑이다. 사랑은 회개하게 만든다. 사랑은 그렇게 '죄 떼'를 덮는다.

목표는 회개다. 회개는 하나님이 주신다(딤후 2:25). 다윗도 그렇게 고백했다. 우리는 준비 단계를 할 수 있을 뿐이다. 여러 가지 방법이 있지만 덮어 두고 넘어가는 것은 그 방법에 들어 있지 않다. 그것은 사랑이 아닌 까닭이다.

> 형제들아, 사람이 만일 무슨 범죄한 일이 드러나거든 신령한 너희는 온유한 심령으로 그러한 자를 바로잡고 네 자신을 돌아보아 너도 시험을 받을까 두려워하라(갈 6:1-2).

'범죄한 일이 드러나거든' 하는 말은 숨었던 죄가 드러났다는 말이 아니라 '죄를 짓다가 현장에서 잡히면'이라는 뜻이다. 그 경우 얼른 덮어 주라 하지 않고 바로잡으라 권한다. 바로잡는다는 것은 '온전하게 만든다'는 뜻이다(마 21:16). 회복이다. 범죄 때문에 흠이 생겼는데 그것을 고쳐 다시금 제대로 만드는 것이다. 그러기 위해서는 꾸중도 필요하다(딛 1:13). 엄하게 꾸짖어야 죄를 회개하고 믿음 안에서 온전하게 된다. 모든 사람 앞에서 꾸짖어야 할 경우도 있다(딤전 5:20). 다른 사람들도 죄에 빠지지 않도록 하기 위해서다. 온유한 심령으로 하라 했다. 키르케고르가 지적한 것처럼 호기심, 경박함, 악의 등의 타락한 마음으로 해서는 안 된다. 사랑이어야 한다. 우리 주님처럼. 주님은 사랑하시는 이를 꾸중도 하고 벌도 주신다(계 3:19).

구약성경도 이 점을 분명하게 가르친다. 꾸짖는 것은 사랑의 중요한 방법이다.

> 너는 네 형제를 마음으로 미워하지 말며 이웃을 인하여 죄를 당치 않도록 그를 반드시 책선하라(레 19:17).

형제가 죄를 지었을 때 그냥 넘어간다면 두 가지 뜻이 있다. 첫째, 그것은 형제를 마음으로 미워하는 일이다. 겉으로는 덮어 주면서 사랑인 척하지만 회개할 기회를 갖지 못하게 하는 것이니 실제로는 극도의 미움이다. 형제를 원수로 대하는 셈이다. 둘째, 이웃의 잘못을 꾸짖지 않고 침묵하면 나도 같은 책임을 지게 된다. 이웃이 잘못할 때 꾸짖으면 이웃이 회개하든 않든 적어도 나는 책임을 벗는다. 구약 시대 선지자들에게 주셨던 책임을 새 시대에는 모든 성도에게 주신다(겔 33:1-9, 30-33, 눅 22:32, 히 3:13). 다른 사람이 알았더라면 그 사람을 타일러 살렸을 터인데 내가 침묵하고 덮어 두는 바람에 회개의 기회를 못 얻는다면 그 책임은 내가 진다. '만인 제사장'과 통하는 '만인 선지자'다. 설령 이웃을 사랑하는 마음이 없다 하더라도 이웃의 죄를 내가 뒤집어쓸 수야 없지 않은가(렘 14:15). 가서 말해야 한다.

책임을 면하려는 소극적인 자세가 아니라 사랑이라는 적극적인 태도를 가져야 한다. 이웃의 잘못을 알게 된 것은 나의 책임이다. 하나님의 명령이다. 내가 가진 지식으로 교만해지지 말고 사랑을 실천해야 한다(고전 8:1). 안디옥 교회는 흉년이 들 것이라는 아가보의 예언을 듣고 곧바로 이웃을 구제하는 사랑을 실천했다(행 11:27-30). 나와 이웃은 공동 운명체다. 키르케고르는 이웃을 정죄하지 않는 소극적인 방법만 말할 뿐 진리로 이끄는 이런 적극적인 사랑에 대해서는 침묵했다. 말해야 한다.

사실 잠언에도 같은 가르침이 이미 있었다.

> 면책은 숨은 사랑보다 나으니라. 친구의 통책은 충성에서 말미암은 것이나 원수의 자주 입맞춤은 거짓에서 난 것이니라(잠 27:5-6).

드러난 것과 숨은 것의 차이를 분명히 보여준다. 면책은 대놓고 꾸짖는 것인데 원문은 '벌거벗겨 꾸짖는다'는 말이다. '숨은 사랑'은 남몰래 하는 사랑이 아니라 죄를 숨겨 놓고 말하지 않는 위선의 사랑을 가리킨다. '통책'은 '상처'라는 뜻이다. 친구가 나를 대놓고 꾸짖어 생긴 상처다. 자존심도 상하고 때로 사람들 앞에서 체면도 구기지만 그 상처가 주는 아픔이 나를 회개로 인도하고 생명으로 인도한다. 그렇게 꾸짖어 살리는 게 친구요 그렇지 않고 부드러운 입맞춤만 하는 것은 원수다. 입맞춤이라는 사랑의 형식을 가졌지만 안에는 적개심을 품은 속임수다. 스승을 팔아먹은 유다의 입맞춤이다(마 26:48-50). 그런 거짓 사랑은 나를 죄 가운데 파멸시키고 죽이려는 무서운 속임수다.

꾸지람의 유익도 사실 동서고금의 지혜가 다 가르치는 바다. 공자도 좋은 약이 입에 쓰지만 몸에 좋듯 값진 조언 역시 듣기는 싫어도 행하면 유익하다 하였다. 친구에게 잘못이 있거든 충고하여 착하게 인도하라! 하지만 자연의 지혜는 이 세상을 살아가는 지혜일 뿐이다. 내 인격을 연마하고 사람들에게 좋은 평판을 받아 인정받고 과시하며 살아갈 수 있게 만드는 지혜다. 그렇기에 충고를 하기 전에 일단 덮고 본다. 계시가 주는 명령은 짧은 이 세상의 지혜가 아니라 영원의 지혜다. 그렇기에 대놓고 꾸짖는다. 하나님께 용서받도록 돕는 사랑이다. 죽지 말고 영원히 살라는 것이다. 그릇 아닌 내용물의 차이다. 자연의 지혜와 계시의 가르침은 하늘과 땅처럼 다르다.

결국 남들이 모르도록 덮는 것은 사랑이 아니다. 키르케고르 말처럼 안 보고 입 다물고 마음으로 용서해 준다고 될 일이 아니다. 베드로전서 4:8을 잠언 10:12로 풀어서는 안 된다. 아니, 잠언 10:12이 정말로 베드로전서 4:8의 근거가 된 말씀이라면 베드로전서 4:8을 올바로 이해한 다음, 잠언 10:12로 가서 그 구절 역시 수평 아닌 수직 관계를 근거로 하여 다시금 풀어야 한다. 그 경우 잠언 10:12은 두 가지 방향으로 풀 수 있다. 하나는 이웃의 잘못을 덮어 줌으로써 좋은 관계를 유지하라는 가르침이다. 얼굴 붉힐 일은 없을 것이다. 내 고매한 인격에 감동 받을지도 모른다. 하지만 하나님 앞에서 지은 그 죄를 회개하여 하나님의 덮으시는 은혜를 경험할 기회마저 잃을 가능성이 크다. 다른 하나는, 사랑이라면 이웃이 회개하여 용서받을 수 있도록 도우라는 것이다. 그렇게 볼 때 미움이 일으키는 다툼은 나쁜 것이 아닐 수도 있다. 베드로전서 4:8을 근거로 풀어야 한다면 그렇다는 말이다. 잠언을 상식으로 풀지 않고 신약 말씀으로 푸는 일은 결코 가볍지 않은 과제다.

성경은 어디에서도 죄를 보거든 그냥 덮어 두라 하지 않는다. 구약성경은 다소 희미하지만 신약은 가르침이 분명하니 구약도 반드시 신약의 안경을 쓰고 보아야 한다. 권고하고 꾸짖고, 필요하면 상처가 될 정도로 심한 벌을 주어서라도 반드시 회개하도록 도우라고 한다. 회개해야 하나님이 덮으시기 때문이다. 그렇게 죄를 거부하기 위해 강하고 적극적으로 몸부림을 칠 때 다른 사람들도 죄에 빠지지 않도록 더욱 주의하게 될 것이다.

베드로는 그 누구보다 꾸지람을 많이 들은 사람이다. 주님께 십자가를 지시지 말라 말씀드렸다가 사탄이라는 충격적인 꾸지람도 들었고(마 16:23) 주님을 모른다고 세 번 부인한 뒤 그 전에 주님이 경고하신 말씀을 기억하고 회개한 일도 있다(마 26:75). 누가 더 큰지 동료 제자들과 다투었다가 예수님으로부터 일장 훈계를 들은 다음 얼른 돌이키라는 명령도 받았다(눅 22:24-32). 안디옥에서는 유대인 습관을 버리지 못해 다른 사람에게 상처를 주었다가 바울로부터 보두의 면전에서 책망을 받는 수모를 당하기도 했다(갈 2:11-14). 동네북처럼 많이도 두들겨 맞았지만 베드로가 끝까지 주님의 뒤를 따를 수 있었던 배경에는 그런 사랑의 충고와 책망이 있었음을 무시할 수 없다. 그런 배경을 고려할 때도, 사랑이 허다한 죄를 덮는다는 베드로의 선언은 덮어 두라는 말이 아니라 드러내어 꾸짖고 그렇게 함으로써 회개하여 주님의 용서를 받아 영원히 덮어지게 하라는 권고가 분명하다. 성경 전체의 가르침을 두고 볼 때는 당연히 그런 가르침이 되어야 옳다.

끝까지 물고 늘어지는 사랑

그냥 덮지 않고 회개하게 만드는 것이 사랑이다. 그런 사랑의 구체적인 방법을 우리 주님이 가르쳐 주셨다. 용서하라는 가르침과 연결되어 있는 말씀이다. 용서의 횟수는 무제한이다. 일흔 번씩 일곱 번이라도 하라 하셨는데(마 18:21-22) 무조건 하라 하시지 않고 '돌아와서 회개한다 하거든' 하라 하셨다(눅 17:3-4). 회개는 용서의 필수조건이다. 하나님께 받는 용서도 물론이거니와 우리끼리 주고받는 용서도 하나님께 하는 회개를 요구한다. 회개를 안 하면 그때는 어떻게 하나? 그럴 가능성도 있다. 그래서 문제가 조금 복잡해진다. 주님은 네 단계로 대처하라고 가르쳐 주신다.

> 네 형제가 죄를 범하거든 가서 너와 그 사람만 상대하여 권고하라. 만일 들으면 네가 네 형제를 얻은 것이요 만일 듣지 않거든 한 두 사람을 데리고 가서 두 세 증인의 입으로 말마다 증참케 하라. 만일 그들의 말도 듣지 않거든 교회에 말하고 교회의 말도 듣지 않거든 이방인과 세리와 같이 여기라(마 18:15-17).

'네 형제가 죄를 범하거든' 하셨는데 전후 문맥을 볼 때 나한테 잘못을 저지른 경우를 가리킨다. 그래서 사본 가운데 '네게'라는 구절을 포함한 것도 있다. 나한테 한 잘못이니 회개하게 만들 책임도 나한테 있다. 물론 이 거룩한 사랑의 의무가 꼭 나한테 행한 잘못에 국한되어야 할 이유는 없다. 어쨌든 형제가 나에게 죄를 지은 순간 우리의 형제 사이에는 이미 금이 갔다.

첫째는 그 사람을 일대일로 만나 지적해 주라 하신다. 원어가 '엘렝코', 곧 꾸짖으라는 말씀이다. 잘못임을 깨닫게 해 주고 회개하라 권고해야 한다. 혼자 가라 하신 것을 보면 주님도 소문나는 것을 별로 안 좋아하신다. 가서 꾸짖었는데도 안 들으면, 다시 말해, 죄를 인정하지 않으면, 증인을 하나나 둘 데리고 가라 하셨다. 증인은 범죄 사실을 증언할 사람이 아니라 나랑 같이 회개를 촉구하되 혹 거부할 경우 그 사실을 나중에 증언해 줄 사람이다. 재판을 위한 준비다. 하나를 데리고 가면 나랑 둘이 증인의 수를 채우고 둘을 데리고 가면 나 없이도 증인의 수가 충족된다. 두 번째 단계에서 이미 재판을 준비하라 하셨으니 첫 권면을 듣지 않으면 이후에도 가능성이 크지 않다는 말씀이리라.

증인까지 데리고 갔는데도 안 들으면 문제가 좀 커진다. 교회에 말해야 한다. 교회에 소문을 내라는 뜻이라기보다 교회 지도자에게 말해 처리하라는 뜻이다. 어떤 방식이든 이제는 온 교회가 다 알고 함께 행동하게 된다. 책임도 함께 진다. 당회나 제직회 또는 공동의회 같은 회의를 통해 처리할 것이다. 특별 위원회를 구성할 수도 있을 것이다. 그런데 이 세 번째 단계에서도 죄를 인정하지 않고 회개하지 않으면 그것으로 끝이다. 그 사람을 이방인이나 세리 곧 불신자로 여기라는 것이다. 마지막 네 번째 단계다. 교회에서 내쫓는 것이다. 구원 얻을 자격이 없음을 공적으로 선언하는 셈이다. 일종의 극약처방이다. 극약은 산 사람을 죽일 수도 있는 위험한 약이다. 그렇지만 백약을 써도 효험이 없이 죽어가는 사람에게 마지막으로 극약을 써 본다. 산 사람을 죽이는 약이라면 거꾸로 죽어가는 사람을 혹 살릴 수도 있지 않을까 해서(고전 5:5).

주님께서 왜 이렇게 가고 또 가라 명령하셨는지 '내가 진실로 말한다' 하고 덧붙이신 말씀을 보면 알 수 있다(마 18:18-20). 땅에서 잠그거나 열면 하늘에서도 잠기거나 열릴 것이라 하셨다. 이전에 베드로에게 하신 말씀과 같다면 이것도 천국 열쇠를 두고 하신 말씀이다.

교회의 결정이 그토록 무겁다는 것을 가르치시는 말씀이다. 누가 그리할 수 있나? '진실로 다시 말한다' 하고 덧붙이시는데 두 명이 모여서 하면 된다 하셨다. 함께 간 두 사람 또는 세 사람이 선언하면 끝이다. 두 사람이면 이미 교회다.

상당히 구체적인 방법이다. 각 단계 하나하나도 눈여겨보아야 하지만 가장 먼저 알아야 할 점은 그냥 넘어가라 하시지 않았다는 점이다. 형제가 나 한 사람에게 잘못을 저질렀다면 다른 사람에게 끼친 해악은 없으니 나만 문제 삼지 않으면 그냥 넘어갈 수 있다. 그런데도 주님은 너만 참으면 된다 하시지 않는다. 그냥 덮어 둬라, 네가 봐줘라, 눈 딱 감고 용서해라 하시지 않고 가서 꾸짖으라 하신다. 꾸짖어도 말을 안 들으면 증인을 데리고 가라 하신다. 한 번 말해 안 들으면 그냥 두지 왜 문제를 크게 만드나? 그뿐 아니라 그 정도로도 말을 안 들으면 교회에 알리라 하신다. 나만 그냥 덮으면 될 일을 온 교회에 소문낼 까닭이 무엇인가? 온 교회가 알면 「뉴스앤조이」에도 나오고 교회 바깥 사람도 알아 하나님의 영광을 가리지 않겠는가? 그런데도 왜 이토록 집요하게 따지고 들라 하시는 것일까?

이유는 간단하다. 죄이기 때문이다. 형제의 죄는 나에게 한 잘못이기 이전에 하나님 앞에서 저지른 죄다. 그 사람은 나의 용서도 물론 받아야 하겠지만 하나님의 용서를 먼저 받아야 된다. 스스로 회개하면 그것으로 됐다. 하나님이 용서하셨으니 나도 그대로 수용하면 된다. 하지만 스스로 회개하지 않으면 담판을 지어야 한다. 내 책임이다. 나에게 한 잘못이니 나와 그 사람만 아는 것이요 내가 아니면 아무도 그 사람을 꾸짖을 수 없다. 끝까지 물고 늘어지라 하신다. 왜? 회개만이 살 길이기 때문이다. 회개 없이는 용서도 구원도 없다. 내가 먼저 용서해야 하는지, 하나님이 먼저 하셔야 하는지 그것은 다음에 생각해도 늦지 않다. 지금은 무조건 회개부터 하게 만들어야 한다. 하나님께 죄를 지었으니 하나님께 용서를 구해야 한다. 하나님의 용서를 받지 못한다는 것은 죽음이요 멸망이다. 천국 문이 잠겨 버린다. 우리는 불구덩이에 떨어진 사람을 낚아채 구원해야 할 책임을 진 사람들이다(유 1:23).

책임 이전에 사랑이다. 많은 죄를 덮는 것은 우리의 사랑이다. 우리의 모든 죄, 그 많던 죄를 다 덮어 주신 하나님의 사랑을 알았기에 그 사랑으로 이웃에게 다가가는 것이다. 내가 회개하고 믿어 모든 죄를 용서받은 것처럼, 그 사람도 같은 방법으로 죽음에서 건지겠다는 것이다. 사람에게는 덮으려는 본성이 있다. 그 본성대로 하면 죽는다. 용서의 길을 주시고 구원의 길을 주셨는데, 인정하고 회개만 하면 얼마든지 용서해 주마 하셨는데 그것을 거부하고 제 힘으로 덮어 보려 한다면, 남은 길은 영원한 멸망뿐이다. 이웃의 범죄에 내가 침묵한다면 난 저승사자, 아니 지옥사자가 되는 것이다.

끝까지 물고 늘어지라는 가르침에서 우리는 무엇보다 주님의 마음을 읽어야 한다. 주님은 이 말씀 직전에 잃어버린 한 마리 양을 찾는 것이 우리 하늘 아버지의 뜻이요 당신이 기뻐하시는 일이라 가르쳐 주셨다(마 18:12-14). 주님을 잘 믿다가 넘어지는 사람 곧 범죄에 빠지거나 잘못된 이론에 현혹된 사람이 잃어버린 양이다(마 18:6-10, 약 5:19-20). 주님은 어떤 경우든 길 잃은 양을 찾기 원하신다. 어떻게 하는 게 다시 찾는 것일까? 주님이 잃었던 양의 비유에서 가르쳐 주셨다.

너희에게 말한다. 이와 같이 하늘에서는 회개할 것 없는 의인 아흔아홉 보다 회개하는 죄인 하나를 더 기뻐할 것이다(눅 15:7).

회개하는 영혼이다. 하늘 아버지는 회개하는 죄인 하나를 기뻐하신다(마 18:13). 죄인 하나를 향한 주님의 사랑이 두 번 세 번 찾아가라는 명령에 담겨 있다(요 6:39). 혼자 찾아가고, 증인을 데리고 가고, 교회 지도자들을 찾아 만나는 내 발걸음은 길 잃은 양 한 마리를 찾으러 산천을 두루 다니는 목자의 발걸음이다. 영혼 하나가 '온 우주'보다 귀하다는 것이 우리 주님의 판단이다(마 16:26). 남을 실족하게 만드느니 연자맷돌이라는 거대한 돌덩이를 매고 수장되는 것이 더 낫다 하실 정도라면, 그렇게 실족한 사람을 회개하게 하여 살리는 일은 그만큼 값지고 귀한 일일 것이다(마 18:6).

사랑은 죄를 덮는다. 사람을 구원한다. 주님은 일대일로 상대해서 그 사람이 회개하면 '네가 네 형제를 얻었다'고 하신다. 여기서 얻는다는 것은 말 그대로 획득했다는 뜻이다. 내게 없던 것이 생기거나 남의 것을 가져오는 것이 획득이다. 바울은 "더 많은 사람을 얻고자 함이라" 한 다음 "몇몇 사람들을 구원코자 함이니"라 하여 얻는 것이 곧 구원하는 것임을 가르쳐 준다(고전 9:19-22). 그래서 우리말 성경 베드로전서 3:1은 '얻는다'는 말을 아예 '구원을 얻는다'는 말로 옮겼다.

'그 사람' 또는 '누구'라 하지 않고 '네 형제'라 하셨다. 우리 책임을 일깨우는 말씀이다. 내게 잘못한 그 사람은 내 형제다. 한 식구다. 내 사랑의 대상이다. 갖가지 사람이 있지만 굳이 용서를 설명하실 때, 또 죄 지은 사람을 회개시키는 책임을 말씀하실 때는 '네 형제'

라 하셨다. 회개시켜 용서에 이르게 해야 할 책임이다. 사랑할 책임이다. 나에게 죄를 지은 순간 형제 사이가 틀어졌는데 그 사람을 회개와 용서로 인도함으로써 다시금 형제 사이가 회복되었다. 형제를 얻었으니 내가 그 사람을 죽음에서 건지고 그 사람의 많은 죄를 덮었다. 처음 일대일로 꾸짖을 때 회개했든, 증인을 데리고 갔을 때 회개했든, 아니면 온 교회에 알려 회개했든, 형제를 얻은 사람은 나다.

그런 점에서 볼 때 사랑으로 형제를 살리는 것은 나를 살리는 길이기도 하다. 아니, 내가 이미 살았음을 확인하는 일이다. 사랑이 덮는 허다한 죄란 사랑받는 너의 죄와 사랑하는 나의 죄다. 사랑할 수 있다는 것은 하나님이 먼저 나를 사랑하셔서 내 죄를 덮어 주셨다는 뜻이니, 사랑은 내 형제의 많은 죄를 덮으면서 내 많은 죄 또한 덮였음을 확인해 준다. 그것을 키르케고르가 제대로 이렇게 멋지게 표현했다.

> 사랑하는 사람은 자신을 죽음에서 건지는 문제는 생각하지 않는다. 사랑에 빠진 사람은 다른 사람을 죽음에서 건지는 일만 생각한다. 그렇지만 그 사람은 잊히지 않는다……. 그 사람을 생각해 주는 분이 계시다. 바로 하늘에 계신 하나님이다. 사랑이 그 사람을 생각해 준다. 하나님은 사랑이시다. 사람이 사랑 때문에 자신을 잊었는데 하나님이 어떻게 그 사람을 잊으시겠는가!

나의 사랑은 너의 죄를 덮으면서 또한 내 죄가 덮였음도 보여준다. 함께 죽고 함께 산다. 사랑이면 함께 살고 사랑이 아니면 함께 죽는다.

설교자와 교인도 같은 관계에 있다. 살아도 함께, 죽어도 함께다. 그렇지만 한 가지는 잊지 말자. 너와 내가 함께 사는데, 내 사랑이 너를 살리는 것도 아니고 네 사랑이 나를 살리는 것도 아니다. 오직 하나님의 사랑이 우리를 살린다. 은혜 아닌 게 없다.

잠언 17:9을 이 말씀으로 풀어 볼 수 있을까? 처음 풀어 본 뜻대로라면 잘못을 덮어 줌으로써 좋은 사이를 유지한다. 그런데 그런 덮어 줌이 멸망으로 가는 길임을 안 뒤에는 그게 사랑이 아님을 알게 된다. 오히려 잘못을 거듭 말하여 친구 사이를 깨뜨리는 것이 생명을 향하는 길이다. 우리에게 필요한 것은 사실 친구 사이가 아니라 형제 사이이다. 주님은 친한 사이가 틀어지는 한이 있더라도 거듭 말하라 하신다. 이 험한 세상 어떻게 살라고 그런 말씀을 하실까? 주님은 짧은 세상 살아가는 처세술을 가르치러 오신 게 아니라 영원히 사는 방법을 가르치러 오셨다. 잠언에서 처세술을 많이들 찾는데 얼른 정신 차려야 한다. 세상은 타락한 세상이다. 함께 모여 하나님을 대적하는 곳이다. 하나님의 택한 백성이 그런 세상에서 우아하고 매끄럽게 살겠다는 발상 자체가 틀렸다.

회개 없는 용서가 타락의 주범

성경은 몰라도 상식은 많이들 안다. 상식은 이 땅에서 얻은 지혜다. 그게 하도 많아 성경마저 그 상식으로 푼다. 비슷한 구절만 나와도 원래 알고 있던 자연적인 그 지식과 같은 것으로 단정해 버린다. 그래서 성경 구절을 달달 외면서도 정작 성경은 모른다. 성경대로 한다면서 성경 아닌 상식대로 한다. 성경과 반대로 하면서 성경인 줄 착각한다.

잘못을 그냥 묵과하는 것을 사람들은 용서라 부른다. 내가 당한 쪽인 경우 다들 내게 요구한다. 그냥 봐줘라. 너만 입 다물면 돼. 왜 문제를 크게 만드나? 그러면서 그냥 '용서'하라 권한다. 보복하지 않는 것은 물론 용서의 중요한 요소다. 도움도 베풀고 축복도 하고 기도도 해 주어야 한다. 그렇지만 그 정도로 그친다면 그것은 원수 사랑과 다를 바 없다. 그런 것은 용서가 아니라 참 용서로 나아가지 못하는 무기력한 용서다.

용서는 기독교 복음의 핵심이다. 물론 사랑이 더 포괄적이다. 하지만 그 사랑의 내용이 곧 용서의 사랑이다. 하나님이 세상을 사랑하시되 독생자까지 보내신 이유는 바로 우리 죄를 용서하시기 위해서다. 그런데 하나님의 용서에는 조건이 하나 있다. 회개다. 죄에서 돌이키는 회개. 우리가 회개할 때 하나님은 용서하신다. 주님께서 이 땅에 오셔서 천국 복음을 전하실 때도 가장 먼저 하신 말씀이 "회개하라!"였다. 회개는 전 인격의 행위다. 죄를 죄로 깨닫는 지성, 죄 지은 것을 아파하고 죄를 미워하고 죄 지은 자신을 부끄러워하는 감정, 다시는 죄를 짓지 않겠다는 의지가 함께 어우러지는 것이 회개다. 그리고 내가 지은 잘못에 알맞은 보상과 징벌을 적극 이행하는 태도도 반드시 있어야 한다. 이 모든 것을 한데 엮어 성경은 '회개에 걸맞은 열매'라 부른다(마 3:8, 눅 3:8). 그렇기에 참 회개는 겉으로 드러난다.

용서는 하나님께 받는 것이면서 또 우리끼리 주고받는 것이기도 하다. 사랑하고 같다. 하나님이 우리를 사랑하셔서 우리도 서로 사랑한다. 하나님이 우리를 용서하셔서 우리도 서로 용서한다. 그런데 우리가 주고받는 용서에도 조건이 하나 붙는다. 바로 회개다. 용서는 하나님이 하시든 우리가 하든 회개가 선행되어야 한다. 예수께서 말씀하셨다.

> 만일 네 형제가 죄를 범하거든 경계하고 회개하거든 용서하라(눅 17:3)

회개한 줄 어떻게 아나? 내가 당한 입장이기에 알 수 있다.

> 만일 하루 일곱 번이라도 내게 죄를 얻고 일곱 번 네게 돌아와 내가 회개하노라 하거든 너는 용서하라(눅 17:4).

나한테 잘못한 일이기에 진정으로 회개했다면 내가 모를 수 없다. 회개의 열매가 있기 때문이다. 말로 손해를 끼쳤으면 말로 사과할 것이요, 물건을 훔치거나 빼앗았으면 삭개오처럼 적절한 배상을 했을 것이다. 어떤 것이든 지은 죄에 어울리는 배상이나 보충이 뒤따라야 하며 필요하다면 교회의 치리나 세상 법이 내리는 벌도 받을 것이다. 그런 회개가 있다면 하나님이 이미 용서하셨을 터이니 나도 용서해야 한다. 회개했는데 용서하지 않는다면, 하루 일곱 번 아니라 사백구십 번이라도 용서하지 않는다면, 나도 하나님의 용서를 기대할 수 없다. 그렇지만 오직 회개할 경우다. 회개하지 않는다면 내가 용서할 수 없다. 그래서 주님도 원수를 용서하라는 말씀은 안 하셨다. 아무리 눈감아 주고 입 다물어도 그것은 용서가 아니다. 용서는 반드시 회개를 필요로 하기 때문이다.

사실 용서는 우리가 하는 것이 아니다. 용서는 하나님만이 하신다. 우리가 하는 용서는 하나님이 하신 용서의 선언 내지 수용밖에 안 된다. 그렇지만 그 용서의 전제인 회개는 똑같다. 아니, 수평의 차원과 수직의 차원이 하나로 결합되어 있다. 하나님 앞에서 하는 회개는 사람 앞에서도 하게 마련이며, 사람에게 회개하지 않는다면 그것은 하나님 앞에서도 참 회개일 수 없다. 왜 그럴까? 회개의 열매는 사람들 사이에 나타날 수밖에 없기 때문이다. 마음으로 하는 참회는 하나님 앞에서 가능할 것이다. 하지만 그 회개의 구체적인 열매는 반드시 사람들에게 드러난다.

회개 없는 용서가 범람하고 있다. 하나님을 모르는 이들이 그냥 됐다 하고 덮어 두니 하나님을 안다는 사람들이 그것을 따라한다. 죄를 덮어야 교회가 산다고들 한다. 맞는 이야기다. 하나님이 덮어 주셔야 산다. 하나님만이 죄를 덮으실 수 있다. 하지만 사람이 덮어야 한다는 말이라면 틀렸다. 그런 식으로 죄를 감추어야 산다면 그것은 교회가 아니라 사교 단체다. 수평밖에 모르는 사람들의 모임이다. 이를 보아야 한다. 주님께서 가르쳐 주신 네 단계의 조치가 목표로 하는 것은 사실 회개 하나다. 가고 또 가되 회개할 때까지 가라 하신 것이다. 그래야 교회가 산다.

목사가 죄를 지었다. 간통을 했다. 돈을 횡령했다. 공적으로 거짓말을 했다. 목사 자리를 권력 삼아 전횡을 부렸다. 그런데 죄가 드러나기 무섭게 우리 귀를 때리는 낱말은 용서다. 한 발 늦게 들려오는 회개하라는 권고는 용서하라는 거대한 외침에 묻혀 제대로 들리지조차 않는다. 용서가 선행되니 회개는 생략된다. 이미 용서받았는데 회개는 무슨. 그래서 회개의 열매가 희귀해졌다. 용서를 가장 먼저 말하는 사람은 대개 목사 자신이다. 그러라고 맡은 게 말씀이던가. 풍성한 상식을 이용해 성경을 요리조리 잘도 갖다 붙인다. 간음죄를 지었는데도 여전히 담임목사다. 돈을 횡령하여 감옥에까지 갔다 왔는데도 여전히 회장이다. 거짓말을 밥 먹듯 해도 여전히 수만 명의 교인이 '목사니-임!' 하고 추종한다. 사람 웃기는 것을 업으로 삼는 연예인도 논문 표절이 드러나자 맡았던 프로그램에서 하차한다. 그런 사람은 다시 나타나는 경우도 드물다. 아마도 용서를 모르기 때문이리라. 교회가 세상과 같을 수야 없지. 참으로 풍성한 용서 덕분에 웬만한 죄를 지어서는 끄떡도 않는다.

죄를 범한 사실이 드러나고 그래서 잘못을 인정하고 회개했으면 그 범죄 및 회개에 상응하는 조치가 있어야 한다. 그렇게 하지 않는다면 핀 숯을 머리에 쌓아 하나님의 진노를 부르는 것과 같다. 책임 있는 자리를 맡았던 사람이라면 내 죄가 하나님의 나라에 어떤 해악을 끼쳤는지 깊이 생각하고 그 자리에서 즉각 물러나 남은 생애를 하나님 앞에서 가슴을 치며 살아야 한다. 그래야 산다. 숯이 머리 위에서 타고 있으니 서둘러야 한다. 목사나 장로는 말할 것도 없고 그리스도와 연합되었다는 모든 교인이 같은 의무를 지고 있다. 그렇게 함으로써 거룩함을 이루어가야 한다. 그런데 모든 게 말뿐이다. 그래서 교회가 타락한다. 썩어 간다. 가짜 용서, 회개 없는 용서가 교회를 장악하고 있기 때문이다. 세상보다 훨씬 높은 도덕성을 갖추어야 할 교회가 세상보다 못한 도덕성을 갖고 세상을 향해 예수 믿으라고, 그래서 새 사람이 되라고 외친다. 핀 숯이 우리 모두의 얼굴을 벌겋게 달구고 있다.

이따금 목사나 장로나 교회 전반의 부패를 지적하는 사람들이 나타난다. 그런데 십중팔구는 비난의 포화를 맞고 쫓겨난다. 왜 우리는 성경이 가르치는 대로, 그리스도께서 말씀하신 그대로 실천하려는 사람들을 교회파괴세력으로 몰고 사탄의 추종자로 낙인찍는가? 정죄하면 안 된다고 말들은 잘하더니 정죄하는 그 사람을 다시금 정죄하기는 왜들 그리 잘하는지……. 그렇게 정죄하는 나는 주 예수를 신실하게 따르는 사람이며 매사에 말씀대로 순종하며 언제나 주님의 몸 된 교회를 세우기 위해 불철주야 노력하는 사람인가? 바울이 우리 시대에 살았으면 빨갱이 소리를 들었을지도 모른다.

용서가 우리를 망친다. 회개 없는 용서, 회개의 열매를 동반하지 않는 값싼 용서, 세상 사람들처럼 남들이 모르게 덮어 주는 위선의 용서, 그래서 하나님의 용서와 구원에는 이를 수 없는 거짓 용서가 우리를 멸망으로 몰고 간다. 용서가 그렇게 가벼운 것이었다면 하나님이 왜 당신의 독생자를 세상에 보내셨을까? 우리 주님이 십자가에서 죽으실 필요도 없었을 것이다. 용서가 가벼워 삶이 변하지 않는다. 회개와 용서에 관심이 없다. 오늘날 수많은 교회의 수많은 사람들이 겉으로는 성도라 부르며 교제를 나누면서도 회개와 용서에 이르도록 돕지는 않는다. 그것은 성도의 교제가 아니라 서로를 원수로 대하는 것이다. 주님은 원수를 위해 축복하고 기도하라 하셨는데 우리는 형제자매라 하면서 그 정도도 하지 않는다. 서로가 이미 원수가 될 줄 모르기 때문일까?

마지막 때에 꼭 해야 할 사랑

우리 시대는 사람을 높이는 시대다. 인권이 그 어느 때보다 중요해졌다. 갖은 예의를 갖추어 인격을 존중한다. 남의 인격을 존중하는 내 마음에는 나 역시 그렇게 존중을 받아야 할 훌륭한 존재라는 인식이 늘 함께 있다. 무척이나 세련된 시대라 웬만한 교회는 이미 상류사회 뺨치는 매너를 갖추고 있다. 처세술도 많이 좋아져 교회에서 잘만 배우면 이 험한 세상 너끈히 살아갈 수 있을 정도다.

그런 사회에서 중요한 것은 내 체면이다. 사람들이 나에 대해 갖는 평판, 나의 위신이 그 무엇보다 소중한 시대다. 존엄한 인간. 불신자와 다르게 우리는 사람이 하나님의 형상이기에 존엄하다 믿는데 어떻게 된 영문인지 존엄한 인간만 남고 우리를 존엄하게 하시는 하나님은 계시지 않는다(마 23:16-22). 덕분에 성도의 교제도 많이 복잡해졌다. 사생활이 조금이라도 노출되면 명예훼손 운운한다. 그런 일에 잘못 걸리면 인생 망친다. 지켜야 할 명예가 뭐 그리도 많은지. 하나님 앞에서는 다 더러운 죄인들 아닌가? 이 벌레 같은 날 위해 십자가를 지셨다고 노래는 잘들 부르더니만.

세상 사고방식이 교회에 쓰나미처럼 밀려 들어왔다. 뒷문으로 몰래 들어온 게 아니다. 앞문을 열고 들어와 강단을 통해 본당 구석구석으로, 텔레비전 모니터를 통해 별관까지 퍼져 들어간다. 너도나도 다 알고 있는 상식이니 아멘도 쉽게 나온다. 그렇게 성도들의 마음을 장악한 세상 가치관이 말씀을 왜곡한다. 읽는 말씀, 듣는 말씀을 모두 뒤튼다. 특히 수직은 모르는 유교식 문화에 너무 길들여 있다. 사람들 앞에서 비난을 들으면 길길이 뛰면서 하나님 앞에서 회개하고 영생을 얻는 일에는 별 관심을 두지 않는다. 바른 소리 하다가 욕 좀 먹으면 어떤가? 자리에서 쫓겨나도 주님만 기쁘시게 하면 되지 않은가. 주님도 기뻐하시고 사람들도 좋아한다면 금상첨화겠지만 세상은 그렇지 않다. 하나를 택할 수밖에 없다. 코람 데오냐 코람 호모냐, 선택은 내가 한다. 그리고 책임도 내가 진다. 그릇은 모두가 본다. 하지만 영원한 생명은 오직 보배를 발견하는 자에게만 주어진다.

그리스 신화에 보면 사람이었다가 신이 된 자들이 많이 등장한다. 인간이 가진 온갖 부패성을 그대로 간직한 채 올림포스 산에 올라 불멸의 특권을 얻고 무소불위의 권세를 휘두르는 자들이다. 이 신들이 인간의 도덕적 타락을 부추겼다. 간통, 근친상간, 동성애는 기본이고 온갖 탐욕, 속임수, 이간질, 폭력의 죄를 앞장서서 지음으로써 인간이 따라할 못된 본을 잔뜩 보여주었다. 우리 시대에도 그렇게 신의 자리에 오른 높으신 분들이 참 많다. 신이 되는 방법은 간단하다. 회개하지 않고 용서받는 것이다. 그런 특권을 두어 번 누리고 나면 이제 아무도 손댈 수 없는 경지에 오르게 된다. 그렇게 신이 된 자들이 오늘날 교회를 타락시키고 있다. 간음, 탐욕, 허영, 쾌락, 권력남용, 거짓말 등의 죄를 앞장서 지음으로써 이방 잡신들의 권능을 과시하고 있다. 교인들은 교인들대로 또 이들을 정성으로 섬긴다. 신들이 본을 보인 대로 죄도 열심히 따라 짓는다. 나도 눈이 있고 코도 있고 입도 있지만 우상숭배에 빠져 이제 못 보고 못 듣고 말도 못한다. 할 줄 아는 말이라고는 '할렐루야', '아멘'이다. 신이 된 목사와 감각이 마비된 교인이 그렇게 함께 달려간다. 독일의 철학자 포이어바흐는 『기독교의 본질』이라는 책에서 신은 인간이 만들어 낸 고안품이라 주장한 바 있다. 하나님의 은혜를 경험하지 못한 불쌍한 인간의 절규인 줄 알았는데 오늘 교회를 휘 둘러보니 포이어바흐가 예언자였다는 느낌마저 든다.

언제부터인가 교회에 축복의 말이 많아졌다. 목사도 강단에서 교인을 축복하고 교인들끼리도 대화에 '축복합니다'를 붙여야 신실한 사람처럼 보인다. 우리가 다 말씀을 백 퍼센트 순종하며 살고 있다면 입으로 하는 축복도 헛되지 않을 것이다. 그렇지만 오늘 우리의 도덕적 현실을 보면 꾸지람과 징벌이 더욱 필요함을 느낀다. 그런 형편에 꾸짖지 않고 벌도 안 주면서 말로만 복을 선포하는 것은 말로 감각을 마비시켜 영원한 파멸로 몰고 가는 일이 될 수도 있다. 이것이 바로 말과 혀로만 하는 사랑이다(요일 3:18). 주님은 원수를 축복하라 하셨다. 원수는 나와 관계가 끊어진 사이이기 때문에 권고도 책망도 불가능하다. 따라서 축복하고 기도하는 것이 전부다. 하지만 형제는 그렇지 않다. 꾸짖어야 한다. 날마다 서로 권고해야 한다(히 3:13). 사랑과 선행을 실천하는 경우라면 힘을 북돋아야 하겠지만 잘못했다면 따끔하게 꾸짖어야 한다(히 10:24, 딤전 5:20). 꾸지람이 그 사람으로 하여금 회개하게 만든다면 그 꾸지람이야 말로 가장 멋진 축복의 말이 될 것이다. 행동하는 나의 참 사랑이 그 사람의 많은 죄를 덮기 때문이다(요일 3:18).

베드로는 뜨겁게 서로 사랑하라 명령하기 전에 모든 것의 마지막이 가까웠다고 경고한다. 지금은 그때보다 2천 년이나 더 가까워졌다. 그러니 정신을 바짝 차리고 기도해야 한다. 사랑을 위해 기도

5.

이스라엘 건국은 예언의 성취인가

더욱 좁아질 십자가의 길을 내다보며

기독교 목사의 이스라엘 사랑

팻 로버트슨(Pat Robertson, 1930-)은 미국 남침례교 목사로 세계적으로 알려진 사람이다. 대중설교가로 유명세를 탄 뒤 기독교 방송 네트워크(Christian Broadcast Network, CBN)를 설립해 영향력을 키웠고 보수적인 정치색을 띤 단체도 여러 개 만들어 운영하고 있다. 버지니아 주에 리젠트 대학교(Regent University)를 세워 수십 년째 총장 겸 최고경영자로 재직하고 있다. 상원의원이었던 아버지의 영향인지 정치 일선에도 종종 나섰는데 1988년에는 공화당 대통령 후보 경선에 출마해 아버지 부시와 맞선 적도 있다. 로버트슨은 한국전쟁 참전 용사이기도 하다. 한국 및 일본에서 후방 보급병으로 복무했는데 마치 일선 전투에 참여했던 것처럼 글을 썼다가 한 국회의원에게 공개망신을 당하기도 했다.

로버트슨은 각종 자연재해를 하나님의 저주라 선언해 유명세를 탔다. 2005년 허리케인 카트리나가 미국 남부지역을 덮쳐 2천 명 가까운 사람이 목숨을 잃자 미국의 낙태정책에 대한 하나님의 심판이라 선언했고, 2010년 아이티에서 지진이 나 십만 명 이상이 죽었을 때는 아이티를 건국한 사람들이 마귀와 계약을 맺었기 때문에 저주를 받은 것이라고 주장했다. 하나님께 계시를 받았다면서 여러 가지 예언도 했는데 1982년에 예수 재림이 있을 것이라고 예언했다가 불발된 일도 있고, 2007년 핵폭발에 버금가는 대규모 테러가 날 것이라고 했다가 아무 일 없이 지나가자 하나님의 백성이 기도해 하나님이 자비를 베푸신 것이라 둘러댔다. 몇 년 전에는 배우자가 치매에 걸리면 버리고 재혼해도 괜찮다는 주장을 해 구설수에 올랐는데 그 발언 이후 이분 부인이 재혼을 했는지는 아직 확인이 안 되고 있다. 개인적인 인맥과 영향력을 바탕으로 세계 곳곳에서 사업을 벌여 돈도 많이 벌었는데 개인 재산이 적게는 수천만 달러에서 많게는 일억 달러까지 될 것으로 추정된다. 미국 부자 목사 랭킹으로 현재 2위다. 미국 번영복음의 주역인 로버트 슐러와 가까운 친구로 팔십 중반을 넘긴 지금도 정정하니 소위 삼박자 축복 가운데 건강과 재물 두 가지는 확실하게 받은 셈이다.

2004년 10월 로버트슨은 사천 명의 관광객을 이끌고 이스라엘을 방문했다. 이스라엘을 지지하는 복음주의 기독교 단체가 해마다 주관해 오던 행사였는데 그 해에는 때마침 가자 지구에서 로켓이 날아오고 있어서 이스라엘을 향한 각별한 애정을 과시할 수 있었다. 로버트슨은 일요일 오전 예루살렘 컨벤션 센터에 모인 사천 명의 관광객들에게 일장 연설을 했다. 그 자리에는 이스라엘 고위 관료들도 많이 참석해 있었는데 사실 그 사람들 들으라고 한 연설이었다. 그는 유대 민족의 역사를 하나님의 기적으로 소개하고 또 이스라엘이 단기간에 이룩한 눈부신 발전을 간략하게 칭찬한 다음 구약성경에 나오는 에스겔의 예언을 몇 구절 인용했다.

> 내가 너희를 열국 중에서 취하여 내고 열국 중에서 모아 데리고 고토에 들어가서…… 새 영을 너희 속에 두고 새 마음을 너희에게 주되…… 너희로 내 율례를 행하게 하리니 너희가 내 규례를 지켜 행할지라. 내가 너희 열조에게 준 땅에 너희가 거하여 내 백성이 되고 나는 너희 하나님이 되리라(겔 36:24-28).

> 나 주 여호와가 말하노라. 내가 너희를 모든 죄악에서 정결케 하는 날에 성읍들에 사람이 거접되게 하며 황폐한 것이 건축되게 할 것인즉 전에는 지나가는 자의 눈에 황무하게 보이던 그 황무한 땅이 장차 기경이 될지라. 사람이 이르기를 이 땅이 황무하더니 이제는 에덴동산 같이 되었고 황량하고 적막하고 무너진 성읍들에 성벽과 거민이 있다 하리니 너희 사면에 남은 이방 사람이 나 여호와가 무너진 곳을 건축하며 황무한 자리에 심은 줄 알리라. 나 여호와가 말하였으니 이루리라(겔 36:33-36).

그런 다음 로버트슨은 말을 이었다.

> 신사 숙녀 여러분, 복음주의 그리스도인들이 이스라엘을 지지하는 이유는 모세의 말과 이스라엘 옛 선지자들의 말이 하나님의 영감으로 된 말씀이라 믿기 때문입니다. 우리는 하나님이 아브라함, 이삭, 야곱에게 약속하신 그 땅에 유대인 국가가 생겨난 것이 하나님의 섭리라 믿습니다.

우리는 하나님이 이 나라에 특별한 계획을 갖고 계시며 그 계획은 지구상의 모든 나라에 복이 될 것이라 믿습니다.

놀라운 주장이다. 현대 이스라엘은 인구의 3/4이 유대교 신자인 유대인들의 나라다. 나머지 1/4 중에도 무슬림이 반 이상이며 기독교인은 전체인구의 2퍼센트밖에 되지 않는다. 그런데 로버트슨은 이 나라의 건국이 성경 예언의 성취라 선언한다. 그러면서 기독교 목사로서 유대교와의 깊은 유대감을 과시한다. 로버트슨은 시내 산에서 모세에게 말씀하신 그 하나님이 저도 믿고 있는 '우리 하나님'이라 하면서 "거룩한 땅에 유대인의 주권이 지속되고 있다는 사실은 성경의 하나님이 살아 계시고 당신의 말씀이 진리임을 보여주는 또 하나의 든든한 방벽"이라 주장했다. 그러면서 이스라엘 사람들을 향해 "우리 함께 우리 하나님을 섬깁시다" 하고 제안했다.

처음 유대인에게 별 관심을 두지 않던 로버트슨이 언제부턴가 이스라엘 편을 들기 시작하더니 곧이어 유대인보다 더 강력한 시온주의자가 되었다. 이름하여 '복음주의적 시온주의자'다. 그런데 이 연설은 로버트슨의 급격한 변신을 고려한다 하더라도 유대인 및 유대교에 지나치게 호의적인 느낌을 준다. 불과 한 해 전 미국 매사추세츠의 유대인 회당에서 연설할 때는 이스라엘을 지지하는 이유가 이츠하크 라빈이나 벤저민 네타냐후 같은 유대교 지도자들하고 친하기 때문이지 신학적인 이유가 아니라고 분명히 밝히지 않았던가. 그런데 예루살렘에서 행한 이 연설에서는 이스라엘이 중동지역의 유일한 민주국가라는 점도 언급했지만 유대인이 하나님의 백성이요 이스라엘 건국이 하나님의 언약의 성취라는 점을 더 강조하고 있다. 이 무렵 로버트슨이 운영하던 기독교 방송국이 갈릴리 현지 생방송 사업 및 기독교 센터 건립을 추진하고 있었고 이 연설 직후 이스라엘 당국이 갈릴리 북부 지역의 수십 에이커 땅을 그 방송국에 무상으로 임대하기로 결정했지만, 그것은 참외밭에서 신발 끈 묶은 정도의 우연이었을 것이다. 아무려면 목사라는 사람이 사업 좀 하자고 신학까지 바꾸었겠는가.

로버트슨은 또 이 날 연설에서 팔레스타인 땅은 하나님이 유대인에게 주신 땅이기 때문에 나누어서는 안 된다고 주장했다. 따라서 이스라엘은 요르단 강 서안 지구와 가자 지구에 유대인 정착촌을 계속 건설해야 한다 하였고 동예루살렘을 여호와와 알라 사이의 전쟁터로 규정하면서 이스라엘은 그 땅을 절대 아랍 사람들에게 빼앗겨서는 안 된다고 힘주어 말했다. 로버트슨은 이스라엘이 위험해진다는 이유로 팔레스타인의 독립국가 건설도 강력 반대한다. 그래서 2005년 이스라엘 수상 아리엘 샤론이 가자 지구 철수계획을 발표했을 때 즉각 비판하는 성명을 냈고 얼마 뒤 샤론이 뇌졸중으로 쓰러지자 하나님의 심판이라며 독설까지 퍼부었다. 이 독설 때문에 이스라엘 당국이 땅 무상임대 계획을 취소하여 결국 성지 생방송 프로젝트도 무산되었다. 하지만 그날 했던 연설 자체는 두 번의 기립박수를 받았고 이후에도 상당한 호응을 불러일으켰다. 이 연설문은 지금도 로버트슨의 개인 홈페이지에 실려 있다.

이스라엘 건국을 염원한 교회

1948년 5월 14일 팔레스타인 땅에 이스라엘이라는 나라가 세워졌다. 현대 이스라엘의 건국은 전 세계에 엄청난 충격을 주었다. 정치, 경제적인 변화가 첫째다. 오랜 세월 아랍 사람들이 주로 살던 땅에 다른 종교를 가진 다른 민족이 나라를 세웠다. 주로 이슬람교인이던 팔레스타인 사람들은 대대로 살아오던 땅에서 쫓겨나 요르단 강 서안 및 가자 지구에서 수십 년째 난민으로 살아가고 있다. 처음 칠십만 정도였는데 지금은 오백만 명 이상으로 늘었다. 이스라엘 건국 이후 오늘까지 중동지역에서는 이스라엘과 아랍 국가들 사이에 크고 작은 분쟁이 이어지고 있다. 팔레스타인 사람들과 이스라엘 사이의 분쟁은 아예 일상사처럼 되어 버렸다. 이스라엘이라는 신생국가 하나가 중동지역 정세를 주도한 지 오래고 이스라엘의 주변상황이 원유가를 비롯하여 세계 경제 환경에 막대한 영향을 미친다. 최근 들어서는 미국 및 서방의 개입으로 이스라엘 주변의 아랍 국가들이 국가붕괴 수준의 혼란에 연이어 빠져들고 있다.

이스라엘의 건국은 정치, 경제, 국제관계뿐 아니라 기독교 신학에도 강력한 영향을 미쳤다. 이스라엘이 건국되자 전 세계에 흩어져 살던 유대인들이 대거 유입되었고 이 현상은 로버트슨의 주장처럼 마치 하나님이 구약성경에서 수천 년 전 예언하신 일이 역사 현장에서 그대로 이루어지는 것 같은 느낌을 주었기 때문이다. 지금까지 기독교 신학은 이스라엘 백성이 옛 땅으로 돌아갈 것이라는 구약의 약속을 그리스도 중심으로 해석해 왔다. 그리스도는 신약뿐 아니라 구약에서도 주인공이라고 우리는 고백한다. 하나님이 구약성경에서 이스라엘 백성에게 주신 언약은 약속대로 오신 메시아를 믿고 받아들인 무리 곧 교회를 통해 성취되었고 또 완성될 것이라는 것이 교회의 확고한 입장이었다. 고토 회복의 약속 역시 세계 각지의 사람들이 그리스도를 믿어 하나님 나라 백성이 될 것을 미리 말씀하는 것이라 보았다.

> 또 너희에게 이르노니 동서로부터 많은 사람이 이르러 아브라함과 이삭과 야곱과 함께 천국에 앉으려니와(마 8:11).

> 사람들이 동서남북으로부터 와서 하나님의 나라 잔치에 참석하리니(눅 13:2).

주님의 이 말씀이 고토 회복의 예언을 해석하는 핵심 근거였다. 유대인들이 흩어졌다가 다시 팔레스타인 땅으로 모이는 게 아니라 전 세계 각지의 많은 사람들이 그리스도가 왕이신 하나님 나라 백성이 된다는 뜻이다. 그런데 이스라엘 건국이 그 입장을 뿌리부터 흔들기 시작한 것이다.

로버트슨이 인용한 에스겔 구절은 수많은 예언 가운데 하나다. 에스겔이 가장 많이 전하고 있지만(겔 11:17, 20:34, 41, 28:25, 34:13, 36:24, 37:21, 38:8, 39:27), 오래 전 모세도 비슷한 예언을 했고(신 30:1-5), 이사야(사 11:12, 14:1, 56:8), 예레미야(렘 3:18, 29:14, 31:23), 아모스(암 9:15), 미가(미 2:12, 5:7-8), 스가랴(슥 10:6) 등 여러 선지자도 같은 내용을 예언했다. 성령을 주시겠다는 약속과 하나님 말씀을 순종할 수 있게 해 주시겠다는 약속도 들어 있지만 오늘날 사람들의 관심을 끄는 것은 본토 귀환 및 나라 재건이다. 당장은 바벨로니아 포로생활을 끝내고 귀환할 것이라는 약속이면서 동시에 먼 훗날의 일을 두고 말씀하신 것 같은 예언이다. 전 세계로 흩어졌던 이스라엘 백성이 하나님이 약속하신 그 땅으로 모여 나라를 세울 것이라는 약속이니 현대 이스라엘의 건국과 이후의 과정을 두고 볼 때 수천 년 뒤에 일어난 이 사건을 두고 말씀하신 것처럼 보인다. 구약 예언은 대부분 내용이 희미하여 신약의 안경을 쓰지 않으면 제대로 보이지 않는데 본토 귀환 및 나라 재건의 약속은 이루어지는 순간에 보니 그런 안경 없이도 얼마든지 확인이 가능할 정도로 내용이 자세하고 또 정확한 것 같다.

유대인들은 당연히 이스라엘의 건국을 하나님 예언의 성취로 본다. 그들에게는 오직 유대인만이 하나님의 백성이요 하나님이 이스라엘에게 주신 약속 또한 오늘날 유대인들에게 그대로 적용된다. 예수는 메시아가 아니다. 유대인의 메시아는 아직 오시지 않았다. 그런 점에서 유대인들은 자신들을 당신의 백성으로 택하신 하나님을 1948년 이후 더욱 굳게 믿게 되었을 것이다. 유대인의 나라가 회복되었으니 이제 유대인의 메시아도 곧 오실 것이다. 이스라엘의 건국은 그리스도와 무관한 구약 해석이 더 옳다는 것을 결정적으로 입증함으로써 지난 2천 년 동안 펼쳐 온 기독교의 구약 해석이 엉터리임을 폭로하고 있지 않은가? 이스라엘 건국은 기독교 신학계에 떨어진 일종의 핵폭탄인 셈이다.

사실 교회 내에도 구약성경을 문자 그대로 수용하여 고토 회복

및 나라 건설의 예언을 실제로 지상에 건설될 나라를 가리키는 말씀으로 보는 이들이 있었다. 기독교 신학의 틀을 유지하면서도 그 예언을 하나님 나라에 관한 예언이 아닌 실제 유대인 나라의 건설로 보는 입장으로서 그리스도의 초림보다 재림에 초점을 맞춘다. 대표적인 경우가 전천년설(premillennialism) 곧 천년왕국 이전에 그리스도가 재림하신다는 이론이다. 이들은 그리스도께서 재림하신 후 영원 상태가 시작되기 전 실제로 천 년 동안 이 땅을 통치하실 것이라 믿는다. 이스라엘 국가는 그 통치를 위한 준비인 셈이다. 이 사상은 신구약 중간기의 유대교 묵시문학으로부터 영향을 크게 받았다. 유대교 묵시문학에 보면, 현 세대가 지나고 다음 세대가 올 때 메시아의 나라가 이 땅에 세워지고 이스라엘 국가의 황금기가 도래할 것이라는 기대가 많다. 니케아 공의회 이전의 교회에서는 이런 전천년설이 강했고 순교자 유스티누스, 이레나이우스, 테르툴리아누스 등 저명한 교부들이 대부분 전천년 종말론을 견지했다.

지상의 이스라엘 국가 개념은 중세 천 년 동안 잠잠하다가 종교개혁 이후 다시 꿈틀거리기 시작했다. 유대인의 고토 회복 약속을 문자 그대로 보는 관점이 되살아나면서 근세 유럽에서는 유대인의 나라를 실제로 세우고자 하는 열망이 끊임없이 표출되었다. 존 오웬(John Owen, 1616-1683)을 비롯한 영국 청교도들은 이스라엘 재건을 위해 뜨겁게 기도했다. 존 웨슬리의 동생으로 수많은 찬송가를 지은 찰스 웨슬리(Charles Wesley, 1707-1788)는 유대인의 귀환을 바라는 기도문도 지었다. 이런 흐름은 미국에까지 이어져 뉴잉글랜드 부흥운동을 주도한 조나단 에드워즈(Jonathan Edwards, 1703-1758)도 이스라엘 백성의 고토 귀환을 바라보았다. 하지만 이스라엘 국가에 대한 이들의 관심은 그리스도의 재림을 고대하는 마음에 다름 아니었다. 이스라엘 국가가 먼저 재건되어야 그리스도가 다시 오실 것이라 믿었기 때문이다.

> 내가 이스라엘 자손을 그 간 바 열국에서 취하며 그 사면에서 모아서 그 고토로 돌아가게 하고 그 땅 이스라엘 산에서 그들로 한 나라를 이루어서 한 임금이 모두 다스리게 하리니…… 내 종 다윗이 그들의 왕이 되리니 그들에게 다 한 목자가 있을 것이라(겔 37:21-22, 24).

앞부분은 문자 그대로 풀고 뒷부분은 비유적으로 푼 경우지만 어쨌든 유대인이 옛 땅에 모여 나라를 세우면 다윗으로 비유된 그리스도가 오실 것이라는 뜻처럼 보인다. 이 예언은 그리스도의 오심으로 이미 성취되었지만 시제가 미래형이라 그런지 그리스도께서 오신 이후에도 여전히 예언으로 인식되었고 결국은 재림에 대한 예언으로 둔갑하고 말았다. 이 구절 외에도 나라의 재건과 왕의 도래를 연결한 구절이 많다(렘 23:3-4, 5-8, 사 60:1, 4, 미 5:2-3, 7-8). 재림을 향한 기대 외에 유대인의 구원을 바라는 마음도 컸다. 이들은 본토로 귀환한 유대인 대부분이 기독교로 개종할 것이라 기대했다. 이스라엘의 불신으로 이방인이 구원을 받은 다음 "온 이스라엘이 구원을 얻으리라" 한 바울의 말을 그렇게 보았기 때문이다(롬 11:25-27).

이들의 열망이 현실적인 가능성으로 등장한 것은 19세기의 일이다. 우선 전천년설이 기독교 내 종말론의 주류로 자리를 잡으면서 팔레스타인 땅에 유대인의 나라를 세우려는 구체적인 노력이 시작되었다. 이 운동의 정신적 지주가 된 것은 전천년설의 한 분파로 등장한 세대주의(dispensationalism)였다. 존 넬슨 다비(John Nelson Darby, 1800-1882)가 내세우고 『스코필드 관주성경』(*Scofield Reference Bible*)을 통해 널리 퍼진 이 세대주의는 우선 하나님이 여러 세대에 각각 다른 언약으로 역사하셨다고 본다. 이들은 기독교 교회와 이스라엘 민족을 뚜렷하게 구분하여 하나님의 구원 역사는 이스라엘 민족을 중심으로 진행되며 교회는 하나님이 그 과정에서 임시로 사용하신 괄호에 지나지 않는다고 주장한다. 오래 전 이스라엘 민족에게 주신 약속이 문자 그대로 이스라엘 국가의 재건 및 고토 회복으로 성취될 것이고 이들이 고토로 모이게 되면 유대인 전부가 예수 그리스도를 구주로 받아들이고 세 번째 성전을 건축하게 될 것이다. 그러면 그리스도께서 재림하셔서 거기서 천 년 동안 통치하심으로 종말이 시작될 것이라고 그들은 믿었다. 성경을 문자주의 일변도로 이해하는 세대주의는 이스라엘 국가 건설을 그리스도의 재림과 연결시킨 점에서는 기존의 전천년설 입장과 크게 다르지 않지만 교회를 배제하고 유대인을 하나님의 구원 역사의 중심에 세움으로써 교회와 유대인을 보는 관점을 크게 바꾸어 놓았다.

세대주의는 다비의 왕성한 활동과 드와이트 무디(Dwight L. Moody, 1837-1899) 같은 여러 인물들을 통해 미국의 침례교, 장로교 등 주요 교단에 급속히 확산되어 현대 이스라엘 국가의 재건을 꾀하는 기독교 시온주의를 태동시켰다. 이들은 유대인들이 고토 회복을 꿈꾸기도 전에 팔레스타인 땅에 유대인의 나라를 건설할 계획을 세웠다. 이 정서가 기독교 전체에 확산되어 설교자 찰스 스펄전(Charles Spurgeon, 1834-1892)처럼 세대주의를 받아들이지 않은 이들조차도 이 운동에 적극 호응했다. 이들도 물론 유대인의 나라 자체보다는 주님의 재림과 유대인의 대대적인 회개를 기대하는 마음이 컸다. 그렇지만 세대주의가 심은 유대인 중심의 역사관은 이들이 생각한 것보다 깊이 스며들어 있었다. 그 결과 현대 이스라엘의 건국은 그리스도의 재림을 위한 준비가 아니라 구약 예언의 문자적 성취가 되었고, 유대인이 변함없는 하나님의 백성이요 하나님의 구원 역사의 주역임을 보여주는 사건이 되고 말았다.

이스라엘의 건국은 여러 상황이 함께 어우러져 낳은 열매였다. 일등공신은 물론 유대인들 자신이다. 2천 년 동안 유랑생활을 하며 나라 없는 설움을 충분히 겪은 유대인들은 돈과 인맥을 최대한 이용해 여러 강대국에서 다각적인 로비를 펼쳤다. 세계 각지에 흩어져 살던 유대인들은 나름대로 독립 국가를 꿈꾸며 팔레스타인 땅으로 속속 모여들었다. 당시의 정치적인 역학도 크게 작용했다. 근세 들어 서구의 정치, 경제적인 불안정을 해결하는 한 대안으로 유대인 국가 건설이 거듭 언급되었다. 러시아에서 추방당한 유대인 난민을 수용하고 싶지 않았던 유럽의 여러 나라들도 유대인만의 국가 건설을 선호했다. 조지 엘리엇, 허먼 멜빌 같은 작가들도 다양한 이유로 유대인 국가 건설의 당위성을 선전했다. 교회의 신앙과 기도가 그런 모든 일을 위한 큰 배경으로 작용한 셈이다. 오래 전 하나님이 메시아의 탄생을 위해 예비하신 '때의 충만'이 2천 년 뒤 다시 찾아온 것 것일까?(막 1:15, 갈 4:4) 정치, 경제, 사회, 문화의 여러 요소가 주님의 재림을 고대하는 그리스도인들의 열망과 뒤엉켜 인류 역사에 큰 획을 그었다. 신생 국가의 탄생은 전 세계의 정세를 뒤흔듦과 동시에 교회에도 뜻밖의 도전을 던졌고 순수한 바람으로 유대인 국가를 기대했던 교회는 오늘날까지 수십 년째 그 도전과 씨름을 벌이고 있다.

유대인의 위치와 대체신학 비판

이스라엘 건국이라는 현실에 직면하여 가장 먼저 논점으로 떠오른 것은 유대인의 지위였다. 기독교인들이 오랜 세월 유대인의 고토 회복과 나라 재건을 바란 것은 오직 주 예수 그리스도의 재림과 구원의 완성을 고대하는 마음의 표현이었다. 전천년설의 영향이 그만큼 컸다. 그런데 세대주의의 등장과 함께 유대인을 다시금 하나님의 백성으로 보려는 움직임이 시작되었다. 하나님이 아브라함에게 주신 약속이 영원하다는 것이었다. 유대인의 구원을 갈망한 바울의 로마서가 중요한 근거가 되었다.

> 하나님의 은사와 부르심에는 후회하심이 없느니라(롬 11:29).

유대인들이 교회와 무관하게 여전히 하나님의 백성일 것이라는 이 신념이 사실 이스라엘 국가 회복에 또 다른 동력이 되었다. 이런 신념은 세대주의가 널리 퍼진 미국에서 특히 강했다. 하나님의 선민을 보호해야 할 책임감을 강하게 느낀 것이다. 이 입장은 이스라엘 건국 이후 더욱 확고해졌다. 이스라엘의 건국이 유대인을 향한 하나님의 변함없는 사랑을 입증한다고 보기 때문이었다. 미국의 많은 그리스도인들이 하나님이 기독교를 믿는 미국을 최강대국으로 키워 주신 목적이 하나님의 백성 이스라엘을 보호하는 데 있다고 믿고 있다. 지금도 미국의 무상원조 가운데 가장 많은 액수가 해마다 이스라엘로 간다. 오바마 미국 대통령은 임기 말년에 향후 10년 동안 380억 달러(약 40조원)의 무상군사원조를 제공하기로 이스라엘과 합의했다.

그런데 둘 다일 수 있을까? 유대인이 여전히 하나님의 백성이라면 교회라는 괄호는 왜 생긴 것이며, 교회가 아브라함의 참 후손이라면 유대인 핏줄이 구원과 무슨 상관이 있단 말인가? 가지를 잘라 내고 그 자리에 다른 나뭇가지를 접붙였는데 잘라 낸 원가지가 어떤 경로로 어느 위치에서 다시 나무에 붙게 된 것일까?(롬 11:16-24) 교회와 유대인 둘 다 가능하다면, 아예 모든 길이 다 옳다 주장하는 종교다원주의는 왜 안 되겠는가? 결국 신학적 논쟁이 벌어졌고 세대주의자를 필두로 유대인이 영원한 하나님의 백성이라 믿는 사람들은 정통 기독교 신학을 '대체신학'이라는 이름으로 공격하기 시작했다.

대체신학(代替神學, replacement theology, supersessionism)이라니? 대체 뭘 대체했다는 말인가 싶어 살펴보니, 하나님이 당신의 언약을 옛날 이스라엘 백성에게 주셨는데 그것이 지금은 교회로 대체되었다는 말이다. 전에는 아브라함의 핏줄인 유대인이 하나님의 백성이었다면 지금은 그리스도를 구주로 믿는 교회가 아브라함의 후손이요 하나님의 백성이라는 말이다. 하나님이 옛 이스라엘 백성에게 주신 언약이 그리스도를 구주로 믿는 교회 곧 새 이스라엘을 통해 성취되었다는 입장인데, 우리는 이것을 언약신학(covenant theology)이라 부른다. 사도 베드로가 간단명료하게 표현했다.

> 오직 너희는 택하신 족속이요 왕 같은 제사장들이요 거룩한 나라요 그의 소유 된 백성이니(벧전 2:9).

베드로는 구약에서 하나님의 백성을 가리킬 때 사용하던 여러 표현을 산 돌이신 그리스도를 믿는 모두를 향해 사용한다. 교회가 곧 하나님의 백성이라는 것이다. 그리고 유대인들이 다른 민족을 가리킬 때 사용하던 '이방인'이라는 표현을 이제 교회에 속하지 않은 사람들 곧 불신자를 가리키는 표현으로 사용한다(고전 12:2, 살전 4:5, 벧전 2:12). 신약성경이 가르치는 바가 이것 아닌가? 유대인의 성경을 신약의 이런 관점에서 다시 제대로 읽어 옛 언약을 뜻하는 구약(舊約)으로 받아들인 것 아닌가? 그런데 교회가 이스라엘을 '대체'했다 하니 마치 남의 것을 가로채기라도 한 듯한 느낌을 준다. 아닌 게 아니라 교회가 유대인의 복을 강탈했다는 비판도 심심찮게 들려온다.

구약에 나오는 하나님의 언약이 그리스도 안에서 이루어진다는 것, 이는 기독교 복음의 핵심에 속한다. 하나님이 아브라함의 씨를 통해 천하 만민이 복을 받으리라 말씀하셨는데 그 씨가 바로 예수 그리스도다(창 22:18).

> 이 약속들은 아브라함과 그 자손에게 말씀하신 것인데 여럿을 가리켜 그 자손들이라 하지 아니하시고 오직 하나를 가리켜 자손이라 하셨으니 곧 그리스도라(갈 3:16).

이 그리스도 안에서, 다시 말해 그리스도를 약속된 메시아로 믿는 교회를 통해 하나님의 언약이 이루어진다. 그 약속의 핵심은 그리스도의 십자가 죽음과 부활이다. 하나님의 백성 유대인의 거부로 십자가를 통한 구원이 참으로 신비롭게 이루어졌다. 고토 회복의 약속도 마찬가지다. 그리스도께서 세우신 하나님의 나라를 가리키는 말씀이지만 글자 그대로 읽으면 우리 시대에 실제로 일어나고 있는 그 일을 두고 하신 말씀처럼 들린다. 유대인의 나라가 팔레스타인 땅에 건설되고 유대인들이 그리 모여들고 있다. 나라 없이 지내던 민족이 2천 년 뒤에 제 나라를 세우리라고 누가 상상이나 했을까? 인류 역사에서 유례를 찾기 힘든 엄청난 사건이 분명하다. 하지만 이 사건이 구약성경에 나오는 그 예언의 성취라 착각하는 순간, 우리는 신약이 전하는 그리스도와 사도들의 말씀에서 멀어지게 된다.

대체신학? 참 기막힌 이름이다. 교회가 유대인을 대체했다는 뜻이라면 대체신학이 맞다. 사실은 대체가 아니라 완성이지만, 그것을 굳이 대체라 부르겠다면 성경은 온통 대체로 가득하다. 대체 사상은 성경 전체의 주제라 해도 과언이 아닐 정도로 성경에 많이 나온다. 하나님이 당신의 구원 역사를 이어가시는 핵심 원리가 대체를 통한 완성이다. 의인 아벨이 죽자 셋을 대신 주셔서 구원 역사를 이으셨다(창 4:25, 히 12:24). 육신의 아들 이스마엘을 약속의 아들 이삭으로 대체하셨다(창 17:20-21, 롬 9:6-8). 왕국 건설 과정에서도 불순종한 엘리를 폐하시고 충실한 제사장을 대신 세우겠다 하셨는데 처음에는 그게 사무엘인가 싶더니 나중에 보니 그리스도를 두고 하신 말씀이었다(삼상 2:34-35, 2:10, 눅 1:69). 사울을 첫 왕으로 세우신 뒤 폐하시고 다윗을 대신 정통 왕으로 세우셨다(삼상 15:28). 다윗은 성전을 짓고 싶었지만 하나님이 안 된다 하시고 솔로몬에게 대신 하라 하셨다(대상 22:8). 하지만 다윗도 솔로몬도 결국 한계를 보임으로써 우리로 하여금 하나님이 세우실 영원한 나라와 그 나라의 왕이신 예수 그리스도를 바라보게 만든다(대상 22:9-10, 사 9:7).

구원은 본디 처음 것을 새 것으로 대체하시는 방식으로 이루어진다(히 8:1-13). 그 방식 깊은 곳에 하나님의 은혜와 긍휼이 자리 잡고 있다.

> 새 언약이라 말씀하셨으매 첫 것은 낡아지게 하신 것이니 낡아지고 쇠하는 것은 없어져 가는 것이니라(히 8:13).

옛 언약을 새 언약으로 대체하셨다. 처음에 가나안 땅을 안식의 장소로 주셨으나 여호수아가 결국 그들에게 안식을 주지 못했기에 우리는 그리스도께서 주시는 참 안식에 들어가기를 힘쓴다(히 3:7-4:11). 가나안 땅을 약속받은 아브라함도 그래서 영원한 하늘의 본향을 바라보며 살았다(히 11:10, 14-16). 해 아래 새 것이 없다. 오직 하나님이 주시는 구원만이 새롭다. 그래서 새 하늘과 새 땅은 지금의 세상을 대체할 구원의 완성이다(계 21:1). 비판자들이 말하는 대체신학은 이렇게 성경의 핵심이다. 어렵게 볼 것 없다. 기독교 신학이 그냥 대체신학이다. 성경 역사에서 교회가 유대인을 대체했다면, 성경 이후의 교회사에서도 대체는 계속되고 있다. 개신교가 중세 교회의 오류를 바로잡으며 로마교회를 대체했다. 이런 역사는 앞으로도 얼마든지 가능하다. 종교개혁 500주년을 맞는 지금 개신교회의 부패와 타락이 또 한 번의 대체를 요구하고 있음을 두려움 가운데 깨닫는다.

세대주의가 처음 대체신학이라는 개념을 내세웠을 때는 반응이 그다지 좋지 않았다. 기독교의 근간을 부인하는 주장이니 그랬을 것이다. 그런데 제2차 세계대전 중 유대인 대량학살이라는 참극을 겪으면서 교회가 지난 역사를 새로운 눈으로 보기 시작했다. 홀로코스트로 반유대주의의 절정을 경험한 교회는 오랜 세월 동안 이어져 온 유대인 탄압 및 배척의 역사를 심각하게 돌아보게 되었다. 도대체 왜 그런 엄청난 잘못을 저질렀을까? 교회가 하나님의 백성 자리를 차지하면서 유대인을 배척하고 멸시했기 때문이 아닌가? 오늘날 자유주의 진영뿐 아니라 그리스도의 십자가 대속을 믿는 복음주의 그리스도인들 가운데서도 지난 역사의 책임이 유대인을 배제한 대체신학에 있다고 보는 이들이 속속 생겨나고 있다.

천주교는 제2차 바티칸 공의회(1962-1965) 때 발행한 문서 「비그리스도교와 교회의 관계에 대한 선언」(Nostra aetate, 1965)을 통해 예수를 죽인 책임이 지금의 유대인들에게 있지 않음을 밝혔고 유대인들이 '하나님께 배척을 당하거나 저주를 받은 것이 아니다' 하고 분명하게 선언했다. 간접적이지만 유대인이 여전히 하나님의 백성임을 인정한 것이요 따라서 새 언약의 백성인 교회와 아브라함의 후손인 유대인들 사이의 유대가 중요함을 강조했다. 교황 요한 바오로 2세도 1980년 독일 마인츠의 유대인 회당을 방문하여 유대인의 선민 지위를 다시금 확인했고 1997년에는 교황청 성서위원회가 같은 입장을 거듭 천명했다. 문서 발행 50주년인 2015년에는 유대인 전도 금지를 아예 명확하게 선언했다. 대체신학이라는 비판은 수용하지 않으면서 유대인의 선민 지위를 인정했으니 시어머니 말도 맞고 며느리 말도 맞다는 식의 화해를 시도한 셈이다.

'대체신학은 곧 반유대주의'라는 전제 속에 대체신학을 다른 것으로 대체하려는 시도가 교회 안팎에서 꾸준히 일어나고 있다. 미국의 주류 교파인 미국장로교(Presbyterian Church USA)도 1987년 기독교와 유대교 사이의 관계를 명확히 하는 성명서에서 이렇게 밝혔다.

> 우리는 이렇게 믿고 증언한다. 이른바 대체신학은 해로운 것으로서, 교회가 인류를 향한 하나님의 구원을 선포하고자 할 때 반드시 재고되어야 할 이론이다. 이 입장의 성경적, 신학적 근거는 너무나 분명하다. 하지만 우리 시대에 일어나고 있는 사건들을 고려하고 또 대체신학을 재고해야 한다는 신학자 및 성경학자의 수가 점점 많아짐을 고려할 때 지금까지의 전통을 아무래도 다시 바라보아야 할 것 같다.

재미있는 성명서다. 사람들이 대체신학이라는 이름으로 공격하는 그 입장이 성경에 근거한 것임은 인정한다. 그렇지만 지금 일어나고 있는 사건이 워낙 강력하므로 입장을 바꾸어야 하지 않겠느냐 했다. 유대인 대량학살과 그에 대한 역사적인 반성을 두고 하는 말이다. 수십 년 전 문서지만 말씀을 가벼이 여기는 교회의 타협주의를 그대로 보여주는 글이다. 이 입장은 오늘까지 이어지고 있다. 대체신학을 악이요 사탄의 고안품이라 공격하는 사람도 이따금 등장하지만 대부분은 기독교 신앙의 기조를 수정하지 않는 온건한 입장에 선 가운데 유대인을 교회와 별도로 하나님의 선민으로 인정하고자 시도한다. 아무리 온건해도 기본 입장 자체가 성경을 왜곡하지 않고는 불가능하므로 쉬운 작업이 아니다. 천주교에서는 미국의 뉴하우스(Richard John Neuhaus) 신부가 이 운동을 오래 이끌었고 개신교에서는 미국 웨슬리 신학교 교수였다가 최근 에모리 대학으로 옮긴 켄달 술렌(R. Kendall Soulen)이 대체신학을 물리치자고 수십 년째 소리 높여 외치고 있다.

유대인은 누구를 가리키는가?

유대인이 하나님의 백성인지 아닌지 따지려면 유대인이 누구인지 그것부터 물어야 한다. 유대인은 아브라함의 많은 자손 가운데 이삭의 아들인 야곱의 후손을 가리킨다. 처음 이 민족을 가리키던 이름은 이스라엘이었다. 그러다가 이스라엘의 남북분열 후 남유다 왕국이 정통성을 이으면서 유다 지파가 주도권을 쥐게 되었고 바빌로니아에 포로로 잡혀갈 무렵부터는 민족 전체가 유다 사람 곧 유대인이라는 이름을 얻었다(에 3:6, 렘 34:9). 그런데 보통 유대인이라는 말에는 두 가지 뜻이 있다. 하나는 핏줄, 하나는 종교다. 영어로도 둘 다 Jew 또는 Jewish다. 그래서 혼란이 많다. 유대인 핏줄을 타고난 사람은 유대교를 믿지 않아도 유대인이다. 이들은 종교와 무관하게 민족적 유대문화 공동체를 이룬다. 반면, 성경의 라합이나 룻처럼 유대인 핏줄이 아니어도 유대교로 개종하면 또 유대인이 된다. 유대교는 개종을 권장하지 않지만 비유대인이 유대인과 결혼하기 원하거나 이들이 결혼해 자녀를 낳은 경우 개종 절차를 통해 종교적 유대인으로 받아들인다.

유대인은 일차적으로 유대교 신자를 가리킨다. 유대교는 우리가 구약이라 부르는 히브리 성경을 핵심 경전으로 채택한다. 성경에 포함되지 않은 구전법과 성경을 해설한 탈무드 및 미드라시도 중요한 문서다. 이 외에도 오랜 기간에 걸쳐 수많은 사람들이 만들고 편집한 방대한 자료가 유대교 문서에 포함되어 있다. 2천 년 전에는 기독교와 한 몸이었지만 하나님이 약속하신 메시아를 거부함으로써 나뉘었고 2천 년 세월을 보내며 기독교 복음과 거리가 더 멀어졌다. 유대교도 많은 분파가 있는데 크게 정통파, 개혁파, 보수파로 나눌 수 있다. 정통파는 유대교의 교리와 윤리를 옛 모양 그대로 간직하려는 분파로서 전통을 중시한다. 정통파 중에는 하레디처럼 현대문화를 거부하는 초정통파도 있다. 하레디파는 보통 유대인과 달리 현대 이스라엘 국가를 영적 진리의 세속화로 보고 강력하게 반대한다. 개혁파는 자유주의 분파로서 개인의 자율성을 강조하며 일반 사회에 적응하는 일을 중시한다. 보수파는 중간노선을 취한다. 개혁파처럼 사회에 적극 참여하면서도 교리와 생활은 정통파처럼 보수적으로 유지하고자 한다.

핏줄 또는 문화로는 유대인을 크게 둘로 나눈다. 아슈케나지 유대인과 세파르디 유대인이다. 아슈케나지는 독일계가 중심으로 전체 유대인의 약 70퍼센트를 차지하고 세파르디는 스페인계가 중심이며 30퍼센트 정도 된다. 오랜 세월 세계 각 지역에 흩어져 살았기 때문에 지역에 따라 세분하기도 한다. 핏줄로 유대인이 되는 규정은 우선 부모가 다 유대인인 경우 자녀도 자동으로 유대인이 된다. 부모 중 한 사람만 유대인일 경우 정통파와 보수파는 모계혈통을 따른다. 어머니가 유대인이면 심지어 자녀가 다른 종교를 믿어도 유대인으로 인정한다. 어머니가 비유대인인 경우 자녀는 개종절차를 밟아야 유대인이 될 수 있다. 개혁파 유대교는 자유로운 입장을 취해 부모 중 한 쪽이 유대인이고 자녀를 유대인으로 길렀으면 그냥 유대인으로 받아들인다. 트럼프 대통령의 딸 이반카는 정통파 유대교인과 결혼하기 위해 장로교에서 유대교로 개종하여 자녀들도 다 유대인이다. 반면에 클린턴 부부의 딸 첼시는 보수파 유대인과 결혼하면서도 개종은 하지 않고 감리교인으로 남았으므로 자녀를 유대인으로 만들려면 나중에 개종절차를 밟아야 한다.

그렇지만 누가 유대인인지 정확한 정의는 유대인 자신들도 모른다. 민족과 종교가 뒤섞여 더 혼란스럽다. 오랜 세월 동안의 개종 및 통혼으로 피가 많이 섞였다. 유럽 출신 유대인은 겉모습만 보아서는 일반 유럽 사람과 구분하기가 쉽지 않다. 그러니 핏줄을 논하는 것 자체가 어렵다. 천주교에서 유대인 전도 금지를 선언할 때도 유대교 신자를 두고 한 말인지 민족적 유대인을 두고 한 말인지 분명하지 않다. 종교라면 분명하겠지만 핏줄의 경우 유대인 피가 몇 퍼센트 섞인 사람까지 해당되는 것인지 궁금하다. 유대인에 대한 정확한 규정을 내릴 수 없기에 이스라엘 정부가 이민을 받아들일 때도 다양한 규정을 상황에 따라 적용한다. 전에는 부모가 다 유대인이면 다른 종교를 믿어도 이스라엘 시민이 될 수 있었다. 유대교로 개종했지만 진정성을 확인할 수 없어 거절당한 사람도 있다. 지금은 인종보다 종교에 비중을 두고 있어, 기독교인으로 분류되는 메시아 유대교인은 이스라엘

이민이 허용되지 않는다.

유대인은 그대로 하나님의 백성인가? 성경은 마치 유대인이 지금도 하나님의 백성이라고 선언하는 것 같다. 결코 취소될 수 없는 것이 하나님의 은사와 부르심이라고 우리도 믿는다. 우리의 구원이 하나님의 이 신실하심에 달려 있지 않은가. 그래서 사람들이 고민한다. 그리스도를 구주로 믿는 우리가 하나님의 백성이라 배웠는데 그리스도를 거부한 유대인도 여전히 하나님의 백성이라면 도대체 어느 쪽이 옳은가? 둘 다인가, 아니면 하나만인가? 답은 성경에 있다. 유대인이 여전히 하나님의 백성이라 가르치는 로마서 9-11장에 분명히 나와 있다.

하나님은 오래 전 아브라함의 후손을 당신의 백성으로 택하셨다. 그리고 명령도 주시고 약속도 주셨다. 이스라엘 백성은 순종도 하고 거역도 했다. 하나님의 약속과 경고가 유대인들에게 그대로 이루어졌다. 하나님이 주신 많은 약속 가운데 핵심은 메시아 약속이다. 인류 역사 초기 약속하신 여자의 씨가 아브라함의 후손으로 오실 것이라는 약속으로 구체화되었다(창 3:15, 12:2-3).

> 내가 네게 큰 복을 주고 네 씨로 크게 성하여 하늘의 별과 같고 바닷가의 모래와 같게 하리니 네 씨가 그 대적의 문을 얻으리라. 또 네 씨로 말미암아 천하 만민이 복을 얻으리니(창 22:17-18).

아브라함의 씨는 곧 메시아다. 구약의 모든 약속은 메시아를 주시겠다는 이 약속에 집중되며 그 약속은 곧 메시아를 통해 이루어질 구원에 대한 약속이었다. 그 약속을 바라보는 표지로 할례를 비롯한 여러 가지 율법 규정을 주셨다. 이스라엘 백성은 할례, 안식일, 제사 등 율법의 규례를 지킴으로써 약속된 메시아를 기다린 것이다(골 2:17, 히 8:5). 그런데 그 메시아가 2천 년 전에 오셨다. 아브라함의 후손으로 오셨다(롬 9:4-5). 메시아 곧 그리스도가 오셨으니 하나님이 주신 약속이 성취된 것이다.

유대인은 하나님의 백성이 맞다. 그래서 하나님이 약속하신 메시아를 당신의 백성 유대인에게 보내셨다(요 1:11, 마 21:33-37). 그런데 유대인들은 메시아를 거부했다. 유대인이 다 거부한 것은 아니다. 처음 메시아를 믿고 받아들인 사람도 유대인이었다. 그들은 하나님의 약속과 그 성취를 믿었다. 그래서 하나님의 참 백성이 되었다. 그러면 믿지 않은 유대인은 하나님의 백성 지위를 상실한 것인가? 그렇지 않다. 그들은 처음부터 하나님의 백성이 아니었다. 하나님의 백성은 구약 시대에도 오실 메시아를 바라본 사람이었다. 믿음의 조상 아브라함부터 그랬다고 주님이 가르쳐 주셨다.

> 너희 조상 아브라함은 나의 때 볼 것을 즐거워하나가 보고 기뻐하였느니라(요 8:56).

하나님의 언약의 완성을 바라보고 믿음으로 산 수많은 사람들이 구약성경의 역사를 이어왔다. 메시아가 오셨을 때도 하나님의 백성은 메시아를 기뻐 환영했다(눅 1:38, 67-68, 2:25-38). 메시아를 거부한 것은 스스로 하나님의 백성 됨을 거부한 것이다. 누가 하나님의 백성인가? 하나님의 언약을 믿고 따르는 사람이다. 하나님의 구원의 역사는 처음부터 핏줄 아닌 약속을 따라 내려왔다(롬 9:9).

유대인은 원가지다. 우리가 믿는 이 복음을 그리스도가 오시는 날까지 보존해 온 이들이다. 유대인의 나음은 첫째, 말씀을 맡은 점이다(롬 3:1-2). 그리고 양자 됨과 영광과 언약들과 율법을 세우신 것과 예배와 약속들이 있다. 조상들도 유대인이요 무엇보다 그리스도가 유대인으로 나셨다(롬 9:4-5). 하지만 유대인의 다수는 믿지 않았다. 하나님과 하나님의 언약을 믿는 내면 대신 율법의 외적 요소에 치중함으로써 실패했다. 하나님의 의를 따르지 않고 자기의 의를 세우려 하다가 넘어지고 말았다(롬 9:30-10:3). 껍데기 율법은 이방인들뿐 아니라 자신들도 질 수 없던 멍에였다(행 15:10).

바울은 하나님이 유대인을 버리시지 않았음을 거듭 강조하면서 바울 자신이 그 증거라고 주장한다. 무슨 말인가? 자기도 예수를 믿는다는 이야기다(롬 11:1). 하나님이 유대인을 버리셨다면 유대인인 자기가 어떻게 예수를 믿고 하나님의 백성이 되었겠느냐는 말이다. 그러면서 또 엘리야 시대를 보기로 든다. 엘리야 시대 사람들은 대부분 바알을 숭배하여 배도의 길을 갔다. 하나님의 백성 자격을 스스로 거부한 것이다. 그래서 엘리야가 하나님의 백성은 저 혼자 남았다 한탄하자 하나님은 그렇지 않고 7천 명이 더 있다 하셨다. 바알에게 무릎을 꿇지 않은 자가 하나님의 백성이다(롬 11:2-5). 이것이 바울 시대에는 무슨 뜻을 갖는가? 유대인 대부분이 메시아를 거부한다 해도 하나님이 은혜로 남겨 두신 하나님의 백성이 더 있다는 것이다(롬 11:6-15). 예수의 제자들이 그렇고 바울 자신도 한 보기다. 하나님의 부르심은 영원하다.

> 어떤 자들이 믿지 아니하였으면 어찌하리요. 그 믿지 아니함이 하나님의 미쁘심을 폐하겠느뇨. 그럴 수 없느니라. 사람은 다 거짓되되 오직 하나님은 참되시다 할지어다(롬 3:3-4).

하나님은 신실하시다. 아무리 많은 유대인이 불신의 길을 가도 하나님의 신실하심에는 변함이 없다. 바울 시대의 유대인은 대부분 메시아를 거부했다. 그랬기에 바울은 어마어마한 특권을 상실한 동족의 운명을 두고 가슴을 쳤다. 유대인을 향한 하나님의 뜻을 찾고자 몸부림쳤다. 그 가운데 계시로 깨달은 것이 하나님의 구원의 경륜이요 이방인들을 위한 하나님의 섭리다(롬 11:11-15, 25-32). 이방인에게 구원의 길을 주시려고 유대인 다수가 배도의 길을 간 것이다. 그래서 십자가와 부활이라는 구원의 사건이 역사 가운데 일어나게 되었다. 그러면 그것으로 끝인가? 그렇지 않다. 하나님은 유대인을 다시 부르실 것이다. 바울의 소망은 유대인이 믿고 구원받는 것이었다. 택한 백성 자리를 대체한 교회와 무관하게 또 다른 섭리로 구원받는 것이 아니라 하나님의 언약의 성취인 교회로 들어올 것을 기대한 것이다. 그리스도 안에서 유대인과 이방인은 하나님의 백성으로 '한 몸' 곧 '한 새 사람'을 이룬다(엡 2:15-16).

유대인의 지위를 논하는 로마서 9-11장에서 바울의 목표는 오직 하나다. '유대인의 구원'이다(롬 10:1, 11:14). 방법도 명확하다. '그리스도를 믿는 것'이다(롬 9:3, 5, 9:33, 10:4, 9-10). 하나님은 유대인들을 돌이키실 것이다. 유대인들은 다시 접붙임을 받을 것이다. 조건은 무엇인가? '불신앙에 거하지 않는 것'이다(롬 11:23). 거기 머물러 있지 말고 주 예수 그리스도를 믿는 믿음으로 나와 그리스도의 십자가와 부활을 믿어야 한다(롬 10:9-10). 그리스도가 재림하시기 전 유대인들이 대대적으로 회개하고 주께 돌아올 것이라는 예상도 바울의 그런 소망에 바탕을 두고 있다. 바울은 유대인의 지위를 논하면서 고토 회복이나 이스라엘 국가를 단 한 번도 언급하지 않는다. 그것은 동서남북에서 모여올 모든 민족을 향한 약속이기 때문이다. 모든 민족이 그리스도를 믿고 하나님 나라 백성이 됨으로써 고토 회복의 약속이 성취될 때 바울이 꿈꾸고 기도한 바도 하나님의 섭리 안에서 이루어질 것이다.

기독교 복음을 대체신학이라는 이름으로 배척하는 사람들이 유대인은 교회와 별도로 구원을 받는다 주장할 때 금과옥조로 삼는 구절이 바로 로마서 9-11장이다. 참으로 아이러니다. 예수 그리스도를 구주로 믿어야 구원받는다는 명백한 말씀이 바로 이 본문에 담겨 있기 때문이다.

> 네가 만일 네 입으로 예수를 주로 시인하며 또 하나님께서 그를 죽은 자 가운데서 살리신 것을 네 마음에 믿으면 구원을 얻으리니 사람이 마음으로 믿어 의에 이르고 입으로 시인하여 구원에 이르느니라(롬 10:9-10).

누구든지 주의 이름을 부르면 구원을 받는다 한 구약의 약속이 그리스도의 이름을 믿음으로 이루어진다(롬 10:11-13). 이사야가 오래 전

"좋은 소식을 전하는 자들의 발이 아름답다" 한 이유도 그렇게 전하는 사람이 있어야 예수 이름을 듣고 부를 수 있기 때문이다(사 52:7, 롬 10:14-15). 유대인이 핏줄만으로 구원을 받는 것이라면, 그리스도를 거부해도 여전히 하나님의 백성이라면 바울이 왜 그렇게 가슴을 쳤을까? 유대인이 여전히 하나님의 백성이라 주장하면서 로마서를 들먹이는 우리 시대의 학자들을 보면, 하나님이 바울 당시의 유대인들에게 주셨던 '혼미한 심령과 보지 못하는 눈과 듣지 못하는 귀'를 그들에게도 주신 게 아닌가 의심이 된다(롬 11:8).

로버트슨이 매사추세츠 회당에서 연설을 하고 있을 때 유대인 몇 사람이 밖에서 시위를 벌였다. 유대인은 다 지옥에 간다고 믿는 이런 사람은 어떤 이유로든 동지가 될 수 없다는 이유에서였다. 정확하게 잘 보았다. 로버트슨이 그렇게 믿었는지는 알 수 없지만 그가 속한 기독교는 예수를 믿어야 구원받는다고 가르친다. 그것이 복음이다. 우리도 한 가지 물음에 정확하게 답할 수 있어야 한다. 유대인은 그리스도를 믿지 않고서도 구원받을 수 있는가? 만약 그렇다 한다면, 그리스도는 온 인류를 위해 십자가에 못 박히신 게 아니다. 그렇다면 성경은 엉터리가 되고 우리는 헛것을 믿은 셈이 된다. 하나님의 구원 역사도 여전히 구약 시대에 머물러 있게 될 것이다. 유대인도 예수를 믿어야 구원받는다 대답한다면, 유대인이 우리 시대에 교회와 별도로 또 다른 하나님의 백성일 수는 없다. 예수 믿어 구원받는 일에는 유대인이나 이방인이나 차별이 없기 때문이다(행 15:11, 롬 3:29-30, 9:24). 하나님의 백성은 교회 하나뿐이다. 창조 때부터 마지막 때까지 그리스도에게 붙은 모든 사람들이다. 성경 신구약 전체를 아우르는 하나의 주제다.

남은 자의 약속과 이방인의 구원

바울은 유대인이 하나님의 백성임을 이야기한다. 아브라함의 후손이니 일단은 핏줄을 따른다. 하지만 핏줄 단위로 주신 이 혜택이 참 혜택이 되기 위해서는 몸의 할례가 아닌 하나님을 믿는 믿음과 순종이 필요하다(롬 2:28-29). 오직 믿는 사람만이 하나님의 백성이다. 다만 그렇게 믿을 수 있는 기회가 아브라함의 핏줄에게 먼저 주어졌을 따름이다. 언약신학에서 모태신앙인이 누리는 정도의 특권이다. 믿는 부모 아래 태어났기에 나자마자 세례도 받고 언약공동체의 일원이 된다. 참으로 값진 특권이지만 자란 뒤 그 믿음을 저버린다면 세례를 포함한 모든 혜택이 물거품이 되고 만다. 바울은 이 구원의 원리를 남은 자 개념으로 설명한다. 남은 자는 하나님의 구원을 받을 사람이요 이들이 바로 하나님의 백성이다.

> 이스라엘 뭇 자손의 수가 바다의 모래 같을지라도 남은 자만 구원을 얻으리니(롬 9:27, 참고 사 10:22).

이사야가 말하는 남은 자는 당장은 아시리아의 침공 때 포로로 잡혀가지 않은 사람들을 가리킨다(대하 30:6, 34:21, 예레미야 곳곳). 그렇지만 남은 자에 대한 예언은 그 시대를 뛰어넘는다. 바빌로니아에 포로로 잡혀갔다가 믿음을 지켜 본토로 돌아온 사람들도 포함되며 더 멀리는 그리스도를 구주로 믿고 구원받을 사람들을 가리킨다. "은혜로 택하심을 따라 남은 자들"이다(롬 11:5). 믿음 이전에 은혜다. 남은 자는 하나님의 긍휼과 자비의 표본임을 바울은 이사야를 인용해 강조한다(롬 9:23-29, 사 1:9).

이 남은 자가 궁극적으로 누구를 가리키는지 그리스도께 배운 사도들이 알려 준다. 구약 선지자들이 희미하게 말한 것을 사도들은 그리스도를 중심으로 분명하게 가르쳐 주었다. 특히 중요한 것이 선지자 요엘의 예언이다. 요엘은 말세에 성령을 주시겠다는 하나님의 약속을 전한 다음 이렇게 말을 잇는다.

> 누구든지 여호와의 이름을 부르는 자는 구원을 얻으리니 이는 나 여호와의 말대로 시온 산과 예루살렘에서 피할 자가 있을 것임이요 남은 자 중에 나 여호와의 부름을 받을 자가 있을 것임이니라(욜 2:32).

이사야도 비슷한 예언을 전한다(사 37:31-32, 왕하 19:30-31). 피할 자 곧 남은 자는 당장은 아시리아의 침공에서 살아남은 사람들을 가리키지만 참 뜻은 먼 훗날에 있음을 베드로가 가르쳐 준다. 오순절에 성령이 오셨을 때 베드로는 성령에 관한 요엘의 예언에 이어 이 구절을 인용하면서 이 예언이 성취되었다고 선포했다(행 2:14-41). 성령이 오셨으니 그와 함께 예언된 고토 귀환의 약속도 성취된 것이다. 그런데 베드로는 "누구든지 주의 이름을 부르는 자는 구원을 얻으리니"라는 구절까지 인용하고는 잠시 중단한 다음 예수 그리스도를 전했다. 예수의 죽음과 부활의 결과 성령이 오셨으니 이제 모두 예수 그리스도의 이름으로 세례를 받아 죄 사함을 얻고 성령을 받으라 권했다. 그렇게 길게 설명한 다음 요엘의 예언 끝부분을 조금 바꾸어 인용했다.

> 이 약속은 너희와 너희 자녀와 모든 먼 데 사람 곧 주 우리 하나님이 얼마든지 부르시는 자들에게 하신 것이라(행 2:39).

앞에서는 주의 이름을 부르는 모두가 구원을 얻는다 하였다. 그 사람들이 '피할 자'요 '남은 자'다. 여기서는 반대로 주님의 부르심을 이야기한다. 여호와 하나님이 남은 자를 부르신다. 그런데 베드로는 시온산과 예루살렘에 있을 남은 자를 '너희와 너희 자녀와 모든 먼 데 사람'으로 푼다. 똑같이 하나님의 부르심을 받는 자들이다. 지금 청중은 대부분 유대인이다. 그들에게 '먼 데 사람'이라면 바울이 나중에 설명한 것처럼 이방인을 가리키는 표현이다(엡 2:13, 17). 그러니 하나님이 부르실 사람은 유대인과 이방인 모두다. 베드로가 이 무렵 이 말의 뜻을 얼마나 정확하게 알고 있었는지는 모르지만 '얼마든지'라는 말까지 추가한 것을 보면 구원의 문은 이미 모두에게 활짝 열려 있었다. 이사야가 비슷한 예언을 전한 뒤 언급한 '만군의 여호와의 열심'을 생각나게 한다(사 37:32, 왕하 19:31). 주의 이름을 부르는 모두가 구원을 얻는다는 원리부터가 이미 유대인과 이방인을 차별하지 않는다고 바울도 유대인의 구원을 다루는 본문에서 가르쳤다(롬 10:12-13). 남은 자에는 '내 백성 아닌 자'였다가 '내 백성'이 된 사람들도 당연히 포함이 된다(롬 9:25, 호 2:23, 벧전 2:10).

남은 자가 유대인 이방인 구분 없이 그리스도를 믿는 모든 사람임을 알 때 고토 회복의 약속도 제대로 이해할 수 있다. 고토 회복의 약속은 그리스도께서 이루실 하나님 나라에 대한 약속이다. 유대인과 이방인이 함께 이루는 나라다. 그 나라는 모든 '나라와 족속과 백성과 방언에서' 모여온 사람들로 이루어진다(계 5:9, 7:9). 남은 자가 유대인 아닌 모든 민족을 가리킨다는 성경적 근거는 또 있다. 이스라엘 백성이 고토로 돌아가 나라를 재건할 것이라는 수많은 약속 가운데 눈여겨 볼 하나가 아모스를 통해 주신 말씀이다.

> 그날에 내가 다윗의 무너진 천막을 일으키고 그 틈을 막으며 그 퇴락한 것을 일으켜서 옛적과 같이 세우고 저희로 에돔의 남은 자와 내 이름으로 일컫는 만국을 기업으로 얻게 하리라(암 9:11-12).

이어 풍성한 수확에 대한 약속을 주신 다음 다윗 천막의 회복이 구체적으로 무엇을 가리키는지 설명해 주신다.

> 내가 내 백성 이스라엘의 사로잡힌 것을 돌이키리니 저희가 황무한 성읍을 건축하고 거하며…… 내가 저희를 그 본토에 심으리니 저희가 나의 준 땅에서 다시는 뽑히지 아니하리라(암 9:14-15).

유대인의 본토 귀환과 나라 재건이 바로 다윗의 천막을 다시 세우는 일이다(겔 36:36). 다시 뽑히지 않을 것이라면 그것은 영원한 나라다. 이스라엘이 국가로 재건되고 수많은 유대인들이 그리로 모여드는 것을 본 현대의 그리스도인이라면 로버트슨처럼 하나님의 예언이 지금 이루어지고 있다고 생각할 수도 있다. 하지만 이 예언은 2천 년 전에 이미 이루어졌다. 이스라엘 민족이 아직 전 세계로 흩어지기 전에 그리스도의 사도들은 이 예언의 말씀이 성취되었음을 예루살렘에 모인 전체 교회 회의에서 확인했다(행 15:1-21). 이방인의 구원 문제를 다룬 그 회의에서 먼저 베드로가 이방인 고넬료 집안이 성령을 받은 역사적 사실을 보고했다. 곧이어 바나바와 바울이 첫 번째 전도여행에서 하나님이 이방인들 가운데 행하신 수많은 표적을 증언했다. 그런 다음 의장 야고보가 마지막 정리를 하면서 아모스의 이 예언을 인용했다.

> 형제들아, 내 말을 들으라. 하나님이 처음으로 이방인 중에서 자기 이름을 위할 백성을 취하시려고 저희를 권고하신 것을 시므온이 고하였으니 선지자들의 말씀이 이와 합하도다. 기록된 바 이 후에 내가 돌아와서 다윗의 무너진 장막을 다시 지으며 또 그 퇴락한 것을 다시 지어 일으키리니 이는 그 남은 사람들과 내 이름으로 일컬음을 받는 모든 이방인들로 주를 찾게 하려 함이라 하셨으니(행 15:13-17).

주님의 동생 야고보는 오래 전 아모스가 예언한 내용이 고넬료 집안을 비롯한 이방인의 구원을 통해 이루어졌다고 분명히 말한다. 다윗 집의 회복이 바로 이방인 구원을 가리킨다는 말이다. 그 다음 구절에서는 히브리 원문과 야고보가 인용하는 칠십인역이 약간 차이가 있다. 그렇지만 '만국'은 '모든 이방인들'을 뜻하므로 이방인들이 다윗의 장막에 속하게 된다는 뜻 하나는 분명하다. 이들이 바로 '남은 사람들' 곧 하나님의 구원을 받을 사람들이다. 주님이 제자들에게 성경을 가르치실 때 히브리 원문과 더불어 칠십인역도 사용하셨는지는 알 길이 없다. 하지만 요엘이든 아모스든 제자들이 인용한 구약은 모두 주 예수께 배운 것들이다. 사실로 이루어진 이방인 구원의 근거를 성경으로 확인하는 자리에서 야고보는 유대인의 고토 회복과 나라 건설을 내용으로 하는 다윗의 장막 재건의 말씀을 인용했다. 고토 회복의 예언은 온 민족이 동서남북에서 모여와 하나님 나라 백성이 될 것을 가리킨다(마 8:11, 눅 13:29). 유대인들이 팔레스타인 땅으로 돌아간다는 뜻도 아니고 거기 유대인의 나라가 선다는 뜻도 아니다.

한 가지 잊지 말아야 할 것은 본토 귀환 및 나라 건국의 약속이 성령을 주시겠다는 약속과 이어져 있다는 점이다(사 32:15, 겔 11:19, 36:27, 37:14, 39:29, 슥 12:10). 베드로는 오순절에 요엘을 통해 주신 성령의 약속이 성취되었음을 선포했고 예루살렘 회의에서는 하나님이 이방인에게도 유대인과 똑같은 성령의 은혜를 주셨음을 확인했다(행 15:8). 로버트슨이 인용한 에스겔의 예언도 성령 주심을 고토 회복과 연결시키고 있다.

> 내가 너희를 열국 중에서 취하여 내고 열국 중에서 모아 데리고 고토에 들어가서…… 새 영을 너희 속에 두고 새 마음을 너희에게 주되 너희 육신에서 굳은 마음을 제하고 부드러운 마음을 줄 것이며(겔 36:24, 26).

성령을 선물로 받은 사람은 돌 같던 마음이 살 같이 부드러워져 마음에 심겨진 하나님의 말씀을 순종하며 산다(겔 11:19, 고후 3:3). 오순절에 성령이 오셨다는 것은 하나님의 백성이 하나님의 나라로 모여들고 있으며 다윗의 후손 예수 그리스도께서 왕이 되시는 하나님의 나라가 든든히 서 가고 있다는 분명한 증거다. 고토 귀환 및 나라 건설의 약속은 그리스도 안에서 그렇게 이루어졌고 오늘도 이루어지고 있다. 그러면 지금 이스라엘에 모인 유대인들은 성령을 받은 자들인가? 성령은 부활과 승천으로 높아지신 그리스도께서 성부께 받아 우리에게 주시는 선물이다. 그리스도를 구주로 믿는 모두에게 이 선물을 주신다(행 2:33-38). 그리스도를 믿지 않는 유대인들은 당연히 성령을 받을 수 없다. 그렇다면 그들이 세운 나라 역시 하나님의 약속에 대한 성취가 될 수 없다.

고토 회복에 대한 예언을 문자 그대로 이해하는 것은 신약성경의 입장과 양립할 수 없다. 하지만 그리스도를 믿으면서도 그게 가능하다 주장하는 사람이 교회 역사에 적지 않았다. 최근 저명한 복음주의 구약학자요 고든콘웰 신학교 총장을 지낸 월터 카이저(Walter Kaiser Jr.)가 하나님이 아브라함에게 주신 땅 약속이 물리적인 땅에 관한 것이라 주장하여 충격을 준 바 있다. 물리적인 가나안 땅을 유대인에게 영원히 주겠다 약속하셨다면 유대인은 새 하늘과 새 땅이 필요 없다는 말인가? 구약 히브리어만 오래 연구하다가 신약에 히브리서라는 성경이 있는 줄 깜빡한 모양인데, 히브리서 4장은 이스라엘 백성이 가나안 땅을 차지했지만 여호수아가 안식을 못 주었으니 그리스도를 바라보라 하고, 11장은 아브라함이 바라본 것은 물리적인 가나안 땅이 아니라 하늘에 있는 더 나은 본향이었다고 분명히 가르친다(히 4:8, 11:9-16).

이스라엘 건국에 대한 오해

현대 이스라엘의 건국이 정치적으로 엄청난 사건이긴 하지만 그 사건 때문에 하나님의 말씀을 왜곡해서는 안 된다. 세상의 크고 작은 사건을 근거로 성경을 왜곡한 사람들 때문에 교회는 그 동안 적지 않은 혼란을 겪었다. 이스라엘의 건국처럼 신약 없이도 구약을 이해할 수 있게 해 주는 그런 사건이라면 더더욱 경계해야 한다. 구약의 메시지가 신약 없이 저 혼자 술술 풀린다는 것 자체가 이미 잘못이다. 신약의 안경을 쓰고 제대로 볼 때 맨눈으로 보았던 것은 헛것이요 성경의 참 뜻은 다른 내용임을 깨닫게 된다.

이스라엘의 고토 회복과 국가 재건에 대한 예언을 볼 때 한 가지 잊지 말아야 할 것은 이 약속이 하나님이 오래 전 아브라함에게 주신 약속의 연장이라는 사실이다. 하나님은 죄를 지어 타국으로 쫓겨나는 이스라엘 백성에게 다시금 돌아오게 될 것을 약속하시면서 그 땅을 가리켜 "너희 열조에게 준 땅"이라 부르신다(렘 3:18, 겔 20:42). 오래 전 아브라함에게 주신 약속을 가리켜 하신 말씀이다.

> 그날에 여호와께서 아브라함으로 더불어 언약을 세워 가라사대 내가 이 땅을 애굽 강에서부터 그 큰 강 유브라데까지 네 자손에게 주노니(창 15:18).

이 언약은 단순한 땅에 대한 약속이 아니라 하나님이 아브라함과 세우신 구원 언약의 일부다. 하나님은 아브라함의 몸에서 아들이 태어날 것이라 약속하셨고 그 아들을 통한 후손이 하늘의 별처럼 많아질 것이라 하셨다(창 15:4-5). 아브라함은 하나님의 이 약속을 믿어 의롭다 인정하심을 받았다(창 15:6). 이 약속은 아브라함의 후손으로 오실 그리스도에 대한 약속으로 이 약속을 믿는 자들은 모두 아브라함의 후손이 된다(갈 3:6-7). 구원의 약속이기에 하나님은 처음부터 그 땅이 영원히 아브라함과 후손들의 것이 될 것이라고 말씀하셨다(창 13:15). 고토 회복을 약속하실 때도 그 땅을 거듭 영원한 땅이라 부르셨다(렘 25:5, 겔 37:25).

그렇지만 아브라함은 하나님의 약속의 성취를 보지 못했다. 아브라함의 후손들 역시 당장 그 땅을 얻지 못하고 타국으로 가 400년 이상을 고생해야 했다(창 15:13). 그런 다음 하나님의 구원의 은혜로 이집트를 탈출하여 하나님이 약속하신 그 땅으로 돌아왔다. 성경은 이들이 가나안 땅을 완전히 정복함으로써 하나님의 약속이 이루어졌다고 말한다(수 21:43-45). 그렇지만 영원히 가지는 못했다. 이들이 하나님의 명령을 어기고 우상숭배에 빠져드는 바람에 그 땅에서 쫓겨나고 말았다. 모세가 우려하던 하나님 언약의 저주가 실행된 것이다(신 28:58-64). 그렇게 쫓겨난 사람들에게 주신 약속이 바로 고토 회복과 국가 건설에 관한 예언이다. 그 약속은 하나님이 정하신 70년이 지난 후 에스라 느헤미야를 중심으로 일시 성취되었다. 페르시아 각지에 흩어졌던 유대인들이 예루살렘으로 모여 성읍을 재건하고 성전도 다시 지었다. 비록 나라를 이루지는 못했지만 유대인들은 주님이 오실 때까지 팔레스타인 지역에 모여 나름의 공동체를 이루고 있었다. 그렇지만 고토 회복의 예언은 아직 성취를 맛보지 못한 채 여전히 그리스도가 오시기를 기다려야 했다.

때가 되자 하나님이 약속하신 메시아가 오셨다. 오셔서 여호수아가 주지 못한 참 안식을 주시고 하나님이 아브라함에게 주신 언약을 성취하셨다. 하나님이 모세와 선지자들을 통해 약속하신 고토 회복이 그렇게 그리스도를 믿는 사람들을 백성으로 하는 하나님의 나라로 세워졌다. 이 나라는 하나님이 처음 약속하신 대로 영원한 나라다(눅 1:33, 히 1:8, 벧후 1:11). 성경에는 여전히 미래형으로 나오는 예언이지만 그리스도가 오셔서 성취하심으로 이제 과거의 사건이 되었다.

그런데 비슷한 현상이 다시 발생했다. 유대인 다수가 그리스도를 믿지 않았고 그 결과 다시 약속의 땅에서 쫓겨나는 신세가 되고 말았다.

> 예루살렘아, 예루살렘아, 선지자들을 죽이고 네게 파송된 자들을 돌로 치는 자여. 암탉이 그 새끼를 날개 아래 모음 같이 내가 네 자녀를 모으려 한 일이 몇 번이냐. 그러나 너희가 원치 아니하였도다. 보라, 너희 집이 황폐하여 버린 바 되리라(마 23:37-38, 참조 눅 13:34-35).

주님은 예루살렘을 당신의 품에 모으려 하셨지만 예루살렘은 거부했다. 주님은 이 말씀을 하시기 전 이스라엘 백성의 이전 죄악을 지적하셨다. 지난날 왕국 시대에 짓던 죄를 계속 짓는다고 꾸짖으셨다(마 23:29-32). 그 죄에 더하여 곧 주님을 십자가에 못 박는 죄도 지을 것이다(마 23:34). 이 모든 죄의 결과로 이들은 환란을 겪게 될 것이다(마 23:35-36). 주님의 예언대로 예루살렘은 철저하게 파괴되었고 유대인들은 박해 때문에 다시금 온 세계로 흩어지는 신세가 되었다(눅 21:24).

그리스도를 거부한 결과 온 세상에 흩어지게 된 이것도 그럼 언약의 저주인가? 언약의 저주는 하나님이 지난날 당신의 백성에게 말씀하신 징벌 가운데 가장 최종적인 징벌이다. 문제는 대부분의 유대인이 하나님이 약속하신 메시아를 거부함으로써 하나님의 백성 되기를 거부했다는 사실이다. 유대인들 자신이 볼 때는 당연히 언약의 저주이며 따라서 언약의 회복을 꿈꾸는 것이 자연스럽다. 이미 두어 번 이루어진 일이니 앞으로 또 이루어지리라 기대할 수 있을 것이다. 하지만 하나님이 주신 이 언약은 이미 과거의 것으로 그리스도 안에서 완전하게 성취된 언약이다. 가나안 땅 정복과 포로 후 귀환이라는 두 번의 그림자가 지나간 뒤 그리스도께서 실체로 오심으로써 하나님이 약속하신 고토 곧 하나님의 나라가 힘 있게 세워졌다. 주님께서 유대인들이 다시 흩어질 것이라 하시기 전 "사람들이 동서남북으로부터 와서 하나님 나라 잔치에 참석할 것"이라 하셨다(눅 13:28-29). 그리스도께서 단 번에 자신을 드리셨으니 다시는 제사를 드릴 필요가 없다(히 10:18). 하나님의 나라가 이미 섰고 하나님의 백성들이 지금도 그리 모여들고 있다. 교회도 한때 그릇된 신학에 빠져 성경을 오해했고 그리스도의 초림에 대한 예언을 재림에 적용하는 오류를 범했다. 그리스도 안에서 성취된 고토 회복의 약속을 오늘날의 사건에 적용하는 일은 하나님의 말씀을 그리스도가 오시기 이전으로 되돌리는 잘못이다.

현대 이스라엘 국가 건설의 정당성을 구약 예언뿐 아니라 신약

성경에서 찾는 사람들도 있다. 이들은 주님이 들려주신 무화과나무의 비유가 이스라엘 건국이라는 역사적 사건을 가리킨다고 주장한다. 주로 전천년설의 입장으로서 이 또한 성경으로 세상을 바라보는 게 아니라 거꾸로 세상의 사건으로 성경을 왜곡하는 전형적인 경우다. 무화과나무의 비유는 주님의 종말강화 후반부에 나온다. 주님의 재림을 앞두고 거짓 선지자들이 등장할 것이고 대대적인 박해가 일어날 것이며 일월성신에도 큰 변화가 일어난 다음 주님 당신이 영광스럽게 재림하실 것이라 하시고는 이 비유를 들려주셨다.

> 무화과나무의 비유를 배우라. 그 가지가 연하여지고 잎사귀를 내면 여름이 가까운 줄을 아나니 이와 같이 너희도 이 모든 일을 보거든 인자가 가까이 곧 문 앞에 이른 줄 알라(마 24:32-33).

전천년설을 믿는 사람들은 여기 나오는 무화과나무가 이스라엘 국가 또는 유대 민족을 가리킨다고 주장한다. 이 말씀을 들려주신 그날 열매 맺지 못한 무화과나무를 저주해 마르게 하신 일이 있었는데, 이 또한 그리스도를 믿지 않은 유대인을 저주하신 것이라고 푼다(막 11:12-25). 삼 년 동안 열매를 맺지 못한 무화과나무의 비유도 이스라엘을 가리킨다고 본다(눅 13:6-9). 그러면서 주님이 처음 오셨을 때 거부하여 말라 버린 유대인이 주님이 재림하실 때는 연한 가지처럼 부드러워질 것이고 따라서 이스라엘 나라도 세워질 것이라 주장한다.

성경이 이스라엘 민족을 무화과나무 또는 포도나무에 종종 비기고 있으니 전혀 근거가 없는 것은 아니다(호 9:10). 그렇지만 주님이 들려주신 것은 비유다. 전천년설의 해석은 주님이 비유로 들려주신 것을 현실에 그대로 적용하는 잘못이다. 주님은 재림 전에 어떤 사건들이 있을지 미리 알려 주신 다음 사람들에게 그런 일이 일어나기 시작하거든 주님을 맞이할 준비를 하라고 말씀하신다. 무화과나무가 잎을 내면 여름이 온 것을 알듯이 주님이 말씀하신 사건들이 일어나거든 재림을 기억하고 대비하라는 말씀이다. 서쪽 하늘에서 구름이 일면 소나기가 올 것을 예상하고 남풍이 불면 더워질 것을 미리 아는 것과 같은 차원이다(눅 12:54-55). 그래서 같은 말씀을 전하는 누가복음은 이 비유를 무화과나무에 제한하지 않고 '모든 나무'로 확대한다(눅 21:29). 또 전천년주의자들은 열매의 유무를 따지는 반면 주님은 그냥 가지와 잎사귀만 말씀하셨다. 주님은 무화과나무의 비유에 담긴 교훈을 이렇게 구체적으로 가르쳐 주신다.

> 너희는 스스로 조심하라. 그렇지 않으면 방탕함과 술 취함과 생활의 염려로 마음이 둔하여지고 뜻밖에 그날이 덫과 같이 너희에게 임하리라(눅 21:34).

그렇게 덫에 걸리지 않으려면 항상 기도하고 깨어 있어야 한다고 거듭 말씀하셨다(눅 21:36). 천지의 기상을 분별하는 것보다 시대를 분별하는 것이 훨씬 중요함을 일깨워 주신다(눅 12:56). 말씀하신 여러 사건과 난리가 일어나기 시작하거든 얼른 정신 차리고 재림에 대비하라는 말씀이지, 멀리 중동 땅에 무슨 나라가 건국되고 그러면 또 어떤 일이 일어날 것을 말씀하신 게 아니다. 비유는 비유로 풀어야지 현실의 일인 양 풀어서는 안 된다. 무화과나무의 비유는 씨 뿌리는 자의 비유나 알곡과 가라지의 비유처럼 자연물을 이용해 영적인 교훈을 들려주신 것이다.

메시아 유대교의 애매한 역할

이스라엘의 건국을 성경 예언의 성취로 보는 것은 분명 잘못이다. 성경을 올바로 이해하는 사람이라면 고토 회복의 예언이 그리스도의 구원으로 완성되었다고 바로 깨닫고 고백할 것이다. 그런데 우리와 비슷한 신앙을 가졌으면서도 이스라엘의 건국을 예언의 성취로 보고 또 기독교 신학을 대체신학이라 부르며 거부하는 사람들이 있다. 20세기 후반 들어 존재감이 느껴지기 시작한 '메시아 유대교'(Messianic Judaism)다. 이름은 유대교인데 예수를 메시아로 믿는다. 물론 예수라 부르지 않고 '예슈아'라는 히브리어를 쓴다. 핵심 교리는 기독교와 거의 같다. 구약뿐 아니라 신약도 영감 받은 하나님의 말씀이다. 예수를 구주로 믿어야 구원을 받는다. 예수의 수난, 죽음, 부활도 수용한다. 예수는 메시아요 또 하나님의 아들이다 하여 삼위일체도 거의 믿는다. 그래서 대부분 메시아 유대교를 기독교로 분류한다. 이스라엘 대법원도 1989년 메시아 유대교를 기독교의 한 분파로 판결했다. 하지만 본인들은 기독교가 아닌 유대교라고 주장한다. 이들은 예슈아를 믿으면서도 유대교의 관습 및 전통을 거의 그대로 따른다.

예수를 거부하던 유대인이 예수를 메시아로 믿는다니 이보다 반

가운 일이 어디 또 있으랴? 머지않아 이들이 민족 단위의 회개운동을 주도할 것이라 보는 기대도 만만찮다. 그런데 예수를 믿으면서도 계속 유대인으로 남겠다 하니 당혹스럽다. 율법을 지키는 것 자체는 괜찮다. 그것을 지켜 구원을 얻겠다는 것은 아니라 하니 말이다. 예수를 믿는 우리가 설날이나 한가위를 즐기듯 전통 문화로는 얼마든지 좋다. 문제는 유대인이 여전히 하나님의 선민이라는 인식이다. 유대 문화가 친숙해 유대인으로 남겠다는 것이 아니라 하나님의 백성으로서 유대인의 특권을 계속 유지하겠다는 것이다. 예슈아는 하나님이 오래 전 약속하신 그 메시아다. 조상들은 안 믿고 배척했지만 우리는 믿는다. 유대인으로서 믿는다. 그러니 우리가 정통이다. 다시 말하면 유대인의 거부로 이방인이 믿게 되어 생긴 교회는 정통성을 갖지 못한다는 이야기다. 하여 이들도 기독교의 입장을 대체신학이라 부르며 거부한다.

전에는 유대인이 예수를 믿으면 그냥 기독교인이 되었다. 율법을 버리고 복음을 받아들였다. 그런데 19세기부터 개종한 유대인들을 따로 모으는 운동이 시작되었다. 유대인을 효과적으로 전도하겠다는 취지였지만 수가 늘면서 유대인의 종교 관습이나 문화 전통을 그대로 유지하려는 경향이 강해졌다. 할례도 받고 안식일이나 다른 절기도 지킨다. 그런 것으로 구원을 얻는 것은 아니라 하면서도 '유대인다움'을 유지하는 것이 이들에게는 무척이나 중요하다. 그것이 발전하여 이제는 정통 기독교 신학을 대체신학이라 부르며 비판하는 단계까지 왔다. 메시아 유대교를 주도하는 사람 가운데 이런 입장을 가진 사람이 점점 많아지고 있다. 쉽게 말해, 이들은 둘 다 갖고 싶어 한다. 하나님의 선민 유대인의 지위를 누리면서 예수도 메시아로 믿는다. 가능할까? 이들이 운영하는 선교단체 이름이 Chosen People Ministries다. 선민선교? 혼란스럽다. 이미 하나님의 선택을 받은 사람들을 왜 전도한단 말인가?

메시아 유대교를 정확히 이해하기 위해서는 역사적 배경을 알아야 한다. 유대인을 주 예수께 인도하고자 하는 동기에서 시작된 것은 분명하다. 그런데 기독교를 그대로 전하자니 반유대주의 정서가 걸림돌이 되었다. 이런 우려는 홀로코스트 이후 외면할 수 없는 현실이 되었다. 오랜 세월 유대인을 박해하고 최근에는 대량학살까지 자행한 기독교를 유대인에게 어떻게 그대로 전하나? 그런데 찬찬히 살펴보니 예수는 본디 유대인의 메시아였다. 기독교 초기에는 유대교와 조화를 잘 이루었다. 그런데 교회의 주류가 된 이방인들이 유대인을 그리스도를 십자가에 못 박아 죽인 장본인으로 보면서 둘 사이에 벽이 생기기 시작했다. 마르키온(Marcion, 85-160)이 구약의 신은 폭군이요 신약의 하나님은 사랑의 하나님이라 하여 신구약을 분리시키면서 틈은 더 벌어졌다. 이후 교부들이 기독교 보호의 장벽을 쌓음으로써 유대교와 완전히 멀어졌고, 그 결과 교회가 유대인을 조롱하고 박해한 세월이 2천 년 가까이 되었다. 그러니 유대인 신자를 그런 교회에 데리고 들어가느니 유대인으로서 예슈아를 믿게 하는 것이 더 낫다. 그렇게 할 때 유대교의 뿌리에 든든히 서서 하나님과 당신의 백성 사이의 관계를 분명히 알고 더욱 풍성한 열매를 맺을 수 있을 것이다.

이런 정서는 신학의 영역에 그대로 반영된다. 메시아 유대교는 그리스도의 죽음과 부활을 수용한다. 하지만 그리스도의 죽음이 반

유대주의 신학의 근거가 되었다는 점도 잊지 않고 언급한다. 그래서인지 죽음을 말할 때는 언제나 부활도 함께 언급함으로써 죽음을 얼른 건너뛰려 한다. 게다가 그리스도의 죽음을 말하면서도 '십자가'만큼은 웬만해선 언급하지 않는다. 지난 2천 년간 유대인을 멸시와 박해로 몰아넣은 핵심 근거가 그리스도를 십자가에 못 박아 죽인 죄 아닌가. 메시아 유대교의 존재 의미가 반유대주의 정서를 극복하면서 유대인에게 복음을 전하는 데 있다면 다른 것은 몰라도 십자가 하나만큼은 최대한 피하고 싶을 것이다. 메시아 유대교는 십자가도 언급하지 않고 그 십자가에 달리신 분을 그리스도라 부르기도 좋아하지 않는다. 둘 다 그 죄목을 떠올리기 때문이다.

십자가가 문제다. 예슈아를 믿고자 하는 유대인들에게 가장 큰 걸림돌인 이것이 다름 아닌 기독교 신앙의 핵심인 까닭이다. 하나님의 아들이신 예수께서 이 세상에 사람이 되어 오셔서 우리 죄를 대신 지고 십자가에서 죽어 주셨기에 누구든지 주 예수만 믿으면 죄를 용서받고 구원을 얻는다는 것이 기독교다. 십자가 없는 기독교가 가능할까? 십자가가 없다면 그들이 믿는 메시아가 오셔서 뭘 하셨다는 말인가? 이들도 예슈아가 하나님이 약속하신 분임을 강조하고 그분의 고난도 말하지만 그 고난의 내용은 즐겨 언급하지 않는다. 성경은 그리스도의 십자가가 유대인과 이방인을 하나로 엮어 준다고 가르친다(엡 2:16). 그런데 그 십자가를 외면하고서도 이 둘이 하나가 될 수 있을까? 유대인에게 십자가는 처음부터 걸려 넘어지게 하는 것이었다(고전 1:23). 하나님이 구약에서도 이미 그렇게 예언하셨고 주님도 그렇게 가르치셨다.

> 너희가 성경에 '건축자들의 버린 돌이 모퉁이의 머릿돌이 되었나니 이것은 주로 말미암아 된 것이요 우리 눈에 기이하도다' 함을 읽어 본 일이 없느냐. 그러므로 내가 너희에게 이르노니 하나님의 나라를 너희는 빼앗기고 그 나라의 열매 맺는 백성이 받으리라. 이 돌 위에 떨어지는 자는 깨어지겠고 이 돌이 사람 위에 떨어지면 저를 가루로 만들어 흩으리라(마 21:42-44).

바울도 유대인의 구원 문제를 다루면서 이 점을 두 번이나 언급했다(롬 9:33, 11:8-10). 오늘날 유대인은 예슈아를 믿든 안 믿든 건축자들이 버린 돌이 아닌 모든 유대인들의 인정을 받는 돌을 고대하고 있다. 메시아가 처음 오셨을 때는 율법을 의지하다가 걸려 넘어졌다면(롬 9:31-33) 2천 년이 지난 지금은 오랜 세월 쌓인 억압의 역사가 이들로 하여금 다시 십자가에 걸려 넘어지게 만들고 있다.

메시아 유대교 내에서도 십자가에 대한 관점은 계파에 따라 차이를 보인다. 복음주의 기독교와 별 차이가 없이 믿는 사람도 물론 많다. 사실 메시아 유대교인 대부분이 교리 면에서 기독교와 거의 똑같다. 하지만 십자가에 대한 반감이 그 수에 비해 강하고 그 분위기는 점차 확산되고 있다. 게다가 전통 기독교 신학을 대체신학으로 규정하고 또 이스라엘의 건국을 하나님 언약의 성취로 보는 점은 메시아 유대교 전체의 일치된 입장이다. 이 입장은 결국 유대인은 지금도 하나님의 백성이라는 주장으로 이어지므로 다시금 구원 문제 및 그리스도의 사역에 관해 모순에 봉착하게 된다.

메시아 유대교는 유대인이면서 예수를 믿는 자신들이 유대교와 기독교 사이의 가교가 될 수 있다고 믿는다. 하지만 유대교 지도자들은 어림없는 소리라며 단칼에 자른다. 예수를 메시아로 믿는 것은 민족적·문화적 자살행위로서, 예수를 메시아로 받아들이는 순간 전통 유대교와는 즉각 결별하게 된다는 것이다. 신약성경에 비추어 볼 때 유대교 지도자들의 판단이 옳다. 예수를 메시아로 받아들이는 것은 하나님이 구약성경에서 주신 언약이 그리스도 안에서 교회를 통해 이루어진다고 받아들이는 것이니 유대교와의 공존은 당연히 불가능하다. 유대교 지도자들은 메시아 유대교를 경계한다. 유대교와 기독교 사이의 경계를 흐려 놓아 유대인을 유혹하려는 시도로서 소비자 기만에 다름 아니라고 강력하게 비판한다.

교회 입장에서 볼 때는 반대로 유대교의 요소를 너무 많이 갖고 있다. 문화적 요소가 아닌 신앙의 핵심과 관련된 것이다. 유대인을 하나님의 선민으로 보는 의식 자체가 이미 그리스도 이전으로 돌아가려는 시도와 다를 바 없다. 율법을 지키는 것 역시 그런 신념의 결과이므로 이들 역시 바울이 율법주의자들에게 들려준 책망을 피할 수 없다.

> 이제는 너희가 하나님을 알 뿐더러 하나님의 아신 바 되었거늘 어찌하여 다시 약하고 천한 초등 학문으로 돌아가서 다시 저희에게 종노릇하려 하느냐(갈 4:9).

이들은 예슈아라는 메시아를 믿지만 이들이 가진 메시아관은 2천 년 전 유대인들이 가졌던 잘못된 메시아관과 통한다. 그런 구원이라면 유대교에 드는 자들만 구원을 받을 것이다. 이방인 구원의 섭리는 어디로 가는가? 아니면 이방인의 수가 다 차서 이제 다시 유대인으로 돌아간다는 것인가? 어떻게 보면 이들이 기다린다는 예슈아의 재림은 하나님이 구약에서 약속하신 그 메시아의 초림일지도 모른다. 메시아 유대교인들은 대부분 전천년설을 믿는다. 메시아가 재림해서 예루살렘을 수도로 하는 당신의 나라를 세우실 것을 기대하고 있다. 예수님의 제자들이 가졌던 기대를 2천 년 뒤 그대로 물려받은 셈이다. 십자가를 지시지 말라 조언했던 베드로의 입장과 조금도 다를 바가 없다(마 16:32). 메시아 유대교인들은 조상들이 거부한 예슈아를 메시아로 받아들이되 교회에 들어오기는 거부함으로써 하나님의 구원 역사를 2천 년 전으로 되돌려 놓고 있다. 세대주의가 지난 2천 년 기독교 역사를 괄호 안에 넣었다면, 메시아 유대교는 이 괄호를 단숨에 지워 버릴 가공할 지우개가 될 수도 있다. 이 모든 위험이 현대 이스라엘의 건국을 하나님의 예언의 성취로 보는 관점에 담겨 있다.

교회의 잘못과 무거운 책임

메시아 유대교의 번성은 지난 2천 년 동안 교회가 저지른 잘못을 돌아보게 한다. 접붙임을 받은 우리가 감람나무의 원가지였던 유대인을 전적으로 무시하고 외면하고 심지어 박해까지 한 잘못이다. 바울은 이방인 구원의 놀라운 섭리를 깨달으면서 가까운 유대인과 먼 이방인이 십자가로 하나 되어 한 하나님께 나아갈 것을 기대했다.

이는 저로 말미암아 우리 둘이 한 성령 안에서 아버지께 나아감을 얻게 하려 하심이라(엡 2:18).

이방인이 교회를 주도하게 되면서 이 기대는, 멀어진 유대인을 불러들여 함께 한 집으로 지어져 가야 할 책임으로 바뀌었다. 그런데 교회는 그런 노력은커녕 오히려 유대인을 메시아를 죽인 장본인으로 낙인찍어 오랜 세월 배척했다. 예수를 믿되 교회에 들어가지 않고 그냥 유대인으로 믿겠다 하는 메시아 유대교의 존재는 교회의 오랜 잘못이 낳은 안타까운 열매다.

어떻게 보면 교회는 수천 년 유대인의 역사에서 배우지 못했다. 유대인이 하나님의 백성으로 실패한 것은 율법을 통해 자기 의를 세우려 한 점도 있지만 그와 더불어 하나님의 선택과 구원의 은혜를 다른 민족과 나누지 않으려 한 배타주의 때문이기도 하다. 하나님이 아브라함을 믿음의 조상으로 세우신 것은 유대인뿐 아니라 천하 만민에게 복을 주시기 위해서였다(창 12:3, 18:18, 22:18). 그렇지만 아브라함의 육신의 후손이었던 그들은 그 복을 자기들만의 테두리 안에 가두려 했다. 요나가 니느웨로 가기 싫어했던 이유도 원수인 아시리아 민족이 하나님의 용서의 복을 받는 게 싫었기 때문이다. 자기가 물고기 뱃속에 갇혔을 때는 구원해 달라고 간절하게 기도했으면서 12만 명이나 되는 이방인은 벌 받아 망하기를 고대한 것은 하나님의 백성이 가질 마음이 아니었다(욘 4:1-10).

주님은 이 땅에 오셔서 유대인들의 그런 배타주의를 지적하시면서 구원의 문이 이방인들에게도 활짝 열려 있음을 가르치셨다. 고향 나사렛 회당에서 하나님의 구원이 성취되었음을 이사야의 예언을 통해 선포하실 때 그 구원이 유대인이 아닌 이방인을 향한다고 강조하셔서 분노한 나사렛 사람들이 주님을 죽이려 한 일도 있었다(눅 4:16-30). 주님은 유대인의 독점욕을 말씀으로 또 행동으로 거부하셨다. 선지자는 고향에서 대접받지 못한다 하셨다(눅 4:24, 요 4:44). 주님의 권능을 본 사람들이 주님을 한곳에 묶어 두려 하자 주님이 제자들에게 말씀하셨다.

> 우리가 다른 가까운 마을들로 가자. 거기서도 전도하리니 내가 이를 위하여 왔노라(막 1:38).

주님은 그렇게 모든 사람의 구원을 위해 오셨고 또 일하셨다. 그 결과 유대인들로부터 배척을 당하셨다. 유대인들은 그리스도가 자기들이 바라던 유대인만의 메시아가 아니었기 때문에 거부했다. 하나님의 사랑을 독점하려고 그렇게 애를 썼으면서 정작 메시아가 오셨을 때는 독차지하는 대신 오히려 거부하고 말았으니 가슴을 칠 노릇이다(요 1:11). 그래서 주님은 유대인들이 하나님의 나라에서 쫓겨나고 대신 동서남북에서 모여 온 수많은 사람들이 그 나라를 차지할 것이라고 가르치셨다(마 8:11-12, 눅 13:28-29). 그러면서 당신의 제자들도 가서 모든 족속에게 복음을 전하라 명령하셨다(마 28:19).

> 오직 성령이 너희에게 임하시면 너희가 권능을 받고 예루살렘과 온 유대와 사마리아와 땅 끝까지 이르러 내 증인이 되리라(행 1:8).

교회는 주님의 이 말씀을 순종하여 시작부터 복음 전파에 힘썼다. 로마 제국이 오랜 세월 기독교를 박해했지만 갖은 고난과 심지어 죽음까지 각오한 수많은 성도들의 열심 끝에 복음은 대제국 로마 구석구석까지 전파되어 나중에는 제국의 유일한 공식 종교가 되었다. 그렇지만 단 한 민족 곧 이전에 하나님의 백성이라 자부했던 유대인만은 처음부터 배제하고 말았다. 제국의 종교라는 특권을 이용하여 유대인들을 박해하고 경멸하고 내쫓았을 뿐, 모든 민족을 제자로 삼으라 하신 그리스도의 명령을 유독 유대인에게는 적용하지 않았다. 지난날 유대인들의 배타주의와 독점욕을 반면교사로 삼지 못한 것이다. 이런 반유대주의의 역사가 천 수백 년을 이어온 결과 유대인은 예수를 믿으면서도 교회에는 들어오기 어려운 분위기가 형성되었다. 지난 세기 기독교 세계에서 발생한 유대인 대학살은 그런 배타주의의 정점을 찍은 사건이었다.

교회가 저지른 죄는 지난날 유대인이 지었던 바로 그 교만의 죄다. 유대인들이 하나님의 백성으로 교만에 빠졌다면 유대인을 배척한 교회는 유대인을 통해 입은 은혜를 무시하는 잘못을 저질렀다. 유대인이 오랜 세월 하나님의 언약을 전수해 왔고 또 그리스도가 유대인으로 나셨다는 사실조차 생각지 않았다(롬 15:27). 하나님의 사랑을 저만 누리려 하던 유대인은 하나님의 나라에서 쫓겨나는 벌을 받았다. 같은 잘못을 저질러 온 교회 앞에 사도 바울은 경고를 던진다.

> 높은 마음을 품지 말고 도리어 두려워하라. 하나님이 원 가지들도 아끼지 아니하셨은즉 너도 아끼지 아니하시리라(롬 11:20-21).

교회는 얼른 정신을 차려야 한다. 잘려 나간 원가지를 반면교사로 삼아야 한다. 그리고 접붙임을 받은 자로서 잘려 나간 유대인을 다시금 복음으로 불러들이고자 애써야 한다. 접붙임을 받은 것만 자랑하고 원가지들을 불쌍히 여길 생각조차 못한 교회는 유대인을 전도하는 일에 배전의 노력을 기울여야 한다. 하나님은 얼마든지 하실 수 있음을 바울은 강조한다.

> 저희도 믿지 아니하는 데 거하지 아니하면 접붙임을 얻으리니 이는 저희를 접붙이실 능력이 하나님께 있음이라(롬 11:23).

자신을 돌아보지 못한 것과 유대인에게 복음을 제대로 전하지 못한 것은 결국 같은 것이다(롬 11:20-21). 어떤 이들은 유대인을 배제한 대체신학이 유대인 선교를 방해했다 주장하지만 그것은 사실이 아니다. 천주교의 유대인 전도 금지 정책이 보여주는 것처럼, 성경적 언약신학을 대체신학이라는 이름으로 비판하는 입장 곧 유대인을 여전히 하나님의 백성으로 보는 그 입장이 오히려 유대인 전도를 방해하고 있다. 성경은 하나님이 유대인을 버리신 게 아님을 분명히 가르친다(롬 11:29). 하나님은 지구상의 그 어떤 민족도 버리지 않으셨다. 그렇기에 하나님이 다른 모든 민족과 함께 많은 유대인도 교회로 부르실 것을 기대하며 애써야 한다.

유대인 선교는 참으로 어려운 과제다. 유대인을 배척해 온 지난 역사 때문이다. 가정에서 아버지의 성적 학대를 받고 자란 여자들은 성경을 읽다가 하나님 아버지라는 표현을 볼 때마다 혐오감과 공포

감을 느낀다. 온몸이 떨릴 정도의 그 분노를 어찌 짐작인들 하겠는가. 그렇지만 그렇다고 성경에서 하나님 아버지를 없앨 수는 없는 노릇이다. 어머니로 바꾼다고 해결될 일도 아니다. 결국 육신의 아버지가 뭘 잘못했는지 하나님 아버지가 보여주시고 아버지의 참 사랑 또한 하나님 아버지에게서 발견할 수 있도록 돕는 수밖에 없다. 많은 시간과 노력이 필요하겠지만 다른 길은 없다. 십자가도 마찬가지다. 십자가로 인해 2천 년 아픈 역사가 있었다. 하지만 십자가에 달려 죽으심 자체가 하나님의 백성이었던 사람들의 배척으로 인해 이루어진 신비의 사건이요 우리 신앙의 핵심인 만큼 유대인과 이방인을 하나로 엮어 한 분 하나님께로 인도하고 십자가의 은혜와 권능을 함께 나누도록 애쓰는 수밖에 없다.

> 십자가로 이 둘을 한 몸으로 하나님과 화목하게 하려 하심이라(엡 1:16).

십자가를 통해서만 우리가 하나가 될 수 있고 그렇게 한 몸이 되어야 하나님과 하나가 된다. 많은 시간과 노력이 필요할 것이다. 이 또한 2천 년 가까이 외면했던 교회가 다시금 짊어져야 할 큰 책임이다.

교회가 잘못을 깨닫고 돌이킬 때 한 가지 잊지 말아야 할 게 있다. 기독교 신앙 자체가 기본적으로 유대교를 반대한다는 점이다. 유대'인'이나 유대 '문화'를 반대하는 반유대주의는 절대 아니다. 지금까지 이 점을 오해하여 부당한 박해와 차별을 해 왔지 않은가. 그렇지만 유대'교'와는 반대일 수밖에 없다. 성경은 신학적으로 유대교가 틀렸다고 말한다. 다르다고 말하는 게 아니라 틀렸다고 말한다. 사실 신약성경은 유대교만이 아니라 세계의 다른 모든 종교가 틀렸다고 말한다. 사람들은 진리로 가는 길은 여러 갈래가 있다고 주장하지만 우리는 신약성경을 진리로 믿고 오직 주 예수 그리스도만이 구원의 유일한 길이라 고백한다. 구약성경도 그리스도를 주인공으로 보아야 바로 보는 것이라 믿기에 유대교와는 가장 중요한 핵심부터가 다르다.

오늘날 세계 여러 곳에서 유대인들이 세계 역사의 중심으로 등장하고 있다. 이스라엘의 건국이 큰 계기가 되었고 이것을 예언의 성취로 보는 관점이 기독교 신학을 집요하게 공격하고 있다. 메시아 유대교도 비록 우리와 같은 신앙을 가지기는 했으나 두 가지 점에서 교회에 도전을 던진다. 하나는 유대인을 교회와 별도로 하나님의 백성으로 보는 관점이며 다른 하나는 오랜 박해의 원인인 십자가에 대한 외면이다. 이 둘은 이스라엘의 건국을 예언의 성취로 보는 기독교 내의 일부 주장과 결합하여 결국은 그리스도의 십자가를 공격하게 된다. 하나님을 대적하는 마귀가 공격하는 것은 사실 십자가 하나뿐이다. 그 십자가가 하나님의 구원의 능력이기 때문이다. 따라서 교회는 유대인을 비롯한 모든 민족에게 복음을 전하는 일에 매진하면서도 십자가가 더욱 공격을 받고 무시를 당하고 조롱을 당하는 앞날을 예상해야 한다.

이스라엘 건국이 주는 영적 도전

그리스도께서 이 땅에 계실 때 많은 기적을 행하셨는데 그때마다 겉으로 드러난 부분에 관심을 갖는 이들이 많았다. 보리 떡 다섯 개와 물고기 두 마리로 수천 명을 먹이시는 능력을 보고 사람들은 예수를 왕으로 삼고자 했다. 예수님은 하나님이 구약 성경에서 약속하신 이스라엘 나라를 세우고자 한 것이지만 그들이 꿈꾼 나라는 로마제국과 크게 다르지 않았다. 그리스도 같은 분을 왕으로 모신다면 의료 문제는 물론이거니와 먹고사는 문제도 걱정할 필요가 없을 것이다. 하지만 그리스도는 단호히 거부하셨다. 그처럼 눈에 보이는 것이 중요한 게 아니었기 때문이다.

> 너희가 나를 찾는 것은 표적을 본 까닭이 아니요 떡을 먹고 배부른 까닭이로다(요 6:26).

그리스도는 보이지 않는 것, 표적을 보아야 한다고 누누이 가르치셨다. 표적을 보는 것은 곧 적은 음식으로 수많은 사람들을 먹이시는 그분의 참 모습을 아는 것이다. 하나님이 메시아를 왜 보내셨는지 깨닫는 일이다. 떡을 먹고 잠시 사는 것이 중요한 게 아니라 하나님 말씀을 듣고 믿고 순종하여 영원히 사는 것이 중요하다. 따라서 표적을 본다는 것은 영생을 얻는 것이다. 땅의 것을 통해 그 너머에 있는 하늘의 것, 영원한 것을 보는 것이 믿음이요 영생이다.

이스라엘이라는 나라의 건국은 이 시대 그리스도인들의 눈앞에 놓인 거대한 떡밥이다. 참으로 먹음직스러운 열매다. 크기도 대단하여 떡밥만으로 배가 부를 정도다. 그리스도 없이도 성경을 풀어 낼 수 있는 멋진 열쇠를 던져 준 셈이다. 신약의 안경 없이도 볼 수 있는 구약의 세계가 열린 것이다. 지금까지도 많은 교회가 그리스도의 유일성을 인정하지 않고 다원주의의 길을 갔다. 앞으로는 유대교의 역할에 힘입어 그런 흐름이 더욱 강해질 것이다. 역사적 사건 하나를 갖고 성경을 왜곡하려는 시도와 유대인들의 재력과 인맥을 탐내는 욕심이 뒤엉켜 계속 이어질 것이다. 그 떡밥을 물고 안 물고는 물고기 마음이다. 덥석 무는 순간 강력하게 잡아채는 힘을 느낄 것이요 그때는 이미 늦은 것이다.

한국인의 유대인 사랑은 유별나다. 특히 유대인을 배우려는 열기가 뜨겁다. 교회에서 쉐마 교육을 비롯해 다양한 방법으로 유대인의 종교적 열정과 방법론을 배우려고 애쓴다. 그런데 방법만 배우고 내용을 안 배울 수는 없다. 그리스도인들이 유대교에서 가르치는 내용을 아무 저항감 없이 받아들이는 이면에는 유대인은 아직도 하나님의 백성일 것이라는 막연한 신념이 깔려 있다. 그들이 이룩한 성취와 지금 보여주는 영향력에서 감동을 받고 그 감동의 안경을 쓰고 성경을 보기 때문이다. 한국에서는 특히 유대인의 자녀교육에 관심이 높다. 유대인의 지혜서라는 탈무드도 많이 팔린다. 남달리 교육열이 높은 우리 겨레로서 당연한 모습이다. 그렇지만 무엇을 배우겠냐는 것인가? 그렇게 배워 이루고자 하는 바가 무엇인가? 유대인은 이 땅의 여러 분야에서 크게 성공한 사람들이지만 예수를 믿지 않고 따라서 우리가 믿는 하나님도 믿지 않는다. 돈이 많고 지식이 많고 권세나 영광이 많으면 무엇하겠는가. 풀의 꽃처럼 지나간다 하셨다(약 1:10). 그들을 불쌍히 여길 수 있어야 하고 그들을 향해 복음을 힘차게 전해야 한다. 바울은 가슴을 쳤다. 우리는 동족이 아니라 덤덤하게 바라만 보는 것일까?

이스라엘의 건국은 누구나 아는 사건이다. 그러면서 심각한 영적 도전이기도 하다. 역사적인 그 사건을 두고 예언의 성취라며 온 세상이 감동할 때 우리는 주 예수 그리스도의 은혜와 구원을 떠올려야 한다. 하나님 백성의 고토 회복과 나라 건설은 20세기에 일어난 사건이 아니라 2천 년 전 그리스도가 오셨을 때 성취되었으며 그 하나님 나라가 오늘도 힘차게 나아가고 있음을 믿어야 한다(마 11:12, NIV). 그리고 아직 그 나라에 들지 못한 사람들은 유대인이든 이방인이든 끊임없이 불러들여야 한다. 그것이 표적을 보는 일이요 질그릇에 담긴 보화를 발견하는 일이다.

하나님을 거부하는 세상에서 그리스도의 십자가 하나만 전해 온 교회는 지금까지도 주류에 속하지 못했다. 그렇게 좁은 길을 걸어 온 교회는 이스라엘의 건국과 그로 인한 신학적인 변화로 이전보다 더욱 변두리로 밀려날 것이다. 지금까지도 많은 조롱을 받아 왔지만 앞으로는 더 많은 조롱과 억압을 맛보게 될 것이다. 하지만 걱정할 것 없다. 우리가 가는 이 길 끝에 생명이 있다 하셨으니 주님만 더욱 의지하고 부지런히 걸어가면 된다.

> 좁은 문으로 들어가라. 멸망으로 인도하는 문은 크고 그 길이 넓어 그리로 들어가는 자가 많고 생명으로 인도하는 문은 좁고 길이 협착하여 찾는 이가 적음이니라(마 7:13-14).

우주는 광대하다. 우주에는 2천억 개의 은하가 있는데 우리 은하는 그 가운데 하나다. 우리 은하에는 또 천억 개의 별이 있는데 우리 태양계는 그 가운데 하나다. 게다가 태양계는 우리 은하에서도 중심이 못 된다. 그런 태양계에서 우리가 몸담고 사는 이 지구는 그저 태양 주변을 돌고 있는 여덟 개 행성 가운데 하나일 뿐이다. 그렇지만 우리는 이 지구에서 태양도 바라보고 우리 은하를 넘어 온 우주까지 관찰하지 않는가! 우리가 발붙이고 사는 이 지구가 우리에게는 우주의 중심이다. 생명으로 나아가는 그 길도 그렇게 한 구석에 밀려나 있으면서 우주의 중심을 이룬다는 것이 우리의 고백이요 감사다.

6.

헌금, 심는 것인가 거두는 것인가

마귀의 집요한 유혹에 맞서 성도가 기어이 거두어야 할 열매

원인과 결과가 엎치락뒤치락

교회 박 집사는 환갑이 가까워 오면서 머리가 하루 한 움큼씩 빠지고 있다. 유전은 아니라는데 왜 빈자리가 자꾸 넓어질까? 아무래도 걱정을 많이 해 그런 모양이란다. 대관절 무슨 걱정이 그리 많소 물으니 별건 아니고 머리가 자꾸 빠져 그게 걱정이라고……. 박 집사 본인만 할 수 있는 우스개다. 하지만 허허 웃음소리는 그리 가볍지 않다. 나도 안타까움을 담은 어색한 웃음으로 화답한다. 생각해 보면 답도 쉽지 않다. 걱정을 해 머리가 빠지나, 아니면 머리가 빠져 걱정인가? 한바탕 웃고 끝낼 수 있으면 좋으련만, 원인을 찾아 돌고 도는 사이 상황은 더 악화되는 것 같다.

닭이 먼저인가 알이 먼저인가? 닭이 알을 낳으니 닭이 먼저인데 그 달걀이 부화되어 닭이 될 경우에는 알이 먼저다. 태초에 하나님이 달걀 아닌 닭을 창조하셨을 터이니 당연히 닭이 먼저겠으나, 닭과 알 사이에 어느 게 먼저인가 하는 이 물음은 태고의 기원을 묻는 것이 아니라 끊임없이 돌고 도는 우리 삶의 순환과정을 파고드는 것이다. 너의 경험과 나의 경험이 서로 다를 수 있다. 닭을 여러 마리 키우며 아침마다 달걀을 거두는 옆집 순이네는 닭이 먼저겠지만, 시장에서 유정란을 사와 병아리로 막 부화시킨 우리 아들한테는 알이 먼저다. 그럼 모두가 동의할 만한 보편적인 답은 없는 것일까? 순서는 시간에도 있고 논리에도 있다. 너와 나의 생각이 다르니 이 문제도 엎치락뒤치락한다.

성경에 재미있는 보기가 하나 나온다. 십자가를 지시기 전날 밤, 잠들어 있던 세 제자에게 주님이 말씀하셨다.

> 시험에 들지 않게 깨어있어 기도하라. 마음[영]에는 원이로되 육신이 약하도다(마 26:41, 막 14:38, 개역).

두 문장을 아무 논리적 연결 없이 말씀하셨지만 주님의 뜻은 분명하다. 영은 바라지만 육신이 약하니 기도해야 된다는 말씀이다. 기도하라 하신 다음 기도할 이유를 알려 주신 것이다. 정신 차려 기도 안 하면 육신의 연약함 때문에 영이 바라는 대로 못하고 시험에 든다. 기도 안 한 결과 영이 육에 지므로 기도 안 하는 게 원인, 영적 패배가 결과다. 제자들은 주님의 당부에도 불구하고 자느라 기도를 못했고 그 결과 모두 예수를 버리고 도망갔다. 그런데 우리는 이 말씀을 거꾸로 잘 푼다. 기도하라 하신 직후 우리 연약함을 아시고 불쌍히 여겨 주셨다고 생각한다. 영은 기도하고 싶은데 육신이 약해 못하는구나……. 그렇게 보면 영적 패배가 원인, 기도 안 하는 게 결과가 된다. 180도 뒤집어졌다. 기도는 영적 싸움의 핵심인데 싸움을 시작하기도 전에 백기투항을 하는 꼴이다. 우리의 연약함을 몸소 맛보아 아시는 주님의 긍휼에 감격하면서! 주님은 이렇다 하시지만 나는 저렇게 푸는 게 마음에 든다. 이미 졌으니 기도할 이유도 없다. 그렇게 원인과 결과가 뒤집어진 가운데 오늘도 방탕함과 술 취함과 생활의 염려에 푹 빠져든다(눅 21:34-36).

원인과 결과. 우리 삶에 깊이 스며들어 있고 날마다 생각하는 관계지만 인과론이라는 게 생각만큼 간단하지가 않다. 자연과 인간에 대한 오랜 관찰이 인과율 내지 인과법칙을 낳았다. 그런데 그것을 연구, 분석하는 영역은 설명이나 답 못지않게 질문으로 가득하다. 인과관계가 우주를 얼마나 지배하고 있을까? 인과율이 절대적이라면 결정론이 된다. 그 경우 사람의 의지도 인과율의 지배를 받는 것일까? 인과율은 하나님의 창조에 속한 것일 터인데 하나님은 이후의 인과법칙에 얼마나 개입하실 수 있을까? 인과관계를 부인하는 이들도 있다. 인과인 듯 보일 뿐 실제로는 전혀 얽혀 있지 않다는 것이다. 그런 사람들 가운데는 사람의 이해를 뛰어넘는 초월적인 인과법칙이 따로 있다고 믿는 이도 있다. 인과율을 수용해도 무엇이 원인이고 무엇이 결과인지 찾기 어려울 때가 많다. 사람마다 입장이 다르고 심지어 정반대인 경우도 많다. 또 원인이 있어 결과가 생기니 원인은 결과보다 먼저 있어야 하겠지만 논리의 세계에서는 꼭 그렇지만도 않다. 게다가 하이젠베르크가 양자역학에서 입자 관측의 정확도에 근본적인 한계가 있다는 불확정성 원리를 발표한 뒤로 문제가 더 복잡해졌다. 질문과 답변이 복잡하게 뒤엉켜 돌아가는 양자역학이 날로 발전을 거듭하고 있는 요즘, 인과론에 관해 할 수 있는 확실한 진술은 무엇일까? 글쎄, 잘 모르겠다?

여러 가지의 인과관계가 복잡하게 얽힌 세상이다. 철학자 아리스토텔레스는 인과관계를 네 가지로 분류했다. 사물의 존재 이유를 설명하는 네 가지 방식으로서 오늘날까지 폭넓게 활용되고 있는 물질 원인, 형상 원인, 유효 원인, 최종 원인이 그것이다. 내 아들이 점토로 공룡을 만들었다면 점토가 물질 원인, 공룡이 형상 원인, 아들이 유효 원인이다. 학교에 제출할 숙제인 경우 숙제가 최종 원인, 곧 그 점토 공룡의 제작 목적 내지 존재 목적이 된다. 네 가지가 모두 있어야 한다. 재료가 없다면 가상의 공룡일 뿐이다. 모양이 없다면 그냥 점토 덩어리일 것이다. 가장 중요한 것은 내 아들, 곧 내 아들의 생각과 판단과 손놀림이다. 그것이 점토 공룡을 있게 한 유효 원인이다. 최종 원인도 반드시 필요하다. 숙제가 아니라 그냥 재미로 만들었다면 재미가 점토 공룡의 존재 목적이 된다.

운동을 하면 몸이 건강해진다. 운동이 원인, 건강이 결과다. 육체노동을 하는 사람들은 대개 몸이 건강하다. 운동이 유효 원인이 되어 건강이라는 결과를 낳았기 때문이다. 그런데 건강을 얻기 위해 운동을 한다면 문제가 조금 복잡해진다. 운동이 원인인데 그 원인을 있게 만든 또 다른 원인을 생각할 수 있기 때문이다. 운동을 하면 몸이 건강해진다는 판단, 운동을 해 살을 빼겠다는 의지, 날씬해지면 옷을 맵시 있게 입을 수 있으리라는 기대 등이 어우러져 운동을 한다면, 그 경우 건강에 대한 내 판단, 의지, 기대가 원인이 되어 운동이라는 결과를 낳는다. 운동은 원인이고 건강은 결과인 게 상식인데 결과인 건강이 내 머릿속에서 일종의 최종 원인이 되어 운동이라는 결과를 낳는 셈이다. 그러니 건강이라는 최종 원인이 운동이라는 결과를 낳고 운동은 다시 유효 원인이 되어 건강이라는 결과를 낳는다. 몸만 생각한다면 운동이 원인, 건강이 결과다. 하지만 내 마음에서는 건강이 원인, 운동이 결과다. 내 마음의 논리적 순서와 내 몸의 현실적 순서가 정반대라는 것을 깨달음과 동시에 정작 움직여야 할 몸은 두고 오늘도 머리만 굴리고 있는 자신을 발견한다. 이것도 기도를 안 했기 때문일까?

심는 대로 거두는 원리

종두득두(種豆得豆). 콩을 심어 콩을 거둔다는 말이다. 두(豆)는 콩도 되고 팥도 되니, 팥을 심으면 팥을 거둘 것이다. 오이 과(瓜) 자를 쓴 종과득과(種瓜得瓜)도 있지만 '오이를 심으면 오이를 거둔다'고 풀지는 말자. 오이는 씨만 심지 오이를 통째로 파묻지는 않으니 말이다. '종두득두'를 우리말로는 보통 '콩 심은 데 콩 난다'로 푼다. '거둔다' 대신 '난다'를 썼다. 싹이 난 뒤 자라 거두기까지는 많은 시간과 노력이 필요하겠지만, 일단 콩이 났으면 나중에 거둘 것도 콩이다. 그래서 '심는 대로 거둔다'는 말도 같은 뜻으로 쓴다. 하나님이 천지를 창조하실 때 식물에 씨를 두신 이래로 사람은 파종한 그것을 수확해 왔다. 텃밭을 일구어 보면 심지 않은 것도 제법 난다. 특히 잡초가 많이 나는데 잡초는 얼른 뽑든지 혹 그대로 두어도 거두지는 않으므로 결국 거두는 건 처음 심은 그것이다. 심지 않은 것을 거두는 경우는 없을까? 오이 모종 곁에 덩달아 난 상추는 나중에 잘 씻어 삼겹살을 싸먹는다. 내가 뿌린 것은 아니지만 어떤 방식으로든 상추 씨가 거기 들어

갔기에 상추가 났을 것이다. 콩을 심었는데 오이가 난다든지 팥을 심어 상추를 거두는 일은 없다. 심는 대로 거둔다. 농사는 지금도 천하의 바탕이다.

성경에도 같은 원리가 나온다. 심는 그것을 그대로 거두는 원리다.

> 스스로 속이지 말라. 하나님은 만홀히 여김을 받지 아니하시나니 사람이 무엇으로 심든지 그대로 거두리라. 자기의 육체를 위하여 심는 자는 육체로부터 썩어진 것을 거두고 성령을 위하여 심는 자는 성령으로부터 영생을 거두리라(갈 6:7-8, 개역).

놀라울 정도로 닮았다. 심는 그대로 거둔다. 착각하지 말라는 주의에 하나님을 우습게 여기지 말라는 경고까지 붙어 있으니 절대 가벼울 수 없는 진리다. 심고 거두는 법칙, 하나님이 온 우주에 두신 인과법칙의 중요한 일부다. 창조 때 만드신 법칙이요 대홍수 직후에도 확인해 주신 원리다(창 8:22). '사람이 무엇으로 심든지'라 하였으니 사람도 이 법칙 아래 놓여 있다. 심는 게 원인이라면 거두는 것은 결과다. 그런데 심는 행위에 여러 가지가 포함되다 보니 어느 것이 참 원인인지 알기 어렵다. 씨를 심는 나와 땅에 묻히는 씨 가운데 어느 것이 유효 원인일까? 온도와 수분과 공기도 그런 원인에 포함될까? 하나님은 어느 정도 원인이 되실까? 바울은 사실 모든 것이 하나님의 섭리일 뿐 심거나 물 주는 것은 아무것도 아니라 하였다(고전 3:7). 하지만 여기서 하나님은 그런 법칙 자체를 만드신 분이니 원인에 넣기 어렵다. 원인은 '심음'이요, 결과는 '거둠'이다.

첫 절에서 '무엇으로 심든지'라 했는데 좀 재미있는 번역이다. '으로'라는 토씨는 '을' 대신 쓸 수 있으니 '무엇을 심든지'와 같은 말이지만 '무엇으로'라고 옮기니 심는 대상을 포함하여 심는 방법 내지 원리까지 포함하는 것처럼 되었다. 그렇게 의도한 것은 물론 아닐 것이다. 그런데 '그대로 거두리라'의 경우에는 방법 내지 원리도 은연중 포함된 것 같다. 우리가 다 '심는 대로 거둔다'는 표현에 친숙하기 때문일 것이다. 한자로 종두득두지만 우리는 심는 그것을 거둔다 하지 않고 심는 대로 거둔다고 말해 왔다. 실제 농사에서는 물론 '콩으로 거둔다' 하지 않고 '콩을 거둔다'고 표현한다. 그런데도 '심는 대로 거둔다'는 문구가 자연스러운 이유는, 씨를 심어 거두는 원리를 삶 전반에 확대하여 농사를 뛰어넘는 비유적인 뜻을 담았기 때문이다. 이를테면 '가는 말이 고와야 오는 말이 곱다'는 속담도 따지고 보면 심는 대로 거둔다는 속담의 한 보기가 된다. '고와야'는 '~대로'의 한 보기다. 말의 내용뿐 아니라 말하는 사람의 마음가짐이나 태도, 말하는 방식까지 다 포함된다는 이야기다.

'그대로 거둔다' 하였다. '그대로'는 곧 '심는 대로'이니 이 말은 심음과 거둠이 인과로 긴밀하게 이어져 있음을 보여준다. 또 거둠보다 심음에 초점을 맞춘다. 잘 심자는 이야기다. 심는 대로 거둔다. 참 멋진 속담이다. 심는 그것을 거둔다는 뜻도 일단 기본으로 들어 있다. 게다가 '심는 대로'라 했으니 심음에 포함되는 여러 원리와 방법이 함께 작용하여 어떤 결과로 간다는 것을 가리킨다. 그런데 그렇게 심고 거두는 일이 우리 삶에도 있다. 천하의 바탕인 농사는 우리 삶까지 당연히 포함한다. 콩을 심어 콩을 거둔다는 한자말에도 이런 비유적,

상징적 뜻이 다 포함되어 있을 것이다. 농경 시대에 기록된 책이라 성경에 갖가지 농사법이 등장하지만 성경은 영농교과서가 아니다. 주님은 천하의 근본인 농사를 이용해 우리 삶의 원리를 가르치신다.

그렇게 본다면 '무엇으로 심든지'라는 번역도 '무엇을 심든지'보다 더 멋진 표현일 수 있다. 심는 씨의 종류뿐 아니라 심는 사람의 태도, 정성, 이후의 관리 등도 다 포함하기 때문이다. 그 다음 절을 보니 정말 그렇다. 첫 절에서는 무엇을 심든 그것을 거둔다 했으면서, 둘째 절에서는 무엇을 심는지 언급조차 없다. 대신 심는 방법 내지 원리를 이야기한다. 두 가지다. '육체를 위하여' 심거나, 아니면 '성령을 위하여' 심는다. 마음에 품은 어떤 목적 내지 대상이다. 원문은 장소를 가리킬 수도 있으므로 공동번역처럼 '육체에 심는다' 또는 '성령에 심는다'로 옮길 수도 있다. 땅은 농사를 대표한다. 그러니 심는 장소는 심음에 포함되는 여러 요소를 포괄하는 제유적 표현으로 볼 수 있다. 목적으로 풀든 장소로 풀든, 심음의 원리를 말하는 것이니 '성령으로' 또는 '육체로' 심는다 표현할 수 있다. 성령의 인도를 따라 심거나 내 육체의 끌림을 따라 심는다.

심는 대로 거둔다. 심음은 원인이요 거둠은 결과다. 이 경우 유효원인이다. 이 법칙을 알기에 사람들은 거두고자 하는 그것을 심는다. 콩을 거두기 위해서는 콩을 심고 상추를 수확하기 위해서는 상추 씨를 뿌린다. 하여 내가 거두고자 하는 그것이 내 심는 행위의 원인이 된다. 이것은 내 마음에 담긴 최종 원인이다. 원인과 결과가 그렇게 뒤섞인다. 결과인 거둠이 원인인 심음의 원인이 되는 것이다. 원인은 둘이다. 밭에서는 심음이 거둠의 유효 원인이다. 심어 거두기 때문이다. 내 마음에서는 거둠이 심음의 최종 원인이 된다. 나중에 거둘 그것을 미리 예상하고 기대하고 바라보며 심기 때문이다. 무엇을 바라보고 심느냐에 따라 결과가 달라진다. 어느 원인이 더 중요한가 하는 문제는 성령으로 또는 육체로 심는 것 사이의 차이와 깊이 관련되어 있을 것이다.

거둠은 무엇일까? 심음에는 원리가 중요했다. 그래서 '~으로' 심었다. 하지만 거둠은 원리와 무관하다. 심은 그것을 거둔다. 첫 절에서도 심은 '그것을 거둔다' 하였고, 둘째 절에서도 구체적인 대상을 두 가지 말하고 있다. 이제는 '~으로 거둔다'가 아니라 '~을 거둔다'이다. 원인과 결과처럼 어법도 돌고 도는데 어쨌든 거두는 것은 둘이다. 하나는 썩음, 다른 하나는 영생이다. 육체로 심은 사람은 썩음을 거둔다. 육체 곧 썩어 없어질 그것의 원리를 따라 심었기 때문이다. 성령으로 심은 사람은 마지막에 생명을 거둔다. 성령과 함께 주신 새 생명의 원리로 심었기 때문이다. 심은 그것을 거둔다.

썩음과 영생. 마지막에 거두는 열매다. 영생은 영원한 생명이다. 영원한 것은 변하지 않는다. 그렇다면 썩음 역시 그렇게 변하지 않는 결과일 것이다. 영원한 멸망과 영원한 생명이 마지막 거둘 열매다. 그런데 이 열매는 농부가 곡식을 거두듯 그렇게 거두는 것이 아니다. 썩음도 영생도 다 거두는 사람 본인의 형편, 말하자면 운명 같은 것이다. 열매는 바로 나 자신이다(요 4:36, 12:24). 심는 것이 내 인격까지 포함하는 삶 전체인 까닭에 거두는 것도 삶 전부다. 구체적으로 무엇을 심는지는 모른다. 아니, '무엇을 심든지' 심는 그것을 거둔다고 이미 말했으니 모든 것이 다 해당된다. 어떻게 심느냐가 중요하다. 똑같은 것을 심어도, 육체로 심으면 썩음을 얻고 성령으로 심으면 영생을 얻는다. 육과 영은 대립한다(롬 6:21-23). 반드시 둘이요, 제3의 길은 없다. 썩음과 영생이라는 대상을 구체적으로 말하지만 결국은 원리에 따른다. 무엇이든 심는 '대로' 거둔다.

자연에는 유효 원인만 있다. 사람이 개입될 때 최종 원인이라는 것이 생긴다. 철학자 칸트(Immanuel Kant, 1724-1804)는 『판단력 비판』 후반부에서 유기체가 성장하는 과정을 최종 원인을 이용해 목적론적으로 설명했지만, 사실 자연에서 유추하는 어떤 목적은 사람이 마음에 품은 최종 원인과 같을 수 없다. 지적설계론이 보여주듯, 목적이 뜻을 가지려면 어떤 인격의 존재를 전제해야 한다. 사람은 생각한다. 심는 대로 거둔다는 법칙을 안다. 그 법칙을 알기에 심은 대로 거둘 뿐 아니라 거꾸로 거두고자 하는 그것을 심을 줄도 안다. 자연에 속한 인간의 지혜다. 그런데 하나님의 말씀은 그 지혜의 그릇에 조금 더 담아 주신다. 심는 방법이 두 가지 있고 마지막에 거두는 열매도 두 가지가 있다고 우리에게 가르쳐 주신다. 우리 입으로 들어가는 음식뿐 아니라 우리 삶 전체가 그렇게 심고 거두는 원리에 따른다고 일깨워 주셨다. 무엇보다 성령으로 심어 영생을 얻는 참 지혜를 자연의 원리에 담아 주셨다.

삶은 심음이다. 생각과 행동이 끊이지 않으니 삶은 심음의 연속이다. 모든 것을 심는다. 내 생각도, 말도, 시간도, 돈도, 에너지도, 재주도, 관심도, 취미생활도, 내 본능까지. 문제는 어떻게 심느냐다. 무엇을 심느냐가 아니라 어떻게 심느냐가 문제다. 왜? 심는 그대로 거두기 때문이다. 인과가 복잡하게 뒤얽힌 세상이지만, 하나님의 말씀은 나중에 몰랐다 핑계할 수 없도록 분명하게 가르쳐 준다. 똑같은 것을 심어도 심는 원리에 따라 정반대의 열매를 거둘 수 있다고 경고한다. 두려운 일이다.

무엇을 심고 무엇을 거두나?

그러면 우리 삶은 어떤 방식으로 심는 대로 거두는 원리의 지배를 받는 것일까? 바울은 성경 다른 곳에서 이 원리를 보기를 들어 설명하고 있다. 고린도 교회에 보낸 편지에서 심는 대로 거둔다는 원리를 약간 변형된 형태로 소개하며 우리 삶에 적용하고 있다.

> 이것이 곧 적게 심는 자는 적게 거두고 많이 심는 자는 많이 거둔다 하는 말이로다. 각각 그 마음에 정한 대로 할 것이요 인색함으로나 억지로 하지 말지니 하나님은 즐겨 내는 자를 사랑하시느니라. 하나님이 능히 모든 은혜를 너희에게 넘치게 하시나니 이는 너희로 모든 일에 항상 모든 것이 넉넉하여 모든 착한 일을 넘치게 하게 하려 하심이라. 기록한 바 저가 흩어 가난한 자들에게 주었으니 그의 의가 영원토록 있느니라 함과 같으니라. 심는 자에게 씨와 먹을 양식을 주시는 이가 너희 심을 것을 주사 풍성하게 하시고 너희 의의 열매를 더하게 하시리니 너희가 모든 일에 부요하여 너그럽게 연보를 함은 저희로 우리로 말미암아 하나님께 감사하게 하는 것이라(고후 9:6-11, 개역).

'적게 심으면 적게 거두고 많이 심으면 많이 거둔다' 하였다. 심는 대로 거둔다는 법칙에는 양도 포함되는 모양이다. 심는 만큼 거둔다. 적게 심었는데 많이 날 수가 없고, 많이 심었으면 당연히 많이 거두게 되어 있다. 성경의 가르침이다. 무엇을 두고 하시는 말씀인가 보니, 연보 이야기다. 이전에는 헌금을 연보라 불렀는데, 본문의 연보는 헌금 가운데서도 어려운 이웃을 돕는 구제헌금을 가리킨다(고후 9:5). 가난한 이들을 위해 돈을 내는 일에 심는 만큼 거두는 법칙이 적용된다고 바울은 고린도 교인들을 가르치고 있다.

언뜻 봐서는, 돈을 많이 드리면 많이 받는다는 뜻 같다. 드리는 것은 심는 일이요, 받는 것은 거두는 일 아니겠는가. 인색하게, 억지로 드리지 말라 했으니 더욱 그렇다. 그런데 낸다 또는 준다는 말은 있지만 그렇게 즐겁게 또는 후하게 낸 사람이 하나님께 많이 받는다는 말은 안 보인다. 심는 그것을 거두고 심는 만큼 거두는 게 말씀의 법칙이니, 심는 게 돈이라면 하나님이 돈을 듬뿍 주시지 않겠는가. 흔히들 읊조리는 것처럼 삼십 배, 육십 배, 백 배로 주신다 해야 될 텐데 눈을 씻고 봐도 그런 말은 없다. 바울이 깜빡 잊은 것 아닐까? 대신, 즐겁게 내는 사람을 하나님이 사랑하신다 했다. 그러면 그렇지. 참 사랑은 말과 혀로 하는 게 아니라 하셨으니 사랑하신다면 분명 재물을 듬뿍 안겨 주실 것이다. 은혜 가운데서도 돈 주시는 은혜가 가장 잘 와 닿지 않던가. 그런 기대감을 안고 성경을 처음부터 찬찬히 뒤져 보는데, 하나님이 사랑하시는 자를 지켜 주시고 위기에서 건져 주신다 했다. 때로는 꾸중도 하시고 심지어 잠까지 주신다 했지만, 돈을 주신다는 이야기는 아무리 뒤져 봐도 나오지 않는다(신 33:12, 시 60:5, 잠 3:12, 시 127:2). 이런!

그런데 그 다음 8절이 재미있다. 우선 '모든'이라는 말이 다섯 번이나 나온다. 모든 은혜, 모든 일, 모든 것, 모든 착한 일……. 네 번인가? 하나 더 있다. '항상'의 원문이 '모든 때'다. 바울이 좀 흥분했는지 '모든'을 다섯 번이나 되풀이했다.

> 하나님은 모든 은혜를 그대들에게 넘치게 주셔서 그대들이 모든 일에, 모든 때에, 모든 것이 넉넉하고, 그 결과 모든 착한 일이 넘치게 하실 수 있습니다.

구석구석 꽉 찼다. 그런데 이 다섯 가지가 원인과 결과로 이어져 있다. 첫 원인은 '모든 은혜' 하나다. 하나님이 우리에게 주시는 은혜가 원인이요 그 다음 셋이 일단 첫 결과다. 모든 은혜를 넘치게 주신 결과 모든 일에, 모든 때에, 모든 것을 넉넉하게 갖게 된다. 그런데 모든 영역에서 모든 때에 모든 것이 넉넉한 이 셋이 함께 두 번째 원인이 되어 마지막 결과를 낳는다. '모든 착한 일' 곧 지금 드리는 연보를 가리킨다. 모든 일에 모든 때에 모든 것을 넉넉하게 가진 결과 연보가 넘치도록 풍성하게 나왔다. 이것이 마지막 결과다. 중간의 세 요소를 잠시 괄호에 넣으면 첫 원인인 하나님의 넘치는 은혜가 성도들의 넘치는 연보를 마지막 결과로 낳는다는 말이다.

은혜가 원인이고 헌금은 결과다. 뒤에 가서 거듭 확인한다. "너희가 모든 일에 부요하여 너그럽게(=모든) 연보를 함은……." 모든 일에 부요한 결과 너그러운 연보가 나온다. 헌금은 원인이 아니라 결과다. 원인은 하나님의 은혜 하나다. 그렇다면 적게 심으면 적게 거두고 많이 심으면 많이 거둔다는 원리는 헌금을 많이 드릴수록 돈을 많이 돌려받는다는 뜻이 아니라 하나님께 은혜를 많이 받은 사람일수록 더 많은 헌금을 드린다는 뜻이 된다. 원인인 줄 알았던 헌금이 결과가 되었으니 180도 뒤집어졌다.

바울은 처음부터 그렇게 가르쳤다. 하나님이 마케도니아 교회에 은혜를 주신 결과 교인들은 풍성한 연보를 넘치게 드렸다(고후 8:1-2). 그래서 연보 드린 그것을 아예 은혜라 부르기도 한다(고후 8:4, 6, 7). 은혜가 연보의 유효 원인이라면 그러면 연보의 내용인 돈은 물질 원인으로 볼 수 있을까? 고린도 지역은 대도시였으니 교인 중에 부자도 없지 않았을 것이요 따라서 그들이 넉넉하게 가졌던 '모든 것'에는 돈도 포함되었을 수 있다. 그렇지만 빌립보, 데살로니가 등 마케도니아 교인들은 가난했다. 극도의 가난 속에서 풍성한 연보를 드렸다 하였으니(고후 8:1-2) 이들의 경우 '넉넉한 모든 것'에 돈은 들어 있지 않았다. 연보라는 참으로 착한 열매를 맺기 위해서는 돈이 있든 없든 오직 하나님의 은혜라는 유효 원인 하나면 충분하다는 이야기다. 은혜를 많이 받으면 열매도 많이 맺는다. 주님께서도 많은 액수를 바친 부자들보다 두 렙돈을 바친 과부가 '모든 사람보다 많이' 드렸다고 칭찬하셨다(막 12:44, 눅 21:1-4). 과부의 전 재산 헌금은 하나님께 받은 넘치는 은혜를 입증한다.

그러니 은혜 겸 연보가 넘치고 또 넘친다(고후 8:2, 7). 은혜가 없으면 인색하게 억지로 드릴 수밖에 없다. 드려도 드리는 게 아니다. 모든 은혜를 받은 이들은 모든 것이 넘쳐 모든 것을 드리되 즐겨 드린다. 마음에 정한 대로 한다는 것은 은혜 받은 만큼 하는 것이다. 심는 대로 거두는 일이다. 돈은 유효 원인이 될 수 없으니 주셔도 그만, 안 주셔도 그만이다. 은혜 받은 만큼 드린다. 그런 자를 하나님이 사랑하신다. 즐겨 내기에 사랑하시는 것이 아니라 즐겨 내는 사람은 이미 넘치는 은혜를 통해 넘치는 사랑을 받은 사람이다. 주께 드리는 것은 언제나 먼저 주신 은혜가 낳는 열매요 결과다.

바울은 로마 교인들에게 마케도니아와 아가야 교인들이 예루살렘 교회의 가난한 성도들을 위해 드린 연보를 '이 열매'라고 분명하게 말한다(롬 15:25-28). 연보를 직접 드린 빌립보 교인들에게도 자신이 선물을 구한 것이 아니라 그들의 유익을 위해 '열매가 풍성하기를' 구한 것이라 하였다(빌 4:17). 그렇기에 그들이 드린 헌금은 하나님이 받으실 만한 향기로운 '제물'이었다(빌 4:18). 가난한 사람을 돕는 행위는 언제나 '열매'였다(딛 3:13-14).

구제헌금 드리는 것이 원인이 아니라 결과라면, 언제나 드리는 그것으로 끝일까? 돈으로 갚아 주시지는 않더라도, 이전보다 더 사랑해 주신다든지 굳센 믿음을 주신다든지 그런 정도의 혜택은 기대할 수 있는 것 아닐까? 바울은 시편 하나를 인용한다.

> 저가 흩어 가난한 자들에게 주었으니 그의 의가 영원토록 있느니라"(고후 9:9, 참고. 시 112:9).

그러면 그렇지. 의를 인정해 주신다는 말이겠지? 보이는 물질 대신 안 보이는 의로 갚아 주시는구나. 덧없는 이 땅의 것 아닌 영원한 의를 보상으로 주시는 것 같다. 그런데 시편에 가서 살펴보니, 각 문장의 첫 글자가 히브리어 알파벳 순서대로 된 노래다. 스물두 개의 문장 가운데 둘을 인용한 것인데, 연결어 하나 없이 스물두 문장이 모두 단순나열로 되어 있다. 구약 히브리어 원문도 그렇고 바울이 인용한 칠십인역도 마찬가지다. 우리말은 마치 가난한 자에게 준 것이 원인이며 그 결과 의가 영원하게 된 듯 옮겼지만, 틀렸다. "저가 흩어 가난한 자들에게 주었다. 그의 의가 영원토록 있다"로 옮겨야 맞다. 같은 내용을 다른 문구로 표현하는 히브리 시의 병행법이다. 같은 기교를 사용한 시편 112:3은 "부요와 재물이 그 집에 있음이여, 그 의가 영원히 있으리로다"로 되어 인과관계 자체가 불가능하다. 구제라는 구체적인 행동이 그 사람의 영원한 의를 반영한다. 하나님께 드린 그것이 그 사람의 의를 보여준다는 말이지 그렇게 드린 것이 원인이 되어 의의 보상을 결과로 받았다는 말은 아니다. 그래서 바울은 다음 절에서는 연보를 '의의 열매'라 부르기도 한다. 영원한 의를 가졌으니 앞으로도 의의 열매를 계속 맺을 것이다. 바울은 하나님의 은혜를 강조하는 가운데 시편을 인용했는데 그것을 뒤틀어 착한 일이 무슨 공로라도 되는 양 풀어서는 곤란하다.

의는 하나님 앞에서 옳은 것이다. 우리 의의 궁극 원천은 구원의 하나님이다. 은혜다. 아브라함이 하나님을 믿었을 때 그 믿음을 의로 여겨 주셨다(창 15:6). 내가 잘나서가 아니라 이 못난 나를 용서하시고 의롭다 하시는 하나님을 믿는 것이다(롬 4:3, 9). 우리가 다 그렇게 믿음으로 의로운 사람이 되었다(롬 3:24). 하나님이 나를 사랑하셔서 창세 전에 하나님 것으로 택하셨다. 독생자를 아끼지 않고 내어 주셔서 나에게 영원한 생명을 주셨다. 이 은혜가 감사하여 데살로니가 교회는 찢어지는 가난 속에서도 풍성한 연보를 넘치게 드렸다(고후 8:1-2, 살전 1:3-10). 하나님이 주신 의가 우리 삶의 의로 나타난 것이다. 연보를 통해 나타난 그 의는 영원한 것이다. 하여 바울은 고린도 교인들에게 똑같은 은혜의 열매를 보여 달라 요청하고 있다.

모든 것이 하나님의 은혜다. 심는 대로 거둔다 했는데 알고 보니 심는 씨도 하나님이 주셨고 먹을 양식도 하나님이 주셨다. 내가 드린다고 드린 그 돈도 다 하나님이 주신 것이다. 다윗도 백성들이 성전 지을 물품을 풍성하게 드렸을 때 모든 것이 하나님에게서 온 것이라 찬양했다(대상 29:9, 14). 드린 재물뿐 아니라 기쁘게 드릴 힘까지 하나님이 주셨다는 고백이다. 법칙만 세우신 줄 알았더니 아예 하나님이 다 하신다. 심고 물 주는 것은 정말 아무것도 아니다. 하나님 한 분만이 유효 원인이시다. 바울은 그 하나님이 우리에게 심을 것을 넘치게 주셔서 우리 의의 열매가 더욱 많아지게 하실 것이라 한다. '심을 것'은 종자를 가리킨다. 열매를 맺는 원인이다. 돈은 아니다. 돈은 결과도 아니지만 원인도 아니다. 원인은 오직 은혜다. 은혜를 풍성하게 받으면 찢어지는 살림이라도 풍성한 연보가 나온다. 하나님이 원인을 넘치도록 주시면 우리는 더욱 많은 의의 열매를 맺고 모든 착한 일을 하게 된다.

거두면서 또한 심는 인생

성경은 구원받은 성도를 종종 나무에 비긴다. 열매를 맺는 과일나무다. 이미 심겨 자랄 만큼 자랐으니 심거나 씨를 뿌리는 일은 이미 과

거에 속한다. 이제 우리의 관심은 오직 하나, 열매 맺는 일에 있다. 우리는 포도나무이신 그리스도와 연합된 가지로서 주께 붙어 있어 열매를 맺는다(요 15:4-5). 열매를 맺을 원동력은 다 나무에서 온다. 우리 안에서 '착한 일'을 시작하신 분은 주님이시다(빌 1:6). 주님 덕에 우리는 좋은 나무가 되어 아름다운 열매를 맺는다(마 7:17-18). 하나님의 은혜가 모든 좋은 것의 유효 원인이요 따라서 성도의 삶은 매 순간 열매를 맺는 과정이며 거둠의 연속이다(골 1:6). 하나님 앞에서 옳다 인정함을 받은 사람들이 맺는 올바른 열매이니 '의의 열매'이기도 하다(빌 1:11, 히 12:11, 약 3:18). 하나님의 나라는 '그 나라의 열매'를 맺는 사람이 상속받는다고 주께서 말씀하셨다(마 21:43). 우리가 맺는 열매는 상속자 된 우리의 신분을 드러내는 증거다.

성경은 우리가 맺어야 할 열매를 여러 가지로 묘사한다. 바울이 고린도 교인들에게 권유하는 연보도 그런 열매의 하나다. 가장 유명한 것으로는 성령을 모신 이들의 삶에 나타나는 사랑, 희락, 화평, 오래 참음, 자비, 양선, 충성(또는 믿음), 온유, 절제다(갈 5:22-23). 성령께서는 이 아홉 가지 외에도 많은 아름다운 열매를 맺게 하신다. 주께서 우리에게 우리 빛을 사람들 앞에 비추어 하나님께 영광이 돌아가게 하라 하시면서 그 빛은 곧 우리의 '착한 행실'이라 하셨다(마 5:16). 그 행실 역시 열매로서, 성경은 그런 '빛의 열매'로 착함, 의로움, 진실함을 꼽는다(엡 5:9). 열매 맺는 일은 우리를 구원하신 목적이다. 하나님은 그런 '선한 일'을 하라고 우리를 새 창조물로 만드셨다(엡 2:10). 누구든 자기를 깨끗하게 지키면 하나님이 '모든 선한 일'을 위한 '그릇'으로 쓰실 것이다(딤후 2:21). 존재가 곧 쓰임이다. 우리가 그렇게 열매 맺는 일에 쓰임을 받으면 받을수록 하나님이 더욱 영광을 받으신다(요 15:8).

은혜를 주셨기에 봉사도 한다. 말씀을 전하는 일도 봉사하는 일도 다 하나님이 주시는 은혜에 따라 받은 은사대로 한다(롬 12:6, 벧전 4:10-11). 바울이 평생 이룬 사역의 열매도 오직 하나님의 은혜였다. 자기에게 주신 하나님의 은혜가 헛되지 않았기에, 다시 말해 효력을 발휘하였기에 자기가 다른 모든 사도보다 더 수고를 많이 했다고 고백한다.

> 수고한 게 내가 아니라 하나님의 은혜입니다(고전 15:10).

하나님이 우리에게 은혜를 주시는 첫째 방편이 말씀이다. 말씀이 우리 안에 심어지면 자라 열매를 맺는다. 하나님이 말씀으로 은혜를 주시면 그 은혜는 우리로 하여금 하나님을 믿고 순종하는 삶의 열매를 삼십 배, 육십 배, 백 배나 맺게 만든다. 선한 일을 하는 원동력은 하나님의 말씀이다. 성경은 하나님의 감동으로 된 책이기에 하나님의 사람을 '모든 선한 일'을 하기에 알맞은 사람으로 만들어 준다(딤후 3:17). 우리는 말씀을 통해 오는 은혜의 원동력으로 부지런히 열매를 맺으면 된다. 목숨이 다하는 그날까지 부지런히 맺고 거두기만 하면 되는 것이 은혜 받은 성도의 삶이다.

그런데 성경을 보니 반대로 말씀하는 구절도 제법 있다. 인생은 심는 것이라는 말씀이다. 앞에서 살핀 갈라디아서 6:7-8이 대표적이다. 심는 대로 거둔다 하면서, 성령으로 심으면 영생을 거두고 육체로 심으면 썩음을 거둔다 하였다. 삶 전체가 심음이라 하지 않았던가. 영생이나 썩음은 나중에 거둘 것이니 지금은 성령으로 하든 육체로 하든 심을 따름이다. 뒤이은 말씀을 보면 더 분명하다.

> 우리가 선을 행하되 낙심하지 말지니 피곤하지 아니하면 때가 이르매 거두리라. 그러므로 우리는 기회 있는 대로 모든 이에게 착한 일을 하되 더욱 믿음의 가정들에게 할지니라(갈 6:9-10, 개역).

'선을 행하되'라는 구절은 열매를 가리키는 마태복음 5:16의 '착한 행실'을 동사로 바꾸고 표현을 조금 고친 것이다. '착한 일을 하되'는 에베소서 2:10의 '선한 일'과 연보를 가리키는 고린도후서 9:8의 '착한 일'을 동사로 바꾼 것으로 역시 같은 내용이다. 그런데 거기서 열매를 맺는 일이 여기서는 심는 일이 되었다. 심는다는 표현은 없지만 나중에 거둘 것이라면 지금 하는 것은 분명 심음이다. 이 구절 바로 앞에서 심는 대로 거두는 원리를 말했으니 달리 해석할 길이 없다. 거둠과 심음은 정반대다. 그런데 열매 맺는 게 성도의 삶이라 하더니 여기서는 심는 게 인생이라 한다. 그것도 똑같은 것을 두고! 원인과 결과는 처음부터 복잡한 문제였다. 하지만 결과라 하던 것이 정반대로 원인이 되어 버렸으니 어떻게 된 일인가?

사도들도 좀 헷갈렸는지 야고보가 재미있는 구절을 하나 전한다.

> 평화를 이루는 이들에게는 평화 가운데 의의 열매가 심깁니다(약 3:18).

'심긴다'는 '심는다'의 수동태다. 심기는 것이니 주어는 당연히 씨나 모종이 되어야 하는데 엉뚱하게도 열매다. 열매가 심긴다? 열매는 수확되는 것이고 씨는 심기는 것이 하나님이 두신 자연의 법칙인데 어찌 열매가 심길까? 이 구절 직전에 '위에서 온 지혜'의 특징으로 '선한 열매들이 풍성하다' 하였다(약 3:17). 하나 됨의 소중함을 일깨우면서, 참 지혜가 원인이 되면 그 결과 평화를 낳고 또 선한 열매들도 생긴다 한 것이다. 따라서 위에서 온 지혜를 가진 사람은 평화를 위해 애쓰고 그러는 가운데 의의 열매가 맺힌다 해야 자연스러운데, 왜 그 열매가 심긴다 했을까? 번역 성경도 들쭉날쭉이다. 대부분의 외국어 번역은 의의 열매가 심긴다고 문자 그대로 옮긴 반면, 한글 성경은 거의 평화를 심고 의의 열매를 거둔다고 번역 아닌 해석을 했다. 원문의 뜻을 정반대로 푼 것이다. 영어 가운데는 NIV 하나만 한글 번역처럼 평화를 심으면 의를 거둔다고 시원하게 풀어 버렸다. 한순간 시원한데 뒤끝은 안 좋다.

혹 열매를 다시 심는다는 것인가? 거두었으면 됐지, 그것을 땅에 왜 다시 묻나? 열매 안에 씨가 들어 있어서? 심는 대로 거두면 모든 게 자연스러울 텐데, 심음을 거둠이라 하고 거둠을 심음이라 하면서 다시금 혼란에 빠져든다. 이유는 간단하다. 자연의 법칙은 심은 대로 거두면 되지만 영의 세계에서는 그렇게 거두는 행위가 동시에 심는 행위이기도 하기 때문이다. 영의 법칙은 사실 더 복잡하다. 거둔 것을 다시 심는 게 아니라 거둠 자체가 곧 심음이라는 것이 영의 법칙이다. 의의 열매는 거두는 것이 분명하지만 그렇게 거두는 그 행위가 동시에 심는 행위이기도 하다. 평화를 위해 애쓰는 그 자체가 이미 위에서

오는 지혜가 낳은 의의 열매다. 그런데 그렇게 평화를 위해 애쓰는 이들이 거둘 열매가 따로 또 있다. 그래서 그 의의 열매를 심는다 했다. 야고보는 헛갈린 게 아니라 짧은 문장을 통해 그 역설적인 역학을 보여주고 있다. 질그릇 성경이지만 이런 것을 두고 몇몇 주석가들처럼 야고보가 실수했다고 가볍게 치부해서는 곤란하다. 실수인 듯 보이는 거기서 보배의 한 자락이 드러난다.

거둠이 곧 심음이라는 것은 중요한 영적 진리다. 바울은 로마서에서 우리 삶의 열매에 대해 이렇게 말하고 있다.

> 그때 그대들은 어떤 열매가 있었습니까? 지금은 그대들이 그것들을 부끄러워하는데 그것들의 끝이 죽음이기 때문이지요. 그런데 그대들은 이제 죄로부터 자유롭게 되었고 하나님께 노예가 되어 거룩함을 향한 여러분의 열매가 있는데 그 끝은 영생입니다(롬 6:21-22).

열매를 거두는 삶이다. 그렇게 거둔 열매가 우리에게 있다. 열매지만 그것으로 끝이 아니다. 열매는 다른 결과도 낳는다. '불법' 아니면 '거룩함'이라고 앞에서 말했다(롬 6:19). 일상의 삶에서 맺은 열매, 우리가 갖고 있는 그 열매가 쌓이고 또 모이면 그런 것이 된다. 그래서 성도의 삶은 열매를 맺으면서 동시에 성장하는 삶이다(골 1:6, 10). 열매가 거름이 되는 것이 아니라 열매 맺음이 곧 자람이라는 말이다. 그런데 불법이나 거룩함도 끝은 아니다. 최종 결과는 따로 있다. 본문이 말하는 죽음 아니면 생명이 최종 결과 곧 가장 마지막에 거두는 열매다. 열매를 맺고 맺어 마지막에 죽음이나 영생을 맺는다. 죽음은 곧 썩음이다. 영원한 생명의 반대이니 영원한 죽음이다. 그러니 마지막 결과는 갈라디아서 6:7-8이 말한 것과 같다. 그런데 거기서는 심는 대로 거둔다 했고 여기서는 거두는 열매 가운데 마지막이라 한다. 마지막에 거둘 열매는 똑같다. 그런데 그 열매에 이르는 과정은 갈라디아서처럼 파종일 수도 있고 로마서처럼 수확일 수도 있다. 아니, 둘 다다.

인생은 거둠이면서 또 심음이다. 바울은 갈라디아서에서 심는 대로 거둔다는 법칙을 설명하기 전에(갈 6:7-8) 우리 삶은 성령의 열매를 맺는 과정임을 먼저 설명했다(갈 5:22-23). 함께 있다. 거둠이냐 심음이냐 하는 것은 보는 관점에 따라 정해진다. 인생을 미시적으로 보면 거둠의 연속이다. 매 순간 하나님의 은혜가 유효 원인이 되므로 삶은 열매를 맺어 거두는 일의 연속이다. 좋은 열매를 많이 맺어 하나님께 영광을 돌리는 삶이요 그 마지막은 영생이다. 그런데 거시적으로 보면, 다시 말해 인생을 통째로 보면 거둠이 아니라 심음이다. 참된 거둠 곧 영원한 수확은 오직 그 인생이 끝난 뒤에야 오기 때문이다. 인생은 영생이라는 결과를 얻기 위한 하나의 거대한 원인이다. 사실 매 순간 거두듯, 심는 것도 하기는 매 순간 한다. 그럼에도 심음의 인생을 거시적으로 보아야 하는 이유는 매 순간 그렇게 심는 것을 이 땅에서는 거두지 않기 때문이다. 우리가 심는 크고 작은 모든 것을 우리는 이 생이 다한 이후 거둘 것이다. 그렇기 때문에 삶을 심음으로 볼 때는 삶 전체를 두고 말할 수밖에 없다.

성령으로 심느냐 육체로 심느냐

심음과 거둠은 정반대다. 원인과 결과는 서로 모순이므로 공존할 수 없는 것인데 우리 삶은 심음인 동시에 거둠이다. 이유는 간단하다. 우리 삶이 그렇게 두 가지 특성을 다 가졌기 때문이다. 하나님의 백성이 된 우리는 종말의 시대를 살아간다. 주님이 처음 이 땅에 오심으로 시작되어 마지막 재림의 때까지 이어지는 기간이다. 이 시대의 큰 특징 하나가 바로 '이미 그러나 아직'이다. 이미 은혜를 받았다. 하지만 완성은 아직 오지 않았다. 이미 받았기에 그 은혜가 유효 원인이 되어 우리 매 순간을 열매 맺는 삶으로 만든다. 하지만 완성은 아직 오지 않았기에 지금의 삶은 그 완성을 위한 준비 단계가 된다. 진정 거두어야 할 열매는 이생 다음에 있다. 지금의 삶도 물론 열매 맺는 일의 연속이다. 하지만 참 열매에 비한다면 맛보기 내지 예행연습 수준이다. 말이 좋아 거둠이지 사실은 마지막 열매를 거두기 위해 씨를 심는 일에 비길 수 있다. 하여 열매 맺음과 씨 심음이 동시에 이루어진다.

안 믿는 사람들은 어떨까? 하나님의 은혜를 모르는 사람들은 빛 아닌 삶, 그래서 쓰임을 받지도 않는 삶, 곧 열매 없는 삶을 산다(엡 5:11, 딛 3:14, 벧후 1:8). 그런데 은혜의 동력이 없는 이들도 비슷한 일들을 제법 한다. 기부도 하고 선행도 한다. 상당한 힘이다. 무슨 힘일까? 이들은 은혜라는 유효 원인은 없는 반면 열매를 바라보는 기대를 마음에 품고 있다. 심은 대로 거둔다는 법칙을 알기에 거두고자 하는 그것을 심는 능력이 이들에게 있다. 그 욕망이 마음에서 최종 원인이 되어 그들로 하여금 심게 만든다. 때로 일반은총 아래 착하게 살려고 애쓰는 이들도 있지만 일반은총 자체가 참 선행으로 나아가게 할 수 없으니 열매를 바라는 기대에서 자유롭지 못하다. 이들은 우리와 달리 심는 그것을 이 땅에서 거두기도 한다. 아니, 그렇게 거둘 목적으로 심는다. 그런데 이 땅에서 거둘 수 있는 것이니 이 땅에 속한 것이요 이 세상에 속한 이상 다 썩는 것들이다. 하나님의 은혜를 모르고 영원도 모르는 이들로서는 그것 이상 바랄 게 없다. 그런 것을 바라는 마음을 성경은 '죄의 정욕'이라 부른다(롬 7:5). 하나님의 은혜는 없이 탐욕이라는 우상숭배가 그들 삶의 원동력 곧 유효 원인이다. 죄의 정욕이 작용하여 맺게 되는 열매는 '죽음에게'(unto death) 맺는 열매다(롬 7:5). 그것을 심어 거둔다. 이들의 삶은 심음과 동시에 거둠이 아니라 심음과 거둠의 반복이다. 그렇게 심고 거두기를 거듭한 결과, 마지막에 썩음을 거둔다. 자기 행위의 열매다(잠 1:31).

여기서 성령으로 심는 일이 육체로 심는 일과 어떻게 다른지 드러난다. 성령으로 심는 것은 그냥 열매를 맺는 것이다. 하나님의 은혜가 유효 원인이 되어 날마다 열매를 맺는 삶이다. 거두고 또 거두다 보면 어느 날 갑자기 마지막 열매인 영생을 수확하게 된다. 하나님이 성령과 함께 주신 약속이 이루어진다(롬 8:11). 그런데 열매를 거두는 그 일이 심는 일이기도 하다. 하지만 심는 그것을 거두지는 않는다. 거둘 열매는 오직 마지막에 있기 때문에 이 땅에서는 그저 심음이 있을 뿐이다. 심고 또 심다 보면 어느 날 갑자기 추수하라는 명령이 들려온다. 이 생에서 거두지 않았던, 아니 거두기를 유보하고 거부했던 그 모든 것이 영원의 열매가 되어 나에게 주어진다.

육체로 심는 사람들도 심고 거두는 법칙을 안다. 그 법칙이 천하의 기본인 줄도 안다. 하지만 그것이 우주의 창조주이신 하나님이 창조 때 만드신 법칙인 줄은 모른다. 인간의 죄로 그 창조세계가 더러워졌을 때 그 하나님이 구원의 길을 주신 다음 심고 거두는 이 법칙을 영원의 세계까지 확장시켜 주신 줄은 더더욱 모른다. 그렇기에 여기서 심어 거두는 그것이 썩어 없어질 것인 줄 모른다. 그러니 심어 거두는 자신도 자기가 거둔 그 열매와 함께 썩음으로 가게 될 줄은 또 어찌 알겠는가. 그래서 더 많이 거두기 위해 부지런히 심는다. 심는 대로 거두는 줄 알기에 정말 열심히 정성을 다해 심는다. 그래서 많이 거두고 뿌듯해하며 그렇게 거둔 것들과 함께 죽음으로 간다. 많이 거둘수록 더 빨리 또 더 수월하게 갈 것이다. 우리가 열매 맺는 일이라 생각하는 일이 이들이 보기에는 심는 일처럼 보일 수도 있다. 그래서 이들은 우리가 심기만 하고 거두지 않는 것을 의아하게 여기기도 한다. 하지만 우리는 거둠을 거둠으로 끝내지 심음으로 전락시켜 다른 것을 기대하지 않는다. 여기서 받는 것은 아무리 좋아도 썩어 없어질 것인 줄 알기 때문이다. 더 좋은 것을 얻기 위해 여기서 받을 수 있는 것을 끝까지 받지 않는 그것이 믿음이다(히 11:35).

연보를 드린다. 하나님이 주신 은혜가 유효 원인이 되어 드린다. 주신 은혜가 풍성한 만큼 드리는 연보도 풍성하다. 돈이 있든 없든 드린다. 우리를 위해 가난하게 되신 주님의 은혜를 생각하고 이웃을 위해 기꺼이 돈을 낸다(고후 8:9-15). 열매인 만큼 맺기만 하면 된다. 그것으로 다다. 그런데 마지막 열매를 바라본다면 연보는 심는 것이기도 하다. 하지만 성령으로 심는 일이다. 영생의 약속을 바라보는 심음이지 썩을 돈을 더 바라는 심음이 아니다. 드리는 그것으로 끝이다.

적어도 이 세상에서는 그렇다. 게다가 심는 주체가 나이지만, 내 연보가 영생의 열매를 거두는 데 무슨 공로라도 되는 양 착각하지 않는다. 하나님의 은혜가 동력이 되어 드린 거기에 내 공로가 낄 자리는 없다.

그리스도를 믿어 구원의 은혜를 입은 갈라디아 교인들이 율법을 지켜야 구원을 받는다는 율법주의의 유혹에 넘어가려 하자 바울은 "성령으로 시작해 놓고 육체로 마칠 참이냐?" 하고 강력하게 경고했다(갈 3:3). 하나님의 은혜가 동력일 때는 성령으로 심는 것이요, 내 공로나 욕심이 계기가 될 때는 육체로 심는 것이다. 성령으로 심는 일은 그저 거두는 일이다. 시작을 잘했으면 끝까지 잘 가야 한다.

그런데 같은 연보를 드리면서 다르게 드리는 사람도 있다. 많다. 이들은 하나님의 은혜 없이 돈을 낸다. 은혜라는 유효 원인 대신 다른 원인이 있는데 바로 더 받기 원하는 마음이다. 불신자처럼 그 마음이 최종 원인 역할을 해 돈을 낸다. 심은 대로 거두는 원리를 심은 그것을 거두는 원리로 국한시키고 내가 더 갖고 싶은 그것을 먼저 조금 내는 것이다. 헌금이랍시고 돈을 내면서 내심 더 돌려받기를 기대한다. 때로는 성공이나 출세를 바라고 돈을 내기도 한다. 내세가 있는지 없는지 그런 것은 알 바 없고 여기서 많이 받아 많이 누리고 싶다. 이들이 바라는 것은 썩을 것들이다. 주님께서도 사람들의 칭찬이라는 썩을 것을 최종 원인으로 삼아 연보한 이들을 꾸중하셨다(마 6:1-4). 이들이 내는 연보는 드리는 것이 아니라 더 갖기 위한 투자다. 내 욕심이 최종 원인이 되어 헌금이라는 결과를 낳기에 이들은 헌금이 다시금 유효 원인이 되어 더 큰 결과를 낳기를 기대한다. 헌금이 돈 내는 일로 끝나서는 안 되고 반드시 삼십 배, 육십 배, 백 배의 돈을 낳아야 한다. 이들은 결과여야 할 것을 원인으로 만들었다. 거두어야 할 것을 반대로 심어 버렸다. 성령으로 하지 않고 육체로 해 버린 것이다.

심는 대로 거둔다는 것은 자연의 법칙이다. 누구나 알고 날마다 활용하는 법칙이다. 농사뿐 아니라 우리 삶의 모든 영역을 지배하는 원리다. 그런데 심는 대로 거둔다는 것은 영의 원리이기도 하다. 하나님 말씀이 가르치는 원리다. 영원에 잇닿은 보배다. 자연의 원리를 아는 많은 사람들이 이 질그릇 법칙에 담아 주신 하늘의 보배는 못 본다. 그래서 같은 것을 심으면서도 정반대로 심는다. 마지막 결과도 정반대다. 하나는 위로 가고, 하나는 아래로 간다.

계시를 깨달아야 자연도 안다. 그런데 자연으로 계시를 뒤트는 일이 교회에 흔하다. 구약을 보니 자연의 법칙과 통하는 듯 보이는 것이 많다. 그래서 거기서 시작한다. 신약으로 구약을 푸는 게 올바른 방법인데 이들은 자연과 상식의 안경을 쓰고 구약을 읽은 다음 그것으로 신약까지 왜곡한다. 그런 경향은 헌금을 말할 때 특히 강하다. 구제를 많이 하면 재산이 많아질 것이라고 잠언이 말씀한다(잠 11:24-25). 그런 경우도 많을 것이다. 그런데 이 구절을 액면 그대로 신약으로 갖고 와서 심고 거두는 영의 법칙을 거꾸로 푼다. 구제하면 하나님이 더 갚아 주신다고? 구제는 값진 일이지만 더 많은 재산이 구제의 동기가 될 때 그 구제는 하나님의 은혜로 열매 맺는 일이 아니라 내 마음의 욕심을 이루고자 하는 심기가 된다. 그렇게 심어 거둔 재산이 바로 썩어 없어질 것의 대표 아니겠는가. 하나님을 우습게 여겨서는 안 된다. 하나님의 은혜로 구제의 열매를 맺고 그것을 성령으로 심어 영생을 바라보아야 할 사람들을 유혹하여 육체로 심으라 부추기는 것은 그들을 영원한 죽음으로 인도하는 무시무시한 범죄다. 심어 거두는 자연의 법칙만 알고 성령으로 심어야 영생을 거둔다는 보배는 못 본 사람들이 오늘도 강단에 서서 지옥사자 노릇을 충실하게 하고 있다. 저도 모르는 중에.

삶의 매 순간이 거둠의 연속인 동시에 우리 삶은 온통 심음으로 가득하다. 헌금도 봉사도 또 삶의 모든 영역이 심는 것이다. 그런데 그 심음은 반드시 거둠이기도 해야 한다. 심음만 있고 거둠이 없다면 그 심음의 근거 곧 심는 씨, 심는 원동력의 출처가 불안하다. 반대로 거둠만 있고 심음이 없다면 우리의 소망이 희미해질 것이다. 성령으로 심어야 영생을 거둔다. 성령으로 심는 것은 나의 심음이 곧 거둠이기도 함을 잊지 않는 것이다. 하나님의 은혜가 이 모든 것을 가능하게 했다는 것을 깨닫고 약속의 완성을 바라보며 날마다 감사 찬송하며 걸어가는 삶이다.

우리 시대의 거짓 복음

우리 시대에 원인과 결과를 뒤집는 일이 교회에 널리 퍼져 있다. 위험천만한 일이다. 하나님이 은혜를 주신 결과 헌금을 드리게 되는데 거꾸로 하나님께 헌금을 드리면 다른 열매가 맺힌다고 가르치는 거짓 선지자들이 많다. 신에게 복을 받기 위해 신에게 먼저 제물을 바쳐야 했던 고대 로마의 주술적 종교가 현대 들어 다시 나타난 셈이다. 이들은 하나님의 은혜라는 유효 원인을 제거한 채 육체의 욕심을 사람들 마음에 최종 원인으로 심어 주고는 그 결과로 헌금이라는 것을 하게 만든다. 그러면서 헌금을 원인인 양 가르쳐 더 많은 돈을 결과로 돌려받을 것이라고 속인다. 영생이라는 마지막 열매를 위해 부지런히 열매 맺어야 할 인생을 썩을 것을 바라보고 심는 인생으로 만든다. 영원한 것을 바라보며 심기만 해야 할 인생을 썩을 것을 수시로 거두어 축적하는 인생으로 뒤집는다. 거둠을 심음으로 변질시키고 심음을 거둠으로 타락시키는 것이다.

'믿음의 씨'(Seed-Faith 또는 Seed of Faith)라는 운동이 있다. 미국의 번영복음 전도자였던 오럴 로버츠(Oral Roberts)가 고안해 낸 것으로 주님이 믿음을 겨자 씨에 비기신 것에 착안한 개념이다. 하나님께 기대하는 바가 있을 경우 씨를 심음으로써 내 믿음을 표현해야 하나님이 그것을 주신다는 주장이다. 우리가 하나님을 믿고 씨를 심으면 하나님이 종자를 싹 틔워 우리에게 기적을 일으켜 주신다는 것이다. 내가 받고자 하는 것의 일부를 바치는 그것이 곧 씨를 심는 일이다. '믿음의 씨'라 했지만 사실 '종자 믿음'이라는 표현이 더 어울린다. 씨는 대개 돈이다. 어쩌다가 돈이 믿음의 내용이 됐을까? 시간도 물론 드릴 수 있고 몸을 바쳐 봉사할 수도 있다. 그렇게 씨를 심으면서 구체적인 목표를 마음에 품는다. 월급이 오른다든지, 과도한 부채를 갚는다든지, 아이가 수능에서 예상 밖의 고득점을 한다든지, 병이 낫는다든지 하는 등등. 거룩한 목표도 물론 있다. 삼촌이 예수 믿게 해 달라든지 하는 이런 것들이 최종 원인이 되어 우리로 하여금 육체를 위해 심게 만든다. 오럴 로버츠는 강조했다.

하나님은 오직 그대가 바치는 것만 불려 주실 수 있음을 잊지 말라.

하나님은 불려 주실 순 있지만 내도록 만드시지는 못한다. 번영복음의 하나님은 이렇게 못하시는 게 참 많다. 내라고 강요하는 악역은 그래서 늘 목사 몫이다. 오럴 로버츠가 시작한 이 운동을 로버츠의 제자인 조이스 마이어(Joyce Meyer)와 베니 힌(Benny Hinn)이 지금도 부지런히 퍼뜨리고 있다. 힌트는 겨자 씨에서 얻었는지 몰라도 번질 때는 누룩이 되어 온 교회에 급속히 파고들었다. 오럴 로버츠의 운전수 출신으로 현재 미국 번영복음의 선두주자가 된 케네스 코플랜드(Kenneth Copeland)의 홈페이지에는 헌금을 드릴 때 사용하는 기도문이 하나 실려 있는데 거기에 이런 문장도 있다.

> 지금 예수의 이름으로 제 손에 있는 이 씨의 백 배를 믿음으로 돌려받습니다. 말씀을 순종함으로 돌려받습니다. 사탄아, 예수의 이름으로 널 꾸짖는다. 넌 박해자다. 내 돈에서 손을 떼라. 씨도 땅도 네 것이 아니니다. 내 것이고 하나님 것이다. 내 뜰에 접근하지 마라. 밭에도 얼씬 마라. 거둔 것은 내 것이다.

드리는 기도인데 온통 받는다는 말뿐이다. 받는 것도 물론 돈 하나뿐이다. 그것을 씨라 부른다. 손에 얼마를 쥐었는지 알 수 없지만 백 배로 돌려받을 것을 믿음으로 고백한다. 거의 최면에 가까운 자기암시다. 돈을 드리면서 받는다고 암시를 한다. 사임당 한 장을 내면 백 장이 되어 돌아올 것이다. 그것이 말씀을 순종하는 일이라 하고 그 돈을 못 얻게 방해하는 것을 사탄의 박해라 부른다. 사탄이 저런 기도문을 들으면 기분이 어떨까?

15년 전 『목적이 이끄는 삶』(*The Purpose Driven Life*)으로 전 세계 교회를 흔들었던 릭 워렌(Rick Warren)도 이 운동을 확산시키는 데 일조하고 있다. 워렌은 두 해 전 온라인 묵상에 '하나님은 여러분이 씨를 심기를 기다리고 계십니다'는 제목 아래 이런 글을 올렸다.

> 심고 거두는 법칙은 이렇습니다. 뭐든 필요한 게 있으면 씨를 심습니다. 필요한 그것이 시간이든, 에너지든, 돈이든, 격려든, 인간관계든, 지혜든 일단 씨를 심으십시오. 시간이 더 필요하면 아이들에게 시간을 더 쓰고, 돈이 더 필요하면 어려운 이들에게 돈을 주십시오……. 나한테 더 필요한 그것을 남에게 주라 하니 말도 안 된다 싶겠지만, 바로 그런 태도를 가진 사람을 하나님은 복 주시고 그런 태도가 바로 여러분의 삶에 열매를 맺을 것입니다.

권고하는 내용은 다 멋지다. 바쁠수록 아이들과 시간을 보내고 돈이 빠듯할수록 구제를 하라 하였다. 그렇지만 기본 원리는 같다. 더 많이 받기 위해 조금 내는 것이니 육체로 심어 썩음을 거두는 것이다. 열매로 맺어야 할 선한 일을 마치 파종인 양 기르치며 또 다른 열매를 하나님이 주시는 복으로 기대하라 한다. 종자 믿음은 고기를 낚기 위해 미끼를 쓰는 것과 같다. 적은 것을 드려 많이 받고자 하는 투자 기법이다. 그런데 오늘날 수많은 사람들이 이것이 성경인 줄 착각하고 마구 활용한다. 보배는 사라지고 그릇만 남았다. 현재 미국에서 가장 큰 개신교 교회를 운영하고 있는 조엘 오스틴(Joel Osteen)도 베스트셀러 『긍정의 힘』(*Your Best Life Now*)에서 이 종자 믿음을 온갖 이교사상과 함께 전파하고 있다.

> 문제가 있을 때 할 수 있는 멋진 방법 하나는 문제가 있는 다른 사람을 돕는 일입니다……. 일단 씨부터 뿌리십시오. 그러면 하나님께서 그대에게 수확을 안겨 주실 것입니다. 우리가 다른 사람의 필요를 채워주면 하나님은 항상 우리 필요를 채워 주십니다(247쪽).

오스틴은 베끼기의 달인이다. 번영복음의 스승인 로버트 슐러한테 주로 배우고 조용기 목사한테도 많이 배웠다. 누구한테 들었는지 종자 믿음도 마치 제 것인 양 열심히 퍼뜨리고 있다. 오스틴이 보는 헌금은 오직 씨를 뿌리는 일이다. 오스틴은 하나님은 당신의 법칙을 안 어기신다며 안 뿌리면 못 거둔다 주장한다. 돈을 안 드리면 하나님이 풍성하게 안 부어 주신다는 이야기다. 심은 대로 거둔다는 말씀을 그렇게 풀었다. 자연의 법칙만 알다 보니 성경이 가르치는 영의 법칙마저 그렇게 자연의 법칙으로 덮어 버렸다. 심을 씨에다 먹을 양식까지 주시는 하나님의 은혜는 보이지 않는다. 우리가 목표로 해야 할 참 열매가 무엇인지는 단 한 번도 말하지 않은 채 그저 육체를 위해 심으라고 부지런히 권한다. 썩음의 열매를 같이 거두자는 소리다.

워렌과 오스틴의 주장에는 황금률 논리도 숨어 있다. 내가 남의 문제를 챙겨 주면 하나님도 내 문제를 챙겨 주신다는 것이다. 이들은 그래서 세속 황금률에 담긴 중요한 전제 하나를 공유한다. 바로 모든 것이 나 중심으로 돌아간다는 원리다. 남을 도와주기는 하지만, 하나님의 나라와 의를 위한 것이 아니라 나 자신을 위한 것이다. 나를 챙겨 주시기를 기대하기 때문에 남을 챙겨 주는 이기주의 황금률이다. 성경은 그것이 아니다. 하나님의 나라와 의를 구하는 것은 하나님에 대한 신뢰에 바탕을 두고 있다. 이 신뢰는 독생자를 주신 사랑에서 출발한다. 독생자까지 아끼지 않고 주신 하나님이시니 다른 모든 것도 아끼지 않고 주실 것이라는 믿음이다. 가장 좋은 것을 나에게 주신다는 확신이 있기에 다른 모든 것은 잊어버리고 오직 하나님의 나라와 의만 추구할 수 있다. 과부의 두 렙돈이 그것 아니던가. 그런데 종자 믿음을 퍼뜨리는 이들은 나를 위해서 남을 돕는다. 그러고는 그게 마치 남을 위해서 한 것인 양 속인다. 내 욕심을 추구하면서 마치 하나님과 이웃을 사랑하는 양 착각하게 만드니 힌두교식 개인주의를 넘지 못한다. 이들이 믿음의 씨라 부르는 것은 그냥 탐욕과 위선의 결합체일 뿐이다.

한국 교회에서 이 운동을 가장 널리 퍼뜨린 사람은 단연 조용기 목사다. 수많은 책과 설교를 통해 '3박자 축복'을 전할 때 오럴 로버츠에게서 직수입한 이 원리도 빠뜨리지 않고 전했다.

> 믿음의 씨앗이란, 씨앗 속에 생명이 있듯이 여러분의 믿음이 살아 있는 것을 하나님께 보여 드리는 것입니다……. 믿음의 씨앗을 행동으로 하나님께 심어야 싹이 나고 꽃이 피어 열매 맺게 되는 것입니다"(『4차원의 영적 세계』 175-176쪽).

안 보여 드리면 하나님은 모르신다. 그래서 싹도 못 틔우신다. 『4차원의 영적 세계』에 나오는 구절인데 몇 해 뒤 출간한 『4차원의 영성』에도 같은 사상이 나온다. '심은 대로 거둔다'는 조 목사의 설교도 온라인에 둥둥 떠다닌다. 고린도후서 9장과 갈라디아서 6장으로 설교했는데 헌금 드리는 것을 심는 일로 가르치고 있다. 설교 내내 이야기하는 주제가 돈이요, 결론은 십일조 내면 복 받는다는 것이다. 그냥 돈 놓고 돈 먹기다. 영생을 거두라는 말씀을 읽어 놓고 처음부터 끝까지 썩음을 거두는 방법만 전한다. 말씀을 읽고 그와 반대되는 이야기를 하는 사람이나 그것을 듣고 '아멘!' 하며 화답하는 교인들이나, 하도 익숙해져 이젠 놀랍지도 않다. 그렇게 속고 속이는 가운데 하나님은 오늘도 우습게 여김을 받으신다.

종자 믿음 이론은 내가 먼저 하나님께 조금 드리면 하나님이 나에게 더 많이 갚아 주신다는 주장이다. 이 이론이 엉터리요 거짓이라는 것을 이 이론이 싹트기 2천 년 전 하나님이 바울을 통해 가르쳐 주셨다.

누가 주께 먼저 드려서 갚으시도록 하겠습니까(롬 11:35).

드리는 일은 같아도 원인은 다르다. 천지차이다. 받은 은혜가 유효 원인이 되어 내 상황과 조건을 넘어 풍성하게 드리도록 만들었을 수도 있고, 그런 은혜의 동력은 없지만 드리면 몇 십 배로 받는다는 말에 속아 그것을 노리는 마음으로, 그 욕심이 최종 원인이 되어 열심히 내기도 한다. 몇 해 전 「뉴욕 타임스」에 나온 조엘 오스틴 교회의 한 교인은 그런 식으로 내다가 빚만 엄청나게 졌다고 한다. 속기는 했지만 내 탐욕이 동력이었으니 남을 탓할 수가 없다. 당첨될 날만 바라보고 빚을 내 로또를 산 사람과 뭐가 다른가. 은혜 아니면 내 탐욕이 동력이다. 은혜로 맺은 열매는 마지막 영생에 닿지만 탐욕으로 맺은 열매는 멸망으로 간다. 원인은 마음에 있으니 아무도 모른다. 내가 알고 또 내 마음을 살피시는 하나님이 아시니 열매를 맺는 일은 언제나 나와 하나님 사이의 문제다.

이리가 노략질하는 두 가지

주님은 이렇게 거짓된 가르침을 퍼뜨리고 다니는 사람들을 가리켜 '노략질하는 이리'라 부르셨다(마 7:15). 강제로 빼앗는 것이 노략질이다. 실천의 열매도 없는 이들 거짓 선지자들은 거짓된 가르침으로 사람들을 홀려 두 가지를 빼앗는다(마 24:11, 24).

첫째는 돈이다. 헌금은 하나님께 돈을 드리는 것이다. 그런데 은혜의 힘으로 드리는 게 아니라 더 많은 돈을 바라고 드리는 것이라면 참 헌금이 아니니 하나님이 안 받으신다. 내 지갑에서는 분명히 나갔는데 하나님께 가지는 않으니 전문 용어로 '배달 사고'가 생기는 것이다. 그렇게 사고가 난 돈은 어디로 갈까? 미국의 어느 목사는 예배 시간에 백 달러를 종자 믿음으로 바치면 하나님이 그 사람의 부채 문제를 액수에 관계없이 기적적으로 다 해결해 주실 것이라 선포했다. 목사가 시키는 대로 육체에다 심어 다들 얼마나 거두었는지 알 수 없지만 나중에 보니 심으라 부추긴 그 목사는 엄청나게 거두었다.

복음이 처음 전파될 때 종자 믿음을 시도한 사람이 있었다. 마술사 시몬이다. 베드로와 요한이 사람들에게 안수하자 사람들이 성령을 받았다. 이 모습을 본 시몬은 성령을 받게 하는 그 권능을 돈을 주고 사려고 했다. 그 정도 능력이면 떼돈을 벌 수 있지 않겠는가. 투자할 가치가 충분하다고 본 것이다. 그러자 베드로가 직격탄을 날렸다.

> 네가 하나님의 선물을 돈 주고 살 줄로 생각하였으니 네 은과 네가 함께 망할지어다(행 8:20).

베드로는 이렇게 저주를 선포하고서도 직성이 안 풀려 '네 마음이 잘못됐다, 넌 복음과 무관하다, 넌 이 복음에 동참 못 한다, 악함을 회개하고 주님께 기도해라' 하고 속사포처럼 쏟아부었다. 그러고도 모자라 '넌 악독이 가득하고 불의에 사로잡혔다' 하고 또 퍼부었다. 베드로는 시몬의 돈을 받아 선교헌금으로 활용하는 대신 저주를 선포했다. 돈은 썩는 것이다. 돈을 심으면 심는 사람도 돈과 함께 망한다. 육체를 위해 심다가는 나도 저도 다 멸망으로 갈 것이기에 베드로는 저주와 독설을 쏟아부었고 시몬으로 하여금 기어이 회개하게 만들었다.

사기로 투자를 받아 돈을 횡령하면 감옥에 가지만 이런 식으로 하나님의 이름으로 노략질을 하면 감옥에 가는 대신 더 많은 투자자를 쉽게 모을 수 있다. 미국에서는 부자 목사 순위가 매년 나온다. 2016년 통계를 보니, 케네스 코플랜드가 7억 6천만 달러의 재산으로 단연 1위를 기록하고 있다. 베니 힌은 4천 2백만 달러로 3위, 조엘 오스틴은 4천만 달러로 4위, 릭 워렌은 2천 5백만 달러로 7위다. 조이스 마이어는 8백만 달러로 10위에 턱걸이를 했다. 배달 사고가 난 돈이 다 그리로 모인 것 같다. 믿음의 씨가 정말 효력이 있는지는 모르겠으나 그게 효력이 있다 주장하는 이론의 위력은 입증되고도 남는다. 우상은 아무것도 아니지만 우상 종교는 참으로 엄청난 위력이 있음을 여기서도 확인한다(시 115:4-8, 135:15-18). 천만 달러면 우리 돈으로 백억 조금 넘는 돈이니, 한국의 누구는 퇴직금 하나만으로도 미국 부자 목사 순위 10위에 거뜬히 든다. 여하튼 썩어 없어질 것들을 참 많이도 거두었다. 그것이 제 운명인 줄 아는지 모르는지.

오럴 로버츠의 며느리였던 패티 톰슨은 시아버지가 시작한 이 종자 믿음 운동이 사람들의 절박한 상황이나 탐욕을 이용해 배를 불리는 행위로서 복음을 심각하게 변질시키는 것이라 비판하였다. 패티는 이 운동이 하나님을 슈가 대디(sugar daddy)로 만드는 것과 뭐가 다르냐 묻는다. '슈가 대디'는 젊은 여자에게 돈이나 선물을 안겨 주고 대신 성관계를 즐기는 나이 많은 남자를 가리킨다. 우리 식으로 하면 하나님하고 원조교제를 하는 것과 뭐가 다르냐는 소리다. 종자 믿음은 독생자를 주셔서 세상에서 우리를 건지시고 영원한 생명까지 약속하신 하나님을 이 땅의 썩을 것들이나 주시는 분으로 전락시킨다. 이들은 후하게 주신다는 성경의 약속도 그저 돈 주시는 약속으로 왜곡하고(눅 6:38), 주님이 약속하신 영생과 그 영생의 약속에 따르는 백 배의 든든함을 겨우 이 땅에서 얻는 백 배의 돈으로 변질시킨다(막 10:30). 영원한 것을 이 땅으로 끌어내리는 그것이 바로 기복주의다.

재산 뺏기는 것은 그래도 괜찮다. 세상살이에는 잠시 필요하지만 어차피 없어질 것들 아닌가. 문제는 영혼이다. 어떻게 심느냐에 따라 내 최종 운명이 갈린다. 돈 잃고 영혼까지 잃는다. 성경은 우선 노략질하는 그 사람들은 천국에 못 들어간다고 분명하게 선언하지만 그들의 운명까지 내가 걱정해 줄 처지는 아니다(고전 6:10). 내 코가 석자다. 거짓 선지자는 내 목숨, 특히 영원의 운명까지 빼앗아 갈 수 있다. 돈을 뜯겼다면 이제 영혼까지 뜯길 가능성이 크다(겔 22:27). 옛 유다 왕국이 멸망하기 직전 에스겔이 이렇게 경고했다.

> 그 가운데서 선지자들의 배역함이 우는 사자가 식물을 움킴 같았도다. 그들이 사람의 영혼을 삼켰으며 전재와 보물을 탈취하며 과부로 그 가운데 많게 하였으며(겔 22:25, 개역).

주님께서도 도적이 양 우리에 들어와 죽이고 파멸시킨다고 경고하셨다(요 10:10). 바울도 에베소 교회 장로들에게 흉악한 이리가 들어와 사람들을 이단으로 끌고 갈 수 있다고 경고했다(행 20:29-30). 이들의 방법은 간단하다. 성령을 위해 심어야 할 것을 육체를 위해 심게 만든다. 은혜를 받아 열매로 맺어야 할 것을 마치 무언가를 바라고 심는 행위로 전락시킨다. 성령으로 심어 영생을 거두어야 하는데 육체로 심어 썩음을 거두게 만든다.

유명 목사들 이름을 들먹일 필요도 없다. 우리 교회 목사가 바로 그런 사람일 수 있다. 이제는 거짓 선지자들의 거짓 메시지가 저 멀리서 미사일처럼 날아오지 않고 우리 교회 강단에서 직격탄으로 날아온다. 수많은 교회가 마귀의 공격에 무방비로 노출되어 있다. 정말 누룩처럼 깊고도 넓게 번져 이제는 어린아이들에게도 이런 거짓 교훈을 성경인 양 가르치고 있다. 물질 만능의 시대에 참으로 적절한 그 거짓 메시지는 아직 눈물로 심어야 할 인생을 풍성하게 거두고 즐기는 잔치자리로 만들어 버렸다. 말씀 아닌 것을 말씀이라 가르친 이들은 나중에 주님 앞에서 책임을 지게 될 것이다. 하지만 멋모르고 따라간 이들 또한 돈과 생명을 노략질당할 가능성이 많으니 그게 안타깝고 두려울 따름이다.

겉모습은 똑같다. 돈을 드리는 일, 직분을 맡아 봉사하는 일, 자녀를 양육하는 일, 부모를 모시는 일, 직장에서 고객을 대하는 일 등등. 인생 사는 모습이 다르면 얼마나 다르겠는가. 그런데 똑같은 삶을 살면서 하나는 제 육체에 심고 하나는 성령에 심는다. 원인과 결과에 대해 생각이 다르기 때문이다. 하나님의 은혜가 모든 것의 유효 원인인 사람들은 날마다 풍성한 열매를 맺는다. 그러면서 그렇게 열매 맺는 일을 마치 씨를 심는 일처럼 여기고 살아간다. 마지막에 맺을 열매는 영생 하나이기 때문이다. 그렇기에 오늘도 하나님의 은혜 하나에 힘입어 씨를 뿌리되 이 땅에서 썩을 것들을 거두지 않으려고 몸부림을 친다. 그렇지만 하나님의 은혜를 모르는 이들은 썩을 열매를 최종 원인으로 삼아 오늘도 썩을 것들을 심는다. 그리고는 이 땅에서 나름 풍성하게 거둔다. 그런 거둠이 동시에 심음이 되는 줄은 모른다. 그 심음이 마지막 날 썩음이라는 뼈아픈 열매를 맺게 될 줄은 더더욱 모른다.

요즘 헌금 기도 때 생업에 복을 달라는 기도가 빠지지 않는다. 사업을 번창하게 해 달라는 기도도 종종 추가된다. 일용할 양식을 하나님이 주시니 우리는 생업을 위해 당연히 기도해야 한다. 예배기도에도 포함되어야 옳다. 하지만 헌금을 드릴 때 드릴 기도로는 적합하지 않다. 연보는 열매를 거두어 주께 드리는 것이지 무언가를 바라고 심는 행위가 아니기 때문이다. 더 많이 벌어서 더 많이 바칠 수 있게 해 달라는 기도 역시 육체로 심는 것을 바친다는 아름다운 말로 위장한 것일 뿐이다. 돈은 아무리 많이 벌어도 하나님께 드리는 헌금의 원인이 되지 못함을 기억해야 한다. 그런 기도는 하나님 은혜를 풍성하게 받아 풍성한 연보를 낸 사람들을 부추겨 엉뚱한 욕심을 품게 만들고 하나님께 드리는 향기로운 제물을 내 배를 채우기 위한 투자로 전락시킬 위험이 있다.

다시금 바울이 좋은 모범이 된다. 바울은 여러 교회에 여러 차례에 걸쳐 헌금을 권하고 또 구제헌금이나 선교헌금을 잘 받았다는 편지를 쓰면서 그 연보를 단 한 번도 재물상의 보상과 연결시키지 않는다. 경제 중심지 고린도에 살던 교인들에게 헌금을 권할 때에도 마케도니아 교회가 극도의 가난 중에도 하나님의 은혜를 받아 풍성하게 드렸음을 말하면서 서로 부족함을 채워 주는 원리 곧 평균케 하는 원리를 가르쳤을 따름이다(고후 8:1-15). 빌립보 교회가 감옥에 있는 자기에게 선교헌금을 보내주었을 때는 그것이 자신에게 기쁨이 되었다며 칭찬했지만(빌 4:10, 14, 18) 그것을 계기로 드린 기도는 열매가 풍성하기를, 다시 말해 그런 헌금, 그런 제물을 더 많이 드리기를 빈 기도였다(빌 1:9, 11, 4:17). 바울은 꼭 한 번 물질적인 보상에 관련된 말을 했다.

> 나의 하나님이 그리스도 안에서 영광 가운데 당신의 풍성함에 따라 그대들의 모든 필요를 채우실 것입니다(빌 4:19).

고린도 교회에 헌금을 권할 때 말했던 것처럼 여기서도 하나님의 풍성함을 언급한다. 그런데 모든 것을 넘치게 채우실 것이라 축복할 법도 하건만 바울은 하나님이 주시는 혜택을 '모든 필요' 하나에 국한시킨다. 모든 영역에서 모든 때에 모든 것을 가지는 것은 하나님이 주신 은혜의 결과요 헌금의 원인이지 이미 헌금을 드린 자에게 주어지는 보상이 아니기 때문이다. 바울은 그의 나라와 그의 의를 먼저 구하는 자들에게 주신 주님의 약속(마 6:33)을 상기시킬 뿐 사람들의 탐욕을 부추길 가능성이 있는 말은 일절 하지 않았다. 헌금 기도는 구원의 은혜를 비롯하여 모든 좋은 것을 주신 하나님께 감사하고 하나님의 은혜의 지속을 위해 또 그 헌금의 올바른 쓰임을 위해 간구하는 것이 전부여야 한다.

옛날에는 예배 시간에 연보 채를 돌려 연보를 걷었다. 봉투도 없이 드렸으니 옆 사람 눈치를 안 볼 수 없었다. 하지만 일단 걷어가고 나면 시원했다. 그렇게 즐겁게 열매를 맺었다. 요즘은 봉투에 넣어 입구에 비치된 헌금함에 넣는 교회가 많다. 보는 이가 없으니 하나님과 나만의 일이 된 듯 보인다. 하지만 재테크에 민감한 시대상을 감안한다면 파종을 하듯 상자에 넣는 세련된 방식보다 채를 돌려 거두던 옛날이 차라리 더 나았다는 느낌이 문득 든다.

마지막 열매를 거둘 그때까지

육체로 심으면 자주 거둔다. 콩을 심으면 콩을 거두고 돈을 투자하면 돈이 생긴다. 썩어 없어질 것이지만 나도 함께 썩기 전까지는 알 도리가 없다. 게다가 심는 족족 거두니 그때마다 보람도 느낀다. 성령으로 심을 때는 그게 없다. 우선은 심는 게 아니라 거두는 것이다. 거두었으니 그것으로 끝이다. 그 거둠이 때로 심는 것처럼 보일 수도 있다. 하지만 그런 심음에는 거둠이 따르지 않는다. 곱게 간 말이지만 곱게 돌아오는 경우는 극히 드물다. 주로 퉁명스러운 대답이 돌아오고 때로 욕설이 되어 돌아오기도 한다. 이유는 간단하다. 우리의 고운 말이 사람들 귀에는 조금도 곱게 들리지 않기 때문이다. 그들의 생각과 우리의 관점이 다르다. 아무리 고와도 이 땅에 속한 것이다. 우리는 영원한 것을 거두고 싶다. 그래서 이 땅에서 심되 성령으로 심는다.

모든 사람에게 기회가 되는 대로 좋은 일을 해야 한다. 그것이 말처럼 쉬운가? 선한 열매, 착한 열매는 이 땅이 싫어하고 거부하는 것들이다. 우리가 하는 고운 말은 사람들이 다시금 곱게 되돌려 줄 수 있는 그런 성질의 것이 아니다. 우리는 되돌려 받을 수 없는 것을 심는다. 이 땅에서는 심기만 한다. 그것이 천국 시민이 이 땅에서 겪는 고난이다.

> 우리가 하나님의 나라에 들어가려면 많은 환난을 겪어야 할 것이라(행 14:22, 개역).

끊임없이 맺어야 할 열매이기에, 아니 이 땅에서는 죽는 그날까지 심기만 해야 하기에 우리에게는 유혹도 끊이지 않는다. 크게 두 가지다. 하나는 영원한 열매를 썩을 것으로 바꾸라는 속삭임이다. 우리의 목표를 이 땅으로 내리기만 하면 순식간에 삶에 활기가 돈다. 씨 뿌려 거두니 보람도 있다. 쌓여 가는 열매를 보며 더 부지런히 뿌리게 된다. 이 세상의 재물은 사람을 속이는 재주를 갖고 있다. 주님이 말씀하신 '풍요의 속임수'다(마 13:22). 은혜인 줄 착각하고 감사도 드린다. 하지만 모두가 썩을 것들이요 그것들이 충분히 쌓이는 순간 나도 함께 썩는다. 이런 시험에 넘어가지 않기 위해 기도해야 한다. 기도하지 않으면 우리 영이 육체의 욕심에 넘어간다. 그러면 제자들처럼 예수를 버리고 도망가게 될 지도 모른다.

우리가 만나는 두 번째 유혹은 그만두고 싶은 충동이다. 이른바 '낙심'이다(갈 6:9, 살후 3:13). 포기하고 싶은 것이다. 착하고 좋은 열매를 맺는 삶에는 외적인 보람이 따르지 않는다. 심는 대로 거두어지지 않는다. 영의 눈으로 볼 때, 다시 말해 영원의 구도에서 바라볼 때는 심는 대로 거두는 하나님의 법칙이 그대로 이루어지지만, 이 땅의 제한된 눈에는 그저 그 법칙이 엉터리인 듯 보인다. 그래서 우리에게 필요한 것이 인내다. 열매를 보려면 오래 참아야 한다. 이것도 농부한테 배운다. 한 해 농사를 짓는 농부도 곡식을 거두겠다는 일념으로 꾹 참고 비를 기다린다(약 5:7). 우리는 수십 년 생애를 그렇게 기다리기만 한다. 그렇게 기다리는 동안에도 가만있는 게 아니라 부지런히 선한 일을 해야 한다. 우리가 바라는 열매는 그날에 올 것이기 때문이요 그 열매는 썩어 없어지지 않는 영원한 것이기 때문이다. 때가 아닌데 거두려 해서는 안 된다. 영원의 열매는 시간 안에서 거둘 수 없다. 암탉의 배를 가르면 통닭 한 마리는 생길지 몰라도 바라던 달걀은 못 얻고 만다.

때가 이르면 거둔다. 우리 주 예수 그리스도께서 다시 오시는 날이 그때다. 그날에 주님께서는 하나님의 영광의 열매를 부지런히 맺은 우리의 모든 수고를 아시고 그 모든 것을 씨를 심은 행위로 여겨 주시면서 우리에게 영생이라는 가장 값진 수확을 안겨 주실 것이다. 놀라운 약속이다. 우리는 주신 은혜의 힘으로 했는데 마치 우리 힘으로 하기라도 한 것처럼 영생의 상을 주실 것이다. 때가 이르매 거두리라. 언제일지는 모른다. 하지만 온다. 반드시 온다. 인과율이 아무리 복잡해도 이것 하나는 명료하고 분명하다. 법칙을 만드신 하나님의 약속인 까닭이다. 그것을 알기에 오늘도 씨를 뿌린다. 하나님의 은혜로 풍성한 열매를 거두며 씨를 뿌린다. 그날 웃을 것이기 때문에 그때까지는 울면서 씨를 뿌린다.

> 눈물로 심는 이들은 기쁘게 거둘 것이다.
> 값진 씨를 갖고 울며 가는 이는 반드시 자기 단을 갖고 기뻐하며 올 것이다(시 126:5-6).

그러니 이제 심자. 씨를 심지 말고 야고보의 가르침처럼 열매를 심자. 그래야 성령으로 심어 영생을 거둘 것 아닌가. 인생이 거두는 것인지 심는 것인지 고민만 하는 것은 썩을 것을 거두려 심는 것보다 조금도 나을 게 없다. 그런 고민 가운데 상황만 날로 악화될 뿐이다. 머릿속에서 오락가락하던 인과론을 삶으로 꺼내 내 안에 주신 하나님의 모든 은혜를 모든 연보로 또 모든 드림으로 열매 맺자. 이미 은혜를 많이 받은 고린도 교인들에게 바울은 이렇게 권한다.

이제 행하기 또한 완수하십시오. 마음에 바라는 대로 또 가진 것으로 성취하십시오(고후 8:11).

행함이다! 지금 온 세계가 신음하고 있다. 주 예수 그리스도의 생명의 복음을 듣지 못해 신음하고 남들은 남아서 버리는 음식을 먹지 못해 죽어가고 있다. 선교도 구제도 우리가 받은 은혜를 실천해야 할 참으로 값진 영역이다. 먼저 복음을 들은 우리는 복음의 빚을 졌다. 못 먹고 못 입는 이들에게는 먹고 입는 내 삶이 또 빚이다. 평생을 온몸 바쳐 뛰어도 다 갚지 못할 큰 빚이다.

그래서 필요한 것이 교회다. 교회에는 말씀이 있다. 참 말씀이다. 상식으로 성경을 왜곡하는 것이 아니라 말씀의 참 뜻을 알아 세상을 밝히는 교회의 말씀 말이다. 자연만으로는 알 수 없는 영생 구원의 진리를 교회는 말씀에서 찾고 또 사람들에게 가르쳐야 한다. 성도의 교제 때는 그렇게 말씀으로 맺은 열매를 서로 나눔으로써 타협하거나 포기하지 않도록 서로 격려하고 세워 주어야 한다. 썩을 것을 거두었다는 자랑은 아예 발붙이지 못하게 해야 교회가 살고 성도가 산다(히 3:13). 교회는 또 기도하는 곳이다. 머릿속에서 쳇바퀴 돌던 생각을 삶의 영역으로 꺼내는 힘은 기도에서 얻는다. 주님은 제자들에게 일꾼을 위해 기도하라 하신 다음 그 제자들을 먼저 일꾼으로 보내셨다(마 9:37-10:1, 눅 10:2-3). 기도하면 안 갈 수 없다. 기도하면 육신의 유혹에 넘어가지 않고 영이 바라는 일을 할 수 있다(마 26:41, 막 14:38, 눅 21:36). 성령께서 우리의 연약함을 도우신다(롬 8:26). 함께 기도하면 온 교회가 그렇게 행하기를 완수할 수 있다.

말씀과 기도로 함께 간다면 거두는 일과 심는 일이 조금도 혼란스럽지 않을 것이다. 박 집사의 머리카락이 왜 빠지는지 여전히 모르고 닭과 달걀 가운데 뭐가 먼저인지 논쟁이 이어져도, 우리는 부지런히 심으며 생명에 이르는 열매를 모으게 될 것이다. 뿌리는 자와 거두는 자가 함께 기뻐할 그날까지(요 4:36).

결론

질그릇에 담은 복음

질그릇에 담은 보배

바울은 빌립보 교인들을 위해 기도할 때 그들이 "지극히 선한 것을 분별하는" 사람이 되기를 기도했다(빌 1:10). '지극히 선한 것'의 원문은 일반적으로 '다른 것'을 뜻하지만("해의 영광이 다르고 달의 영광이 다르며", 고전 15:41) 성경에서는 '뛰어난 것' 또는 '소중한 것'을 가리키는 경우가 많다("너희는 이것들보다 귀하지", 마 6:26, "지극히 선한 것을 분간하며", 롬 2:18). 다르되 상대적으로 다른 게 아니라, 보다 뛰어남으로써 다르다. 기독교 복음이 그런 것이다. 이 땅의 수많은 것들과 비슷하지만 다르다. 그냥 다른 것이 아니라 뛰어나다. 다른 것들은 줄 수 없는 영원한 생명과 구원을 주기 때문이다. 우리 그리스도인이 가져야 할 믿음도 마찬가지다. 복음을 믿는 우리는 이 세상과 다른 관점과 원리를 가지고 살아간다. 그저 상대적인 차이가 아니라, 영원한 생명과 이어진 절대적인 차이다.

그런 차이를 드러내는 한 원리가 바로 '질그릇에 담은 보배'다. 지극히 평범한 이 땅의 그릇에 참으로 값진 하늘의 보배가 담겼다. 이 원리는 사람, 특히 그리스도인의 존재 원리요 우리 믿음과 삶의 중심을 이루는 원리다. 지극히 선한 것을 분별하는 기준이 되는 성경 말씀도 이 원리로 이해할 수 있다. 더 나아가, 이 원리는 존재하는 모든 것을 포괄하는 우주론이며 우리의 세계관이기도 하다. 하나님이 창조하신 우주 전체와 그 전체 우주의 역사에도 바로 이 질그릇에 담은 보배의 원리가 담겨 있다. 빌립보서의 바울의 기도는 그 모든 것을 깨닫기 바라는 기도로서, 오늘 우리의 기도도 바울의 기도와 다르지 않다.

사람이 되신 하나님 기독교 복음의 핵심은 하나님의 구원이다. 하나님은 죄인을 사랑하셔서 구원하시고 영원한 생명의 복을 주신다. 그 구원을 이루시기 위해 하나님은 당신의 아들을 이 세상에 보내셨다. 하나님의 사랑도 놀랍고 구원과 영생의 은혜도 놀랍지만, 우리의 마음과 생각을 온통 사로잡는 참으로 신비로운 진리는 하나님이 당신의 독생자를 보내셨다는 사실이다. 하나님의 아들이 그냥 하늘에 계시지 않고 사람이 되어 이 땅에 오셨다. 하나님이 사람이 되셨다! 이 놀라운 진리를 신학에서는 성육신(成肉身, incarnation)이라고 부른다. 이 성육신의 진리를 성경은 이렇게 표현한다.

> 말씀이 육신이 되어 우리 가운데 계셨다(요 1:14).

'말씀'은 원어로 '로고스'다. 하나님의 아들 그리스도의 또 다른 이름이다. 창조주이시면서 우리에게 오신 하나님을 가리킨다. 그리스도는 하나님의 약속대로 오신 구세주다. 하나님은 오래 전 낙원에서 죄 지은 인간에게 여자의 씨를 통해 구원을 주마 약속하셨다. 이스라엘의 선지자들은 그 구세주를 메시아 곧 기름부음을 받은 분으로 부르며 기다렸고, 그분은 약속대로 기름부음을 받은 분 곧 그리스도로 이 땅에 오셨다. 하나님이 사람이 되신 것은 기적이며 동시에 모순이다. 영원과 무한에 속하신 하나님이 시간과 공간 속으로 들어오셨다. 시간과 장소를 초월해 계신 그리스도께서 특정 시간, 특정 공간에 당신 자신을 제한하셨다. 온 우주의 보배이신 하나님이 질그릇 사람이 되어 오신 것이다. 질그릇이 되어 오신 보배가 바로 기독교 복음의 핵심이다.

하나님이 사람이 되신 것을 성경은 '스스로를 비우신 것'이라 표현한다(빌 2:7). 이 표현에 근거해 소위 '케노시스' 기독론이 나왔다. 비움 기독론이다. 그러나 그리스도의 자기 비움은 일부 신학자들의 주장처럼 신성을 비우신 것이 아니다. 그리스도는 사람이 되어 오셨지만 여전히 하나님이셨다. 또 사변 철학자들의 이론처럼 하나님이 자신의 내부를 밖으로 내보내신 것도 아니다. 그런 범신론적 원리는 창조도 구원도 제대로 설명하지 못한다. 하나님의 아들이 자신을 비우신 것은 구원이라는 큰 씀에 자신을 드리신 일이다(갈 1:4, 엡 5:2). 나를 비우는 것은 나를 없애는 것이요(롬 4:14, 고전 1:17, 9:15, 고후 9:3) 절대 복종하는 노예의 자리에 서는 것이다(빌 2:7,롬 6:16, 18, 22). 하나님의 쓰심을 위해 그릇 가운데를 오목하게 비우신 것이다.

하나님의 아들 그리스도는 이 땅에 오셔서도 여전히 하나님이셨다. 모든 것을 아시는 하나님, 모든 것을 하실 수 있는 하나님이셨다. 그래서 사람들에게 생명의 말씀을 들려주셨다. 병에 걸린 사람, 귀신이 들린 사람, 장애를 가진 사람을 모두 고쳐 주셨다. 인간은 할 수 없는 놀라운 능력도 보여주셨다. 사람들의 생각까지 다 아셨다. 한 사람이 먹을 정도의 음식으로 수천 명이나 되는 사람들을 배불리 먹이신 일도 있었다. 심지어 목숨이 끊어졌던 사람을 다시 살리신 일도 여러 번 있었다. 맹물을 포도주로 바꾸셔서 창조주의 능력을 보이셨고, 물 위를 걸으심으로써 온 우주에 법칙을 세우신 분의 권능을 보여주셨다.

그러면서 동시에 사람이셨다. 완전한 사람이다. 하나님과 사람이 반반 합친 게 아니라 100퍼센트 완전한 하나님이시면서 동시에 100퍼센트 완전한 사람으로 오셨다. 수백 년 전 선지자 이사야가 메시아를 희미하게 바라보고 흠모할 만한 게 없더라 했는데(사 53:2) 정말로 그렇게 보통 사람으로 오셨다. 여자의 몸에서 태어나셨다. 부모도 있고 동생들도 있는 평범한 가정에서 자라셨다. 예수라는 흔한 이름도 가지셨다. 음식도 드시고 옷도 입으시고 잠도 주무시고 땀도 흘리시고 피로나 목마름도 느끼셨다. 때로 울기도 하시고 화도 내셨다. 사람들에게 맞기도 하시고 나중에는 다른 사람들처럼 죽으셨다.

그리스도는 십자가에 달려 죽으셨다. 십자가는 버림받은 자리, 죄인의 자리, 죽음의 자리였다. 그리스도는 평범한 삶을 살다가 가신 것이 아니라 사람들에게 외면당하고 짓밟히는 고난을 당하셨다. 보통 질그릇보다 더한 천대를 받으신 것이다. 우리를 구원하시기 위해서다. 하나님의 아들이 이 세상에 사람이 되어 오신 것은 그렇게 질그릇 취급을 받으시기 위해서였다. 주님은 십자가에서 우리의 질고를 아시고 우리의 고난을 겪으셨다. 인간이 겪어야 하는 가장 큰 죽음의 고통까지 우리를 위해, 우리 대신 맛보셨다. 십자가에 달린 주님은 "내가 목마르다" 하셨다(요 19:28). 오래 전 다윗이 죽음의 자리에서 자신의 절박한 처지를 하나님께 아뢸 때 "내 힘이 말라 질그릇 조각

같고 내 혀가 입천장에 붙었나이다"(시 22:15) 하였던 것처럼 우리를 위해 질그릇 고난을 겪으신 주님의 마지막 말씀이었다.

표적을 보는 복 완전하신 하나님과 완전한 사람의 공존! 사람들은 이것을 모순이라 부른다. 서로 안 맞아 동시에 존재할 수 없는 것이 모순이다. 하지만 우리의 질그릇 머리로 생각하니 모순이지 하나님에게는 모순일 수 없다. 하나님께는 모든 것이 가능하고 그리스도 안에서는 모든 것이 '예'가 된다(창 18:14, 마 19:26, 고후 1:19). 사람의 언어로 표현할 수 없어 비밀이 되었을 뿐이다. 사실 우리의 존재부터 그랬다. 하나님의 사랑과 은혜 때문에 질그릇에 담은 보배가 되었지만 사람의 눈으로 볼 때는 여전히 모순이요 또 어색하다. 그런데 우주의 보배이신 하나님의 아들이 몸소 질그릇이 되어 오셔서 우리와 함께 계심으로써 그게 모순이 아니요 완벽한 조화라는 것을 확실하게 보여주셨다. 우리 같은 질그릇이 하나님의 보배를 간직한 것도 놀라운 일이지만 보배가 친히 질그릇이 되어 오신 것에야 비길 수조차 없다. 우리가 담은 보배는 사실 하나님이 아니라 하나님의 영광이다. 하나님의 은혜가 우리 빈자리를 채웠다. 그렇지만 그리스도는 실체로 오셨다. 당신이 직접 하나님이시면서 또한 사람이시다. 하나님과 사람의 완전한 연합이다.

게다가 우리가 질그릇에 보배를 담고도 모순 아닌 조화를 이루게 된 것도 사실 자신을 기꺼이 비워 질그릇이 되신 우리 주 예수 그리스도의 은혜다. 주님이 그렇게 모순이 되어 오시지 않았다면 우리도 그런 비밀을 맛볼 수 없었을 것이다. 하나님의 아들이 죽음이라는 가장 모순된 아픔까지 맛보셨기 때문에 우리는 보배를 가질 수 있게 되었다. 우리는 보배를 담지 않으면 파멸이다. 하지만 주님은 굳이 사람이 되실 필요가 없었다. 그런데도 사람이 되어 오셨다. 우리를 사랑하셨기 때문이다. 신인 공존의 모순, 곧 그리스도의 신비는 사랑의 모순이요 사랑의 신비다. 죄에 빠진 모순덩어리 사람을 구원하시기 위해 우리 주님은 그렇게 기꺼이 사람이 되어 오셔서 죽음의 길을 가셨다.

보배를 담은 질그릇의 사명은 보배를 드러내는 일이다. 질그릇으로 오신 그리스도를 볼 때도 마찬가지다. 우리를 구원하시려고 사람이 되어 오셨지만 사람 아닌 하나님이심을 보아야 한다. 우리와 똑같으신 그분이 우주의 창조주요 보배이심을 알아야 구원을 얻는다. 그래서 그리스도께서도 표적을 보아야 한다고 거듭 가르치셨다.

그리스도의 탄생을 알린 천사는 포대기에 싸여 구유에 누이신 아기가 목자들에게 또 우리에게 표적이라 하였다(눅 2:12, 사 7:14). 아기로, 우리와 똑같은 피조물의 모습으로 오셨지만 그분은 하나님의 아들 그리스도시요 세상을 구원하실 구주시다. 그것을 깨닫는 것이 표적을 보는 일이다. 그렇게 표적을 보아야 구원을 얻는다. 그릇은 누구나 본다. 하지만 보배는 못 보는 이들이 많다(살후 3:2, 마 13:44). 보배를 보느냐 못 보느냐 하는 문제는 내 생명이 달린 문제다. 잠시 있다 없어질 이 목숨이 아닌 영원의 운명이 달려 있다. 혹 이른 아침에 보는 복을 누리지 못했더라도 저녁이 오기 전에는 반드시 보아야 한다.

질그릇에 집중하면 보배가 보이지 않는다. 사실 그릇의 초라함 때문에 보배를 못 본 사람이 많다. 일찍이 얻으신 나사렛 예수라는 이름도 질그릇이다. 수많은 사람이 갈릴리 나사렛 출신이라는 그릇에 가려 참 메시아를 못 알아보았다(요 7:41, 52). 하지만 나다나엘은 그릇의 하찮음에 현혹되지 않고 직접 가서 확인한 결과 이스라엘의 임금을 만났다(요 1:46, 49). 질그릇은 걸려 넘어지게 만드는 것이다. 예수의 어린 시절과 집안 내력을 알았던 고향 나사렛 사람들도 그릇을 넘지 못했다(마 13:57, 막 6:3, 눅 4:22, 요 6:42). 율법에 집착했던 바리새인들에게 그리스도는 그저 율법을 무시하고 하나님을 모독하는 자로 보였을 뿐이다(마 21:43-44, 눅 20:17-18).

욕심이나 기대에 사로잡혀 보배를 못 본 이들도 있었다. 그리스도를 왕으로 모시고자 했던 사람들이 대표적이다. 그들은 메시아가 오시면 로마제국의 압제에서 벗어나 유대인만의 나라를 건설할 수 있을 것으로 기대했다. 그래서 놀라운 능력을 행하시는 그리스도를 추종했지만 자신의 꿈과 기대에 막혀 표적을 못 보았고 결국은 그리스도를 떠나고 말았다. 그리스도께서 사시던 당대에도 그랬지만 지난 2천 년 동안 성경을 읽는 사람 가운데도 자기 욕심이나 그릇된 기대에 사로잡힌 나머지 영생의 말씀을 주시는 그리스도 예수를 못 본 사람이 많다. 어떤 이는 그리스도에게 돈을 기대하고, 또 어떤 이는 높은 권세를 요구한다. 모두가 그릇만 보고 보배는 못 본 사람들이다. 성경에서 그리스도를 올바로 만나는 원리가 바로 '질그릇에 담은 보배'다.

그리스도와 교회 그리스도께서 겪으신 십자가 죽음은 사람이 되어 오셔서 맛보신 가장 큰 고통이었다. 십자가는 주님이 당하신 천대의 절정으로서 거기서 사람들의 증오와 욕설까지 한 몸에 다 받으셨다. 그런데 놀랍게도 그 십자가가 하나님의 구원의 방법이 되었다. 가장 약한 십자가가 하나님의 구원의 능력이 된 여기, 다시금 질그릇에 보배를 담는 원리가 배어 있다. 건축 전문가들의 눈에 아무 쓸모가 없어 보이는 돌을 하나님은 가장 소중한 돌 곧 모퉁이의 머릿돌로 삼으셨다(마 21:42). 그릇만 볼 때 십자가는 스캔들이다. 걸려 넘어지게 만드는 것이다. 우리 시대도 마찬가지다. 그러나 믿는 사람 곧 보배를 보는 사람들에게는 하나님의 구원의 능력이다(고전 1:18, 벧전 2:7).

그리스도께서 우리 죄를 사하시려고 십자가에서 죽으시고 우리를 의롭다 하시기 위해 부활하셨다(롬 4:25). 하늘로 올라 다시금 높아지신 그리스도께서는 오래 전 하나님이 약속하신 선물 곧 성령을 아버지께 받아 우리에게 보내 주셨다. 이제 그리스도를 구주로 믿는 모두에게 성령이 오셔서 영원히 떠나지 않고 계신다(요 14:16). 성령이 오심으로 그리스도인은 또 다른 차원에서 보배를 담은 질그릇이 되었다. 하나님의 백성은 이전에도 보배를 담은 질그릇이었다. 빈자리에 구원의 은혜를 가득 채운 질그릇으로 하나님의 영광을 드러내던 존재였다. 그런데 성령이 오심으로 지금까지는 뜻으로만 존재하던 하나님의 영광이 이제 실체로 우리 안에 오시게 되었다. 상징도 그림자도 아닌 실체다. 하여 우리 존재는 명실상부한 보배를 담은 질그릇이 되었다. 그리스도께서 실체로 오신 결과 이제 우리도 하나님의 영을, 하나님 당신을 정말로 안에 모신 그런 질그릇이 된 것이다.

몸은 그대로다. 병에 잘 걸리고 다치기도 하고 장애도 있다. 답답한 세상 살면서 마음의 상처도 적지 않게 겪는다. 날마다 약해져 가는 몸과 마음이다. 그런데 하나님의 영이 오셔서 우리 몸이 하나님의 집 성전이 되었다(고전 3:16). 몸이 영혼을 감금했던 그리스 이원론이 아니라 질그릇 된 우리 몸과 마음이 하나님의 영을 모신 덕에 하나님의 집으로 승격된 것이다. 말로 설명할 수 없는 신비로운 연합이다. 썩어 없어질 몸이지만 하나님의 영이 계시기에 이제는 영원히 없어지지 않을 영광의 몸을 바라본다(롬 8:11).

그리스도인 개인뿐 아니라 그리스도인이 모인 교회도 보배를 담은 질그릇이다. 하나님은 돈도 권력도 명예도 없는 사람들을 불러 구원하셨고 그렇기 때문에 하나님의 구원의 영광과 권능이 더욱 빛난다(고전 1:26-31). 하나님은 연약한 자들을 불러 당신의 백성을 삼으신다. 자색 옷을 입고 날마다 즐기던 부자가 아니라 병자였던 거지 나사로가 아브라함의 품에 안겼다. 연약함에도 불구하고 구원하시는 것이 아니라 연약하기 때문에 구원하시는 것이다. 십자가 구원의 신비다. 번쩍이는 그릇에는 보배가 담기지 않는다. 땅의 것들을 못 가진 자들을 택하셔서 믿음을 넘치게 주시고 약속된 나라를 상속받게 하셨다(약 2:5).

그런 연약한 자들이 모인 교회는 하나님이 오셔서 거하시는 하나님의 집이 되었다(고후 6:16). 보배를 담은 질그릇이 함께 모여 보배를 담은 하나님의 집으로 함께 지어져 간다(엡 2:21-22). 겉모습은 사실 초라하다. 벽돌 하나하나도 참 볼품이 없지만 그것들이 모여 삐걱거리고 서로 다투기도 한다. 하지만 그런 우리 가운데 하나님이 와 계신다. 보배를 담은 질그릇이 두세 개만 모여도 하나님을 모신 하나님의 집이 된다(마 18:20). 그 그릇들이 서로 일깨우며 서로 용서하며 함께 교회를 세워 간다(엡 2:22). 그런데 그게 다가 아니다. 교회는 집일 뿐 아니라 몸이다. 하나님이 와 계시는 집인 동시에 이제는 그리스도의 몸이 된다(엡 1:23). 주님과 하나로 연합되는 것이다. 어떻게 이런 일이 가능할까? 그리스도가 사람이 되어 오셨기 때문이다. 보배가 질그릇이 되어 오셨기 때문에 보배를 가진 우리 질그릇이 그 주님과 하나가 된 것이다. 주님을 머리로 모신 한 몸이기에 각 부분이 서로 사랑을 나눈다. 그러면서 또 어른으로 자라간다(엡 4:14-15, 골 2:19).

믿음과 삶의 원리

우리 믿음의 내용 '질그릇에 담은 보배'는 우리의 신앙을 풀어 주는 참 소중한 열쇠다. 기독교 신앙의 인식론이면서 또 존재론이다. 우리 신앙의 거의 모든 영역에 이 원리가 배어 있다. 복잡하게 생각할 것 없다. 그냥 하나님의 은혜의 원리다. 기독교 신앙을 담고 있는 성경부터 이 원리로 주어졌다. 사람의 말로 된 하나님의 말씀이다. 하나님의 감동으로 된 책이 성경이다. 말씀에서 표적을 보아야 하니 거기 담긴 내용도 질그릇에 담긴 보배다. 이 말씀을 더욱 읽고 듣고 연구하고 묵상할 때 우리 삶뿐 아니라 인격까지 질그릇에 담은 보배로 거룩함에 더욱 나아갈 수 있다.

그 성경이 보여주는 하나님도 이 원리로 깨닫는다. 하나님이 사람을 지으시고 죄인을 구원하시니 질그릇에 담은 보배라는 원리도 하나님에게서 나온 것이다. 하나님이 어떤 분이신지도 이 원리로 안다. 하나님이 홀로만 계셨다면 우주는 존재하지 않았을 것이요 또 하나님도 영원히 알려지시지 않았을 것이다. 하나님이 우주를 만들어 당신을 보여주셨기에 피조물인 우리도 하나님을 알게 되었고, 그렇게 알게 된 하나님이 창조주 하나님이다. 보잘것없는 흙을 빚어 당신과 닮은 인간을 만드신 분이다. 질그릇에 보배를 담으셨다.

하나님은 사랑이시다. 하나님의 속성이 많이 있지만 중심은 사랑이다. 하나님은 사랑이시라! 이 사랑의 핵심은 구원이다. 죄로 죽게 된 인간을 위해 몸소 사람이 되어 오신 그 사랑이다. 다시 말해 우주의 창조주가 우리 같은 사람의 하나가 되어 이 땅에 오신 일, 보배가 질그릇이 되어 오신 그것이 하나님의 사랑의 고갱이다. 그렇다면 질그릇에 담은 보배는 하나님이 어떤 분이신지 깨닫는 중요한 계기가 된다. 하나님은 질그릇이 되어 오신 보배다. 참 하나님, 참 사람이신 그리스도다. 성경이 계시하는 하나님의 본성 사랑이 바로 이 원리와 통해 있다. 기독교 복음의 핵심인 하나님의 사랑의 구원 역시 이 원리를 담고 있다.

> 하나님이 세상을 사랑하셔서 독생자까지 주셨기에 그를 믿는 모두가 멸망하지 않고 영생을 얻게 되었다(요 3:16).

독생자를 주신 하나님의 사랑이 이 모든 것의 열쇠다. 우주의 보배가 질그릇 사람이 되어 오신 그 진리가 우리를 하나님의 구원으로, 하나님이 주시는 영생과 구원으로 인도한다. 이 진리가 있었기에 사람도 보배를 담은 질그릇이 될 수 있었다. 영원한 멸망으로 가야 할 죄인이 하나님의 구원의 사랑을 입어 하나님의 백성, 그리스도의 제자가 되었다. 온 우주의 보배를 한 몸에 담았다. 그런 질그릇이 모인 교회도 하나님을 모신 집, 그리스도의 몸이 되었다.

성경, 하나님, 인간, 그리스도, 구원, 교회 등 우리 신학적 지식의 핵심 요소들이 전부 질그릇에 담은 보배라는 원리와 깊이 이어져 있다. 우리의 소망을 담은 종말론도 다르지 않다.

우리 삶의 원리 기독교 신앙의 인식론과 존재론뿐 아니라 윤리학 곧 실천도 같은 원리에 따른다. 질그릇이어서 보배를 가졌고 또 보배를 가졌기에 질그릇 취급을 받는다. 우리의 죽을 몸에 예수의 생명이 나타난다(고후 4:10-11).

오늘도 믿음으로 산다. 천하보다 귀한 보배 믿음을 이 못난 나에게 주셨으니 그저 감사하며 산다. 세상에 신도 많고 믿음도 많아 사람들은 그게 그것인 줄 알겠지만, 나는 내가 섬기는 하나님이 참 하나님이심을 안다(고전 8:5-6). 우주의 창조주를 바로 믿고 그분이 주신 참 구원까지 알았으니 깨달은 아침부터 머지않은 저녁까지 감사가 넘친다. 살아가기란 물론 쉽지 않다. 생활비는 늘 빠듯하다. 이번 달도 겨우 적자를 면했다. 그런 형편에 아이들 입시가 얼마 안 남았다. 돈도 돈이지만 바라던 대학에 갈 수 있을지. 남들 다 하는 걱정 나도 한다. 그러다가 문득 정신이 든다. 하나님이 계시지! 나를 구원하시려 독생자까지 아끼지 않고 주신 사랑의 하나님!

오래 전 세상을 뜬 동생이 문득 생각난다. 믿음 좋고 착하던 그 아이가 왜 일찍 가야 했을까? 옆집 이 집사네도 몇 해 전 바다에서 아들을 잃었다. 알 수 없는 그런 일들이 세상에 얼마나 많을까. 믿는 우리라고 다른 것 같지도 않다. 하지만 믿음이다. 질그릇 인생, 믿음의 보배 하나 붙들고 살자. 하나님 한 분 바라보며 살자. 친구 둘이 벌써 직장을 잃었다. 난 얼마나 더 버틸 수 있을까. 오늘도 어떤 일이 일어날지 알 수 없지만 하나님의 사랑이 있어 산다. 마음 가장 깊은 곳은 오늘도 기쁨이다. 오늘 이 순간의 내 삶이 나를 사랑하여 독생자까지 내어 주신 창조주 하나님이 나에게 주신 가장 좋은 선물임을 믿고 감사를 드린다. 모든 일로 드리는 감사는 믿음을 가진 나만의 비밀이다.

오늘도 나를 친다(고전 9:27). 내 속에는 아직도 탐욕의 싹이 자라고 있다. 이름도 내고 높은 자리에 올라 대접도 받고 싶다. 은혜에 감사하여 기쁘게 드리면서도 때로는 더 받고 싶은 썩을 욕심이 밀려온다. 썩을 것을 심고 거두라고 마귀도 속삭인다. 하루라도 내려치지 않고 두면 이 욕심의 가시가 자라 결국은 나를 장악해 버릴 것이다. 안중근 의사가 매일 책을 읽어 입의 가시를 막았다면, 우리는 말씀을 밤낮으로 묵상하여 마음의 가시를 다스려야 한다(마 13:7, 22). 말씀이요 기도다. 말씀으로 믿음에 서고 그 믿음으로 또 기도한다. 그래야 내가 산다. 남도 산다. 사랑하는 친구도 죄를 멀리하게 돕는다. 열매 맺음과 씨 뿌림을 혼동하지 않도록 깨우쳐야 한다. 욥처럼 철저하게는 못 해도 죄를 볼 때마다 타이르고 책망하고, 안 되면 절교협박을 해서라도 기어이 회개하게 만들어야 한다. 오직 거룩만이 너를 살리고, 네가 살아야 나도 산다.

질그릇으로 오늘을 산다. 질그릇이기에 보배를 담았고 보배를 담은 그대로 쓰임을 받는다. 존재가 곧 사명이다. 존재와 무관한 사명이 따로 있는 게 아니다. 나의 존재도 놀랍지만 사명은 더욱 놀랍다. 하나님의 영광을 드러내기보다 가리는 게 더 많은 형편없는 내 질그릇에서도 하나님의 보배가 드러나니 그저 송구스럽다. 모든 것이 은혜다. 그래, 그 은혜를 알고 그 은혜의 힘으로 이웃을 사랑하기로 마음도 먹고 애도 계속 쓴다면 '안성맞춤'이 되어 하나님이 더욱 잘 쓰실 것이다(딤후 2:21). 이것을 깨닫지 못하는 삶이라면 그릇될 수밖에 없다. 그릇된 삶 아닌 그릇 된 삶을 살아야 한다.

영광을 바라보며 질그릇 되어 사는 삶의 겉모습은 고난이다. 십자가를 지고 주 예수를 따르는 삶이다. 이미 질그릇인 우리를 세상이 다시금 질그릇으로 만든다. 그리스도를 외면하고 배척했던 세상은 오늘 그리스도인을 배척하고 외면한다. 하나님의 백성이 되었기에 고난을 받는다. 우리도 세상을 사랑해서는 안 되지만 세상도 그런 우리를 사랑하지 않는다(요일 2:15, 약 4:4, 요 15:18-20). 하나님을 거부하는 이 세상에서 하나님의 나라에 들어가기 위해서는 많은 고난을 각오해야 한다(행 14:22). 십자가는 인기가 없다. 앞으로는 더욱 그럴 것이다.

하지만 우리가 겪는 고난은 그저 슬프고 괴로운 것이 아니다. 우리 삶에 가득한 고난은 우리가 하나님 나라의 백성으로 자격을 갖추었음을 입증한다(살후 1:3). 고난을 통해 질그릇 취급을 받음으로써 우리 안에 보배가 있는 줄 다시금 확인한다. 하여 고난이 복이요 기쁨이다(벧전 4:13-14, 마 5:11-12). 오래 전 다윗이 노래한 것처럼, 하나님의 은혜의 포도주가 우리 잔에 넘쳐흐른다. 하찮은 포도주였지만 원수의 코앞에서 베풀어 주신 잔치였기에 더욱 값진 것이었다(시 23:5). 오늘 우리의 잔도 흘러넘친다. 우리에게 성령을 주신 하나님께서 환난 가운데 살아가는 우리 마음의 질그릇에 당신의 사랑을 퍼부어 주셨기 때문이다(롬 5:5).

고난은 길지 않다. 잠시 받을 뿐이다. 거기다가 그 이후에 올 영광에 비긴다면 지금의 고난은 참으로 가벼운 것이다(고후 4:17, 롬 8:18). 온전한 것이 오면 부분적인 것들은 사라진다(고전 13:10). 온전한 것이 오면 어떻게 될까? 그날이 오면 우리의 질그릇 됨도 끝이 날 것이다. 그리스도께서 질그릇 사람이 되어 오셔서 우리에게 주신 그 구원이 완성되는 그날, 모든 모순이나 어색한 것이 사라지고 우리의 질그릇도 보배로 변화될 것이다. 그릇과 내용물의 완벽한 일치가 바로 구원의 완성이다.

> 우리의 하찮은 몸을 당신의 영광의 몸과 같은 형체로 변화시켜 주실 것입니다(빌 3:21).

첫 창조 때 하나님은 사람을 당신과 닮게 만드셨다. 흙으로 하셨지만 창조주의 영광을 거기 담으셨다. 생각보다 소중한 질그릇이었던 셈이다. 하지만 우리를 질그릇으로 만든 것은 창조가 아닌 죄와 타락이다. 우리는 우리를 지으신 하나님을 어기고 죄를 지었다. 그래서 보잘것없고 허약하고 잘 깨지고 천대받는 그릇이 되었다. 그런데 하나님은 우리의 죄를 다 용서해 주시고 거기에 사랑과 은혜를 담아 주셨다. 그것이 다가 아니다. 하나님은 우리를 첫 창조 때보다 더 나은 존재, 곧 하나님 당신의 본성에 참여하는 자로 변화시켜 주실 것이다(벧후 1:4, 요일 3:2, 고후 3:18). 우리가 한 것이라고는 죄 지은 것뿐인데 왜 이전보다 더 나은 것을 주시는지 우리로서는 알 도리가 없다. 그저 감사로, 찬양으로 받고 즐길 밖에. 그것이 우리의 소망이다.

우리가 주님의 영광에 참여하는 날, 쌓였던 의문도 다 풀릴 것이다. 억울한 고통과 부당한 죽음도 납득이 될 것이고 내가 감사의 열매로 드린 연보가 어떻게 하나님이 예정하신 일을 이루었는지도 알게 될 것이다. 아마도 하나님이 어떻게 한분이시면서 삼위로 계시는지 그것도 완전하게는 아니더라도 상당히 깨달을 수 있을 것이다. 우리가 영광스러운 모양으로 변하는 그날은 추수의 날이다. 더 이상 씨도 뿌리지 않고 눈물도 흘리지 않는 마지막 거둠의 날이다. 심은 자와 거두는 자가 다 아버지의 집에 모여 함께 기뻐할 날이다(요 4:35, 마 13:30, 43). 그날의 그 영광이 오늘도 부지런히 열매를 맺으며 사는 우리의 소망이다.

복음의 진리를 '질그릇에 담은 보배'라는 틀로 풀어 보았지만 사실 새로운 것도 아니다. 해 아래 하나님의 구원 외에 무슨 새로운 것이 있겠는가. 하나님이 천지를 창조하신 후로 우주와 함께 있어 온 원리요 또 하나님의 말씀인 성경에 처음부터 간직되어 있던 것이다. 500년 전 개혁자들이 말씀을 새롭게 발견했을 때는 똑같은 그 진리를 '오직 은혜'라는 문구로 표현했다. 질그릇에 담은 보배도 표현만 다를 뿐 뜻은 같다. '오직 은혜'와 '질그릇에 담은 보배'를 하나로 합치면 다시금 질그릇 된 우리의 존재목적을 향한다. 하나님의 영광이다. 존재가 곧 목적이다. 500년 전 개혁자들이나 오늘 우리나 앞으로 올 모든 인류가 가진 목표는 하나다.

"Soli Deo gloria! 오직 하나님께 영광을!"